O P E R A T I O N S   M A N A G E M E N T

조직자원관점의

생산관리

이명호 | 유지수 공저

博英社

머리말

그동안 졸저 "경쟁우위확보를 위한 생산관리(박영사, 1999년 초판발행, 이명호 · 유지수 공저)"는 2001년 중판을 거듭하며 여러 선생님들과 독자들로부터 분에 넘치는 배려와 사랑을 받아왔다고 생각하던 차에, 이번에 저자들은 "조직자원관점의 생산관리"를 새로이 개정판으로 출간하게 되었습니다.

오늘날 세계가 격변기에 들어서고 있고 기업간의 경쟁은 더욱 심화되어 가고 있습니다. 글로벌화, 기술의 변화 그리고 고객 니즈(needs)의 다양화 등으로 인하여 기업간의 경쟁이 점점 더 치열해지면서 안타깝게도 기업의 수명이 더 짧아졌으며, 21세기 기업경영의 화두가 '지속가능경영 실현'이라 하여도 과언이 아닙니다.

기업경영에서 다른 분야와 마찬가지로 생산관리도 많은 변천을 거쳐왔습니다. 생산관리 변천사에 있어 일본기업의 생산철학, 방식과 시스템이 큰 획을 그은 것은 부정할 수 없습니다. 그러나 근자에 일본기업의 경쟁력이 주춤해지면서 일본식 생산관리에 대한 근본적 의문이 제기되고 있습니다. 과연 도요타를 중심으로 한 생산관리 방식이 옳은 것인가? 생산관리가 기업의 핵심경쟁력이 될 수 있는 것인가? 기업의 지속적 성장과 경쟁력 유지에 있어 생산관리의 위치는 무엇인가? 새로운 질문과 도전은 끊임 없이 제기되고 있습니다. 생산관리에 새로운 장을 써야 할 시기가 도래한 것 같습니다.

현대 경영학 이론에 의하면 기업이 지속적 성장과 경쟁력 유지를 위해서는 기업 역량과 환경이 일치되어야 합니다. 또 기업의 역량은 경쟁사가 쉽게 모방할 수 없는 것이어야 합니다. 획기적인 아이디어를 낸다고 해도 경쟁사가 곧 모방해서 좇아 한다고 하면 기업의 지속성장을 가능하게 하는 핵심경쟁력이 되지 않는 것입니다. 사실 일본의 도요타 생산방식은 남들이 쉽게 모방할 수 없는 기업자산이었습니다. 특히 수많은 부품업체를 연결한 공급사슬에서 나오는 경쟁력을 다른 경쟁사가 단시간 내에 모방하기는 매우 어려운 것입니다. 생산관리의 중요성은 바로 여기에서 찾을 수 있습니다. 제품설계, 개발, 양산의 노하우(know-how)는 일단 축적이 되면 경쟁사가 쉽게 모방할 수 없어 강력한 기업자산이 되는 것입니다. 수백 개 혹은 수천 개의 부품업체와 협력체제를 구축하면 이 또한 경쟁사가 쉽게 따라올 수 없는 기업자산입니다.

본 서는 기업의 핵심경쟁력은 어디에서 나오는 것인가? 핵심경쟁력과 모방가능성은 어떤 관계에 있는가? 대한민국 제조업의 경쟁력은 어디에 있는가? 등에 관한 질문을 제시하고 토론을 하기 위한 교과서입니다.

본서의 구성

이 책은 다음과 같이 모두 3부 12장으로 구성되어 있습니다. 먼저 제1부(1~5장) '조직자원의 설계와 계획'에서는 기업의 핵심경쟁력, 자산, 역량이 무엇이며, 어떻게 형성되는지를 다루어 생산관리이론의 방향을 논하게 됩니다(제1장). 그리고 경영예측(제2장), 신제품 개발(제3장), 자원요구계획(제4장) 및 설비배치와 공정설계(제5장)를 학습하게 됩니다.

다음으로 제2부(6~8장)는 생산계획 및 통제를 설명하는데, 좀더 구체적으로 살펴보면, 생산계획수립과정과 생산평준화(제6장), 자재소요계획(제7장), 일정 통제와 간판시스템(제8장)이 다루어집니다.

끝으로 제3부(9~12장)는 생산역량의 제고방안을 심도 있게 논하게 되는데, 역량을 증진시키는 방안으로 우선 공급사슬관리(제9장)를 다루고 나서, 재고관리(제10장) 그리고 품질관리(제11장) 및 프로젝트 관리(제12장)를 학습하게 됩니다.

감사의 말씀

저자들은 이 책이 나오기까지 도와주신 여러분께 감사 드립니다.

본 "조직자원관점의 생산관리"를 새로이 출간하면서 보다 나은 책을 제공하고자 저자들은 최선을 다하였으나 앞으로도 개선할 점이 많이 있으리라 생각됩니다. 이러한 점들은 기회가 닿는 대로 적극 반영할 것을 약속 드립니다.

저자들이 재직하고 있는 한국외국어대학교와 국민대학교의 대학원 및 학부 재학생들은 원고정리에서 연습문제 풀이에 이르기까지 많은 수고를 하였습니다.

끝으로 이 책을 출간하는 데 있어 물심양면으로 도와주신 박영사의 안종만 회장님, 우석진 부장을 비롯한 전 출판관계인께 감사 드립니다.

2010. 8. 8.

공저자

한국외국어대학교 글로벌경영대학
이 명 호
(E-mail: leemh@hufs.ac.kr)

국민대학교 경영대학
유 지 수
(E-mail: jisoo@kookmin.ac.kr)

차　　례

제 1 편　조직자원의 설계와 계획

제 1 장　생산관리이론의 방향

제 2 장 경영예측

제 3 장 신제품 개발

제 4 장 자원요구계획

제 2 편 생산계획 및 통제

제 6 장 생산계획수립과정과 생산평준화

제 7 장 자재소요계획

제 8 장 일정 통제와 간판시스템

제 3 편 생산역량의 제고방안

제 9 장 공급사슬관리

제12장 프로젝트 관리

예제목차

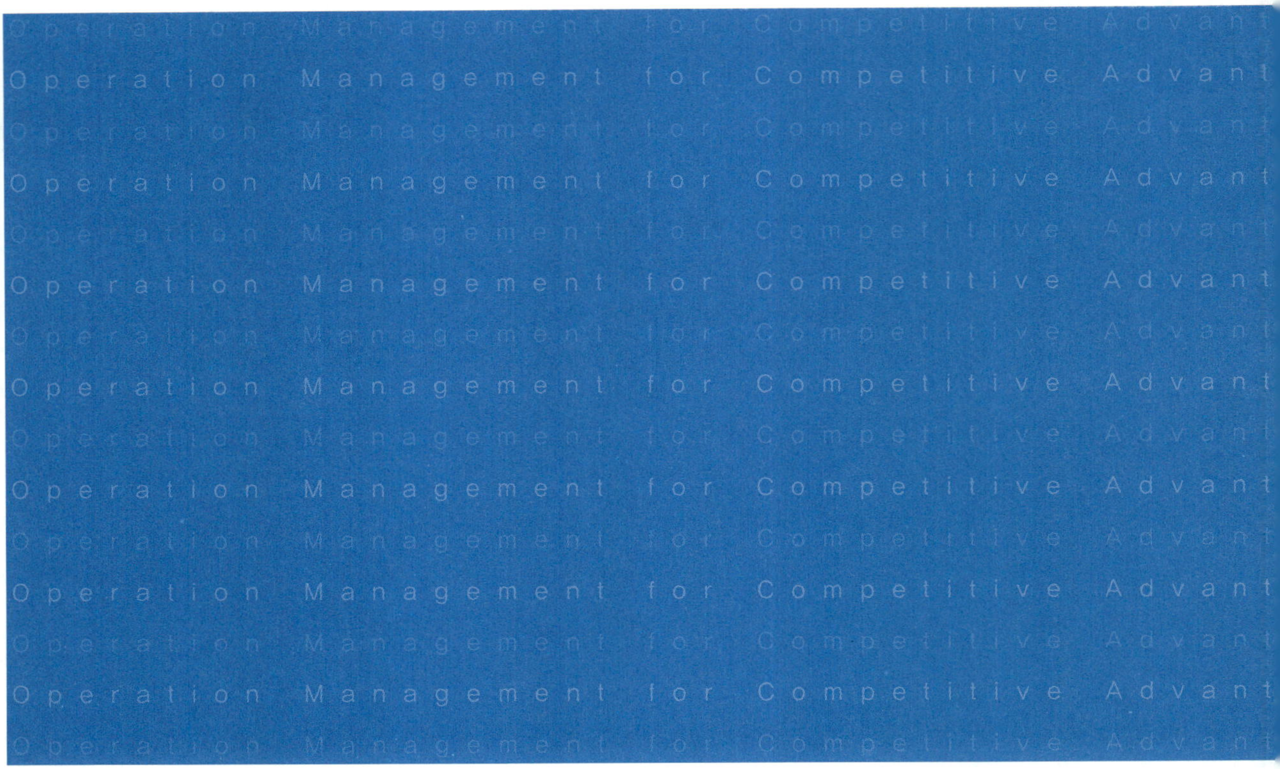
Operation Management for Competitive Advant

PART 01

조직자원의 설계와 계획

C·H·A·P·T·E·R 01

생산관리이론의 방향

1 생산관리의 의의

생산관리는 경영의 가장 중요한 기능 중의 하나이다. 사실 생산이 없는 기업은 존재할 수 없으며 생산 때문에 기업의 존재가치가 있는 것이다. 여기서는 우선 생산의 일반적 의미에 관해 설명하기로 하겠다.

1.1 생산의 정의

생산은 인간의 기본적인 활동이다. 우리 주변에 있는 모든 물건은 누군가에 의해 만들어진 것이다. 각종 가전제품, 자동차, 가구 등은 생산과정을 거쳐 만들어진 것이다. 그러나 생산이 유형의 물품만을 만드는 활동에 국한되는 것은 아니다. 생산은 무형의 서비스를 창출하는 행위도 포함한다. 우리

표 1-1 물품생산의 예

생산의 예	변형유형
물품의 생산(제조)	물리적 변형
물품의 이동(수송, 로지스틱스)	공간적 변형
물품의 저장(물류센터, 창고)	시간적 변형

표 1-2 정보서비스 생산의 예

정보서비스	변형유형
데이터의 변형(데이터의 종합, 정리)	물리적 변형
데이터의 저장(DB 구축)	시간적 변형
데이터의 제공(인터넷 등)	공간적 변형

가 필요한 물품을 집 앞까지 배달해 주는 것도 생산활동이라고 볼 수 있다. 또 특정 시기까지 특정 물품을 저장하는 것도 생산활동이라고 할 수 있다. 사실 생산은 매우 다양한 활동을 포함하며, 이 활동에 의해 가치가 창출된 것을 알 수 있다. 이러한 여러 생산의 예를 분석·종합하여 보면 생산은 다음과 같이 정의할 수 있다.

생산의 정의

생산은 자원의 물리적, 시간적, 공간적(혹은 지리적) 변형을 통해 가치를 창출하는 행위를 의미함.

위에서 설명한 생산의 정의를 사용하여 물품생산의 예를 요약하면 [표 1-1]과 같다.

정보화 시대의 각종 데이터 제공서비스는 [표 1-2]와 같은 생산활동으로 분류할 수 있다.

1.2 생산관리의 정의

생산관리는 앞에서 정의한 생산에 관한 활동을 관리하는 학문을 의미한다. 현대그룹의 정주영, 삼성그룹의 이건희, 대우그룹의 김우중과 같은 최고경영자가 하는 일은 무엇일까? 경영자가 하는 일은 조직을 통해 특정 업무를 수행하게 하는 것이다. 피터 드럭커(Peter Drucker)는 "경영자는 조직의 방향을 설정하고, 리더십을 발휘하며, 목표를 달성하기 위해 조직의 자원을 어떻게 사용할 것인가를 결정한다"고 했다. 경영은 최고경영자의 업무인 동시에 각 관리부서 책임자의 업무이기도 하다. 본서에서의 경영의 정의는 다음과 같다.

경영(관리)[1]의 정의

경영은 인적 · 물적자원의 효율적 활용을 통해 기업의 목표를 효과적으로 달성하기 위해 계획수립, 계획의 집행, 통솔, 통제와 같은 일련의 활동을 수행하는 것임.

전술한 생산과 경영(관리)의 정의를 종합하면 다음과 같이 정리할 수 있다.

생산관리의 정의

생산관리는 기업의 목표를 효과적으로 달성하기 위해 인적 · 물적자원을 효율적으로 활용하며, 특히 생산과 관련된 계획수립, 계획의 집행, 통솔, 통제와 같은 일련의 활동을 수행하는 것임.

1.3 기업 경쟁우위의 원천

기업의 목표 중 하나는 경쟁우위를 점하는 것이다. 물리적 자산의 확보를 통해 경쟁우위를 점하려는 기업도 있다. 물리적 자산은 공장설비, 기계, 통신네트워크와 같은 하드웨어도 포함하지만 입지와 특허와 같은 자산도 포함한다. 왜 음식점을 창업하는 사람들은 입지를 가장 중요시 하는 것일까? 음식 맛과 서비스가 가장 중요한 것 아닌가? 비싼 임대료를 내고 좋은 곳에 음식점을 내려는 것은 왜일까?

국토해양부에 따르면 2008년 현재 우리나라에서 가장 땅 값이 비싼 곳은 충무로 1가 스타벅스와 파스쿠치 커피점이 있던 곳이다. 2010년 현재는 네이처퍼블릭이 위치해 있다.

보증금 30억 명동매장, 하루 800만원어치 팔아야 본전

보증금만 30억원이 넘고 권리금 4억원에 월세가 1억이 훌쩍 넘는 이 땅에서 네이처퍼블릭은 얼마의 매출을 올려야 할까. 스타벅스가 이 자리에 있을 때 하루 평균 800만원 정도의 매출로 손해는 보지 않은 것으로 알려졌다. 스타벅스 관계자는 "그 때 명동점은 4호점으로, 당시 전세계 스타벅스 매장 중 가장 큰 규모였다"라고 말했다.

출처: 윤정현 기자, 헤럴드경제, 2009/7/2

1) 본서에서 관리와 경영은 동일한 용어로 사용한다.

이곳의 지가는 m^2당 6,400백만원이다. 땅값이 평당 2억원이 넘는다. 왜 이렇게 땅값이 비싼 것일까? 과연 파스쿠치는 이렇게 비싼 땅에 있는 점포를 빌려 비싼 임대료를 낼 필요가 있을까? 그 이유는 바로 입지가 경쟁우위를 제공하기 때문이다.

문제는 임대료… 땅값 비싼 명동에 적자 안테나 숍

가장 비싼 땅인 파스쿠치 서울 명동점(125평)의 임대료는 보증금 30억원, 권리금 4억원, 월세 1억 2,000만원으로 알려져 있다. 업계에선 이 점포의 월 매출을 2억원 이하로 추정하고 있다.

출처: 박동휘 기자, 한국경제, 2007/7/12

소매의 경우에는 특히 입지를 확보하여 경쟁우위를 지키는 사례가 많다. 소매점과 패션산업의 경우는 입지가 가장 중요한 기업자산이 될 수 있다. 그러나 과연 파스쿠치가 명동매장에서 월 1억원 이상의 임대료를 내며 수익을 올릴 수 있었을까? 입지가 결정적 우위를 제공하는 것은 사실이나 파스쿠치의 경우에는 명동매장의 살인적인 임대료를 내며 이익을 낼 수는 없었을 것이다. 그런데 왜 파스쿠치는 명동 매장을 택한 것일까?

그 해답은 브랜드가치에 있다. 명동매장에서 파스쿠치라는 커피점의 이름을 소비자에게 각인하였다는 것은 브랜드가치 제고면에서 큰 성과를 낸 것이다. 브랜드가치는 기업의 경쟁우위를 주는 자산이기 때문에 파스쿠치는 높은 임대료를 내며 손해를 감수한 것이다. 많은 기업이 브랜드라는 무형자산

다국적 커피 체인점 등 유명 외식업소들이 몰려 있는 서울 명동 거리. 국내 외식업소들은 치솟는 임대료를 메뉴 가격에 전가, 일본 미국 등보다 최고 네 배 가까이 비싸게 팔고 있다. /김병언 기자 misaeon@hankyung.com

표 1-3 2009 rankings best global brands

2009 Rank	2008 Rank	Brand	Country of Origin	Sector	2009 Brand Value ($m)	Change in Brand Value
1	1	Coca-Cola	United States	Beverages	68,734	3%
2	2	IBM	United States	Computer Services	60,211	2%
3	3	Microsoft	United States	Computer Software	56,647	−4%
4	4	GE	United States	Diversified	47,777	−10%
5	5	NOKIA	Finland	Consumer Electronics	34,864	−3%
6	8	McDonald's	United States	Restaurants	32,275	4%
7	10	Google	United States	Internet Services	31,980	25%
8	6	TOYOTA	Japan	Automotive	31,330	−8%
9	7	intel	United States	Computer Hardware	30,636	−2%
10	9	Disney	United States	Media	28,447	−3%

출처: http://www.interbrand.com/best_global_brands.aspx?year=2009&langid=1000

으로 승부를 내려고 하고 있다. 특히 식품계, 소비제품, 패션계에서는 브랜드가 절대적인 경쟁우위를 가능하게 한다. 누가 이름도 없는 무명의 식품회사 제품을 살 것인가? 또 우리나라는 특히 명품에 가치를 두는 사회이다. 어떻게 샤넬제품이 다른 제품보다 비싼 가격에 팔 수 있는가를 생각해보면 브랜드가 기업의 경쟁우위에서 차지하는 비중을 알 수 있다. 기업의 브랜드가치를 평가하는 인터브랜드(Interbrand)회사에서 발표한 2009년도 브랜드가치의 순위는 [표 1-3]과 같다. 1위는 코카콜라가 차지하고 있다. 우리나라 기업은 10위에 들지는 못했으나 다행히도 삼성그룹이 19위, 현대차가 69위를 차지했다.

입지와 같은 물리적 자산이나 브랜드와 같은 무형자산이 아니고 역량(capabilities)으로 경쟁우위를 점하려는 기업도 있다. 음식점을 예로 들면 경쟁점보다 훨씬 맛있는 음식과 정결하고 친절한 서비스로 승부를 내려는 것이다. 또 제조업의 예를 들면 도요타가 좋은 사례이다. 도요타는 JIT(just-in-time)으로 알려진 가장 효율적인 생산시스템을 구축하여 타 자동차회사보다 경쟁우위를 점하고 있다. 위키피디아의 JIT 설명을 보면 아래와 같다. 영어 공부를 위해서라도 한번 여러분이 해석해 볼 만하지 않을까?

Wikipedia의 JIT 내용

Just-in-time(JIT) is an inventory strategy that strives to improve a business's return on investment by reducing in-process inventory and associated carrying costs. To meet JIT objectives, the process relies on signals or Kanban(看板, *Kanban*?) between different points in the process, which tell production when to make the next part. Kanban are usually 'tickets' but can be simple visual signals, such as the presence or absence of a part on a shelf. Implemented correctly, JIT can improve a manufacturing organization's return on investment, quality, and efficiency.

도요타의 생산시스템은 비단 자동차 회사뿐 아니라 많은 제조회사가 따라 하고자 하는 시스템이다. 우리나라의 LG전자 생산시스템도 매우 효율적인 시스템이다. 아무도 중요하다고 생각하지 않았던 가전제품을 생산성향상을 통해 수익원으로 재창출한 것이다. LG전자의 창원공장은 기업의 역량창출을 통해 경쟁력을 회복한 좋은 사례이다. Weekly Biz에 실린 LG 창원공장의 내용을 보자.

기업동향 **'생산성 제왕' LG전자 창원공장의 비밀**

냉장고 · 세탁기 · 에어컨 등 전통적인 가전제품은 전자업계에서 별로 환영받지 못하는 존재다. 벽걸이TV나 휴대폰 같은 첨단 제품보다 덩치는 훨씬 크면서도 매출이나 수익이 매우 낮기 때문이다. 그래서 천하의 GE가 적자투성이인 가전사업을 매각하기로 했고, 삼성전자도 채산성이 떨어지는 가전 생산시설을 대부분 해외로 이전했다. 하지만 LG전자는 다르다. 세계 3대 가전업체인 LG의 가전(Digital Appliance: DA) 사업본부는 미국의 월풀이나 스웨덴의 일렉트로룩스보다도 높은 영업이익률을 올리고 있다. LG 에어컨은 8년 연속 세계 판매 1위, 세탁기와 냉장고는 글로벌 톱 3를 달성했다. 제품의 기능이나 디자인이 뛰어난 점도 있겠지만, LG전자 사람들은 "주력 생산기지인 창원공장에 비밀이 숨어있다"고 이구동성으로 말한다. 경남 창원에 있는 이 공장은 인건비가 싼 중국 · 인도 공장보다 생산성이 20~30% 높은 것으로 평가된다. 제조업 분야의 최고봉으로 꼽히는 도요타자동차의 조 후지오(張富士夫) 회장도 지난 5월 창원공장을 둘러보고선 "대단하다. 도요타보다 나은 점도 많다"고 감탄했다. 차와 컴퓨터가 조화를 이루는 기술이 우리나라에서도 개발될 것으로 전망된다.

출처: 김희섭 기자, Weekly BIZ, 2008년 12월 6일

위에서 열거한 기업의 사례를 보면 기업의 경쟁우위 원천은 물리적 자산, 무형자산, 핵심역량의 3개로 요약할 수 있다. 생산관리의 중요한 관심사는 입지와 브랜드 같은 물리적 자산과 무형자산보다는 핵심역량에 있다. 본서에서는 주로 기업의 핵심역량 특히 생산과 관련된 역량을 공부할 것이다. 경영학 과목을 한 과목이라도 수강했다면 전략이라는 단어에 익숙할 것이다. 과연 전략과 핵심역량의 관계는 무엇인가? 이를 살펴보자.

1.4 전략과 핵심역량

경영학에서 전략분야는 1971년 Kenneth R. Andrews 교수가 유명한 *The Concept of Corporate Strategy*라는 책에서 제시한 틀을 중심으로 형성되기 시작하였다. 사실 이전에는 경영학이라고 하면 회계, 재무, 마케팅, 인사조직, 생산관리가 전부였다. Andrews 교수의 책으로 시작해서 경영전략이라는 새로운 분야가 탄생한 것이다. 당시에는 전략(strategy)이라는 용어를 사용하지 않고 정책(policy)이라는 용어를 사용했었다. Andrews 교수는 전략이라는 것은 기업이 할 수 있는 것(기업의 강점과 약점)과 해야 할 것(환경의 기

회와 위협)을 일치(match)시키는 것이라고 정의하였다. 우리가 잘 알고 있는 SWOT분석도 Andrews 교수의 이론에 근거한 것임을 알 수 있다.

이후 1980년 Michael E. Porter는 *Competitive Strategy: Techniques for Analyzing Industries and Competitors*라는 저서에서 기업의 강점/약점과 환경의 기회/위협을 어떻게 일치시키는가에 관한 방법론을 제시하였다. Porter 교수의 이론은 산업경제학의 SCP(structure-conduct-performance)학파이론과 맥을 같이 하고 있다. SCP학파는 산업의 경쟁구도(structure)가 기업의 행위(conduct)를 결정하고 기업의 행위가 또 기업의 성과(performance)를 결정한다는 것이다. 독과점 기업은 특별한 노력 없이도 높은 이익률을 유지할 수 있다는 것을 생각해보면 SCP학파의 주장도 일리는 있다. 그러나 반드시 모든 학자가 이를 옳다고 생각하는 것은 아니다. 여하튼 Porter 교수는 기업이 선택한 산업의 5가지 경쟁요인(force)에 의해 기업의 수익성이 결정된다고 하고 있다. 5가지 경쟁요인이 생각이 안나는 학생은 경영학원론 책을 한 번 보기 바란다. 여기서는 설명을 생략하겠다. Porter 교수의 이론에 의하면 기업이 어떤 산업을 선택하는가 하는 것이 가장 중요하며 다음으로 그 산업에서 어떻게 포지셔닝을 하는 것이 중요하다는 것이 된다. Porter 교수가 기업의 역량을 간과한 것은 아니지만 확실한 것은 산업의 선택을 더 강조했다는 것이다. 이 시점에서 조금만 생각해 보면 Porter 교수의 이론이 왜 공격당할 여지가 있는 것인지 여러분은 이해할 수 있을 것이다.

Porter 교수가 강조하는 산업의 선택보다는 기업의 역량이 더 중요하다고 강조하는 사람들이 있다. 1990년에 Prahalad와 Hamel 교수가 발표한 논문에서는 전략보다는 기업의 핵심역량을 강조하였다.[2] 핵심역량을 강조하는 사람들은 기업 경쟁우위의 원천은 전략보다 조직내 역량에 있다는 것이다. 새로운 전략수립은 기업이 보유하고 있는 자산에 의해 결정 되거나 제한을 받는다라고 강조하고 있다. SCP학파와 기업전략을 논하는 사람들과는 반대 입장을 취하고 있다. 기업이 조직내에 기술, 노하우, 지식이 없다면 전략수립에 한계가 있다는 것이다. Porter 교수가 강조하는 산업내의 포지셔닝(positioning)과는 상당한 차이를 가진 견해이다. 학습조직 혹은 지식경영도 결국은 핵심역량학파의 일원이라고 보아도 될 것이다. 물론 이것은 저자의 견해

---

2) Prahalad, C.K. and Hamel, G. (1990) "The core competence of the corporation," Harvard Business Review. pp. 79-91.

이기는 하지만… 판단은 여러분에게 맡기겠다.

핵심역량을 강조하는 학파가 비판을 받을 여지는 여러분도 곧 짐작할 수 있을 것이다. 조직내의 역량이 시장과 연결이 안된다면 문제가 생기지 않을까? 즉, 특정기업이 세계 최고의 기술을 갖고 있다고 해도 시장에서는 그 기술이 쓸모가 없다면 어떻게 되나? 또 최고의 기술을 갖고 있다고 해도 경쟁사가 곧 모방할 수 있는 기술이라면 어떻게 될 것인가? 여러분이 한번 생각해 볼 문제이다. 우선 기술중심사고의 문제점은 일본경제에서 비판이 일고 있다. LG경제 이지평 수석연구원의 글을 읽어보자.

기업동향 "기술 '오타쿠'가 독주… '갈라파고스 경제'에 빠져"

일본 기업의 강점은 '모노즈쿠리'(혼이 담긴 고도의 제조 능력)에 있다. 현장의 기술자가 꾸준히 기술과 노하우를 연마하면서 경쟁사가 따라올 수 없는 독특한 기술력을 축적하는 것이다. 일본 기업이 만든 고(高) 품질의 부품이나 소재, 기계는 첨단 기계에서부터 자동차, 전기전자 등 다양한 분야에서 세계의 산업을 뒷받침하고 있다. 미국항공우주국(NASA)도 중요 부품을 일본에서 조달할 정도다. 일본은 독자 기술로 4.5톤의 화물을 적재할 수 있는 우주 로켓 H2B의 발사에 성공, 2010년 퇴역할 예정인 미국의 스페이스 셔틀을 대신해 국제우주정거장 건설에서 활약할 것으로 기대를 모은다. 평판 TV, 하이브리드 자동차, 전기자동차, 태양전지, 각종 반도체, 초심해 원유 개발 장비 등 일본의 부품 및소재가 없다면 산업의 존립 자체가 어려운 것도 허다하다.

■ 현장의 우위를 살리지 못하는 전략 부재(不在)

이렇게 막강한 제조업 기반 위에 서있으면서도 일본 경제가 휘청대는 이유는 뭘까? 문제는 효과적인 비즈니스모델을 구축해 기술적 강점의 부가가치를 제고시키는 전략력, 기획력이 구미 선진 기업에 비해 부족하다는 데 있다. 글로벌 경영 환경에서는 강한 기술력이 고수익으로 연결될 수 있게 만드는 전략이 무엇보다 중요하다. 시장 상황에 따라 때로는 일전을 불사하고, 때로는 손을 잡아야 한다. 하지만 일본 기업은 이런 측면에서 뒤떨어진다. 일본 부품업체 중에는 세계 시장의 절반 이상을 지배하는 기업도 많다. 하지만 미국의 인텔 사(社)처럼 높은 수익률을 내지는 못한다. 완성품 업체도 비슷하다. 소니는 자신의 아성이었던 개인용 음악 장치 시장을 애플에 내줬다. 애플은 하드웨어 제조 분야에서는 뚜렷한 강점이 없고 아웃소싱에 의존한다. 하지만 자신이 가진 소프트웨어 개발력을 최대한 활용하면서 수많은 콘텐츠 기업을 활용하는 개방형 비즈니스 모델을 구축했다. 일본 기업의 경우 CEO가 현장은 잘 파악하고 있지만, 현장의 강점을 활용하는 글로벌 마인드가 부족한 경우가 많다. 일본 제조업체는 기술자 출신의 경영진이 대부분이다. 우수한 기술자가 경영진으로 승진해가는 기업 문화를 갖고 있다. 이로 인해 경영을 잘 모르는 '기술 오타쿠'(한 분야에 깊게 파고드는 마니아)가 경영진이 되어 방대한 조직을 운영하는 바람에 비효율을 낳고, 현장은 현장대로 2류 기술자만 남게 된다는 비판이 일본 내부에서 나온다. 일본 기업 중에는 고객이 요구하는 것 이상의 기술을 완벽하게 실현하겠다는 강박 관념에 사로잡혀, 고(高) 비용 제품을 만드는 바람에 세계 시장에서 외면당하는 경우도 있다. 물론 인구 1억 2,700만명에, 1인당 국민 소득이 3만 달러를 넘는 일본 시장에서는 '기술 오타쿠' 전략이 통할 수도 있다. 하지만 '기술 오타쿠'를 지나치게 좇는 바람에 세계 시장과 눈높이가 잘 맞지 않게 되고 고립된다. 이런 일본 기업의 모습을, 대륙과 떨어져 독특한 생태계를 형성한 태평양의 '갈라파고스' 섬에 비유하는 자기 비판의 목소리가 일본 재계에 높아지고 있다.

출처: 강경희 기자, 백승재 기자, 이지평 LG경제연구원 수석연구위원, 이케오 가즈히토(池尾和人) 게이오(慶應)대 경제학부 교수, 일본 전문가 3人의 '日경제 미스터리' 분석, Weekly BIZ, 2009.12.12.

일부 일본기업이 한국기업에 선두자리를 빼앗긴 주요 원인 중의 하나는 너무 조직내의 핵심역량만을 중시한 것으로 보인다. 시장과 역량을 동시에 볼 수 있는 관점이 필요하다. 바로 Andrews 교수가 주장하는 바이다.

경영학 이론은 다음과 같은 변천을 거쳐가고 있다. 처음에 Andrews 교수가 조직의 역량과 조직의 환경간의 일치를 중요시하였다. 그후 Porter는 산업의 선택과 산업내의 포지셔닝을 강조하였다. 그러자 핵심역량학파는 역량이 더 중요하다고 반박하고 나왔다. 자 역사는 돌고 도는 것인가? 근래에는 자원기반이론(resource-based view)이 부상하면서 SCP학파와 핵심역량학파의 견해를 종합하고 있다. 사실 자원기반이론은 Andrews 교수의 이론을 재부각시킨 것이나 마찬가지이다. 다만, 조직자원의 특성을 좀더 구체화하였다는 데 의의가 있다. 조직자원관점은 조직의 경쟁우위 중심에는 조직의 능력과 자원이 있다고 보고 있다. 또한 경쟁우위는 3가지 시장 영향력(market forces)에 의해 영향을 받는다고 하고 있다. 3가지 시장 영향력은 다음과 같이 정의된다.[3)]

첫째는 수요(demand) 측면이다. 조직자원과 핵심역량은 고객의 수요를 충족할 수 있으며 경쟁사보다 우월한가에 관한 것이다.

둘째는 자산이익의 귀속성(appropriability)이다. 자산에서 발행하는 이익이 누구에게 귀속되는가 하는 것이다.

마지막 자산의 희소성(scarcity)에 관한 것이다. 조직자원과 핵심역량을 경쟁사가 모방할 수 있는 것인가, 대체가능한 것인가 그리고 지속될 수 있는

3) David J. Collis and Cynthia A. Montgomery, "Competing on Resources, Harvard Business Review," July-August 2008.

것인가에 관한 것이다.

자원기반이론이 기존의 핵심역량중시학파와 차이가 나는 것은 단지 핵심역량이 중요한 것이 아니라 시장의 상황에 맞는 핵심역량을 갖고 있는가를 중시한다는 것이다. 즉, 역량과 시장을 모두 견주어 보고 기업의 경쟁력을 평가한다는 것이다. 이런 면에서 자원기반이론이 Andrews 교수의 이론과 일치하는 점이 있는 것이다.

그러면 생산관리는 어떤 면을 중시하는 경영학 분야인가? 생산관리를 가르치는 교수에 따라 생각이 다르겠으나 본서는 주로 위에 열거한 3개의 마켓포스 중 조직자산의 희소성에 초점을 맞추고 있다.

1.5 조직자산의 희소성과 모방의 어려움

다른 경쟁사가 갖고 있지 못하는 자산을 갖고 있다는 것은 기업으로서는 바람직한 것이다. 희소한 자원을 갖고 있는 조직이 경쟁우위를 갖는 것이 당연하다. 남이 모방하지 못하거나 대체하지 못하는 자산이 있다면 경쟁에서 이길 확률은 높아진다. 과연 자원의 희소성은 어떻게 생기는 것인가?

(1) 물리적 자산의 유일성을 통한 모방방지

우선 물리적 자산에 의해 생길 수도 있다. 이전에 언급한 건물과 토지의 입지도 이에 해당한다. 앞으로 차세대 전기자동차의 배터리에 쓰이는 재료, 즉 희토(稀土)는 중국에서만 생산된다고 한다. 중국은 다른 나라에는 없는 희토의 광산을 갖고 있다. 중국기업이 희소한 자산을 갖고 있는 것이다. 애플은 iPhone에서 사용하는 핀치기술(pinch technology) 즉, 손가락 두 개를 사용하여 그림의 확장 혹은 축소시키는 기술에 특허를 신청하였다고 한다. 핀치기술을 애플이 발명하는 않았지만 만일 특허가 허용되면 다른 스마트폰에서는 핀치기술을 사용할 수 없게 될 수도 있다. 특허도 경쟁사의 모방을 방지할 수 있는 효과적인 조직의 자산이다. 인터넷에 실린 애플의 특허관련기사를 보자. 어렵겠지만 영어공부 한다는 셈치고 한번 해석을 해보시기를…

Apple Files for Patent over iPhone 'Pinch' Technology

Apple Inc. is not the inventor of Multitouch technology; however, it unarguably does take the credit of popularizing the technology with its hugely successful iPhones venture.

....

Now, as the rival companies like Nokia, Synaptics, Dell and RIA go gunning for Multitouch technology to develop similar devices to take on the iPhone, Apple Inc. has been the defensive and has sought the patent of the 'pinching' or 'pinch' technology. This refers to the functioning in Multitouch-enabled iPhones where images can be zoomed and enlarged by pinching the touch screen.

....

Even though, patent experts opine that a gesture like the 'pinch' cannot be patented; however, similar gesture used to derive a special function in other devices (similar to the iPhone) will be considered an infringement of the technology.

출처: http://www.iphonestalk.com/apple-files-for-patent-over-iphone-pinch-technology/

물론 특허가 물리적 자산인가에 관한 것은 논란이 있을 수 있겠으나 저자는 그냥 물리적 자산으로 분류하였다. 여기에서 중요한 점은 특허와 같은 자산을 통해 기업은 타 경쟁사의 모방을 방지하고자 한다는 것이다. 모방방지는 기업자산을 보호하고 경쟁우위를 준다.

(2) 경로의존성에 의한 모방의 어려움

어떤 사람들은 기술을 사면 되지 않느냐고 한다. 과거 한국 최대 재벌기업의 회장도 기술은 사면되는 것이지 왜 구태여 개발하는가 하는 경영철학을 갖고 있었던 것으로 알려져 있다. 그러나 기술을 산다고 모든 문제가 해결되는 것은 아니다. 좋은 기술은 사기도 어려울 뿐 아니라 산다고 해도 문제는 생긴다. 삼성전자가 처음에 반도체를 개발할 때 일본 기업은 기술을 팔 생각도 없고 가르쳐 주려고도 안 했다고 한다. 현대자동차도 과거 미쓰비시 자동차에서 엔진설계도면을 사서 엔진을 개발하였으나 수많은 문제에 봉착하고 미쓰비시 자동차의 엔지니어도 적극적으로 도와주지를 않아서 애를 많이 먹었다고 한다. 도와주기는 커녕 훼방을 놓은 적도 있다고 한다. 사실 모든 기업이 자신의 기술을 보호하고자 하는 것은 당연하다. 우리나라 기업도 다른 기업이 기술을 개발하고 좇아 온다고 하면 걱정거리가 되는 것이다. 현대차가 엔진기술을 개발한 기사를 읽어보자.

기업동향 정몽구 회장의 미소

지금 잘나가는 현대자동차는 25년 전만 해도 엔진설계 부서가 없었다. 이현순 현대차 부회장이 1984년 미국 GM자동차에서 엔지니어로 영입되면서 직원 5명으로 엔진 부서가 꾸려졌다. 당시 현대차는 일본 미쓰비시에서 엔진을 공급받아 스텔라, 엑셀을 만들었다. 미쓰비시가 최대 주주였다. 엔진을 사 오면서 주식으로 대금을 줬기 때문이다. 현대차에 기술이전을 꺼리던 미쓰비시는 이 부회장이 독자기술을 개발할까 경계심을 가졌다. 눈에 가시 같은 존재였다. 구보 도미오 미쓰비시 회장은 1989년 "최신 기술을 줄테니 이현순을 해고하라. 로열티 절반을 깎아 줄테니 사표를 받아라"는 식으로 압박했다. 솔깃한 제안이었다. 서울올림픽이 열리던 1988년 현대차가 800억원의 최대 순익을 내고도 450억원을 미쓰비시에 바치던 시절이었다. 그러나 고 정주영 회장은 그 제안을 거절했다. 미쓰비시는 집요했다. 이 부회장이 독일 출장을 간 사이 이사회에서 보직을 해임하고 책상을 치워버렸다. 자리가 없어 복도에서 일을 봐야 하는 설움을 당했다. 현대차 내부에서도 엔진 개발에 성공하리라는 믿음이 크지 않았다. 하지만 6개월 뒤 정 회장이 그를 원대복귀시켰다. 현대차는 결국 1991년 첫 독자 엔진을 시작으로 2002년엔 세계를 놀라게 한 세타 엔진을 개발했다. 세타 엔진 기술은 미쓰비시에 로열티를 받고 팔았다. 그것도 이현순 사인이 없으면 디자인 변경 불가 조건까지 붙였다. 미쓰비시를 누르는 순간이었다.

출처: 박재현 국차장 겸 지식부장, 매경포럼, 매일경제, 2009/11/18

기술은 제조업에서는 핵심경쟁력의 원천이다. 기술이 우수한 기업은 제조업에서 경쟁우위를 점할 수 있는 중요한 자산을 갖고 있는 셈이다. 그런데 왜 기술은 쉽게 모방하기가 어려운 것인가? 수많은 인원과 예산을 투입하면 곧 선진기술을 따라 잡을 수 있는 것이 아닌가? 자원기반관점을 주장하는 학자들은 기술과 같은 조직자산을 개발하려면 많은 시간이 걸린다고 하고 있다. 어떤 조직자산은 특정한 경로(path)를 거쳐서 개발되기 때문에 단시간에 좇아 갈 수가 없다는 것이다. 이른바 경로의존성(path dependency) 때문에 어떤 자산을 쉽게 모방할 수 없다는 것이다. 자동차의 엔진개발이 좋은 예가 될 수 있다. 현대차는 다행히 기술개발에 성공하였으나 무려 20년이라는 세월을 투자한 것이다. 모든 기업이 개발에 투자한다고 성공하는 것은 아니다. 시간도 많이 걸릴 수 있고 또 실패의 위험도 크다.

경로의존성은 단지 엔진과 같은 엔지니어링 제품에 국한된 것은 아니다.

고객에 대한 이해와 서비스개발, 생산공정의 노하우도 일정한 시간과 투자가 있어야 따라 갈 수 있는 조직자산이다. 경로의존성이 강한 조직자산을 갖고 있는 기업은 경쟁우위를 상당기간 유지할 수 있는 이점이 있다.

(3) 원인불투명성에 의한 모방의 어려움

마지막으로 조직자산을 모방하기 어려운 이유는 어떻게 해서 조직자산이 개발 혹은 창출되는지를 명확히 알 수 없는 경우이다. 소위 말하는 원인불투명성(causal ambiguity)이다. 사실 성공한 기업의 임원들에게 어떻게 성공이 가능했는가를 물어보면 답하는 사람마다 설명이 다를 수도 있고 때로는 본인들도 정확하게 어떤 요소가 성공요인으로 작용했는가를 정확히 설명하지 못할 때가 있다. 기업이 성공적인 제품, 기술, 공정, 서비스를 개발했을 때는 사실 여러 요소가 복합적으로 작용한 경우가 대부분이다. 따라서 하나나 두 개의 요소로 성공을 설명할 수도 없고 설명하기도 어렵다. 원인불투명성은 조직자산을 창출하는 데 기여한 요소를 명확히 파악할 수 없거나 여러 요소가 복합적으로 작용했을 때 나타난다. 좋은 예가 될지는 모르겠으나 인간이 아픈 현상은 여러 원인에 의해 나타나기 때문에 때로는 의사들도 원인을 정확이 알 수 없을 때가 있다. 원인불투명성은 특히 조직구성원 다수가 힘을 합하여 자산이 만들어졌을 때 발생한다. 대부분의 경우 조직능력(organizational capabilities)은 원인불투명성을 지니고 있다. 좋은 예는 생산방식이다.

Alan Pilkinton 교수는 일본 도요타자동차의 공장과 생산방식을 많은 기업이 모방하고자 하였으나 대부분은 완전한 시스템을 구현하는 데 실패하였다고 분석하고 있다.

The result was a factory that has been studied worldwide. It has been widely emulated, but not always with the expected results, as many firms fail to adopt the full system[4)]

Pilkinton 교수가 지적한 것과 같이 많은 기업이 도요타의 생산방식을 그대로 모방할 수 없는 이유 중 하나는 바로 생산방식이 조직능력에 의해 구

4) Alan Pilkington, (1998) "Manufacturing Strategy Regained: Evidence for the Demise of Best-Practice", California Management Review, Vol. 41, No.1, pp.31-42.

그림 1-1 생산계획의 집행 흐름도

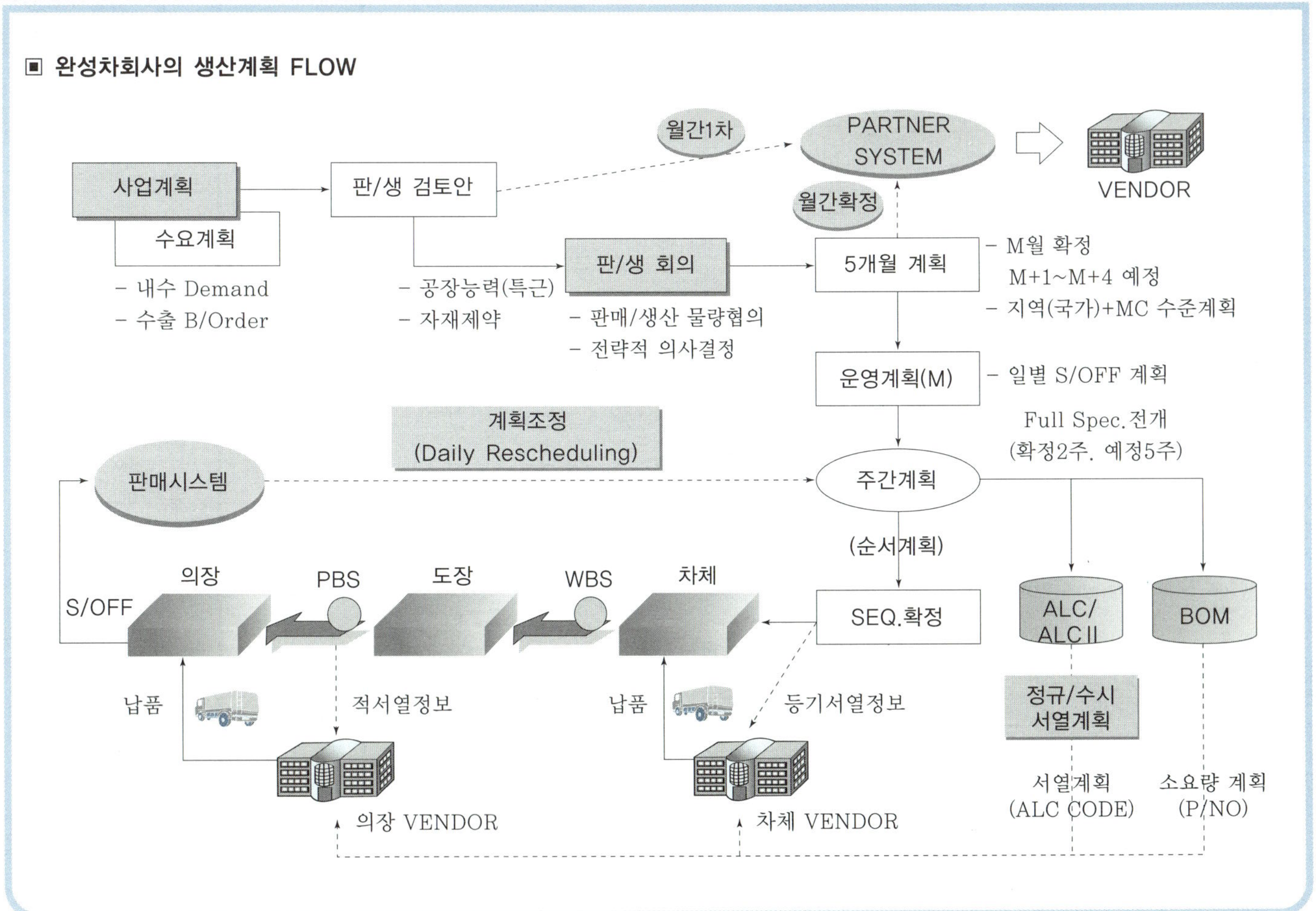

현되며 조직능력은 능력이 생성되는 원인이 불투명하기 때문이다. 학생들의 이해를 돕기 위해 완성차회사에서 생산이 어떻게 진행되는가를 도식화하였다(그림 1-1). 생산을 진행하려면 사업계획, 판매/생산회의, 생산계획, 집행, 생산공정진행, 협력업체의 협조 등 복잡한 과정을 거쳐야 한다. 생산은 조립공장의 수천명, 그리고 부품업체의 수만명의 종업원이 일사분란하게 움직여 주어야 효율적으로 생산목표를 달성할 수 있다. [그림 1-1]을 보면 생산관리가 얼마나 복잡하게 운영되는가를 짐작할 수 있을 것이다. 어떻게 생산계획이 훌륭하게 집행될 수 있는가를 설명하라고 하면 난감해질 수밖에 없다. 그만큼 기업의 생산프로세스는 여러 요인과 수많은 사람들이 복합적으로 작용하여 수행되기 때문이다. [그림 1-1]을 보면 원인불투명성을 이해할 수 있을 것이다. 생산계획의 집행에 관한 구체적 설명은 다른 장에서 하기로 하겠다.

도요타 생산방식의 개념은 쉽다. 누구나 이해할 수 있는 것이다. 미리 생산을 하지 말고 적시에 적량을 생산하는 것이다. 그러나 도요타 생산방식의 개념을 실현시키기 위해서는 시스템과 프로세스를 구축하여야 하고 또 인간간의 협동이 필요한데 이것이 어려운 것이다. 또 도요타 생산방식을 수행하기 위해서 어떻게 수많은 사람이 시스템 속에서 움직여야 한다는 것을 파악하기는 쉽지 않다. 이런 원인불투명성 때문에 조직의 능력을 모방하기가 어려운 것이다.

1.6 환경과 전략의 선택

다시 한번 기업의 환경과 전략을 살펴보자. 본 장에서는 기업이 어떤 생산전략과 공정을 선택하는가를 궁극적으로 설명하고자 한다. 이를 설명하기 이전 우선 기업의 전략과 역량을 다시 한번 검토해 볼 필요가 있다.

(1) 전략적 적합성(strategic fit)과 조직적응력의 개념

1971년 Andrews 교수가 주장한 것은 기업의 역량과 기업환경을 일치시켜야 한다는 것이다. 즉, 전략적 적합성(strategic fit)의 중요성을 강조한 것이다. 우리나라 문화와 연계하여 생각하면 "궁합"의 중요성을 말하는 것이라고나 할까? 전략적 적합성의 중요성은 당연히 기업 적응력(adaptability)의 중요성으로 이어진다. 환경변화에 따라 기업이 전략을 수정하고 수립하여 적합성을 유지하는 것이 경쟁력과 연결되기 때문이다. Haeckel(1999)[5]은 그의 저서에서 감지와 반응모델(sense-and-respond model)을 제시하고 있다. 환경은 불연속의 연속이므로 기업은 계속해서 변화를 시도해야 한다는 것이다. 미래에 대한 예측을 하려고 하기 보다는 변화라는 도전에 맞추어 신속하게 반응하는 것이 중요하다는 것이다. 결국 적응력이라는 용어가 중요시되고 있다. 또 유연성(flexibility), 민첩성(agility), 대응력(responsiveness)이라는 용어도 출현하였다. 여하튼 Haeckel은 조직이 정말로 적응력을 갖추려면 완전히 새로운 구조를 갖추고 새로운 방식으로 정보를 처리하며 조직을 시스템으로 운영해야 한다고 주장하고 있다.

Andrews 교수가 주장한 것과 Haeckel이 주장한 것의 차이는 기업의 행위를 정체적으로 볼 것인가 동태적으로 볼 것인가에 달려 있다. Haeckel은 기업환경은 시간에 따라 변화하므로 기업이 변화에 따라 반응하는 것이 필요하다는 것이다. 동태적 관점에서 기업행위를 제시한 것이다.

(2) 조직역량: 양면조직과 동적조직능력

전략적 적합성과 조직적응력이 논의되는 와중에 March 교수는 1991년 기업의 양면성에 관한 중요한 논문을 발표한다. March 교수의 주장은 기업은 새로운 가능성을 '탐구'(exploration)하는 동시에 기존의 핵심역량을 '활용'(exploitation)하는 양면성을 지녀야 한다 라고 요약할 수 있다. 기업의 양면성(ambidexterity)을 중요시한 것이다. ambidexterity는 양손잡이 혹은 손재주를 뜻하는 단어인데 여기서는 두 개의 서로 다른 역량을 갖추고 있어야 한다는 뜻이 된다.

Haeckel은 환경변화에 대한 감지와 반응을 중시한 반면 March 교수는 환경변화의 기회를 감지하여 이를 활용하는 능력도 중요하지만 기존의 역량을 활용할 줄 아는 능력도 중요하다는 것이다.

사실 March 교수가 이런 주장을 하기 이전에는 조직은 효율성을 추구하든가 혹은 창조성을 추구하든가 둘 중의 하나를 택해야지 두 개를 다 추구할 수 없다는 주장이 대세였다. 즉, 두 마리 토끼를 다 좇다가는 두 마리 다 놓친다는 것이다. 양면성을 기업이 추구한다는 것은 말처럼 쉬운 것은 아니다.

---

5) Stephan H. Haeckel, (1999), Adaptive Enterprise: Creating and Leading Sense-and-Respond Organizations, Harvard Business School Press, Boston, MA.

김연아 선수 보고 피겨스케이팅 뿐 아니라 스피드 스케이팅도 잘하라고 하는 것과 같은 것이다(김연아 선수라면 할 수 있을지도 모르지만…).

여기에서 탐구(exploration)는 탐색, 변화, 위험감당, 실험, 유희, 유연성, 발견, 혁신과 같은 활동을 포함한다. March 교수의 원문은 다음과 같다.

Exploration includes things captured by terms such as search, variation, risk tak-ing, experimentation, play, flexibility, discovery, innovation.

반면 활용(exploitation)은 정제, 선택, 생산, 효율, 선발, 적용, 실행과 같은 활동을 의미한다. 역시 원문의 단어를 그대로 전달하기 위해 원문문장을 실었다.

Exploitation includes such things as refinement, choice, production, efficiency, selection, implementation, execution.

March 교수가 주장하는 것과 Haeckel을 포함한 적응력중시학파의 차이는 조직이 무엇을 중시하는가에 있다. 다시 말하면 경영자가 무엇에 초점을 맞추어야 하는가에 관한 것이다. 적응력중시학파는 환경변화에 대한 조직의 적응을 중시한 것이다. 반면 March 교수를 중심으로 한 양면성학파는 조직이 환경에 적응하기 위한 혁신과 위험감당도 중요하지만 기존에 조직이 보유한 핵심역량을 보존하고 이를 활용하는 능력도 중요하다는 것이다. March 교수는 조직이 현재의 역량을 모두 버리고 새로운 것만을 탐구하면 얻는 것이 없다고 경고하고 있다.

Adaptive systems that engage in exploration to the exclusion of exploitation are likely to find that they suffer the costs of experimentation without gaining many of its benefits.

그리고 탐구와 활용의 균형을 유지하는 것이 생존과 번영의 중요한 요소라고 주장하고 있다. March 교수는 동양철학인 중용(中庸)과 기본적 사고면에서 동일하다. 또한 과유불급(過猶不及)을 중시하고 있다. 또 기업이 하나만

잘하는 것으로써는 부족하다는 것이다. 두 가지를 잘 해야 지속적 성장이 가능하다고 하고 있다.

Maintaining an appropriate balance between exploration and exploitation is a primary factor in system survival and prosperity.[6)]

March 교수의 이론은 생산관리에서는 특히 중요한 시사점을 갖고 있다. 생산관리에 가장 많은 영향을 미친 것은 일본기업의 생산방식이다. 일본기업은 제품의 설계, 개발, 생산, 자재관리면에서 세계의 어느 기업보다도 우위를 점하는 프로세스를 만든 것이 사실이다. 그리고 특히 도요타는 이런 면에서 생산관리 역사에 새로운 장을 쓴 기업이다. 도요타는 March 교수가 주장하는 양면이론을 충실히 추구한 기업이라고 할 수 있다. 개선(카이젠: 改善)을 통해 자신들의 역량을 충실히 쌓아가면서 품질을 열망하는 고객의 요구에 맞게 변신을 한 것이다. 1960년대 미국에서는 일본기업 제품은 불량의 대명사였다. 그러나 1990년대에 와서는 일본제품은 품질과 신뢰와 동일어가 된 것이다. 우리에게 희망적인 것은 한국기업의 도약이다. 우리나라 기업은 일본기업을 추종하는 전략을 택한 것이 사실이다. 그러나 일부 기업은 이제 일본을 넘어서 나름대로의 핵심역량을 구축하고 있다. 이미 조선, 철강, 반도체부문에서 한국기업이 일본기업을 추월했으며 난공불락이라고 여겨졌던 자동차도 일본의 아성을 넘보고 있다. 이제 앞으로는 미국과 유럽의 선진국에서 한국기업의 전략과 생산방식이 교과서에 실릴 날이 올 것으로 기대 해본다.

우리가 또 하나 생각해보야 할 것은 과연 카이젠과 같은 점진적 개선이 옳은 것인지 아니면 BPR(business process reengineering)과 같은 혁신이 옳은 것인지 하는 것이다. 아니면 점진적 개선과 BPR은 상황에 따라 적절히 적용하는 것이 옳은 것인지 학생들이 한번 생각해 보기 바란다. 아마도 March 교수가 주장하는 것은 카이젠, BPR 모두를 균형 있게 적용해야 한다는 것 같다. 두 개 방식의 방향과 기반 사고를 놓고 보면 카이젠은 March 교수가 말하는 '활용'에 가깝고 BPR은 '탐구'에 가깝기 때문이다.

March 교수가 주장한 이론과 유사한 이론을 UC Berkeley의 David J.

---

6) James G. March, (1991) "Exploration and Exploitation in Organizational Learning," Organization Science, Vol. 2, No. 1, February.

Teece 교수도 동적조직능력(dynamic organizational capabilities)으로 주장하였다. 두 이론은 외부환경과 내적역량의 일치(alignment)라는 면에서 일맥상통한다.

본 교과서를 공부하면서 학생들은 1장에서 설명한 제반 이론을 생각하며 이론들이 어떻게 생산관리의 각 주제에 적용될 수 있는가를 생각해보기 바란다.

1.7 린생산방식과 민첩생산방식

생산관리분야에서 생산방식은 중요한 이슈이다. 여기에서 말하는 생산방식은 사실 생산철학, 생산전략, 생산시스템을 내포하고 있다. 현재까지 생산방식은 크게 두 개로 나누어진다. 하나는 일본기업이 택한 린생산방식(lean manufacturing systems)이다. 또 1991년 미국 Lehigh University Iaccoca Institute 소속의 학자들이 처음으로 제시한 민첩생산방식(agile manufacturing systems)이다.

(1) 린생산방식

우선 린생산방식을 설명하겠다. 린생산방식은 도요타의 생산방식의 특성을 분석하고 개념화 한 미국교수들이 만들어 낸 용어이다. 도요타 생산방식의 기본 철학은 생산과정에서 낭비(한자로는 無駄, 히라카나로는 むだ, "무다"라고 발음)를 철저히 제거하는 것이다.

Naylor et. al(1999)[7]도 린생산방식은 모든 낭비(시간 포함)를 제거한 가치사슬을 개발하고 평준화생산을 구현하는 것이다라고 정의하고 있다.

Leanness means developing a value stream to eliminate all waste, including time, and to ensure a level schedule.

린생산방식은 어떤 배경 속에서 탄생하였을까? 아마도 60년대 모든 면즉, 규모의 경제, 품질, 신뢰성, 브랜드 파워, 유통 등에서 열악하였던 일본

7) J. Ben Naylor, Mohamed M Naim, Danny, Berry, (1999) "Leagility: Integrating the lean and agile manufacturing paradigms," Int. J. Production Economics, 62, 107−118. in the total supply chain

자동차기업은 미국자동차회사와 경쟁할 수 있는 유일한 경쟁무기가 가격이라고 생각했을 것이다. 가격경쟁력 제고를 위해서는 생산효율성 제고가 중요하게 되었을 것이고 이는 곧 생산과정(공급업체 포함)에서 모든 낭비를 제거하려는 시도로 연결되었을 것이다.

린생산방식이 미국시장의 경쟁상황을 인식하고 만들어진 것은 사실이겠으나 확실한 것은 발전과 진화과정에서 낭비제거라는 조직의 핵심역량 개발에 초점이 맞추어졌다는 것이다. 일본의 자동차회사는 기본적으로 핵심역량 개발에 전략적 중요성을 둔 것이다. 즉, 일본자동차회사는 의도한 것은 아니겠으나 핵심역량학파의 이론을 충실하게 좇은 회사라고 할 수 있다.

한편 린생산방식을 연구한 Lehigh University Iaccoca Institute 소속의 학자들은 미국회사가 일본기업과 경쟁하려면 민첩생산방식을 채택하여야 한다고 제시하였다. 민첩생산방식는 어떤 경영학적 사고에 기초한 것인가? 민첩생산방식도 핵심역량학파가 주장하는 틀 속에 속하는 방식이고 전략인가? 이를 살펴보자.

(2) 민첩생산방식

Naylor et. al(1999)[8]는 민첩성은 시장지식과 가상기업을 이용하여 변화가 심한 시장에서 이익이 날 수 있는 기회를 활용하는 것이라고 정의하고 있다. 즉, 시장의 기회활용을 중시한 정의이다.

Agility means using market knowledge and a virtual corporation to exploit profitable opportunities in a volatile market place.

Gunasekaran(1999)[9] 교수는 한 걸음 더 나아가 시장의 변화에 맞춘 핵심역량을 중시하고 있다. 핵심역량을 기반으로 하여 여러 기업과 동맹관계를 수립할 것, 정보의 중요성, 불확실성을 관리하기 위해 조직을 강조하고 있다.

정리하면 린생산방식의 조직내부의 역량에 초점을 맞춘 반면 민첩생산방식은 시장의 변화에 맞추어 핵심역량을 개발하는 것을 강조하는 것이다.

8) J. Ben Naylor, Mohamed M Naim, Danny, Berry, (1999) "Leagility: Integrating the lean and agile manufacturing paradigms," Int. J. Production Economics, 62, 107–118. in the total supply chain

9) A. Gunasekaran, (1999) "Agile manufacturing: A framework for research and development," Int. J. Production Economics, 62, pp. 87–105.

이제 학생들은 왜 앞에서 March 교수의 양면성 이론을 소개하였는지 짐작할 수 있을 것이다. 미래지향적인 생산방식이 민첩생산방식이라고 하면 이 생산방식이 바로 양면성학파와 대응력중시학파가 주장하는 이론 선상에 놓여 있는 것을 알 수 있다. 아직 고개를 갸우뚱하는 학생이 있다면 Y.Y. Yusuf, M. Sarhadi, A. Gunasekaran(1999)[10]가 말하는 민첩생산방식의 요소를 보기 바란다.

- 고품질이면서 맞춤형 제품(high quality and highly customized products)
- 고부가가치제품/서비스(products and services with high information and value-adding content)
- 핵심역량의 동원(mobilization of core competencies)
- 사회환경문제에 대한 대응력(responsiveness to social and environmental issues)
- 다양한 기술의 종합(Synthesis of diverse technologies)
- 변화와 불확실성에 대한 대응력(Response to change and uncertainty)
- 조직내와 조직외의 통합(Intra-enterprise and inter-enterprise integration)

위에 열거한 핵심요소를 보면 핵심역량의 동원, 사회와 환경에 대한 대응력이라는 개념이 나오는 것을 알 수 있다. 아마도 이쯤 되면 아무리 의심이 많은 학생도 민첩생산방식에는 양면성학파의 이론과 대응력중시이론에 맞는 방식이라는 것을 수긍할 것이다.

그렇다면 과연 민첩생산방식은 정말 미래지향적이며 바람직하고 한국의 기업들이 채택해야 하는 방식인가? 이에 대한 답을 구하려면 우선 민첩생산방식의 기본개념이 되는 유연성과 민첩성을 설명해야 할 것이다.

왜 유연성(flexibility)과 민첩성(agility)이 중요한가? 이에 대한 답은 기업환경의 급속한 변화에 있다. 기업환경은 변화의 내용도 다양하지만 변화의 속도도 중요하다. 변화가 급속하게 진행되면 기업이 이에 대응하기가 어렵다. 환경변화가 급속하게 진행되면 예측이 사실상 불가능해진다. 예측에 의

10) Y.Y. Yusuf, M. Sarhadi, A. Gunasekaran, (1999), "Agile manufacturing: The drivers, concepts and attributes," Int. J. Production Economics, 62. pp. 33-43.

해 기업을 경영하고 전략을 수립한다는 것에 한계가 있는 것이다. 따라서 유연성과 민첩성이 중요해지고 있다

유연성과 민첩성의 차이는 무엇인가? 유연성에 관한 연구에 큰 기여를 한 교수는 David M. Upton(1994)[11)]이다. 그는 유연성을 시간, 노력, 비용, 혹은 성과면에서 거의 희생이 없이 변화하고 반응할 수 있는 능력이라고 정의하고 있다.

Flexibility is the ability to change or react with little penalty in time, effort, cost or performance.[ibid]

또 APICS 사전은 유연성을 "제조시스템이, 범위와 시간 측면에서, 외부 또는 내부의 변화에 빠르게 반응하는 능력(the ability of the manufacturing system to respond quickly, in terms of range and time, to external or internal change)"이라고 정의하고 있다.

이미 설명한 바 있는 민첩성과 유연성을 비교하여 보면 기본적으로 개념상 차이가 없는 것을 알 수 있다. 물론 민첩성을 시장기회를 언급하여서 시장에 대한 대응을 중시하고 있다. 또 유연성 정의를 보면 유연성은 역량을 중시하는 뉴앙스를 풍기고 있다. 그러나 근본적으로 큰 차이가 없다. 본서에서는 민첩생산시스템은 유연성이라는 핵심역량이 있을 때 실현가능한 것으로 정의하겠다.

그렇다면 린생산시스템과 같이 역량중심의 시스템과 민첩생산시스템과 같이 시장대응력을 중시하는 시스템이 생산전략상 어떤 차이를 가져오는 것일까? 혹은 생산전략의 차이가 린생산시스템과 민첩생산시스템 중 하나를 선택하도록 하는 것일까? 이점을 생각해보자.

(3) 린생산시스템과 민첩생산시스템의 차이점과 선택

가상적인 예를 만들어 설명하겠다. 만약 A라는 회사의 최고경영진이 시장기회를 최대한 활용하여 판매를 중시하는 전략을 수립했다고 하자. 이 회사의 생산전략은 시장에 적극 대응하는 전략일 것이다. 당연히 이 회사의 생

---

11) David M. Upton, (1994) The Management of Manufacturing Flexibility, California Management Review, Winter.

산시스템은 민첩생산시스템으로 가야 할 것이다. 반면 B라는 회사는 당장의 시장기회를 살려서 매출을 중시하기 보다 품질과 생산 안정성을 중시한다고 하자. 그렇다면 이 회사의 선택은 린생산시스템이 될 것이다. 기업의 정책과 전략에 따라 생산시스템의 선택이 달라질 수 있는 것이다.

좀더 구체적으로 차이점을 설명하겠다. 린생산시스템을 선택한 기업은 시장수요의 변동이 있어도 이에 대응하여 기존에 수립한 생산계획을 변경하기보다는 생산계획을 준수하여 생산을 지속하는 것이다. 생산계획의 불변은 생산의 안정과 품질의 확보에 기여한다는 철학이다. 각 모델별로 기존의 일별 판매량을 산정하여 판매를 예측하고 이를 기반으로 모델별 일정한 수준의 생산량을 유지하는 것이다. 나중에 좀더 상세히 설명할 생산평준화를 택하는 것이다. 모델별 판매가 변한다고 생산계획을 즉각 변동하지 않는 것이 린생산시스템의 주요 요소이다.

그러나 민첩생산시스템을 선택한 기업은 이미 생산계획을 수립하였다고 하여도 모델별 판매변화가 있다고 하면 생산계획을 수정하여 최대한 생산에 반응하는 것이다. 이때 공급사슬의 대응력이 매우 중요하다. 대기업과 납품업체가 마치 하나의 기업처럼 움직일 수 있을 때 실현가능한 것이다.

생산전략이 무엇이냐에 따라 생산시스템이 달라질 수 있다. 과연 어떤 생산전략과 생산시스템을 선택할 것인가가 경쟁사 대비 차별화를 할 수 있을 뿐 아니라 선택의 적절성은 경쟁우위로 이어질 수 있다. 과연 우리나라 기업이 도요타와 같은 린생산방식을 추종할 것인가 아니면 민첩생산시스템으로 승부할 것인가는 매우 중요한 선택이다.

2 생산전략과 생산공정

경영이론의 변천을 잠시 다시 살펴보자. 전략의 적합성이론은 상황이론에 뿌리를 두고 있다.[12] Van de Ven(1979)[13] 교수는 상황이론의 개발에 상당

12) N. Venkatraman and John C. Camillus, (1984) "Exploring The Concept of Strategic 'Fit' in Strategic Management," Academy of Management Review, Vol. 9, No. 3, 513-525.
13) Van de Ven, A. H. Review of Aldrich's (1979) book- Organizations and environ-ments. Administrative Science Quarterly, 1979, 24, 320-326.

한 기여를 하였다. 상황이론은 이전에 제시된 Woodward(1965)[14] 교수의 기술-구조 정렬(technology-structure alignment)을 설명하는 데도 유용하게 사용되었다.

2.1 기업목표와 생산전략

생산전략의 목표는 제품과 서비스 측면에서 경쟁우위를 달성하는 것이다. 이 목표를 달성하기 위해서는 적절한 생산공정과 생산인프라가 있어야만 한다. 즉, 생산전략을 실현할 수 있는 생산공정의 선택과 생산인프라 구축이라는 좀더 구체성 있는 의사결정으로 연결되어야 한다.

런던 비즈니스 스쿨(London Business School)의 테리 힐(Terry Hill)[15]은 기업의 전략이 생산공정선택과 생산인프라 구축으로 연결되는 과정을 [표 1-4]와 같이 요약 · 제시하고 있다.

[표 1-4]는 기업의 목표, 마케팅 전략, 기업이 추구하는 핵심경쟁력, 생산전략의 연결성을 보여 주고 있다. 기업의 목표가 성장을 추구하는 시장점유율의 확대 혹은 수익성을 중시하는 것이냐에 따라 마케팅 전략이 달라지며, 이 마케팅 전략에서 추구하는 핵심경쟁력도 달라진다. 핵심경쟁력은 주로 가

표 1-4 전략과 공정 선택의 틀

정보서비스	마케팅전략	핵심경쟁력	생산전략	
			생산공정선택	생산인프라
• 성장 • 생존 • 수익성 • 투자수익률 • 기타 재무성과지표	• 시장분할 • 제품믹스 • 표준화와 비표준화 • 혁신 • 리더전략과 추종전략	• 가격 • 품질 • 유연성(스피드) • 디자인 • 브랜드 이미지 • 기술적 지원 • A/S	• 생산공정 대안 • 생산공정 대안간의 장·단점 • 재고수준 • 생산 · 구매결정 • 생산능력 • 생산거점	• 생산기능지원 • 생산계획수립 • 품질관리 • 제조엔지니어링 • 관리지원 • 보상제도 • 직무구조 • 조직구조

14) Woodward, J. (1965), Industrial organization: Theory and practice. London: Oxford University Press.
15) Terry Hill, *Manufacturing Strategy: Text and Cases*, 2nd ed., Irwin.

격, 품질, 스피드 등으로 구성되는데 핵심경쟁력 측면에서 경쟁사보다 상대적 우위를 점하기 위한 생산전략을 수립하여야 한다. 생산전략에서 가장 중요한 부분의 하나는 생산공정의 선택이다. 생산공정의 선택은 생산원가, 생산의 스피드, 품질 등의 핵심경쟁력에 많은 영향을 미치기 때문이다.

2.2 생산전략과 생산공정의 선택

기업이 추구하고자 하는 핵심경쟁력에 따라 경영자는 포지셔닝 전략(positioning strategy)을 선택하여야 한다. 포지셔닝 전략은 기업이 경쟁사와는 다른 특화된 위치를 시장에서 점하기 위한 전략이다. 포지셔닝 전략은 결국 특성화를 현실화하기 위한 구체적 전략이며, 소비자의 수요와 시장의 특징에 따라 기업이 취할 생산의 특성을 결정하게 된다. 즉, 포지셔닝 전략에 따라 기업은 [표 1-5]와 기업이 비표준제품 주문생산, 표준제품 주문생산, 표준제품 대량생산의 선택을 하게 된다.

만일 포지셔닝 전략이 고객의 다양한 주문을 최대한 충족하는 것이라고 한다면 이 기업은 고객의 주문에 따라 제품을 설계·개발하여 생산하는 비표준제품 주문생산방식을 택하게 될 것이다. 비표준제품 주문생산은 주로 조선과 같이 선주(고객)의 요구에 따라 사양이 달라지는 제품이다. 이 경우 제품의

표 1-5 생산의 특성과 생산공정

생산특성	소량생산		표준제품 대량생산 (make－to－stock)
	비표준제품 주문생산 (make－to－order 혹은 engineer－to－order)	표준제품 주문생산 (assemble－to－order)	
제품특성	고객의 주문을 받아 설계를 새로 하거나 기존의 설계를 변경하여 생산하는 제품	표준화된 제품으로 부품과 반제품을 미리 준비하여 두고 고객의 주문이 들어오면 생산을 시작	표준화된 제품으로 미리 생산하여 재고를 축적하여 둠
제 품	조선, 인쇄기계, 건설	공작기계, 의료기계, 가구	자동차, 가전제품
생산공정	공정별 배치 (process－focused layout)	공정별 배치와 제품별 배치의 중간형태	제품별 배치 (product－focused－layout)

개발비용 때문에 제품의 판매가는 상승한다. 반면에 포지셔닝 전략이 가격경쟁이라고 하면 기업은 표준제품의 대량생산방식을 택하여 생산단가를 최소화하려고 한다. 표준제품 대량생산은 개인용 컴퓨터, 자동차, 가전제품 등과 같이 수요가 항상 발생하는 제품에 해당된다. 또 포지셔닝 전략이 특정 고객에 대한 표준제품의 판매일 수도 있다. 이 경우 표준제품을 생산하는 데 필요한 부품과 원자재를 항상 비축하여, 고객의 주문이 오면 생산을 즉시 시작하는 표준제품 주문생산의 형태를 취한다. 표준제품 주문생산에는 공작기계와 같은 제품이 해당된다.

[표 1-5]의 마지막 행에는 각 생산 및 제품의 특성에 대해 기업이 선택할 수 있는 생산공정을 예시하였다. 공정별 배치는 특정 기능 혹은 업무를 수행하는 기계를 그룹화하여 배치하고, 제품이 배치된 기계로 이동하며 가공 혹은 조립되는 것이다. 공정별 배치에서는 고객의 다양한 취향에 맞는 다품종 생산이 가능하나, 생산의 흐름이 일정하지 않아 생산의 효율성은 낮아진다. [그림 1-2]에서 보는 바와 같이 각 제품(보통 비표준화 제품)의 생산공정은 일정하지 않다는 것을 알 수 있다. 따라서 특정 기계에 많은 제품이 몰려 대기시간이 길어진다.

제품별 배치는 제품의 공정순서대로 기계를 일렬로 배치하는 것이다. 각

그림 1-2 공정별 배치의 예[16)]

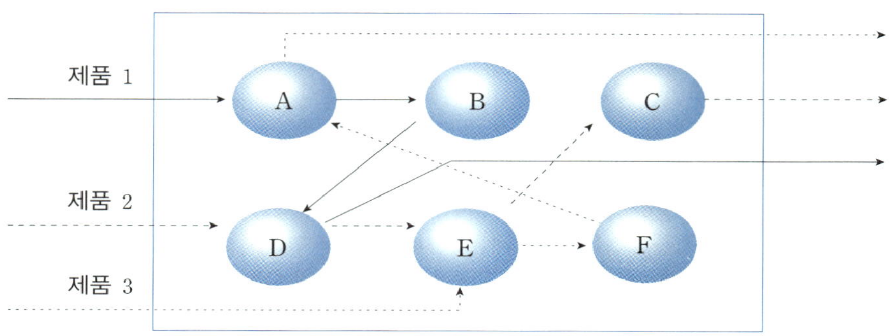

16) Lee J. Krajewski and Larry P. Ritzaman, *Operations Management: Strategy and Analysis*, 4th ed., Addison-Wesley Publishing Co.에서 인용.

그림 1-3 제품별 배치의 예

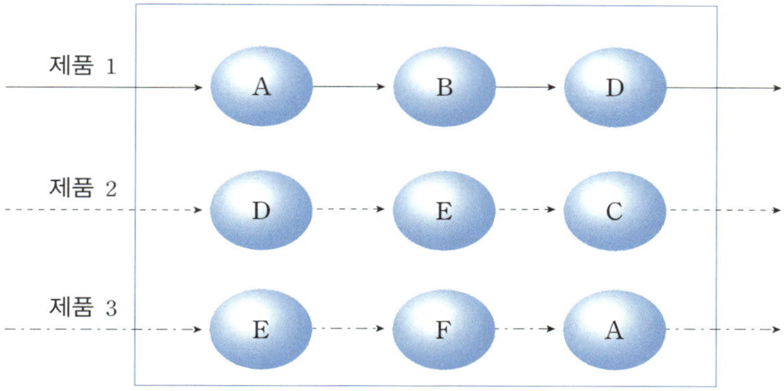

그림 1-4 제품 · 생산특성과 공정의 선택

소량생산		
비표준제품 주문생산 (make-to-order 혹은 engineer-to-order)	표준제품 주문생산 (assemble-to-order)	표준제품 대량생산 (make-to-stock)
공정별 배치 (process-focused layout)	공정별 배치와 제품별 배치의 중간형태	제품별 배치 (product-focused layout)

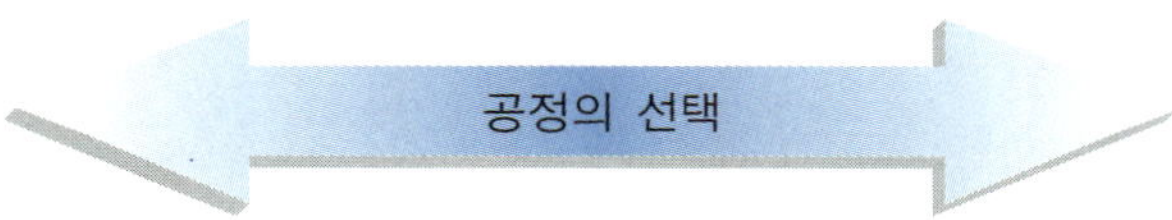

- 소량생산
- 비표준제품
- 단기제품수명
- 제품의 기능, 품질, 설계 중시
- 장기제품개발 및 생산기간

- 대량생산
- 표준제품
- 장기제품수명
- 저가중심
- 단기제품개발과 생산기간

생산라인은 특정 제품만을 생산하므로 생산의 효율성은 높다. 그러나 시장에서 요구되는 새로운 제품이 다른 공정순서로 생산되어야 할 경우는 생산이 불가능하게 된다. 즉, 제품별 배치에서는 다양한 제품을 생산할 수 없는 단점이 있다. [그림 1-3]에 제품별 배치가 도식화되어 있다.

결국 생산공정의 선택은 포지셔닝 전략에서 추구하는 핵심경쟁력과 관련되어 있다. 즉, 경영자는 제품 및 생산의 특성에 따라 공정의 선택을 하여야 하며, 이 선택에서 고려해야 할 사항을 정리하면 [그림 1-4]와 같다. [그림 1-4]에서와 같이 제품생산이 소량이며 고객의 주문에 의해 제품을 개발해야 하는 비표준제품의 경우에는 공정별 배치를 선택하며, 그 반대의 경우에는 제품별 배치를 선택한다. 만일 제품과 생산의 특성이 이 중간에 위치하고 있다면 공정별 배치와 제품별 배치의 중간형태를 취해야 할 것이다.

토론문제

01 애플의 아이폰을 조직자산기반이론 측면에서 지속성장이 가능한가를 설명하시오.

02 삼성전자가 스마트폰사업에 늦은 이유를 상상하여 보고 아이폰을 추격 혹은 추월할 수 있을까를 모방가능성 측면에서 설명하여 보시오.

03 왜 도요타 생산방식을 모방하기가 어려운가를 설명하시오.

04 우리나라 사람들의 특성인 "빨리 빨리"가 민첩생산시스템과 어떻게 조직문화적 측면에서 부합될 수 있을까를 생각해보시오.

05 우리나라 제조업이 민첩생산시스템을 구축하려면 어떤 핵심능력을 개발해야 하는가를 설명하시오.

연습문제

1 Andrews 교수와 Haeckel이 주장하는 이론의 차이점을 설명하시오.

2 March 교수와 Teece 교수 이론의 차이점과 유사점을 설명하시오.

3 Upton 교수의 유연성 개념을 설명하시오.

4 린생산시스템과 민첩생산시스템을 설명하시오.

5 Van de Ven 교수의 상황이론과 Woodward 교수의 기술-구조 정렬이론을 연계하여 설명하시오.

6 MTS, ATO, MTO의 차이점을 설명하시오.

CHAPTER 02 경영예측

조직을 관리하는 데 있어 미래에 대하여 계획을 세우는 것은 중요한 것이다. 조직의 성공은 경영층이 얼마나 미래를 잘 예측할 수 있고, 적합한 전략을 수립하는 것과 밀접한 관련이 있다. 경영자의 현명한 판단력, 통찰력, 경제상황에 대한 이해는 미래를 예측하는 데 있어 매우 중요하다.

사회적 · 정치적 · 경제적 및 기술적 환경은 빠르고도 다양하게 변화해 가고 있기 때문에 가까운 미래에 대한 예측도 용이하지가 않다. 본장에서는 과학적인 예측기법을 다루고자 한다.

1 생산/운영관리[1)]에서 예측활동과 의사결정

예측활동이란 불확실한 상황하에서 통제가 불가능한 미래의 사건이나 활동의 발생시기, 크기, 또는 효과를 추정하는 작업이다. 즉, 예측활동은 원하는 제품이나 서비스의 수량, 시기, 품질 및 입지 등에 대한 미래의 수요를 추정하는 과정이다. 따라서 예측은 불확실하고 경쟁적인 환경하에서 모든 계획수립의 기본 데이터가 되므로 매우 중요한 기능이 아닐 수 없다.

1) 본장의 '생산/운영관리'는 '생산관리'와 같은 의미로 사용하기로 함.

생산/운영관리시스템에서 예측의 첫째 목적은 생산/운영관리자들이 생산/운영시스템을 설계할 때 이를 지원하자는 데 있다.

두 번째의 목적은 예측에서 나온 데이터를 생산/운영시스템의 운영계획을 수립하는 데 이용하는 것이다. 생산/운영시스템의 설계는 제품이나 서비스의 형태, 보유시설, 입지 등에 관한 장기계획을 수립하는 것을 주요 내용으로 한다. 시스템의 운영에 관한 계획은 재고, 인력수준의 계획, 구매, 제조계획, 예산 및 일정계획 등과 같은 중기 및 단기계획수립을 주요 내용으로 한다. 이때 예측은 불확실성을 최소화함으로써 생산/운영관리자가 보다 효과적인 계획을 수립할 수 있게 해 준다. 예측은 생산/운영시스템의 계획 및 통제에 대한 기초단계이자 출발점이 된다.

예측은 서비스 조직의 경영관리자에게도 중요하다. 예를 들면, 여행 및 관광사업에 종사하는 관리자들은 계절적 수요에 대한 예측을 하여야 하고, 시정담당자들은 고속도로나 대중교통시스템을 계획할 때 인구의 증가추세를 예측하여야 한다.

example

예제 2-1 신시내티가스 · 전기회사에서의 예측활동

신시내티가스 · 전기회사는 오하이오주의 허가를 받아 1960년 4월 3일에 설립되었다. 이 회사는 설립허가에 따라 석탄을 증류하여 가스를 생산하고 그 가스를 조명용으로 시판하고 있다. 현재 신시내티가스 · 전기회사는 약 37만명의 고객에게 가스를, 60만명의 고객에게 전기를 공급하고 있다. 1981년도 회사의 총수입은 7,000억원을 초과하였고 총자산 규모는 약 1조 8,000억원 정도이었다.

다른 사업에 비하여 가스 · 전기의 수요예측은 독특한 면이 있다. 가스나 전기는 재고가 없기 때문에, 고객들의 요구를 즉시 충족시킬 수 있도록 준비가 되어 있어야 한다. 전력부족은 단순히 전력판매의 기회를 놓친 것이 아니라, 단전(斷電)(전력절약을 위하여) 또는 정전(blackouts)을 초래하게 된다. 이와 같은 상황에서 예측자는 많은 부담을 느끼게 된다. 긍정적인 측면에서 보면, 에너지에 대한 수요예측은 다른 제품의 경우보다 용이하다. 또한, 다품종을 취급하는 회사의 경우와는 달리, 단지 두 가지에 대한 예측(즉 가스 및 전기수요예측)에만 모든 노력을 쏟으면 된다.

이 회사에서의 두 가지 중요한 예측은 전기의 피크부하(electric peak load)와 전력에너지에 관한 장기적인 수요이다. 피크부하는 특정 시점의 가장 많은 전력수요를 의미한다. 또한 매 시간당 발전되고 소비된 에너지의 누적 양을 전력에너지라 한다.

이 두 가지 예측은 신시내티가스 · 전기회사의 전략적 및 전술적 계획수립의 기초자료가 되고 있다. 전략적 차원에서 보면, 연간 전기 피크부하의 예측은 발전소 건설시기결정에 중요한 자료가 된다. 발전소건설에 따른 재정적인 부담은 매우 크다. 예를 들어, 최근에 이 회사가 발전소를 짓는 데 약 4,000억원 정도의 자금이 소요되었으며, 그에 대한 이자율은 16%이었다. 따라서 연간 이자비용만도 거의 640억원이 된다. 적시에 발전소를 건설하는 것이 자금의 효율성을 제고하는 데 결정적인 요인이 된다.

전력에너지의 예측도 전술적 계획측면에서 매우 중요하다. 예를 들어, 발전소에 필요한 석탄이라든가 핵연료의 구매 등에 관한 결정은 수요예측에 달려 있다. 회사의 예상수입은 예측판매량에 따라 결정되며, 예상수입에 따라 전기요금률과 외부로부터의 자금조달을 계획이 결정된다. 이 같은 계획과 의사결정과정들은 가장 중요한 경영활동들이다. 의사결정자들을 도울 수 있는 유용한 예측자료의 준비가 급선무이다.

example

2 예측방법의 분류

예측방법은 예측대상이나 목적 등에 따라 여러 가지로 분류할 수 있는데 일반적으로 크게 정성적 예측방법과 정량적 예측방법의 두 가지로 나눌 수 있다. 정성적 예측방법은 예측자의 주관적인 판단에 의하여 예측하는 것이며, 정량적 예측방법은 계량적인 모델과 데이터를 사용하여 예측하는 것이다.

정량적(quantitative) 방법은 그 접근방법에 따라 다시 시계열분석과 인과형 기법의 두 가지로 구분할 수 있다. 이 중 시계열분석은 수요와 관련된

그림 2-1 예측방법의 분류

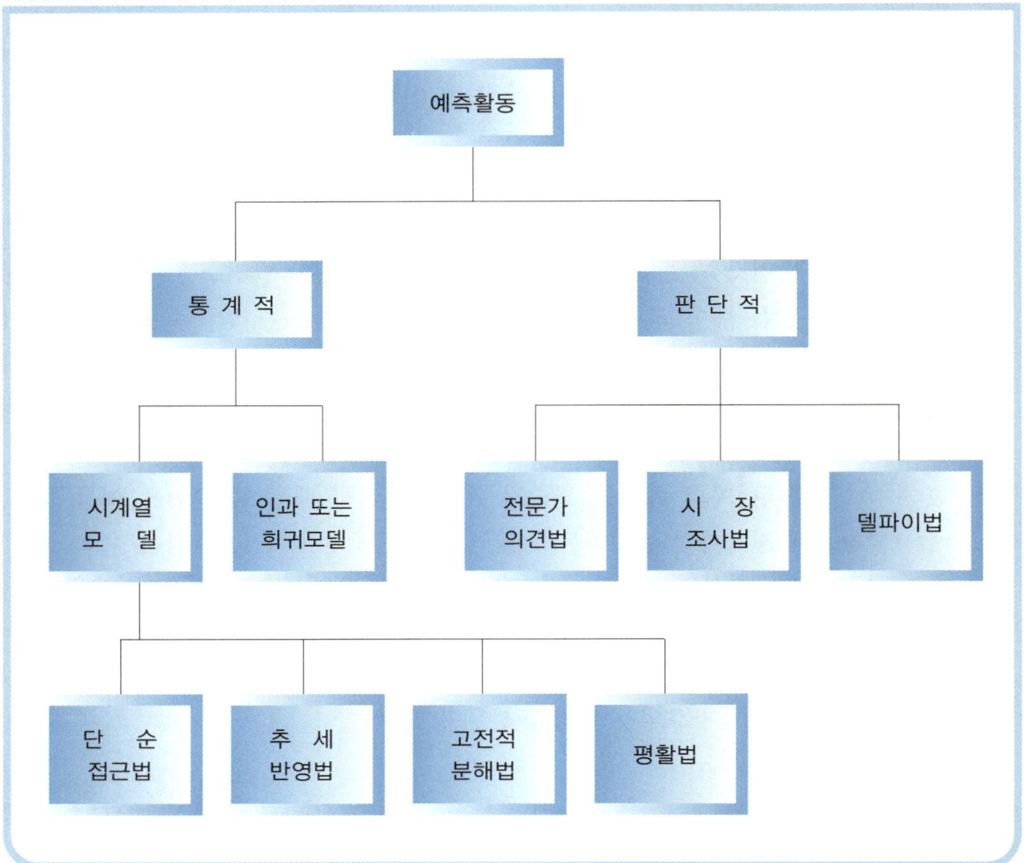

과거의 자료를 분석하여 그 자료의 패턴을 파악하고 이를 미래의 예측에 투영하는 방법이다. 이 방법은 과거의 수요패턴이 미래에도 지속될 것이라는 가정하에 예측을 하는 것이 그 특징이다.

반면에 인과형 예측방법은 수요가 환경 내의 여러 요인들과 관계가 있다는 가정하에서 수요와 관련된 변수를 파악하고 수요와 이들 변수들간의 인과관계를 나타내는 모형을 만들어 수요를 예측하는 방법을 말한다.

[그림 2-1]은 예측활동에 대한 여러 가지 접근방법들간에 기본적인 차이와 그 분류체계를 나타내고 있다.

3 판단적 예측활동

판단적 예측활동이란 예측자의 판단에 의해서 예측하는 모든 방법을 지칭한다. 판단적 예측방법은 예측자의 개인적 능력에 크게 의존하며 동일한 상황에서도 예측자에 따라 다른 결과가 나올 수 있다. 이 같은 주관성으로 인하여 예측의 정확성을 객관적으로 평가할 수 없는 것이 단점이라 할 수 있다.

주관적으로 판단하여 예측에 도달하게 되는 데에 자주 사용되는 방법으로는 전문가 의견법, 시장조사법, 델파이법 등이 있다. 전문가 의견법에 의한 예측방법은 전문가가 오랜 경험과 전문적인 지식을 바탕으로 하여 데이터와 정보를 신중하게 검토한 끝에 판단을 내리는 경우를 말한다. 이 기법에서는 전문가들이 자신의 의견을 자유롭게 전달하는 과정을 거쳐 일치된 예측결과를 얻는다. 전문가 의견법은 총판매 및 개별제품판매의 예측에 사용되고 있으며, 일반적으로 정확도에 있어 다른 정성적 기법들에 비해 뒤떨어지는 것으로 알려져 있다. 그러나 비교적 단기간 내에 저렴한 비용으로 예측결과를 얻을 수 있는 이점이 있다.

시장조사(market surveys)법은 특정의 제품 및 서비스에 대한 시장의 규모나 구조 등에 관한 예측을 하기 위해 여러 가지 유용한 기법들을 종합적으로 이용하는 방법으로서 정성적 기법 중에서 가장 정교하고 수리적인 예측기법이다.

시장조사를 실시하면 수요의 크기뿐만 아니라 질적인 정보(소비자의 심리, 선호, 구매동기 등)도 얻을 수 있다. 그러나 시장조사를 실시하는 데는 상당한 비용과 시간이 소요되며 전문적인 지식과 능력이 없이는 조사의 설계, 실시, 결과의 분석을 제대로 할 수 없다. 또한 앙케이트나 면접의 응답률이 낮아 신뢰할 만한 결과를 얻지 못하는 경우도 있다. 일반적으로 이 기법은 비용이 많이 들고 예측하는 데 장시간이 소요되기도 하지만 적절하게 이용할 경우 정확한 예측치를 얻을 수 있다.

판단적 예측활동의 세 번째 접근방법은 델파이법이다. 델파이법(Delphi method)은 전문가의 주관적 견해를 모으는 효과적인 방법으로 이를 평가, 검토 및 해석하여 미래를 예측하는 방법이다. 이 기법을 적용하기 위해서는 우선 전문가로 구성된 위원회를 설치하고, 각 전문가들로 하여금 미래 수요에 관하여 설문지에 응답하도록 한다. 설문지에 나타난 각 전문가의 응답내용을 요약하고 이를 다시 전문가에게 반송하여 응답자의 추정치를 수정할 수 있도록 한다. 이러한 과정을 반복하여 전문가들의 의견이 거의 일치하게 되면 이것을 미래의 예측치로 결론을 내리는 방법이다. 델파이법은 패널의 규모나 구성에 따라서는 상당한 비용이 소요될 수 있다. 그러나 데이터가 전혀 없거나 먼 미래의 장기적 변화를 예측해야 할 때 이 기법을 사용하면 크게 어긋나지 않는 예측을 얻을 수 있다. 원래 델파이법은 기술예측을 위한 기법으로 개발된 것인데 오늘날은 일반적인 장기예측이나 문제해결의 방법으로도 널리 이용되고 있다.

예제 2-2 델파이법에 의한 예측활동

우성(주)은 건설장비 제조업체로서, 연간 매출액이 1,000억원 정도이다. 이 회사에서는 판매량 예측은 주생산일정, 현금흐름예측 및 작업인원계획을 수립하는 데 사용한다. 이 회사가 사용하는 예측기법은 델파이법이다.

2006년 최고경영진은 생산능력계획을 수립하기 위하여 향후 5년간 판매량 예측을 원하고 있었다. 예측치를 구하기 위하여 델파이, 회귀모형 지수평활법을 병행하여 사용하였다. 델파이법에서는 23명의 패널이 구성되었는데, 패널에는 주관적인 예측을 해오던 사람들, 예측치를 사용하던 사람들, 그리고 시장판매와 기업판매량에 관하여 전문지식을 가진 사람들이 포함되었다. 3차의 라운드에 걸쳐서 델파이법이 수행되었는데, 다음과 같은 사항들에 대하여 예측을 시도하였다.

- 국민총생산액
- 건설장비산업의 출하량
- 우성(주)의 출하량
- 우성(주)의 출하량에 대한 기업차원의 가치

델파이법이 진행되면서, 매 라운드마다 그 결과들이 수집, 분석 및 요약되어져서 패널 구성원들에게 다시 보고되었다. 세 번째 라운드의 질문서에는 처음 두 라운드들의 결과들이 포함되어져 있을 뿐만 아니라, 부가적으로 관련된 사실들, 숫자들, 그리고 외부전문가들의 견해도 같이 보내졌다.

델파이 실험결과, 2006년의 판매예측오차는 0.33% 미만이었고, 2007년에는 그 오차가 4% 이하였다. 이것은 그전의 ±20% 예측오차에 비하여 상당히 향상된 것이다. 사실, 델파이 예측은 10% 내지 15%의 예측오차를 가진 회귀모형이라든가 지수평활법보다 더 정확하였다. 델파이법을 시도하여 얻은 결과는 교육적 효과도 있었다. 경영관리자들이 경영환경이라든가 회사의 판매량에 관한 일관성 있는 견해를 갖게 되었고 따라서 의사결정에 관한 공통적 기반이 마련되었다.

example

4 통계적 예측활동: 시계열모형

일정한 시간간격으로 관측된 자료를 시계열 데이터(Time Series Data)라고 말하며, 그 예로는 1일생산량, 월별 재고수준, 분기별 매출액, 또는 연간 수출액 등이 있다.

시계열 예측법이란 과거의 데이터에 나타나 있는 수요의 형태 또는 패턴을 토대로 미래를 예측하는 기법이다. 즉, 시계열 예측법은 과거의 수요패턴이 미래에도 지속된다는 가정을 하고 있다. 그러나 시계열 예측법으로서는 환경조건이나 수요패턴에 큰 변동이 있을 때는 정확한 예측을 할 수 없다. 시계열 예측법은 수요패턴이 비교적 안정되어 있는 단기 내지 중기예측에 적합하다.

통계적 예측방법에서 시계열의 실제자료는 패턴과 오차로 구성되어 있다고 가정한다. [그림 2-2]는 시간이 경과함에 따라 변하는 시계열의 형태를 설명하는 패턴과 함께 실제관측치를 나타낸다. 패턴과 실제관측치 사이의 차이는 오차이다. 이 오차는 양(+)일 수도 있고 음(−)일 수도 있다.

수요패턴은 몇 가지 요소로 구성되어 있다. 보통 세 가지 요소—즉 추세, 순환 및 계절—와 오차가 복합되어 어떤 특정한 값을 취한다고 가정한다.

그림 2-2 시계열의 사례

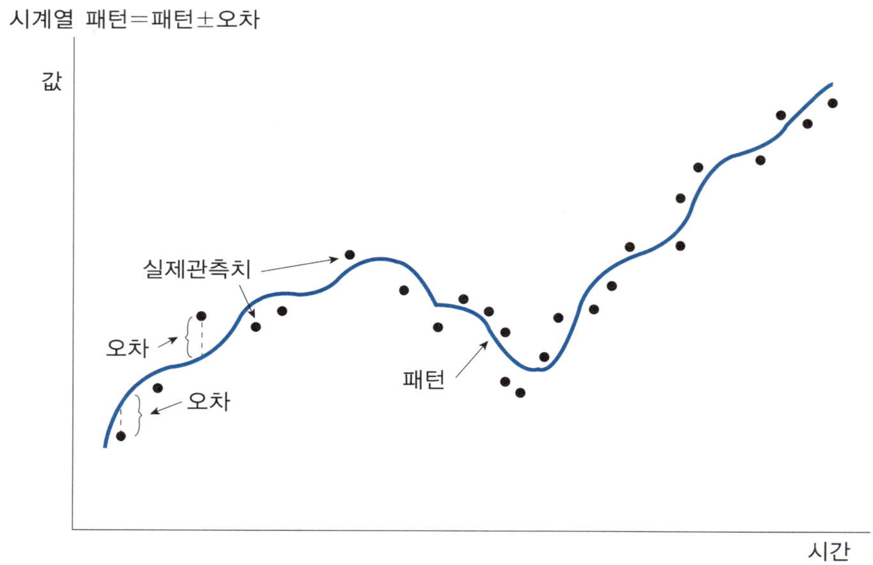

4.1 추세요인

장기적이며 점진적인 변동을 추세(trend)라고 한다. 인구, 소득, 물가 등은 수시로 작은 폭의 상하변동을 나타내지만 장기적으로는 꾸준한 상승, 하강 또는 수평화의 경향을 나타낸다.

예를 들어 어떤 카메라 회사의 판매실적을 보기로 하자. 이 회사는 1992년에 월 1,800대, 1997년에는 월 2,200대, 그리고 2002년에는 월 2,600대의 카메라를 판매하였다. 월별 판매량은 상당히 변동하면서도 점차 증가하는 추세를 보인다. [그림 2-3]과 같이 판매량을 선으로 연결하여 보면 판매량의 증가추세가 명확히 나타난다.

이 예제에서 카메라 판매는 증가 추세를 보였으나, 시계열 데이터에 증가추세만 항상 나타나는 것은 아니다. [그림 2-4]와 같이 다양한 추세가 존재한다.

그림 2-3 카메라 판매의 추세(선형적)

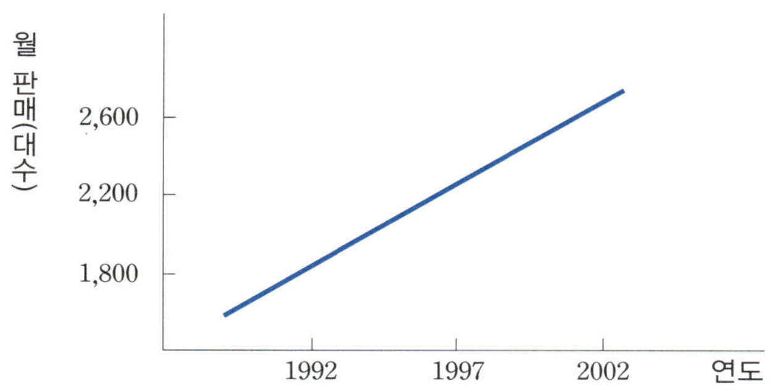

그림 2-4 가능한 시계열 데이터의 추세패턴

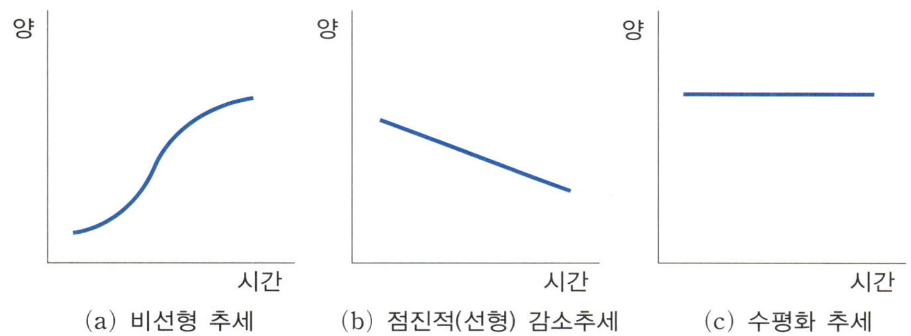

(a)는 비선형 추세의 경우이다. 이 경우, 처음에는 판매량에 거의 변동이 없다가 시간이 경과하면 판매량이 급성장한다. 이 예는 어떤 제품이 도입기에서 성장기로 그리고 시장포화상태로 진입하는 동안의 판매액일 수 있다.

(b)에 나타난 선형 감소추세는 시간이 흐름에 따라 점진적인 감소를 나타내는 시계열 데이터이다.

(c)의 수평적 직선은 시간의 흐름에 따라 증가나 감소를 보이지 않는 시계열 데이터의 경우이다. 사실 이 시계열 데이터에는 어떠한 추세도 존재하지 않는다.

4.2 순환요인

시계열 데이터가 추세선을 따라 1년 이상을 주기로 상하 교차해 가는 경우가 있는데, 이때 시계열 데이터에 순환요인(cyclical component)이 존재한다고 볼 수 있다. 특히 4~5년마다 반복되는 경기변동은 순환요인이 존재한다고 볼 수 있다. [그림 2-5]는 순환요인을 내포하고 있는 시계열 데이터의 경우를 보여 준다. 각 관측치는 1년 간격으로 모은 것이다.

예측자는 현시점이 순환사이클의 어느 국면(상승 또는 하강)에 위치하고 있는가를 판단하고 그 결과에 따라 예측치를 적당히 상향 또는 하향 조정하여야 한다.

그림 2-5 시계열의 추세 및 순환요인(데이터는 매년 모집된 것)

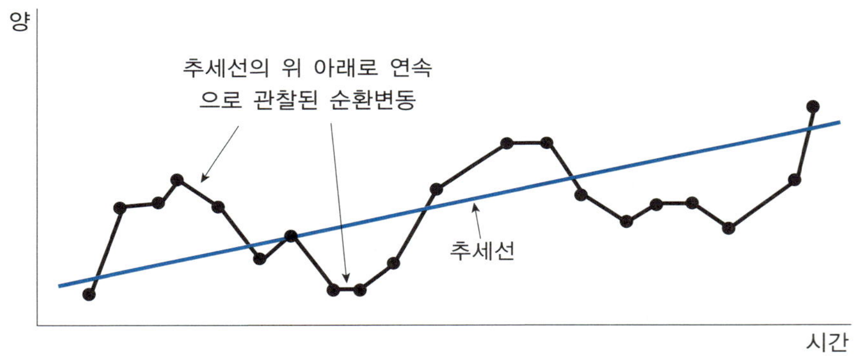

4.3 계절요인

추세나 순환요인들은 시계열 데이터의 여러 해에 걸친 변동을 분석하는 반면에, 계절요인(seasonal component)은 일반적으로 1년 미만의 주기적 변동을 의미한다. 계절변동은 기후, 전통, 관습 등의 자연적 또는 인위적 요인에 의하여 발생한다. 여름철에 빙과류 수요가 증대하고 겨울철에 겨울용 점퍼에 대한 수요가 늘어나는 것은 계절변동이다. 계절변동이 있는 시계열 데이터는 계절요인이 존재한다고 가정한다. 계절변동은 순환변동에 비하여 규칙적이며 예측하기가 용이하다.

4.4 우연요인

추세, 순환, 계절의 요인을 고려하여 예측치를 도출하더라도 실제관측치와 얼마간의 예측오차가 있기 마련인데 이는 불규칙적 요인 또는 우연요인(random component) 때문이다. 우연변동은 불규칙적이며 우발적인 변동이므로 예측할 수 없는 변동이다. 우연요인 때문에 예측은 결코 100% 정확할 수가 없다. 따라서 생산/운영관리자가 의사결정에 예측치를 사용할 때 이와 같은 우연요인을 고려하는 것이 필요하다.

5 추세선에 의한 장기예측

장기예측에 따라 설비계획, 인력계획과 같은 장기경영계획이 수립된다.

본절에서는 장기적 선형추세를 나타내는 시계열의 예측방법을 알아보자. [표 2-1]과 [그림 2-6]에 나와 있는 특정 자전거 제조업자의 10년간 판매실적을 예제로 사용하겠다. 첫 해에 21,600대의 자전거가 팔리고, 두 번째 해에는 22,900대, 가장 최근인 열 번째 해에는 31,400대가 팔렸음을 주시하기 바란다. [그림 2-6]은 지난 10년간에 걸쳐 판매량이 증가 · 하락의 변동을 보여 주고 있지만, 전반적으로 증가하는 추세를 나타내고 있다.

[그림 2-6]의 시계열 데이터에 추세선을 그려보면 [그림 2-7]과 같다. 이 추세선을 함수로 표현할 수 있다면 추세에 대한 미래예측이 가능하게 된다. 추세선은 다음과 같은 방식을 통해 함수로 나타낼 수 있다.

우선 이 함수를 다음과 같이 표시하자.

$$T_t = b_0 + b_1 t \qquad \cdots\cdots(2.1)$$

여기서 T_t=시간 t에서 자전거 판매대수에 관한 추세값
b_0=추세선의 절편
b_1=추세선의 기울기
t =시간

표 2-1 자전거 판매데이터

연 도 t	판매대수(*1,000) Y_t
1	21.6
2	22.9
3	25.5
4	21.9
5	23.9
6	27.5
7	31.5
8	29.7
9	28.6
10	31.4

그림 2-6 자전거 판매량

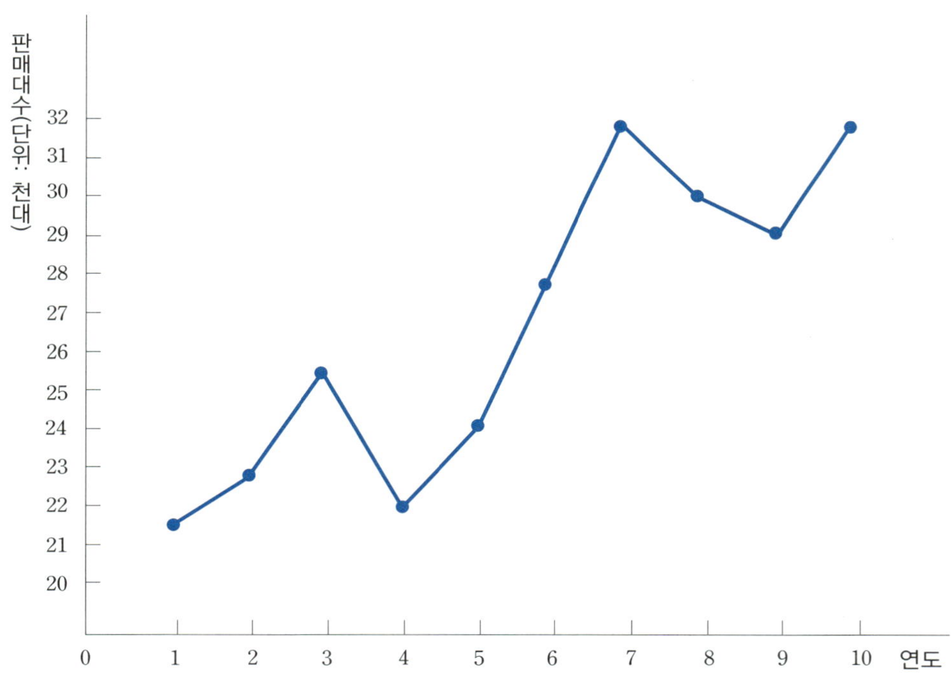

그림 2-7 자전거 판매를 선형함수로 나타낸 추세선

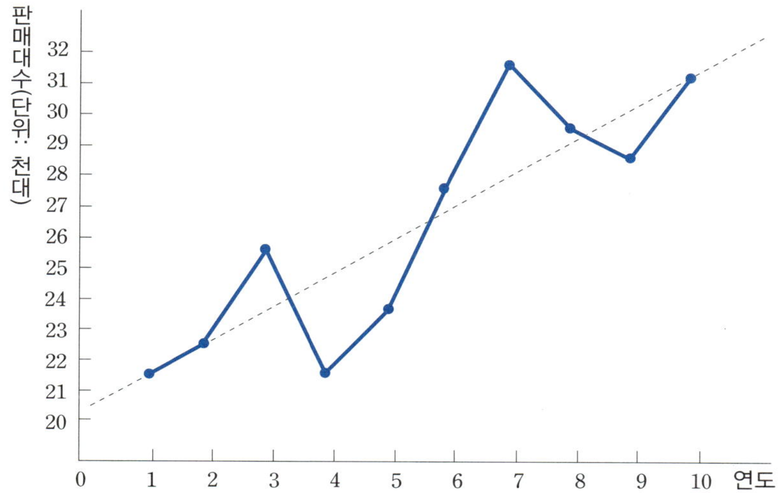

식 (2.1)의 선형추세 관계식에서 t=1은 시계열 데이터에서 첫 번째 관측치의 시점을 나타내고 t=2는 두 번째 관측치의 시점을 나타낸다.

식 (2.1)에서 b_0과 b_1의 값을 도출하기 위해 자주 사용되는 방법은 최소자승법(least-squares method)이다.

예측오차의 곱, 즉

$$\sum_{t=1}^{n}(Y_t - T_t)^2$$

여기서 Y_t=시점 t에서 시계열 데이터의 실측치

T_t=시점 t에서 시계열 데이터의 예측치(추세선에 의한 것임)

n=기간의 수

를 최소화하는 b_0와 b_1의 값을 결정하는 것이 목적이다. 회귀분석에도 사용되고 있는 최소자승법은 대부분의 통계학 책의 기초편에 언급되어 있다. b_0와 b_1의 값은 다음과 같은 식을 사용하여 계산한다.

$$b_1 = \frac{n\sum tY_t - \sum t \sum Y_t}{n\sum t^2 - (\sum t)^2}$$

$$b_o = \overline{Y} - b_1 \overline{t},$$

여기서 $\overline{Y}$=시계열의 평균치; $\overline{Y} = \sum Yt/n$

$\overline{t}$=t 의 평균치; 즉, $\overline{t} = St/n$

위의 합계들은 t의 값이 1부터 n까지이다.

위의 관계식과 [표 2-1]에 자전거 판매데이터를 대입하면 다음과 같은 값을 얻게 된다.

$$\overline{t} = \frac{55}{10} = 5.5$$

$$\overline{Y} = \frac{264.5}{10} = 26.45(\times 1{,}000)$$

$$b_1 = \frac{(10)(1{,}545.5) - (55)(264.5)}{10(385) - (55)^2} = \frac{907.5}{825} = 1.10$$

$$b_o = 26.45 - 1.10(5.5) = 20.4$$

따라서

$$T_t = 20.4 + 1.1t \qquad \cdots\cdots(2.2)$$

식 (2.2)는 자전거 판매에 관한 시계열 데이터의 선형추세요소의 관계식이다.

	t	Y_t	tY_t	t^2
	1	21.6	21.6	1
	2	22.9	45.8	4
	3	25.5	76.5	9
	4	21.9	87.6	6
	5	23.9	119.5	25
	6	27.5	165.0	36
	7	31.5	220.5	49
	8	29.7	237.6	64

	9 10	28.6 31.4	257.4 314.0	81 100
총합계	55	264.5	1,545.5	385

5.1 추세선(trend projections)

위의 식(2.2)에서 기울기 1.1이 의미하는 것은 지난 10년간 연간 평균매출이 약 1,100대씩 증가하였다는 것이다. 식 (2.2)를 사용하여 미래시점의 판매량을 예측할 수 있다. 예를 들어, 다음 해의 판매량을 예측하려면 식 (2.2)에 t=11를 대입한다. 즉,

$$T_{11}=20.4+1.1(11)$$
$$=32.5$$

가 된다. 따라서 추세요인만 사용한 다음 해의 자전거 판매예측치는 32,500가 된다.

시계열 데이터에 추세를 추정하기 위해 보통 선형함수를 사용한다. 그러나 [그림 2-8]과 같은 비선형 추세함수를 사용하는 경우도 있다. 비선형함수를 푸는 방법은 본서에서는 소개하지 않는다.

그림 2-8 비선형 추세패턴을 나타내는 함수형태들의 예

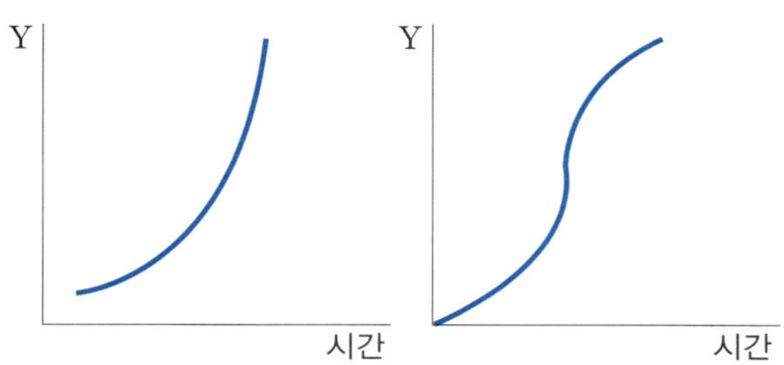

(a) 지수함수적인 추세 (b) Gompertz 성장곡선

6 성분분해에 의한 중기예측

앞 절에서는 추세요인만을 포함하고 있는 시계열 데이터에 적용하는 예측 기법을 소개하였다. 앞 절의 경우와 달리, 만일 시계열 데이터가 추세, 순환, 계절요인을 모두 포함하고 있다면 어떠한 예측기법을 사용해야 하는가? 이에 대한 대답은 성분분해법(classical decomposition)이며, 본절에서는 이 기법을 소개한다.

성분분해법은 시계열 데이터가 추세(trend; T), 순환변동(cyclical; C), 계절성(seasonal; S) 및 불규칙적 변동(random; R)과 같은 요인으로 구성되어 있으며, 이 요소가 식 (2.3)과 같이 곱의 형태로 작용한다고 가정한다. 성분분해법은 각 요소를 하나씩 분해하여 추정하는 방법이다.

표 2-2 분기별 TV수상기 판매량

연 도	분 기	판매량(단위×1,000)
1	1	4.8
	2	4.1
	3	6.0
	4	6.5
2	1	5.8
	2	5.2
	3	6.8
	4	7.4
3	1	6.0
	2	5.6
	3	7.5
	4	7.8
4	1	6.3
	2	5.9
	3	8.0
	4	8.4

$$Y_t = T_t \times C_t \times S_t \times R_t \qquad \cdots\cdots(2.3)$$

본절에서 [표 2-2]와 [그림 2-9]에 나타낸 분기별 데이터를 가지고 성분분해접근법을 예시하겠다. 이 데이터는 지난 4년간 어떤 특정 TV생산업체의 TV판매량(단위는 1,000개)이다. 성분분해법은 각 요소 중 계절요인을 우선적으로 분해하여 추정한다.

6.1 계절요인의 계산

[그림 2-9]를 보게 되면, TV판매량은 계절적인 패턴을 지닌 것을 알 수 있다. 즉, 판매량이 제2사분기에 가장 저조하고 제3사분기 및 제4사분기에 양호한 것을 알 수 있다. 각 분기의 계절요인을 분해하기 위해 이동평균(moving averages)법을 사용한다. 즉, 이동평균법은 가장 최근의 n개의 데이터를 평균하여 계산함으로써 이루어진다. 이 평균은 바로 다음 기간에 대한 예측치로 사용된다. 이동평균계산식은 다음과 같다.

$$이동평균 = \frac{\sum(가장\ 최근의\ n개의\ 데이터\ 값)}{n} \qquad \cdots\cdots(2.4)$$

그림 2-9 분기별 TV판매량

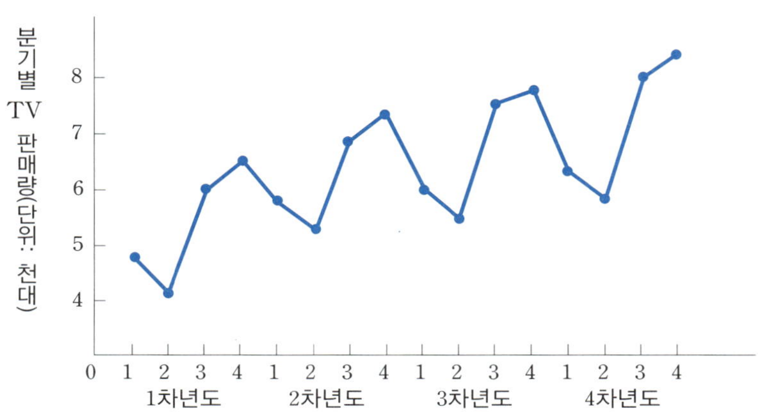

위의 공식에 [표 2-2]의 데이터를 대입하면 다음과 같으며 이 결과는 [표 2-3]에 나와 있다.

$$\text{첫 번째 이동평균} = \frac{4.8+4.1+6.0+6.5}{4} = \frac{21.4}{4} = 5.35$$

처음 사분기들에 대한 이동평균은 시계열 데이터의 첫해에 관한 분기별 평균판매량이 되는 것을 주목하기 바란다. 두 번째 이동평균 계산에서는 2차년도의 1사분기의 판매량 5.8이 추가되고, 1차년도의 1사분기의 판매량 4.8은 누락된다. 따라서

$$\text{두 번째 이동평균} = \frac{4.1+6.0+6.5+5.8}{4} = \frac{22.4}{4} = 5.60$$

이다.

비슷한 방법으로,

$$\text{세 번째 이동평균} = \frac{(6.0+6.5+5.8+5.2)}{4} = \frac{22.4}{4} = 5.60$$

이 된다.

시계열 데이터에 대한 이동평균을 계속하기 전에, 5.35의 값을 얻게 된 첫 번째 이동평균계산으로 잠시 돌아가 보자. 5.35라는 값은 1차년도의 평균 분기별 판매량을 나타낸다. 그 계산과정을 보면, 5.35라는 값은 이동평균의 계산에 포함된 분기들 중에 가운데분기를 기점으로 하여야 이치에 맞게 된다. 그러나 현실적으로 1년은 4분기로 구성되어 있고, 이동평균에서 4분기중

표 2-3 TV 판매량의 이동평균

연 도	분 기	판 매 량	4분기별 이동평균	중심이동평균
1	1	4.8		
	2	4.1	5.350	5.475
	3	6.0	5.60	5.738
	4	6.5	5.875	

중간분기라는 것이 존재하지 않는다. 따라서 2사분기와 3사분기의 중간을 중간분기로 간주한다. 같은 방식으로 두 번째 이동평균값인 5.60에 대한 중간분기는 3사분기와 4사분기의 중간기점이 된다.

여기서 이동평균을 계산하는 이유는 궁극적으로 복합적인 추세-순환요인을 관측(측정)하기 위한 것이다. 지금까지 계산된 이동평균값들은 시계열 데이터의 원래 분기에 곧바로 일치하지 않고 있다. 문제는 이동평균값들 사이의 중간지점을 사용함으로써 해결될 수가 있겠다. 예를 들어, 5.35는 3사분기의 상반기에 해당하고 5.60은 3사분기의 하반기에 해당하므로, 3사분기의 이동평균값으로서

$$\frac{(5.35+5.60)}{2}=5.4745$$

를 사용한다. 마찬가지로, 4사분기에 대해서는

$$\frac{(5.60+5.875)}{2}=5.738$$

의 이동평균값이 얻어진다. 이 값을 중심이동평균(centered moving average values)이라고 한다.

TV 판매자료에 대한 이동평균계산의 결과는 [표 2-3]에 나타나 있다. 여기서 잠시 [표 2-3]의 이동평균이 의미하는 바를 생각하여 보도록 하자. 실제의 시계열 자료와 그에 해당하는 이동평균값들이 [그림 2-10]에 그려져 있다. 이 그림에서 이동평균값들이 원래 시계열의 변동폭을 줄이는 (“smooth out”) 경향을 발견하게 된다. 이동평균값들은 4분기 자료의 평균

그림 2-10 분기별 TV판매량에 관한 시계열 및 이동평균값

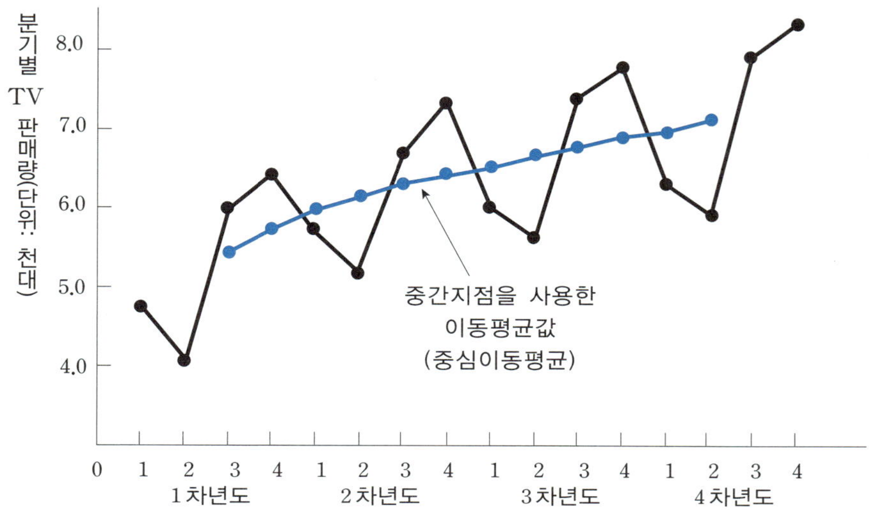

값이기 때문에 계절적 요인이 제거된 것을 알 수 있다. 또, 불규칙적 변동도 제거되었다.

계절 및 불규칙적 요인이 평균으로 없어지게 되면, 중앙이동평균값은 시계열 데이터의 추세-순환의 복합적 변동만을 포함하게 된다. 따라서 [그림 2-10]에서 평활화된 값들은 최근 4년간의 자료 중에서 추세-순환변동요인들을 나타내고 있다.

중앙이동평균은 식 (2.3)에서 보면 $T_t \times C_t$로 표시될 수 있다. 이제는 이 중심이동평균을 이용하여 계절요인을 파악할 단계이다. 식 (2.5)와 같은 계산을 통해 우선 $S_t \times R_t$를 분리할 수 있다.

$$S_t R_t = \frac{Y_t}{T_t C_t} \quad \cdots\cdots(2.5)$$

각각의 시계열 관측치 Y_t를 중간이동평균값 $T_t C_t$로 나누어 줌으로써 계절 및 불규칙적 요소를 도출할 수 있다. $S_t R_t$값이 [표 2-4]에 요약되어 있다.

표 2-4 TV 판매량의 계절 및 불규칙 요소

연 도	분 기	분기별 판매량 Y_t	4분기별 이동평균 T_tC_t	계절적 · 불규칙적 요소 $S_tR_t=Y_t/T_tC_t$
1	1	4.8		
	2	4.1		
	3	6.0	5.475	1.096
	4	6.5	5.738	1.133
2	1	5.8	5.975	0.971
	2	5.2	6.188	0.840
	3	6.8	6.325	1.075
	4	7.4	6.400	1.156
3	1	6.0	6.538	0.918
	2	5.6	6.675	0.839
	3	7.5	6.763	1.109
	4	7.8	6.838	1.141
4	1	6.3	6.938	0.908
	2	5.9	7.075	0.834
	3	8.0		
	4	8.4		

그러나 우리가 원하는 S_t 값을 구하지는 못했다. 어떻게 하면 S_tR_t에서 R_t를 제거하고 S_t만 남게 할 수 있을까? 이 질문에 대한 해답은 S_tR_t의 평균을 구하는 것이다. 평균을 취하면 자연히 R_t는 제거된다. 즉 연도별 3사분기의 S_tR_t는 1.096, 1.075, 1.109이다. 이의 평균은 다음과 같다.

$$3\text{사분기의 계절요인}=\frac{1.096+1.075+1.109}{3}$$
$$=1.09$$

1.09가 바로 3사분기의 계절요인이다. [표 2-5]에 TV판매량의 계절 요인이 요약되어 있다.

[표 2-5]의 값을 보면, TV판매량에서 계절적 요인을 파악할 수 있다. 가

표 2-5 TV 판매량의 이동평균

분 기	계절 및 불규칙 요인 S_tR_t	계절요인 S_t
1	0.971, 0.918, 0.908	0.93
2	0.840, 0.839, 0.834	0.84
3	1.096, 1.075, 1.109	1.09
4	1.133, 1.156, 1.141	1.14

장 판매가 양호한 분기는 4분기로서, 매분기의 평균판매량보다 14퍼센트를 상회하고 있다. 가장 저조한 분기는 2사분기로서 평균분기별 판매량보다 16퍼센트 정도 못미치고 있다. 위에서 나타난 계절요인들은 일반상식과도 잘 일치가 되고 있다. 즉, 4사분기 겨울철에는 상대적으로 적은 야외활동으로 말미암아 TV시청률이 높아지게 되고, 따라서 TV구매가 상승한다. 제2사분기는 고객의 야외활동 증가로 TV시청률 및 TV구매율이 감소된 것을 반영하고 있다.

마지막으로 시계열 요인을 구하는 데 표준화(normalization)가 필요할 때가 있다. 위의 예제에서는 계절요인의 합이 4.0이었고 계절요인의 평균이 1.0이었다. 이러한 경우는 표준화의 필요성이 없다. 그러나 계절요인의 합이 4.0이 아닌 경우, 즉 계절요인의 평균이 1.0이 아닌 경우는 표준화가 필요하다. 표준화는 다음 공식을 사용하여 간단히 될 수 있다.

$$\text{각 계절요인} \times \frac{4}{\text{계절요인의 합}} = \text{표준화된 계절요인}$$

표준화된 계절요인 —— 혹은 표준화의 필요성이 없는 계절요인은 다음 항에서 설명되는 추세를 도출하기 위한 계절요인의 제거에 사용된다.

6.2 추세를 도출하기 위한 계절요인의 제거

시계열에서 계절요인을 파악한 후, 다음 단계는 바로 추세요인을 도출하는 것이다. 이를 위하여 식 (2.3)에서 S_t를 제거한다. 이는 다음과 같은 식으로 나타낼 수 있다.

표 2-6 TV 판매량에서 계절요인이 제거된 값

연 도	분 기	판매량 Y_t	계절요인 S_t	계절요인이 제거된 판매량 $Y_t/S_t=T_tC_tR_t$
1	1	4.8	0.93	5.16
	2	4.1	0.84	4.88
	3	6.0	1.09	5.50
	4	6.5	1.14	5.70
2	1	5.8	0.93	6.24
	2	5.2	0.84	6.19
	3	6.8	1.09	6.24
	4	7.4	1.14	6.49
3	1	6.0	0.93	6.45
	2	5.6	0.84	6.67
	3	7.5	1.09	6.88
	4	7.8	1.14	6.84
4	1	6.3	0.93	6.77
	2	5.9	0.84	7.02
	3	8.0	1.09	7.34
	4	8.4	1.14	7.37

그림 2-11 계절요인이 제거된 TV판매량

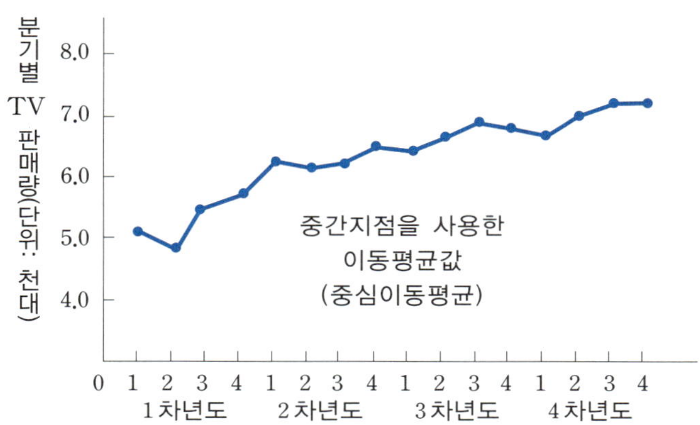

$$T_tC_tR_t = \frac{Y_t}{S_t}$$

시계열 관측치 Y_t를 계절요인으로 나누어 줌으로써 계절적인 영향을 제거하였다. 계절요인이 제거된 값은 [표 2-6]에 요약되어 있다. 계절요인이 제거된 TV판매량에 관한 시계열이 [그림 2-11]에 나타나 있다.

[그림 2-11]을 보게 되면, 지난 16분기에 걸쳐서 상향 및 하향 경향이 나타나 있지만, 이 시계열은 대체로 상승추세를 보이고 있다. 여기에 추세요인을 파악하기 위하여 이미 앞 절에서 소개하였던 추세를 찾는 방법을 쓰겠다.

즉, 다음과 같은 모델을 적용한다.

$$T_t = b_0 + b_1 t$$

여기서 T_t=기간 t에서 TV판매량의 추세값
b_0=추세선의 절편
b_1=추세선의 기울기

이 모델에서 b_1과 b_0는 다음과 같은 식을 사용하여 구할 수 있다.

$$b_1 = \frac{n\sum tY'_t - \sum t \sum Y'_t}{n\sum t^2 - (\sum t)^2}$$

$$b_0 = \overline{Y}' - b_t \overline{t},$$

여기서 $\overline{Y}'$는 t에서의 실제값이 아니라 계절요인이 제거된 값을 의미한다. 즉, [표 2-6]의 마지막 열에 나와 있는 Y_t/S_t이다. b_0와 b_1에 관한 위의 관계식과 [표 2-6]의 계절요인이 제거된 판매량 데이터를 이용하면, 다음의 표와 같은 계산결과를 얻게 된다.

따라서

$$\overline{t} = \frac{136}{16} = 8.5$$

$$\overline{Y}' = \frac{101.74}{16} = 6.359$$

$$b_1 = \frac{(16)(914.98) - (136)(101.74)}{16(1,496) - (136)^2} = \frac{803.04}{5,440} = 0.148$$

$$b_o = 6.359 - 0.148(8.5) = 5.101$$

그러므로

$$T_t = 5.101 + 0.148t \qquad \cdots\cdots(2.6)$$

식 (2.6)은 시계열의 선형추세요인에 관한 표현이다. 기울기 0.148의 의미는 지난 16분기에 걸쳐서 분기별로 평균적으로 약 148대의 TV판매량이 증가했다는 것이다. 지난 16분기의 추세가 앞으로 지속된다고 가정하면, 식 (2.6)을 사용하여 미래의 분기들에 대한 추세를 예측할 수 있다. 예를 들어, 식 (2.6)에서 $t=17$로 놓게 되면 다음 분기의 추세예측, 즉

$$T_{17} = 5.101 + 0.148(17)$$
$$= 7.617$$

	t	Y_t' (계절요인이 제거된 판매량)	tY_t	t^2
	1	5.16	5.16	1
	2	4.88	9.76	4
	3	5.50	16.50	9
	4	5.70	22.80	16
	5	6.24	31.20	25
	6	6.19	37.14	36
	7	6.24	43.68	49
	8	6.49	51.92	64
	9	6.45	58.05	81
	10	6.67	66.70	100
	11	6.88	75.68	121
	12	6.84	82.08	144
	13	6.77	88.01	169
	14	7.02	98.28	196
	15	7.34	110.10	225
	16	7.37	117.92	256
총합계	136	101.74	914.93	1,496

이다. 즉, 단지 추세요인만을 사용하게 되면, 다음 분기에 관한 TV판매량은 7,617대로 예측된다. 이와 비슷하게, 추세요인만을 사용하여 분기 18, 19 그리고 20에 대한 예측을 하게 되면, 그 예측된 판매량들은 각각 7,765, 7,913 그리고 8,061대가 된다.

6.3 계절적 조정

이제 추세요인을 기초로 하여 다음 4사분기들에 대한 판매량을 예측하였으므로, 이 예측된 판매량에 계절적 요인을 반영하여야 한다. 예를 들어, 5차년도의 첫 번째 분기(즉 t=17)에 대한 판매예측치는 추세예측에 계절적 요인(0.93)을 곱해 주면 된다. 따라서 7,617×0.93=7,084이다. [표 2-7]은 분기 17, 18, 19와 20에 대한 분기별 예측치를 보여 준다. 이 분기별 예측치를 살펴보면 제 4사분기에 9,190대의 높은 판매량이 예측되고 있으며, 반면에 제 2사분기에는 6,523대의 저조한 판매량이 예측된다.

성분분해의 절차를 요약하면 다음과 같다.

성분분해절차의 요약

1. 과거 실측치(판매량)에 대해 이동평균을 구함.
2. 1의 이동평균에 대해 중앙이동평균을 구함.
3. 실측치(Y_t)를 중앙이동평균(T_tC_t)으로 나눔.
4. 3에서 나온 값(S_tR_t)에 대해 분기별로 평균을 구함.
5. 4에서 나온 평균(S_t)으로 실측치(Y_t)를 나눔.
6. 5의 결과에 추세선을 구하는 식을 적용(b_1, b_0구하는 식)
7. 6에서 나온 식에 예측시기를 대입하여 추세 예측치를 구함.
8. 7의 결과에 4에서 나온 S_t를 곱함.

표 2-7 TV판매량에 관한 분기별 중기예측치

연 도	분 기	추세요인	계절요인 (표 12-6 참조)	분기별 예측치
제5차년도	1	7,617	0.93	(7,617)(0.93)=7,084
	2	7,765	0.84	(7,765)(0.84)=6,523
	3	7,913	1.09	(7,913)(1.09)=8,625
	4	8,061	1.14	(8,061)(1.14)=9,190

7 평활법에 의한 단기예측

단기예측은 보통 제품별로 시행되며 구체적인 생산일정이라든가 소요작업인원 등을 산출하기 위하여 필요하다. 짧은 기간의 예측은 추세, 계절성 또는 순환요소들이 그렇게 중요하지는 않다. 본절에서는 추세, 순환변동 또는 계절요인들이 별로 없는 비교적 안정된 시계열에 적합한 예측기법들을 논의하도록 한다. 이 같은 상황에서 예측방법의 목적은 일종의 평균과정(averaging process)을 통하여 시계열의 불규칙적 변동요인을 "평활화"(smooth out)하는데 있다. 단기예측에서 사용되는 가장 흔한 방법은 지수평활법이다.

7.1 지수평활법

지수평활법(exponential smoothing method)은 어느 한 기간에서의 평활화된 시계열 데이터를 사용하여 다음 기간에서의 시계열 값을 예측하는 기법이다. 지수평활법의 기본식은 다음과 같다.

$$F_{t+1}=\alpha Y_t+(1-\alpha)F_t \qquad \cdots\cdots(2.7)$$

여기서 F_{t+1}=기간 t+1에서 시계열의 예측치(forecast)
Y_t=기간 t 에서의 실측치(actual value)
F_t=기간 t 에서의 예측치
α=평활화계수(smoothing constant) $(0\leq\alpha\leq1)$

식 (2.7)을 살펴보면, 어떤 기간에 대한 예측치는 과거 실측치의 가중평균이 된다. 이를 알아보기 위하여 세 개의 실측치 Y_1, Y_2와 Y_3가 있다고 가정하자. 그러면 기간 4에 대한 예측치는

$$F_4=\alpha Y_3+(1-\alpha)F_3$$

가 된다.

기간 4 에 대한 예측치는 Y_3와 F_3의 가중평균(각각의 가중치는 α와 $1-\alpha$)이다. 그러나 식 (2.7)로부터

$$F_3 = \alpha Y_2 + (1-\alpha)F_2$$
$$F_2 = \alpha Y_1 + (1-\alpha)F_1$$

을 얻을 수 있다.

이 시계열에 대한 사전 자료값이 없기 때문에, 처음 예측치는 Y_1과 같게 놓을 수 있다. 즉 $F_1 = Y_1$이다. 이 관계식을 이용하여 F_2는 다음과 같이 쓸 수 있다.

$$F_2 = \alpha Y_1 + (1-\alpha)Y_1 = Y_1$$

F_3에 관한 관계식에서 $F_2 = Y_1$를 대입하게 되면,

$$F_3 = \alpha Y_2 + (1-\alpha)Y_1$$

마지막으로 F_4에 관한 식에서 F_3와 관련된 윗식을 대입하면

$$\begin{aligned} F_4 &= \alpha Y_3 + (1-\alpha)[\alpha Y_2 + (1-\alpha)Y_1] \\ &= \alpha Y_3 + \alpha(1-\alpha) \cdot Y_2 + (1-\alpha)^2 Y_1 \end{aligned}$$

를 얻게 된다.

따라서 F_4는 처음 3기간의 시계열 값들 Y_1, Y_2와 Y_3의 가중평균임을 알 수 있다. Y_1, Y_2와 Y_3의 가중치 또는 계수들의 합은 1이 됨을 주시하라. 어떤 예측치 F_{t+1}은 그 전기간의 시계열 값들의 가중평균이 됨을 증명할 수 있다.

지수평활법의 이점은 그 과정이 간단하고 또한 구체적인 사용에 있어서 역사적인 데이터(historical data)가 거의 필요치 않다는 것이다. 식 (2.7)에서, α가 주어지게 되면 기간 $t+1$에 대한 예측치를 단순히 기간 t에 해당하는 실측치와 예측치, 즉 Y_t와 F_t를 사용함으로써 계산될 수 있다는 것을 알 수 있다.

지수평활모델의 예시로서, [표 2-8]과 [그림 2-12]에 나타난 12주에 해당하는 자료를 고려하여 보자. 이 자료는 지난 12주 동안 동대문구 이문동에

표 2-8 휘발유 판매량

주	(판매량×1,000´s 리터)
1	17
2	21
3	19
4	23
5	18
6	16
7	20
8	18
9	22
10	20
11	16
12	22

그림 2-12 휘발유 판매량에 관한 시계열

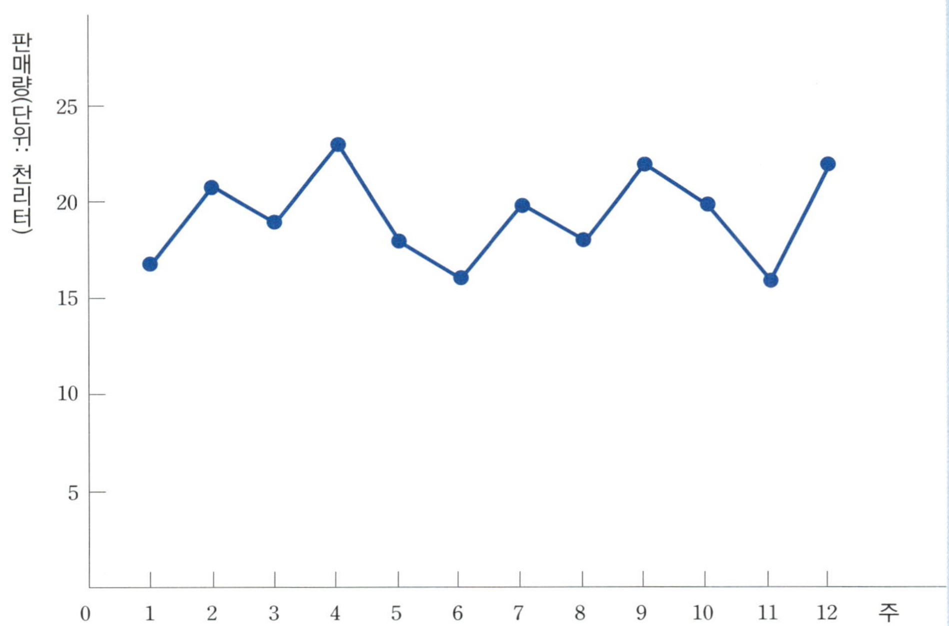

있는 휘발유 주유소에서 판매된 휘발유의 양(liter)을 나타낸다. 기간 1에 관한 예측치가 없기 때문에 F_1을 그 기간에 해당하는 실측치와 같게 둠으로써 풀어 나간다. 즉, 기간 1에서 실측치는 $Y_1=17$이므로, 지수평활계산을 시작하기 위하여 $F_1=17$로 가정하게 된다.

평활화계수 $\alpha=0.2$를 사용하면, 기간 2에 대한 예측은

$$\begin{aligned}F_2&=0.2Y_1+\{1-0.2\}F_1\\&=0.2\{17\}+0.8\{17\}\\&=17\end{aligned}$$

이다.

지수평활법 계산을 계속하게 되면, 기간 3에 대한 예측은

$$\begin{aligned}F_3&=0.2Y_2+0.8F_2\\&=0.2(21)+0.8(17)\\&=17.8\end{aligned}$$

이다.

일단 기간 3에서의 실측치, $Y_3=19$가 알려지면, 기간 4에 대한 예측치는 다음과 같이 된다.

$$\begin{aligned}F_4&=0.2Y_3+0.8F_3\\&=0.2(19)+0.8(17.8)\\&=18.04\end{aligned}$$

위에서 언급했듯이, 각각의 예측치는 바로 전기간의 실측치 및 예측치를 사용하여 간단히 계산될 수 있다.

지수평활계산을 계속함으로써, [표 2-9]와 같은 주별 예측치를 알 수 있게 되었다. 주 12에 대해서, 실측치는 $Y_{12}=22$이고 예측치 $F_{12}=18.48$이다. 이와 같은 정보를 이용하여 주 13의 실측치가 알려지기 전에 주 13에 해당하는 예측치를 얻을 수 있겠는가?

표 2-9 휘발유 판매량에 관한 지수평활 예측결과(평활화계수 $\alpha=0.2$)

주 t	시계열(실측치) Y_t	지수평활에 의한 예측 F_t
1	17	17.00
2	21	17.00
3	19	17.80
4	23	18.04
5	18	19.03
6	16	18.83
7	20	18.26
8	18	18.61
9	22	18.49
10	20	19.19
11	15	19.35
12	22	18.48

그림 2-13 휘발유 판매량의 실측치와 예측치($\alpha=0.2$)

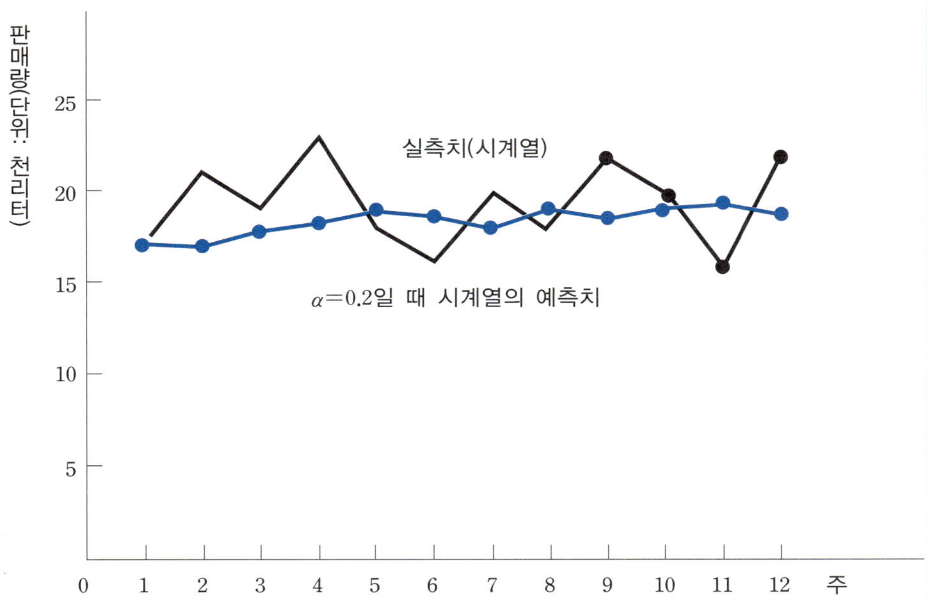

지수평활모델을 이용하여, F_{13}(주 13의 예측치)는

$$\begin{aligned} F_{13} &= 0.2\,Y_{12} + 0.8\,F_{12} \\ &= 0.2(22) + 0.8(18.48) \\ &= 19.18 \end{aligned}$$

이 된다.

따라서 지수평활법에 의한 주 13의 예측치는 19.18, 즉 19,180리터가 된다. 이러한 예측치에 대하여, 회사는 계획설정과 함께 의사결정을 내릴 수 있게 된다. 예측치의 정확도는 회사의 영업활동이 주 13이 다 지나갈 때까지 진행되지 않고서는 아무도 알 수가 없다. 바라건대, 지수평활모델이 현재는 알려지지 않은 주 13의 휘발유 판매량에 관한 좋은 예측을 할 수 있으리라 믿는다.

[그림 2-13]은 실측치와 시계열의 예측치의 그림을 보여 준다. 시계열에서의 불규칙적인 변동들이 특히 예측활동을 통하여 얼마나 평활화되었는지 주시하기 바란다.

7.2 예측정확도의 측정과 추적

예측방법의 선택에 있어 가장 중요하게 고려되는 점은 예측치의 정확도이다. 물론 예측오차는 작을수록 좋다. 예측오차(forecast error)는 시계열의 실측치 Y_t와 예측치 F_t와의 차이로 정의된다. 즉,

$$\text{기간 t에서의 예측오차} = Y_t - F_t$$

이다.

정확도를 측정하기 위하여 예측오차나 또는 예측오차의 제곱들을 사용할 수 있다. [표 2-10]은 평활화계수 $\alpha=0.2$로 휘발유 판매량 데이터에 관한 지수평활예측을 하였을 때, 예측오차와 예측오차의 제곱들을 나타낸다. 여기서 계산된 오차항의 수는 기간의 수보다 하나 적은 것을 주시하기 바란다. 그 이유는 기간 1의 예측을 할 때 과거에 대한 자료가 없기 때문이다. 결과적으로 $F_1=Y_1$으로 놓게 되므로 기간 1에서 오차항목은 얻을 수 없게 된다.

예측정확도를 측정하는 한 가지 방법은 단순하게 고려대상기간 동안의 오차들을 합하는 것이다. 그런데 이 방법의 문제점은 양(positive)의 오차와 음(negative)의 오차의 합계가 서로 상쇄된다는 것이다. 이러한 경우는 각각의 예측오차의 절대치를 취하거나 또는 예측오차의 제곱을 하여 줌으로써 그 상쇄를 막을 수 있다.

휘발유 판매량의 예제에서, 제곱된 오차의 합의 평균을 계산하기 위하여 [표 2-10]의 마지막 열을 사용하면 된다. 그렇게 하게 되면,

$$\text{제곱된 오차의 합의 평균} = \frac{98.80}{11} = 8.98$$

이 된다.

이 값을 흔히 평균오차자승(mean squared error: MSE)이라고 한다. 이 평균오차자승(MSE)은 예측방법의 정확도를 측정하는 척도로 사용된다.

예측활동의 정확도를 측정하는 또 다른 방법은 절대평균편차(mean absolute deviation: MAD)이다. 이는 단순히 예측오차들의 절대치를 구하여 그합의 평균을 구함으로써 산출된다. [표 2-10]의 오차들을 사용하여 구한 절대평균편차(MAD)는

$$\text{MAD} = \frac{4.0+1.2+\cdots+3.52}{11} = 2.596$$

이다.

MSE와 MAD의 주요 차이점의 하나는 MSE척도는 작은 예측오차보다도 큰 예측오차에 의해서 더욱 영향을 받는다(왜냐하면 MSE척도는 오차를 제곱한 것이기 때문에). 예측오차를 측정할 때 MSE혹은 MAD를 채택함에 따라 결과가 달라질 수 있다. 따라서 MSE와 MAD 중 하나를 예측오차 측정방법으로 선택하는 것이 예측방법의 선택도 결정하게 한다. MSE와 MAD 중, 어떤 방법이 더 좋은가를 결정하는 것이 쉽지는 않다.

표 2-10 휘발유 판매예측에 관한 오차($\alpha=0.2$)

주 t	시계열(실측치) Y_t	예 측 치 F_t	예측오차 Y_t-F_t	오차의 제곱 $(Y_t-F_t)^2$
1	17	17.00	*	*
2	21	17.00	4.00	16.00
3	19	17.80	1.20	1.44
4	23	18.04	4.96	24.60
5	18	19.03	−1.03	1.06
6	16	18.83	−2.83	8.01
7	20	18.26	1.74	3.03
8	18	18.61	−0.61	0.37
9	22	18.49	3.51	12.32
10	20	19.19	0.81	0.66
11	15	19.35	−4.35	18.92
12	22	18.48	3.52	12.39
			합 10.92	합 98.80

MAD는 예측을 추적하는 데도 유용하다. 즉, 사용되고 있는 예측기법이 적합한 것인가를 결정하기 위하여 예측치를 모니터(monitor)하는 것을 말한다. 가장 자주 쓰이는 추적방법은 예측오차의 합을 MAD로 나누어 주는 것이다. 즉,

$$\text{추적지표(Tracking Signal)} = \frac{\sum(Y_t-F_t)}{\text{MAD}}$$

여기서 $\sum(Y_t-F_t)$=예측오차의 합

MAD=절대평균편차이며, 지난 n기간 동안에 걸쳐 계산된다.

[표 2-10]의 데이터를 사용하여 기간 7에 대해 추적지표(TS)를 계산하여 보자. 만약 n=6으로 하면 2주에서 7주까지의 예측오차들을 합해야 하고 이 합은 8.04가 된다. 이 기간에 해당되는 MAD는

$$\frac{15.76}{6}=2.63$$

이다. 따라서 기간 7에서 추적지표(TS)는

$$\frac{8.04}{2.63}=3.06$$

이 된다. 이와 같은 방법으로 8주에서 12주까지 계속하게 되면, 다음과 같은 결과를 얻게 된다.

주 t	∑(Yt−Ft)	MDA	Tracking Signal
8	3.43	12.37/6=2.06	1.67
9	5.74	14.68/6=2.45	2.34
10	1.59	10.53/6=1.76	0.90
11	−1.73	13.85/6=2.31	−0.75
12	4.62	14.54/6=2.42	1.91

일반적으로 추적지표가 관리한계, 즉 −3에서 3이라든가 또는 −5에서 5(주관적으로 정해진 한계) 사이와 같은 범위 내에 있게 되면, 그 예측은 양호(good)하다고 볼 수 있다. 그러나 추적지표가 관리한계를 벗어나는 경우에는 선택된 예측기법의 변경을 검토해야 한다. 이와 같은 추적지표는 지수평활법뿐만 아니라, 모든 예측기법에 적용할 수 있다.

7.3 예측오차와 지수평활법

이미 설명한 지수평활계산에서 평활화계수 α는 0.2를 사용하였다. α가 취할 수 있는 값은 0과 1 사이의 어떤 값도 가능하다. 그러나 평활화계수의 값을 어떻게 정하느냐에 따라 예측치의 정확도가 결정된다. 평활화계수 α값을 어떻게 정해야 하는 것을 설명하기 위해 지수평활모델을 다시 정리하여 본다.

$$\begin{aligned}F_{t+1}&=\alpha Y_t+(1-\alpha)F_t\\&=\alpha Y_t+F_t-\alpha F_t\\&=F_t+\alpha(Y_t-F_t)\end{aligned}$$

따라서 새로운 예측치 F_{t+1}은 바로 전기 예측치 F_t에다가 가장 최근의 예측오차, 즉 (Y_t-F_t)에 곱하기 α를 하여 더해 주면 된다. 즉, 기간 (t+1)에서의 예측은 기간 t의 예측치에다 평활화계수로 조정된 예측오차를 감안하여 줌으로써 얻을 수 있다. 만약 시계열이 매우 불안정하고 많은 불규칙적인 변동을 내포하고 있다면, 평활화계수의 값이 작은 것이 더 좋다. 예측오차의 대부분이 불규칙적인 변화에 의한 것이기 때문에 이에 너무 빨리 반응을 보이면 오히려 오차가 커진다. 비교적 불규칙적인 변동이 적은 시계열에서는 평활화계수의 값이 클 때 더 유리하다. 왜냐하면 예측오차가 발생할 때, 큰 α값으로 변화하는 환경을 예측치에 더 빨리 반영할 수 있기 때문이다. 변화가 적은 시계열에는 인과형 예측기법(causal forecasting technique)이 더 적합할 수 있다.

MSE(평균오차자승) 값을 더 적게 하는 평활화계수 α를 찾을 수 있는가? 아마도 가장 확실한 방법은 여러 개의 다른 α값을 시도해 보는 것이다. 그리고 다른 α값에 의한 평균오차자승(MSE)값을 α=0.2를 사용하였을 때 얻어진 MSE값, 즉 8.98과 비교할 수 있겠다.

α=0.3일 때 지수평활법에 의한 결과가 [표 2-11]에 나타나 있다. 이때 MSE는 9.35로써, α=0.2일 때보다 예측정확도가 떨어진다는 것을 알 수 있다.

표 2-11 휘발유 판매예측에 관한 MSE계산(α=0.3)

주 t	시계열 값 Y_t	예측치 F_t	예측오차 Y_t-F_t	오차자승 $(Y_t-F_t)^2$
1	17	17.00	–	–
2	21	17.00	4.00	16.00
3	19	18.20	0.80	0.64
4	23	18.44	4.56	20.79
5	18	19.81	−1.81	3.28
6	16	19.27	−3.27	10.69
7	20	18.29	1.71	2.92
8	18	18.80	−0.80	0.64
9	22	18.56	3.44	11.83
10	20	19.59	0.41	0.17
11	15	19.71	−4.71	22.18
12	22	18.30	3.70	13.69
평균오차자승(MSE)=$\frac{102.83}{11}$=9.35				합계 102.83

따라서 원래대로 평활화계수 α가 0.2일 때 더 좋은 예측치를 얻을 수 있다.

또 다른 α값으로 시행착오를 해가면서, 좋은 평활화계수값을 찾을 수 있다. 이와 같은 작업을 수행하여 더 나은 α값을 찾는 방법을 적응지수평활법(adaptive exponential smoothing)이라 부른다.

7.4 적응지수평활법

적응지수평활법(Adaptive Exponential Smoothing)은 지수평활법을 수정한 것으로서 급작스런 추세의 변화를 반영하기 위하여 평활화계수 α를 조정하는 방법이다. 식 (2.7)을 다시 이용하도록 하자.

$$F_{t+1}=\alpha Y_t+(1-\alpha)F_t$$

α의 값 0.2를 고정하여 사용하는 대신에, 평활화계수 $\alpha=0.2$를 기준으로 ±0.05를 취하여, 즉 $\alpha=0.15$, $\alpha=0.2$ 및 $\alpha=0.25$에 대하여 예측치를 구한다. [표 2-8]에 있는 데이터를 사용하면, 다음과 같은 결과가 나온다.

기간 1 (t=1):

α	예측
0.15	0.15(17)+0.85(17)=17
0.20	0.20(17)+0.80(17)=17
0.25	0.25(17)+0.75(17)=17

이 경우에 세 가지 모든 예측치들이 동일하다. 다음 기간에 이를 되풀이한다.

기간 2 (t=2):

α	예측
0.15	0.15(21)+0.85(17)=17.6
0.20	0.20(21)+0.80(17)=17.8
0.25	0.25(21)+0.75(17)=18.0

이번에는 예측치들이 서로 다르다. 예측치로써 $\alpha=0.2$의 기준값에 해당하는 $F_3=17.8$을 사용하지만, Y_3(기간 3에 해당하는 실측치)가 이용가능해질 때 가장 작은 예측오차를 산출하는 α의 값을 선택한다.

기간 3에서, 시계열의 실측치는 19이며, 가장 작은 예측오차를 발생하게 하는 평활화계수 α는 0.25이다. 따라서 기간 4의 예측치를 구하기 위하여는 $\alpha=0.25$를 그 기준으로 하여 $\alpha=0.25\pm0.05$를 사용하면 그 결과는 다음과 같다.

기간 3(t=3):

α	예 측
0.20	0.20(19)+0.80(17.8)=18.04
0.25	0.25(19)+0.75(17.8)=18.10
0.30	0.30(19)+0.70(17.8)=18.16

$F_4=18.10$을 사용한다. Y_4는 23이기 때문에 $\alpha=0.3$을 기준으로 하여 전과 같이 계속한다. 실제의 적응지수평활기법들은 지금 논의된 접근방법보다 더 복잡하고 정교하다.

8 회귀모델에 의한 예측

인과형 예측모형(causal forecasting models)은 원인과 결과의 관계를 파악하여 예측하는 방식이다. 예를 들어, 자동차 판매량은 개인의 소득과 밀접한 관계가 있다. 개인의 소득(독립변수 혹은 설명변수)이 증가하면(원인) 자동차판매량(종속변수 혹은 결과변수)이 증가하게 된다. 따라서 개인소득의 추이를 보면 자동차 판매량을 예측할 수 있다. 회귀분석은 이러한 인과형 예측모형을 개발하는 데 가장 자주 쓰이는 방법이다.

회귀분석은 둘 또는 그 이상의 변수들이 어떻게 관련되어 있는지를 수학적으로 예측하는 통계적 기법이다. 제5절에서 선형추세선을 자전거 판매량 시계열에 적용하였던 접근방법은 회귀분석의 특별한 경우이다. 그 예에서는 두 변수들—자전거 판매량과 시간—이 선형의 관계가 있는 것으로 나타났다.

실제의 복잡한 현실문제에서는 종속변수를 예측할 때에 둘 이상의 독립변수를 고려해야 할 필요가 있다. 이 경우, 다중회귀분석(multiple regression analysis)이 사용된다.

회귀분석에 관한 구체적인 계수도출과정은 본서의 수준을 넘기 때문에, 여기서는 몇 가지 기본적인 개념들만 소개한다. 전술한 바와 같이 예측하고자 하는 시계열의 변수는 종속변수(dependent variable)라 하며, 종속변수와 독립변수들을 연관짓기 위해 전개된 함수는 예측회귀함수(estimated regression function)라고 부른다.

예측회귀함수를 구하기 위해서는 종속변수와 모든 독립변수들에 대한 관측치가 필요하다. 시계열 분석에서 n 기간에 해당하는 시계열 데이터는 각 변수에 관한 n 개의 관측치를 제공하여 준다. k 개의 독립변수를 가진 회귀함수의 경우에, 다음과 같이 쓸 수 있다.

Y_t = 시간 t 에서 시계열의 실측치
x_{1t} = 시간 t 에서 독립변수 1 의 값
x_{2t} = 시간 t 에서 독립변수 2 의 값
⋮ ⋮
x_{kt} = 시간 t에서 독립변수 k의 값

예측회귀식을 구하기 위하여 필요한 n 기간 동안의 데이터는 다음과 같다.

기 간	시계열 값 Y_t	독립변수들의 값 $X_{1t} X_{2t} X_{3t} \cdots\cdots X_{kt}$
1	Y_1	X_{11} X_{21} $X_{31} \cdots\cdots X_{k1}$
2	Y_2	X_{12} X_{22} $X_{32} \cdots\cdots X_{k2}$
.	.	. . . …… .
.	.	. . . …… .
n	Y_t	X_{1n} X_{2n} $X_{3n} \cdots\cdots X_{kn}$

예측모형에서 독립변수들을 선택하는 데에는 몇 가지 선택방법들이 가능하다. 한 가지 가능한 독립변수의 선택방법은 시계열의 기간과 관련지어

표현된 시간(time)으로 하는 것이다. 이것이 제5절에서 사용된 것인데 독립변수인 시간에 관한 선형함수를 사용하여 시계열의 추세를 예측하였다.

$x_{1t}=t$로 놓게 되면, 추정된 회귀식의 형태는 다음과 같다.

$$\hat{Y}_t=b_0+b_1t$$

여기서, $\hat{Y}_t$=시계열 값 Y_t의 추정치
b_0, b_1=추정된 회귀식의 계수들

더 복잡한 모형에서는 시간에 관한 제곱 및 세제곱을 취하여 부가적인 항목들이 첨가될 수 있다. 예를 들면, 만약 $x_{2t}=t^2$이고 $x_{3t}=t^3$이라면, 추정된 회귀식은

$$\begin{aligned}\hat{Y}_t&=b_0+b_1x_{1t}+b_2x_{2t}+b_3x_{3t}\\&=b_0+b_1t+b_2t^2+b_3t^3\end{aligned}$$

이 된다.

이 모형은 시간에 관하여 비선형의 특징을 지닌 시계열의 예측을 가능케 한다.

회귀식을 기초로 한 다른 예측모형들은 경제적인 그리고 인구학적인 독립변수들을 복합적으로 사용하고 있다. 예를 들면, 냉장고의 판매량을 예측할 때, 다음과 같은 독립변수들을 선택할 수 있겠다.

x_{1t}=기간 t에서의 가격
x_{2t}=기간 $t-1$에서의 산업별 총판매량
x_{3t}=기간 $t-1$에서의 주택신축이 허가된 숫자
x_{4t}=기간 t에서의 인구예측
x_{5t}=기간 t에서의 광고예산

일반적인 다중회귀식 절차에 따라, 이 사례에서는 다섯 개의 독립변수를 가진 추정회귀식이 예측활동을 하는 데 사용된다.

회귀식에 의한 접근방법이 성공적인지 또는 그렇지 못한지는 시계열과 밀접하게 관련된 독립변수들에 대한 자료를 확인하며 또한 그 자료를 확보할

수 있느냐에 달려 있다. 일반적으로, 추정회귀식을 개발하는 과정에서 많은 독립변수들의 구성을 시도하여 본다. 회귀분석절차에서는 이 중에서 가장 우수한 예측모델의 독립변수 구성을 선택한다.

또 다른 형태의 회귀식을 기초로 한 예측모형은 독립변수들이 모두 같은 시계열의 과거의 값들로 구성되는 경우이다. 예를 들어, 시계열 값들이 Y_1, Y_2, …, Y_n으로 나타내지면, 종속변수 Y_t에 관하여 가장 최근의 시계열 값들 Y_{t-1}, Y_{t-2} 등으로 추정회귀식을 찾으려고 노력한다. 가장 최근 3기간들을 독립변수로 하게 되면, 추정회귀식은

$$\hat{Y}_t = b_0 + b_1 Y_{t-1} + b_2 Y_{t-2} + b_3 Y_{t-3}$$

이다.

독립변수들이 시계열의 과거치들로 구성된 회귀모형은 자동회귀모형(auto-regressive model)이라 부른다.

마지막으로, 회귀식을 바탕으로 한 예측방법의 또 다른 형태는 이미 논의되었던 독립변수들을 혼합하여 사용하는 것이다. 예를 들면, 독립변수로서 시간에 관한 변수들, 경제적 또는 인구학적 변수들, 그리고 시계열 변수 자체의 과거 값들을 복합하여 구성한다.

다음 예제는 회귀분석이 어떻게 인력계획을 짜며 예측하는 데 사용될 수 있는지를 보여 준다.

예제 2-3 간호사의 수요를 회귀식으로 예측하기

대부분의 병원에서 봉급으로 인한 지출은 전체예산의 50% 이상을 차지한다. 따라서 간호사의 고용수준에 관한 엄격한 통제가 유지되고 있다. 도심지에 있으며 220개의 병상을 갖고 있는 비영리 한국시립병원에서 병원의 경영진들이 간호사의 수요 및 근무시간 등을 예측할 수 있는 연구분석이 수행되었다. 이러한 정보자료를 갖게 되면 병원행정요원들은 좀더 개선된 간호사 인력계획을 수립할 수 있으며 또한 비용절감을 실현할 수 있을 것이다.

간호업무량은 환자들의 숫자에 따라 좌우된다. 따라서 무엇보다도 우선

환자의 숫자에 관한 예측이 이루어져야 한다. 이 데이터는 서로 다른 수준의 간호에 필요한 시간과 함께 간호업무량을 결정하는 데 사용될 수 있다. 이것은 마치 제조활동의 경우에, 고객의 수요에 관한 예측이 생산/운영관리자로 하여금 생산수준, 능력계획 등을 계획하는 데 도움을 줄 수 있는 것과 흡사하다.

1년에 걸쳐서 9,687회의 관측을 바탕으로 회귀모형이 개발되었는데, 이는 여러 병동에서 일정한 수준의 간호를 요하는 환자의 수를 시간의 함수(즉, 교대근무, 요일 및 월별)로 예측한다. 독립변수들은 ① 월별, ② 요일별, ③ 3교대근무(주간, 저녁, 야간) 중 어느 하나 그리고 ④ 1년 중의 어느 날(1일부터 365일까지)이다. 개발된 회귀식의 전형적인 형태는 다음과 같다.

$$\begin{aligned}\hat{Y}=2.78&-0.45(4\text{월})-0.30(6\text{월})-0.35(8\text{월})\\&-0.36(\text{일요일})-0.33(\text{월요일})-0.31(\text{화요일})-0.18(\text{금요일})\\&-0.34(\text{토요일})-1.31(\text{밤근무})-0.00097(\text{시간})\end{aligned}$$

이 모형에서 $\hat{Y}$는 간호요구수준 1에 해당하는 외과수술환자의 예상되는 숫자를 의미한다. 월별, 요일별 및 교대근무변수들은 지시변수(indicator variables)들이다. 즉, 관심의 대상이 되고 있는 시간대이냐 또는 아니냐에 따라 그 값들은 1 또는 0이다. 그리고 시간은 1일부터 365일까지 1년 중에 측정된 날을 말한다. 회귀식에 나타나지 않은 요일(수요일, 목요일), 월별(1,2,3,5,7,9,10,11,12월), 또는 교대근무(낮과 저녁근무) 등은 중요하지 않은 것으로 밝혀졌다. 따라서 1년 중 7월 17일, 월요일에 주간근무 중 간호요구수준 1의 외과수술 환자수를 다음과 같이 예측할 수 있다.

7월=0
월요일=1
주간근무=0
일=195(7월 17일)

을 회귀식에 대치하게 되면,

$$\hat{Y} = 2.78 - 0.33(1) - 0.00097(195)$$
$$= 2.26(\text{외과수술 환자수})$$

이 회귀식에서는 7월과 주간근무의 변수들이 나타나지 않고 있지만, 다른 데에서는 사용될 수도 있다. 이와 같은 회귀식들이 서로 다른 여섯 가지 간호요구수준과 아홉 개의 병동들(중환자실, 외과병동, 산부인과 등)에 대하여 개발되었다.

간호사 인력계획을 수립하기 위하여, 1개월간의 환자수를 이와 같은 회귀식을 이용하여 예측할 수 있겠다. 예를 들어, 7월에 간호요구 수준별로 외과수술 환자수에 관한 예측은 다음과 같다.

간호요구수준	환 자 수
1	69.3
2	761.5
3	174.7
4	1.5
5	0.0
6	0.0

환자당 요구되는 간호시간량에 관한 자료를 이용하여, 7월 한달 동안 요구되는 총시간수는 다음과 같이 계산된다.

간호요구수준	환 자 수	환자수 간호시간수	총간호요구시간수
1	69.3	1.5	104.0
2	761.5	2.1	1,597.2
3	174.7	3.5	611.4
4	1.5	4.7	7.0
5	0.0	6.5	0.0
6	0.0	8.0	0.0
			2,321.6시간 =(290.2 간호 · 일수)

이러한 결과들은 병원 행정담당자들이 간호사 업무할당을 계획하고 예산을 짜며 고용계획을 수립하는 데 사용되었다.

이 예제에서 회귀분석방법이 서비스 요구수준을 예측하는 데 사용되었으며, 나아가서 간호사 인력수요를 예측하는 데 사용되었다. 여기서 한 가지 가정은 병원에 입원하여 치료를 요하는 환자수는 1년 중에 어느 시점(월별, 요일별 등)에 따라 좌우된다는 것이다.

사실 대부분의 외과환자의 수술요일이 선택적으로 월요일 아침에 예정되고 있으며 또한 많은 사고환자 사례들이 주말에 발생하기 때문에, 위의 회귀식은 실제상황에 부합되고 있다.

e x a m p l e

9 실제의 예측활동

예측활동의 기본적인 단계들은 다음과 같다.

① 사전적인 데이터 분석
② 계량적 예측 그리고/또는 정성적 예측(qualitative forecasts)의 결정
③ 최종예측에 대한 결정 및 평가
④ 통제 및 피드백

[그림 2-14]는 이 과정을 예시하고 있다.

성공적인 예측활동의 첫 번째 단계는 예측의 목적을 이해하는 것이다. 예를 들어, 재무관리 담당자들이 자본투자전략을 수립하는 데에 판매예측이 필요하다고 한다면, 장기적(2~5년)인 예측기간의 설정이 필요하다. 이 경우, 예측은 여러 품목들을 합쳐서 총괄적으로 수행되어져야 할 것이다. 왜냐하면 개별적인 품목에 대한 예측들을 함께 합치는 것보다는 총괄적 예측치들이 더 정확하기 때문이다. 반면에, 생산관리자가 자재확보나 혹은 일정계획에 관한 예측이 필요하다면 개별적인 품목에 대한 단기적 예측(short-term fore-

그림 2-14 예측활동시스템

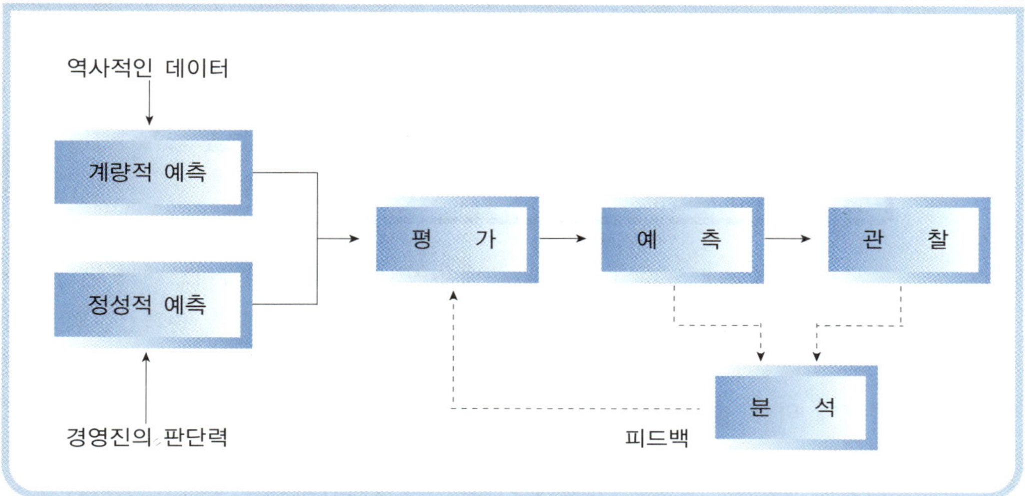

casts)이 적합하다.

과거 데이터가 있다면, 산점도([그림 2-2]와 같은)를 사용하여 시간에 따른 변화를 추적하여 보아야 한다. 이 그림으로부터 다음과 같은 질문들에 대한 답을 구할 수 있다.

- 상향 또는 하향추세가 있는지?
- 추세선을 따라 심한 변동(variation)이 있는지?
- 극단적인 값(또는 이단적인 점)들이 설명될 수 있는지?
- 계절적 변화의 징후가 있는지?

이러한 질문들에 대한 해답은 적합한 예측방법의 선택에 유용하다.

예측방법의 선택은 수요패턴 및 다수의 요인에 의해 좌우된다. 데이터 이용가능성 및 데이터 확보비용이 고려되어야 한다. 예측방법의 정확도와 예측오차의 중요성도 고려되어야 한다.

경영자는 통계적 예측치만을 기초로 하여 예측을 하는 경우는 매우 드물며, 자신의 지식을 토대로 한 판단을 주로 하여 예측을 정하되 통계적 예측치는 참고자료로 이용하는 경우가 많다.

다음은 단기수요에 관한 예측시스템의 예제를 통해 본장의 결론을 내린다. 여기서 논의되고 있는 시스템은 두 가지 통계적 방법과 경영진의 판단적 방법을 복합적으로 사용하고 있다.

example

예제 2-4 단기예측시스템

이번 예제에 고려된 회사는 주택용 및 사무실용 냉방시스템과 온방시스템의 제조업체이다. 1974년, 1975년의 경기침체로 인하여, 주택건설의 갑작스런 하향추세는 현재의 예측을 낙관적으로 보게 되었다. 회사는 그들의 컴퓨터에 의한 접근방법을 믿지 못하고서 주로 판단에 의존하고 있었다. 옛날 시스템은 12개월 이동평균법 — 지난 3년간의 데이터로부터 얻은 계절적 요인으로 조정한 — 을 사용하고 있었다. 제조업자의 조달기간을 감안하여 향후 4개월간의 예측이 필요하였다. 현존하는 시스템을 분석하여 보니 그 주요 문제점들이 수요의 갑작스런 변화에 적응할 수 없었던 것과 또한 미래를 예측하는 절차가 전혀 없다는 것이었다. 따라서 새로운 시스템이 제안되었다. 새로운 시스템은 두 가지 독립적인 요소로 구성되었다. 역사적인 데이터와 몇몇 경제적 변수들의 추정을 기초로 한 객관적인 예측시스템과 지역의 현장관리 책임자들의 판단에 의한 주관적인 예측이다. 이 두 가지가 복합되어 최종예측이 된다([그림 2-15] 참조).

수요의 갑작스런 변화에 적응하기 위하여 적응평활법이 사용되었다. 이 적응평활기법은 냉·온방 시설제조회사의 역사적인 데이터에 의존하는 과거지향적인 예측을 할 수 있게 하였다.

미래지향적인 객관적인 예측은 회귀분석에 기초를 두었다. 잠재적으로 영향력 있는 경제지표들로부터 통계적 분석을 사용하여 다음 리스트를 뽑았다.

(1) 온방시스템

① 개인주택건설
② 개인투자 — 주택구조
③ 개인, 도시에 거주, 단일가족의 주택건설

그림 2-15 새로이 제안된 예측시스템

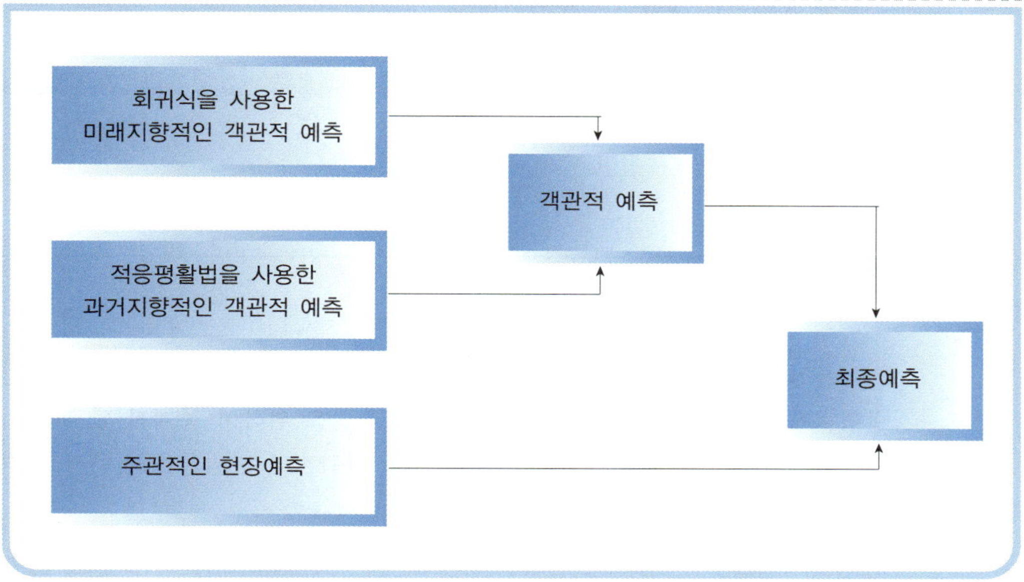

(2) 냉방시스템

① 총개인 국내투자(PDIC)

② 개인주택건설(HST)

③ 정부차원의 재화와 용역구매(GVTC)

결과적으로 얻어진 전형적인 회귀식은 다음과 같다.

계절적 요인이 제거된 냉방시스템 = −57,725.5 + 292.058(PDIC) + 7,822.676(HST) + 216.535(GVTC)

주관적인 예측은 5군데 지역관리 책임자들이 그들의 각각 지역에 대하여 행하여졌다. 이것들이 두 가지 객관적인 예측방법과 복합되어져 최종예측을 얻게 되었다. 실제주문량과 지역별 예측치와 비교하여 예측시스템의 성과를 추적하기도 하고 지역관리 책임자들에게 피드백 정보를 제공하기도 하였다.

회사의 담당자들과 긴밀하게 협조하여 개발된 새로운 방법은 과거에 있었던 것보다 훨씬 더 정확한 예측을 가능케 하였으며, 이러한 방법을 정기적으로 사용하려는 계획이 이루어졌다.

example

10 요 약

본장의 목적은 생산/운영관리에 있어서 예측과 시계열 분석의 기본적인 방법들을 소개하는 데 있다. 효과적인 의사결정을 위하여 통계적 및 판단적 예측방법들이 동시에 필요하다. 전형적으로 주관적인 방법들은 전문가 의견법, 시장조사법, 그리고 델파이 방법을 포함한다.

시계열의 행태를 설명하기 위하여 때때로 시계열이 네 가지 개별적인 요소들로 구성되어 있다고 생각하는 것이 도움이 된다. 네 가지 요소들은 추세, 순환, 계절성 및 불규칙적 요소이다. 이러한 요소들을 고립시키고 또한 그들의 개별적인 효과를 측정함으로써 시계열의 미래의 값들을 예측하는 것이 가능하다.

시계열이 단지 장기추세만을 나타낼 때, 회귀분석을 통하여 그와 같은 추세를 설명할 수 있는 방법을 제시하였다. 추세와 계절적 요인들이 동시에 중요한 영향력을 나타낼 때, 전통적인 성분분해방법으로 어떻게 두 가지 요인들의 효과를 분리시킬 수 있으며 또한 더 나은 예측을 할 수 있는지를 설명하였다.

시계열이 별다른 추세, 계절성 또는 순환변동을 보이지 않을 때, 평활화 방법이 사용될 수 있다고 하였다. 지수평활법은 예측치를 구하기 위하여 과거의 시계열 값들의 가중평균을 이용하는 기법이다.

끝으로 회귀분석은 소위 인과형 예측기법을 개발하는 과정으로 묘사될 수 있다. 인과형 예측방법은 시계열 값(종속변수)을 그 시계열의 행태를 설명할 수 있다고 믿어지는 다른 독립변수들과 연관시키는 기법이다.

예측치는 경영관리자들에 의하여 추적되어져야 하며 또한 분석되어져야

표 2-12 예측방법과 특징

	주요수요 예측기법	기법의 특징	이용분야	정확도			상대적 비용
				단기	중기	장기	
질적기법	델파이법 (Delphi)	특정제품이나 수요대상에 대하여 전문가나 담당자들이 관련된 정보를 수집해 가며 개별적으로 예측을 하되 그 결과가 분명하게 될 때까지 반복한다(전문가 상호간의 영향력을 배제하기 위해 직접 토론은 하지 않는다).	장기예측 신제품판매 이익예측 기술예측	중상	중상	중상	중-고가
	시장조사법 (market research)	실제 시장에 대하여 조사하려는 내용에 대한 가설의 설정과 조사실험을 실시한다.	상 동	상	상	상	고가
	전문가의견법(panel consensus)	관련업계의 전문가, 학자 또는 판매담당자들의 의견을 수집하는 주관적 · 비과학적 판단기법	상 동	중하	중하	중하	저가
양적기법	이동평균법 (moving average)	과거의 시계열자료를 일정 기간을 대상으로 산술평균 또는 가중평균치를 구하며 계절 및 불규칙요인을 제거하는 기법으로서 평균은 이동식으로 산출한다.	소량 다품목의 재고관리	중상	하	매우 불량	소액
	지수평활법 (exponential smoothing)	가중평균의 일종으로 최근 수요에 더 많은 가중을 두어 평활시키는 기법	생산 및 재고관리이익 예측 자금확충 계획 수립	중상	중상	매우 불량	소액
	박스-젠킨스법(Box-Jenkins model)	지수평활법의 일종으로서 시계열 자료의 사용으로 인한 예측오류가 최소화되도록 매개변수를 추정 사용한다. 계산이 많으나 정확함.	계획생산의 생산 및 재고관리 재료계획	최상	중	불량	중-고액
	인과형 기법 계량경제 모형(econo-metric)	예측변수들의 종속적 회귀방적식을 연립적으로 추정하고 회귀변수를 이용한 변수간 상호관계를 토대로 경제활동, 즉 수요량을 예측하는 기법	제품별 수요예측 이익예측	최상	최상	상	고
	회귀분석법 (regression analysis)	수요량은 시장의 경쟁이나 여러 변수들과 관계를 가지고 있으며, 최소자승법을 이용한 방정식에 의해 평가된다.	제품별 수요예측 이익예측	최상	최상	하	중

자료: J. C. Chambers, S. Mulliek, and D. Smith, "How to Choose the Right Forecasting Technique," HBR on Management(Harper Row Publishers, 1975), p. 503.

한다. 예측오차는 경영관리자들이 예측기법을 평가하는 데 도움이 되는 척도이다. 적응평활법은 가끔 예측환경의 변화에 적응하기 위하여 사용되곤 한다.

시계열 분석과 예측활동은 매우 중요한 분야로 인식되어야 한다. 본장에서는 그와 같은 시계열과 예측방법론의 일부만 다루었다.

예측방법과 특징을 요약하면 [표 2-12]와 같다.

토론문제

01 통계적 예측방법과 판단적 예측방법의 차이점을 설명하시오. 어떠한 상황에서 전자가 후자보자 더 나은가?

02 단계적 의사결정에서 예측활동의 역할을 설명하시오.

03 신시내티 가스 · 전기회사에서 예측치가 어떻게 사용되고 있는가?

04 전형적인 적용사례를 들어서, 판단적 예측방법의 여러 가지 형태를 예시하시오.

05 시계열(time series)이란 무엇인가?

06 시계열의 구성요소들은 무엇인가? 각각을 약술하시오.

07 서로 다른 예측기간에 일반적으로 사용되는 예측방법들은 어떤 것들이 있는가? 왜 그러한지 이유는?

08 이동평균은 어떻게 계산되는가?

09 지수평활법의 철학을 설명하시오.

10 적응지수평활법은 기본적 접근방법(즉, 지수평활법)과 어떻게 다른가?

11 예측정확도를 측정하는 두 가지 기본적인 접근방법을 설명하시오.

12 인과형 예측모형은 무엇인가?

13 예측활동에서 기본적 단계들은 무엇인가? 각각을 설명하시오.

14 추적지표(TS)를 이용한 예측오차의 통제방법을 설명하시오.

연습문제

1 한국자동차 판매주식회사의 지난 10년간의 자동차 판매량이 다음과 같다.

연 도	판 매 량
1	400
2	390
3	320
4	340
5	270
6	260
7	300
8	320
9	340
10	370

시계열을 그림으로 그리고 선형추세의 적합성에 대하여 논하시오. 이와 같은 시계열의 추세를 나타내는 데 가장 적합하다고 생각되는 함수의 형태는 무엇인가?

2 중소 제조업의 사장이 지난 여러 해 동안 제조비용이 계속적으로 증가하고 있는 데에 대하여 염려하고 있다. 아래의 표는 지난 8년간의 이 회사의 선도적인 제품에 관한 단위당 제조비용이다.

① 아래 시계열을 그림으로 그리시오. 선형추세가 있는 것처럼 보이는가?

② 아래 시계열에 대한 선형추세선을 구하시오, 이 회사가 매년 겪고 있는 단위당 제조비용의 평균증가는 얼마인가?

연 도	단위당 비용(만원)
1	20.0
2	24.5
3	28.2
4	27.5

5	26.6
6	30.0
7	31.0
8	36.0

3 한국대학교의 지난 6년간에 걸쳐서 등록한 재학생수는 다음과 같다.

연 도	등록된 재학생 수
1	20,500
2	20,200
3	19,500
4	19,000
5	19,100
6	18,800

선형추세선을 그리고, 이 대학교의 등록된 재학생 수에 있어서 어떤 변화가 일어나고 있는지를 설명하시오.

4 관동자재 공급회사는 약 100명 정도의 종업원을 고용하고 있는 서비스 회사이다. 매달마다 현찰보유량을 유지하여야 할 필요성 때문에 이 회사의 경영진들은 월별 현금소요량을 예측할 수 있는 예측모형을 개발하고자 한다. 최근에 당사의 운영 정책을 변경하였기 때문에 단지 지난 7개월간의 데이터가 적합한 것으로 판단된다. 아래와 같은 역사적인 자료를 사용하여 다음 2개월간의 현금소요량을 예측할 수 있는 모형을 구하시오.

월 별	1	2	3	4	5	6	7
현금소요량(단위 백만원)	205	212	218	224	230	240	246

5 삼창악기(주)는 지난 5년간 전자오르간 사업에 종사하여 왔다. 이 기간 동안에 전자오르간의 판매량이 첫해에는 12대에서부터 계속적으로 증가하여 가장 최근 해에는 76대가 되었다. 이 회사의 경영주인 김삼창 씨는 앞으로 다가오는 연도의 전자 오르간 판매량을 예측할 수 있는 모형을 개발하고자 한다. 그 관련된 자료는 다음과 같다.

연 도	1	2	3	4	5
판 매 량	12	28	34	50	76

① 이 시계열의 그래프를 그리시오. 선형추세가 존재하는가?
② 위의 시계열에 관한 선형추세선을 구하시오. 이 회사가 매년 실현하고 있는 판매량의 평균 증가량은 얼마인가?

6

지난 3년간 한국대학에서 채택된 생산관리교재의 분기별 판매부수가 다음과 같다.

	1차년도	2차년도	3차년도
분기 1	1,690	1,800	1,850
분기 2	940	900	1,100
분기 3	2,625	2,900	2,930
분기 4	2,500	2,360	2,615

① 위 시계열에 관한 4분기별(four-quarter) 이동평균값을 구하시오. 그래프에 위 시계열과 4분기별 이동평균을 동시에 그리시오.
② 각 분기별(4분기에 대한) 계절지수(seasonal factors)를 계산하시오.
③ 이 교재 출판사는 언제 가장 큰 계절요인을 경험하는가? 그 이유가 합리적이고 설명가능한가?

7

경상남도에 있는 경남아파트 단지에서 지난 3년간의 경비지출을 참조하여 그 월별 계절요인들을 구하라. 12개월 이동평균법을 사용하시오.

월 별	1차년도	2차년도	3차년도
1월	170	180	195
2월	180	205	210
3월	205	215	230
4월	230	245	280
5월	240	265	290
6월	315	330	390
7월	360	400	420
8월	290	335	330
9월	240	260	290

10월	240	270	295
11월	230	255	280
12월	195	220	250

8 문제 5에 제시된 삼창악기(주)의 분기별 판매량자료는 다음과 같다.

연　　도	분기 1	분기 2	분기 3	분기 4	연간총판매량
1	4	2	1	5	12
2	6	4	4	14	28
3	10	3	5	16	34
4	12	9	7	22	50
5	18	10	13	35	76

① 각 분기별로 계절요인들을 계산하시오.

② 이 회사는 어느 때 가장 큰 계절효과(요인)를 경험하게 되느냐? 그 이유를 설명하시오.

9 문제 8의 시계열을 대상으로,

① 데이터에서 계절요인을 제거하시오. 그리고 계절요인이 제거된 시계열 데이터를 이용하여 추세를 구하시오.

② ①의 결과를 사용하여, 즉 추세선을 중심으로 다음 해의 분기별 예측을 실시하시오.

③ 문제 8에서 구해진 계절요인들을 사용하여, ②에서 구해진 예측치에다 계절적 효과를 반영시키시오.

10 [표 2-8]의 휘발유 판매량에 관한 시계열을 참조하여,

① 시계열에 대한 4주 이동평균 및 5주 이동평균값들을 계산하시오.

② 4주 및 5주 이동평균예측치에 대한 평균오차자승(MSE: mean squared error)을 계산하시오.

③ 이동평균예측에 포함되는 기간수가 어떠할 때 가장 적합할까? 3주 이동평균예측에 대한 MSE가 10.22인 것을 감안하시오.

11 [표 2-8]의 휘발유 데이터를 참조하여,

① 가장 최근의 관측치에 1/2의 가중치를, 두 번째로 가까운 관측치에는 1/3을 그리고, 세 번째로 가까운 관측치에는 1/6의 가중을 두고, 3주 가중이동평균(3−

week weighted moving average)을 구하시오.

② ①에서의 가중이동평균에 관한 평균오차자승(MSE)을 계산하시오. 가중치를 적용하지 않을 경우 평균오차자승(MSE)의 값이 10.22인 것을 감안하여, 가중이동평균과 가중치를 적용하지 않은 이동평균 중 어느 방법이 더 바람직한가?

12 [표 2-8]의 휘발유 판매량에 관한 시계열을 참조하여 평활화계수 $\alpha=0.1$일 때 지수평활법에 의한 예측치를 구하시오. 평균오차자승(MSE) 기준에 의하여, 평활화계수 $\alpha=0.1$일 때와 $\alpha=0.2$일 때 중 어느 쪽이 더 나은 예측치를 산출해 내고 있는지 설명하시오.

13 다음의 시계열은 지난 12개월 동안 동원주식회사에서 생산하고 있는 어떤 제품의 판매량을 나타내고 있다.

월 별	1	2	3	4	5	6	7	8	9	10	11	12
판매량	105	135	120	105	90	120	145	140	100	80	100	110

평활화계수 $\alpha=0.3$을 사용하여, 이 시계열의 지수평활화값을 계산하시오.

14 문제 13에서의 시계열에 대한 예측오차를 계산하시오. 평활화계수 $\alpha=0.5$일 때 어떻게 되는지를 $\alpha=0.3$일 때와 비교하여 설명하고, 이 두 가지 중 어느 때에 더 나은 예측치를 구할 수 있는가?

15 다음의 시계열은 지난 12개월 동안 동원주식회사에서 생산하고 있는 어떤 제품의 판매량을 나타내고 있다.

주	부품의 수	주	부품의 수
1	200	6	210
2	350	7	280
3	250	8	350
4	360	9	290
5	250	10	320

평활화계수 0.25를 사용하여 위 시계열에 대한 지수평활값을 구하시오. 다음 주의 예측치를 계산하시오.

16 유통구조의 근대화 방안으로 새로이 생긴 어느 편의점에서 특정 상표의 자동세탁기용 세제가 다음과 같은 주간 수요(단위: 천개)를 나타내었다.

주	1	2	3	4	5	6	7	8	9	10
수요	22	18	23	21	17	24	20	19	18	21

평활화계수 $\alpha=0.2$를 사용하여, 주 11의 예측치를 구하시오.

17 합동우유(주)에서는 서울특별시 동대문구에 있는 여러 식품점들에 우유를 공급하고 있다. 이 회사의 경영진들은 과연 매주 판매되는 1리터짜리 우유의 판매량이 어떻게 되는지, 그 예측모형을 개발하고자 한다. 지난 12주간의 판매량은 다음과 같다. 지난 12주의 데이터와 $\alpha=0.4$인 지수평활법을 사용하여 주 13의 판매량을 예측하라.

월 별	1	2	3	4	5	6	7	8	9	10	11	12
판매량	2,750	3,100	3,250	2,800	3,050	3,050	3,300	3,100	2,950	3,200	3,200	3,150

C·H·A·P·T·E·R

03 신제품 개발

기업의 경영전략 중 가장 중요한 부분의 하나가 신제품 개발이다. 신제품의 성공 여하에 따라 기업의 성패가 좌우되는 경우가 많다. 특히 장치산업 혹은 자본집약적 산업에서는 신제품의 매출이 부진할 경우에 시설의 가동률이 저하됨으로써 기업에 치명적인 손상을 입힐 수 있다. 성과가 부진한 대부분의 기업이 신제품 개발에 실패한 경우가 많다. 외국의 우수기업들은 신제품 개발을 성장의 주축으로 삼고 있다([기업동향] "매출의 30%를 신제품으로" 참조).

우리나라의 부가가치는 이제 조립과 같은 노동집약적인 부문에서 발생하는 것이 아니라 설계와 같은 지식집약적인 부문에서 발생하므로 고객의 취향에 맞는 제품을 개발하여 시장에 내놓는 것이 바로 핵심경쟁력이다.

신제품의 개발은 기업에 있어 가장 중요한 분야라는 것을 인식할 수 있는데, 우선 신제품의 개발은 어떠한 과정을 거치는가를 살펴보기로 하자.

1 제품개발의 절차

제품개발은 상당히 복잡한 과정을 거쳐 완성된다. 제품개발은 크게 상품기획, 설계, 시제품 개발, 시험생산, 대량생산의 과정을 거친다. [그림 3-1]

그림 3-1 제품 · 개발과정

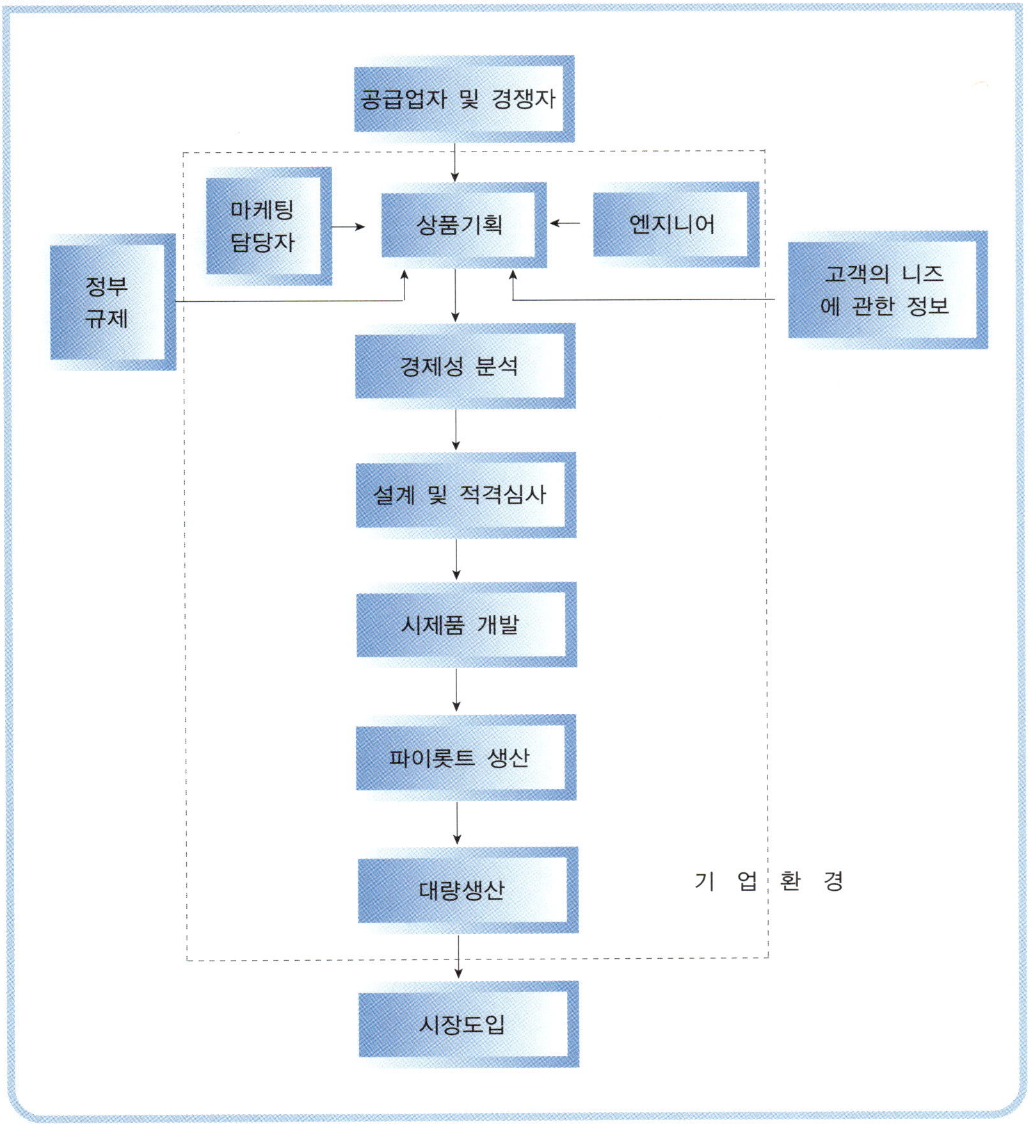

은 이 과정을 도식화한 것이다.

보통 자동차의 경우는 신제품 개발에 약 4년 정도가 소요된다. 특히 반복적으로 대량생산하기 위해서 금형이 필요한데, 금형의 개발에는 많은 시간

그림 3-2 카메라 금형개발과정의 예

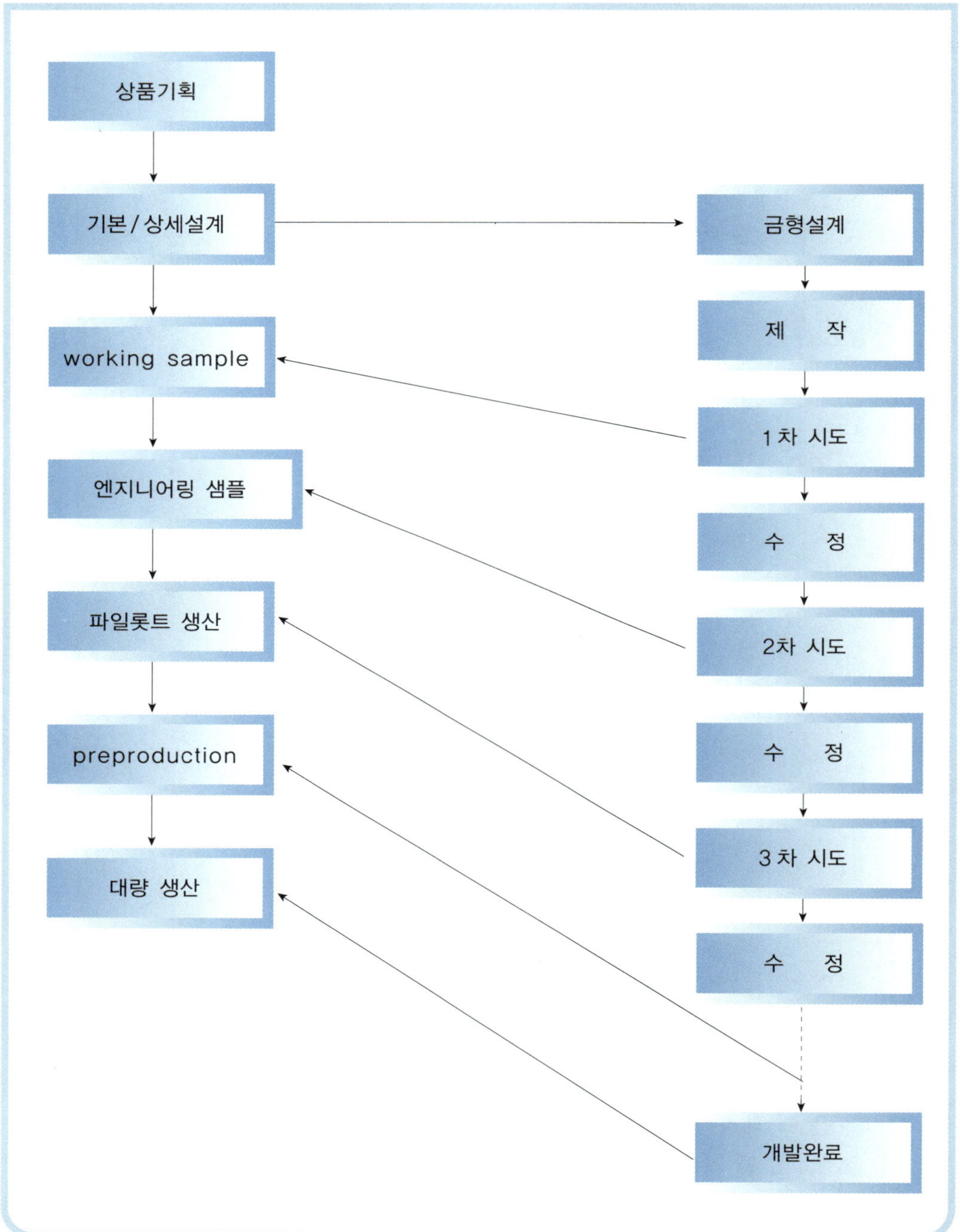

기업동향 매출의 30%를 신제품으로

일본에서는 요즘 최악의 불경기 속에서도 "30%룰"로 호황을 누리는 기업들이 있다. 커넥터 생산 전문업체인 히로세전기, 테이프 필름업체인 닛토(日東)전공, 실내방향업체인 산요(三洋)화성, 자동차 관련제품 생산업체인 스미토모(住友) 3M 등이 바로 그들이다.

이들은 "총매출의 30%를 최근 4년 안에 개발한 신제품으로 채운다"는 미국 3M의 "30%룰" 전략을 활용해 불황을 이겨 내고 있다. 이들 기업은 단순히 3M의 "30%룰"을 모방하는 데 그치지 않고 있다. 원칙은 가져가 쓰되 개성을 덧붙인 것이 성공의 주요인이다. 한마디로 "미니 3M"의 차원을 넘어 "초(超)3M"에 도전하고 있는 것이다.

히로세 전기는 "3M 룰"에 "일본 1위(올 닛치 톱) 룰"을 결합시켰다. 단순히 신제품으로 승부하는 것을 넘어 시장에 하나밖에 없는 제품만 생산한다는 것이다. 아무리 잘 팔리는 상품이더라도 유사한 제품이 쏟아져 나와 타사와 경쟁하게 될 경우에는 생산을 중단한다. 이 시점을 결정하는 것이 바로 사장의 임무이다. 사카이 사장은 "적자제품은 코스트만 깎아 먹는다. 적자제품을 없애야 돈을 벌 수 있다"고 밝힌다. 생산중단전략은 30%룰 달성을 위한 생명선 역할을 하고 있다. 히로세는 "고객이 좋아하는 제품은 취급하지 말라"고까지 말한다. 고객이 생각하지 않는 기술과 상품을 만들어 내야 시장을 석권할 수 있다는 것이다. 그 결과 히로세전기의 경상이익은 해마다 20% 이상 늘어나고 있다.

산요화성도 신제품으로 매출이 급증하는 대표적인 회사이다. 매출액 중 신제품 비중은 40%선이다. 이처럼 엄청난 신제품을 개발해 낼 수 있는 비결은 다소 의외다. "어떤 경우에도 사원들이 즐겁게 일할 수 있도록 해주는 것"이라고 회사측은 설명한다. 즐거운 일터로 만들기 위해 실시중인 것 가운데 하나가 "챌린지 계약제도"이다. 직원인 다니미즈는 지난 1992년 "우레탄 수지제품 매출을 2년간 5배로 늘리겠다"는 계약을 달성했다. 그 대가로 평소의 희망사항을 관철시켰다. 사장과 함께 골프를 치는 기회를 얻었던 것이다. 그러나 모든 챌린지가 성공하는 것은 아니다. 지금까지 성공한 팀은 21개 가운데 8개에 불과하다. 실패한 팀에는 벌칙으로 공장 페인트칠을 맡긴다.

3M의 일본 현지법인인 스미토모 3M도 신제품 비중이 본사를 앞지른다. 최근 4년 안에 개발된 신제품의 비중이 40%, 1년이 안 된 신제품이 12%에 이른다. 신제품 개발의 주역은 1998년 1월에 문을 연 소비자 기술센터이다. "주문이 쇄도해 예약을 하는 데도 한달이 걸린다"는 것이 센터 측의 설명이다. 미국 3M은 기술자의 창의력을 통해 새 아이디어를 얻어내는 데 반해 스미토모 3M은 시장의 소리를 바탕으로 하는 "마켓 인형"으로 일본시장을 공략하고 있다.

닛토 전공은 "3M을 따라잡자, 그리고 추월하자"며 지난 40년 동안 3M식 경영에 매진해 왔다. 신제품 개발, 신(新)용도개척, 신수요 창조 등 "3신(新)창조"로 30%룰을 초과달성하는 것이 닛토의 전략이다. 다니오카 상무는 "이제 미니 3M으로는 더 이상 버틸 수 없다"고 강조한다. 닛토가 생산중인 제품의 절반 이상은 일렉트로닉스 시장용이다. 따라서 치열한 경쟁과 시장변화에 대응할 수 있는 스피드가 무엇보다 필요하다. 지난해 환경일렉트로닉스 분야 등을 대상으로 6개월 단위로 경영자원을 집중 투입하는 프로젝트팀을 발족시킨 것도 바로 그 구상의 하나이다. 닛토는 이를 통해 "3M 플러스 스피드"라는 새로운 목표에 도전하고 있다.

자료: 「한국경제신문」, 1998년 8월 25일에서.

과 자금이 소요된다. 우리나라는 선진국에 비해 금형개발부문이 아직은 뒤떨어져 있다. 금형개발에 소요되는 시간을 단축하는 것은 매우 중요한데 이 부문의 시간단축이 신제품 개발기간 단축과 직결된다. 결국 요즘 기업이 추구하고 있는 "스피드경영"은 신제품 개발기간의 단축이 주가 되며, 이를 성취하기 위해서는 금형개발기간의 단축이 필수적이다.

[그림 3-2]에는 카메라의 신제품 개발과 이에 따른 금형개발의 일반적 과정을 도식화한 것이다. 보통 기본/상세설계가 완료된 후 금형을 설계하고 개발하여 1차 시도를 하는데 약 45일이 소요된다. 이는 일본보다 약 2주 정도가 더 소요되는 것이다. 보통 금형설계에 따라 금형 시제품을 개발한 후 3차 혹은 4차까지 시험생산을 시도한다. 이는 금형 시제품에서 샘플을 생산하여 원래 의도한 대로 생산이 가능한가를 시험하는 것이다. 2차 시도에서 샘플을 생산하는 것을 엔지니어링 샘플(engineering sample)이라고 하며 샘플의 80%가 합격을 해야 하는 것이 보통이다.

1.1 상품기획

새로운 제품에 대한 아이디어는 기업 내부의 여러 곳에서 또는 기업 외부에서 나올 수 있다. 많은 아이디어들은 종업원들이나 고객들로부터 나온다. 예를 들어, Howard Head는 그 자신의 테니스 게임을 향상시키기 위하여 보통보다 큰 프린스 라켓을 발명하였다. 그러나 대부분 신제품에 관한 아이디어는 기업 내부에서 개발된다.

아이디어 창출에는 두 가지 중요한 정보원이 있다. 첫째, 사용자의 니즈를 파악하는 것이 필요하다. 개발한 제품을 아무도 원치 않는다면 무용지물이 된다. 제조업자들은 항상 고객들의 니즈와 수요를 충족시키는 새로운 제품들을 개발하려고 노력해야 한다. 예를 들면, 소형차의 개발이라든가 모페드(Moped: 1100km 이상 주행하는 능률적인 2륜소형오토바이)와 같은 저렴한 수송형태의 개발 등이다. 많은 유행("fad")품목—디자이너 진바지 등—도 고객의 수요에 부응하여 개발된 것이었다.

신제품 아이디어의 두 번째 정보원은 새로운 기술이다. 예를 들어, 1970년대에 반도체, 마이크로 칩 그리고 마이크로 프로세서들의 개발은 전자산업의 일대변혁을 일으켰다. 이것은 TV수상기라든가 업무용 사무기기 등과 같은 많은 품목들의 설계와 기능의 향상을 가져오게 되었다. 이러한 새로운 기술혁신은 오래된 기술에 바탕을 둔 제품들을 대신하게 되었다. 또한 홈 비디오장비, 전자게임 그리고 많은 다른 전자기기들이 새로이 창출되었다.

연구개발(R&D)은 새로운 제품을 개발하고 기술을 진보시키는 데 중요한 역할을 한다. R&D의 목적은 새로운 아이디어와 개념을 내고 이러한 아이디어와 개념들을 유용한 제품으로 개발하는 것이다. R&D는 다음 세 가지 기능을 수행한다.

① 순수연구 새로운 아이디어나 개념들을 개발하려는 것이 목적이나 구체적인 제품 및 응용분야는 염두에 두지 않고서 수행하는 지식지향적인 연구

② 응용연구 구체적이고도 상업적인 응용을 목적으로 새로운 개념, 아이디어와 재료들을 발견하려는 데 치중하는 문제지향적인 연구

③ 개 발 연구 및 개발된 아이디어를 제품으로 옮기려고 하는 데 관심이 있는 제품지향적인 연구

순수연구는 주로 과학 및 기술대학들에서 수행되기 쉽다. 그와 같은 연구는 통상 과학재단, 한국연구재단, 한국국방연구원, 한국과학기술원 등의 여러 정부기관의 지원을 받게 된다. 국방부도 또한 군사목적으로 사용되는 제품을 생산하는 첨단기업에서의 순수연구를 지원한다. 그 외에 많은 소비자지향적인 대기업에서도 새로운 과학적 발견이 상업적으로도 수지 맞는 응용으로 될 수 있을 것이라는 희망으로 순수연구를 집행한다. 산업, 정부와 대학간에 서로 협력하여 과학과 기술을 최첨단으로 향상시키도록 노력한다.

응용연구와 개발은 대부분의 흑자기업에서 그 관심의 대상이 되고 있다. 전자, 소비재 제품, 화학, 제약, 항공, 자동차 및 공작기계와 같은 산업에서는 대부분의 대기업들이 광범위한 R&D그룹을 보유하고 있다. 때로는 R&D 노력이 조직 내에 전반적으로 확산된다. 여러 가지 다양한 제품구성을 보유한 대기업의 경우 전형적인 R&D조직이 [그림 3-3]에 나타나 있다. 새로운 비즈니스 영역을 개발하기 위한 기본연구는 중앙연구실험실에서 수행된다. 예를 들어, 소비재 제품 제조회사가 시판용 제약시장에 진입할 가능성을 연구·검토하게 될지도 모른다. 현존하는 제품라인에 대해서, 개별적인 R&D 그룹은 식품류에 대한 새로운 맛을 가미하는 것과 같은 개선책에 관한 연구를 수행한다. R&D조직에서, 보통은 정부의 정책이나 규제 등을 모니터하는 그룹이 있게 마련이다. 새로운 연구자료들이 각 기능적 제품분야별로 개발팀

그림 3-3 전형적인 R&D 조직에서의 정보의 흐름

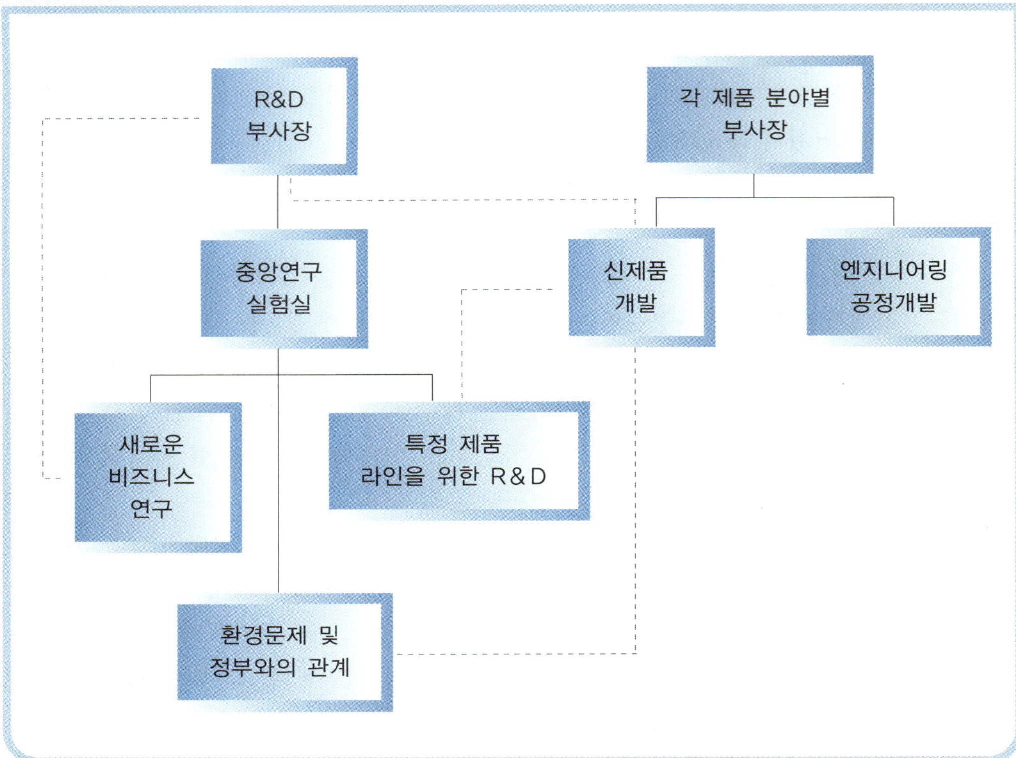

에게 피드백 되는데, 이 개발팀은 궁극적으로 생산에까지 연결될 수 있도록 아이디어를 창출해야 하는 책임을 지고 있다. 예를 들어, 종이 타월의 흡수성을 증가시킬 수 있는 공정 또는 새로운 처방을 발견하여야 한다. 이와 같은 정보가 더 나은 개발을 위하여 종이 제품부서로 전달되고 나아가서 기저귀(diapers)와 같은 새로운 제품이 탄생하게 된다.

R&D를 수행하는 데는 많은 비용이 수반된다. 값비싼 장비와 자격이 있는 연구원들이 필요하다. 그 외에도 아주 위험도가 높다. 하나의 성공적인 R&D프로젝트를 위하여 수없이 많은 실패를 경험하게 된다. 그럼에도 불구하고, 얼마 안 되는 숫자의 성공사례들로부터의 평균적인 성과는 실패한 프로젝트에 의한 투자손실보다 훨씬 가치가 있다.

적격심사(screening)의 목적은 성공할 가능성이 높아 보이지 않는 아이디어들을 제외시켜서 비싼 개발비용을 피하고자 하는 데 있다. 개발비용이 신상품의 총비용에서 50 내지 60%를 차지하는 경우가 드물지 않다. 일반적으로, 초기적격심사에서 세 가지 중요한 기준들이 사용된다. 즉, 제품개발기준, 시장기준, 그리고 재무기준과 같은 기준들에서 고려되는 기본적인 문제들은 다음과 같다.

기 준	기본적 문제들
제품개발	• 제품이 신상품인지 또는 단순한 모방인지 여부 • 현존하는 설비로 그 상품을 생산할 수 있는지? • 그 상품의 생산이 기술적으로 가능한지 여부 • 어떤 상표특허라든가 다른 법적 문제가 있는지?
시 장	• 이 상품의 대상이 되는 마켓은 어떤지? • 그 시장이 성장할 것으로 기대되는지 여부 • 경쟁자는 누구인지? • 이 신상품이 기존의 제품라인에 어떻게 영향을 끼칠 것인가?
재 무	• 투자수익률은 얼마나 될 것인가? • 이 신상품이 전체적인 수익성에 얼마나 기여할 것인가? • 신상품의 개발과 생산이 현금의 흐름에 얼마나 영향을 미칠 것인가?

새로운 아이디어의 강점과 약점들을 좀더 객관적으로 평가하기 위하여 점수모형(a scoring model)이 가끔 사용된다. 점수모형을 개발하기 위하여 각 주요기준은 일련의 속성들로 나누어진다. 예를 들면, 제품개발의 속성들은 보통 제품을 개발하는 데 소요되는 시간, 비슷한 제품을 생산하던 경험이 있는지 여부, 제품의 수명, 이용가능한 재료가 있는지 여부, 그리고 장비들을 포함한다. 각 속성마다 여러 수준이 있으며, 이에 점수가 할당된다. 따라서 제품-개발시간은 ① 6개월 이내, ② 6개월에서 1년, ③ 1년에서 2년 또는, ④ 2년 이상 등으로 측정될 수 있다. 각 수준에 할당된 점수는 그 수준의 상대적인 혜택을 반영한다. 이러한 평가제도를 스포츠 장비 전문업체인 새한스포츠 장비에 적용하는 예를 사용하여 설명하겠다.

example

예제 3-1 새한스포츠 장비의 점수모형에 의한 신제품 개발

새한스포츠 장비의 점수모형 사례는 [표 3-1]에 나타나 있다. 조직 내의 지식이 풍부한 전문가들이 각 수준에 대한 특정한 값을 선택한다. 점수모형의 결과는 평가를 위하여 최고경영진들이 검토하게 된다.

각 기준 내의 모든 속성들의 최대 및 최소 점수들을 각각 합하고 또한 체크 표시된 점수를 더하여, 다음과 같은 결과를 얻었다.

기 준	최대가능점수	최소가능점수	총점수
제품개발	+10	−10	+5
시 장	+12	−12	0
재 무	+4	−4	+3
			+8

개략적인 예측이긴 하지만 이 결과를 바탕으로, 이 신상품 아이디어는 제품개발기준 면에서 높은 평가를, 시장기준 측면에서 보면 평균 정도, 그리고 재무기준 측면에서는 높게 평가되고 있다. 폭넓은 토론 끝에, 최고경영진은 신상품의 성공가능성이 매우 높다고 결론을 내렸다. 따라서 제품개발팀은 공식적으로 경제성 분석을 실시할 권한을 부여받았다.

여기 제시된 것과 같은 점수모형은 틀림없는 판단적 예측기법이다. 그와 같은 모형을 사용함으로써, 최고경영진으로 하여금 간편하게 중요한 변수들을 요약하며 또한 초기적격심사과정에서 분석과 토론을 할 수 있게 한다. 그러나 실제로 선택된 점수들은 주로 조직 내의 하위경영층에 있는 운영관리자들에 의한 분석결과라는 것을 인식하는 것이 중요하다.

새한스포츠 장비에서의 점수모형은 각기 기준에 따른 모든 속성들이 같은 중요성을 지니고 있다고 가정한다. 이와 같은 가정은 그 부여된 값들에 가중치를 둠으로써 쉽게 조정될 수 있다. 예를 들어, 투자수익률이 자본지출보다 두 배만큼 중요하다고 생각되면, [표 3-1]에서 투자수익률과 관련된 점수들을 두 배로 하여 주면 된다. 그와 같은 접근방법으로 경영관리자들은 서로 다른 많은 기준들의 상대적 중요성을 계량화할 수 있다. 이 점수모형은 또한 여러 기준들간의 독립성을 가정한다. 만약 기준들이 독립적이 아니라면, 상

표 3-1 새한스포츠 장비에 관한 점수모형

기준 제품개발	수 준	점 수
1. 개발시간	6개월 미만	√ +2
	6개월에서 1년	+1
	1~2년간	−1
	2년 이상	−2
2. 경 험	상당함.	+2
	약간.	+1
	거의 없음.	√ −1
	없 음.	−2
3. 제품수명	8년 이상	√ +2
	5~8년간	+1
	3~5년간	−1
	3년 미만	−2
4. 원 재 료	회사 내에서 이용가능	+2
	외부에서 이용가능	√ +1
	내부에서 제한적으로 이용가능	−1
	외부에서 제한적으로 이용가능	−2
5. 장 비	현재 장비이용가능	+2
	일부 새로운 장비필요	√ +1
	대부분 새로운 장비필요	−1
	새로운 생산시설요망	−2
6. 시 장 성	기존의 고객들	+2
	대부분 기존의 고객들	√ +1
	일부 기존의 고객들	−1
	모두 새로운 고객들	−2
7. 안 정 성	대단히 높은 안정성	√ +2
	높은 안정성	+1
	불안정성	−1
	매우 불안정함.	−2
8. 추 세	새로운 시장	+2
	성장하고 있음.	√ +1
	정지하고 있음.	−1
	감소하고 있음.	−2

9. 광　　고	거의 필요없음.	________	+2
	일정 수준 필요함.	________	+1
	많이 필요함.	________	−1
	대대적으로 필요함.	√	−2
10. 경 쟁 자	없　　음.	________	+2
	하나 또는 둘	________	+1
	다　　수	√	−1
	매우 경쟁적	________	−2
11. 수　　요	안　정　적	________	+2
	경기순환변동에 따름.	√	+1
	계절변동에 따름.	________	−1
	계절적이고 경기순환변동에 따름.	________	−2
12. 투자수익률	30% 이상	√	+2
	25%~30%	________	+1
	20%~25%	________	−1
	20% 미만	________	−2
13. 자본지출	낮　　음.	________	+2
	보　　통.	√	+1
	높　　음.	________	−1
	대대적임.	________	−2

호 의존적인 기준들을 반영하는 점수들을 나타내는 것은 더욱 힘이 든다.

e x a m p l e

1.2 경제성 분석

경제성 분석(economic analysis)의 목적은 새로운 제품에 대한 수익성과 투자수익률 같은 요인들을 결정하는 데 있다. 공식적인 경제성 분석은 아이디어의 개발을 향하여 자원을 더 배분할 것인가를 결정하는 데 필요하다.

공식적 경제성 분석을 수행하기 위해서는 수요에 대한 정확한 측정이 요망된다. 따라서 예측이 제품개발과정에서 중요한 도구이다. 통계적인 그리고 판단적인 예측방법들이 동시에 사용되고 있다. 예를 들면, 정부, 무역협회 또는 개별마케팅조사 회사들에 의한 산업별 판매예측(통계적)은 제품라인별로 미래의 추세에 대하여 확고한 정보자료를 제공한다. 시장점유율에 대한 판단적 예측들은 예상되는 제품수요를 결정하기 위하여 통계적 판매예측과 통합되어질 수 있다. 시장조사 담당자들은 판매예측에 대하여 상당한 경험을 가지고 있으며, 대개는 이러한 정보를 공급할 수 있다.

수요예측 이외에, 생산비용에 관한 예측도 수행되어야 한다. 엔지니어링과 회계담당자들은 제조비, 원부자재비, 소요인력, 장비, 감가상각 그리고 다른 간접운영비 등을 예측할 책임이 있다. 마지막으로, 수익률, 회수기간 및 순현가 등과 같은 재무측정치들을 계산하기 위하여 제품의 판매가격도 예측되어져야 한다.

최고경영층은 이러한 자료들을 분석하여 계속 진행/중지 결정을 내릴 수 있게 된다.

손익분기점 분석은 신상품의 경제적 영향을 예측하는 데 유용한 도구이다. 새한스포츠 장비의 예제를 가지고 설명하기로 하자. 마케팅부서에서 예측하기를 연간 4,000 stingers(테니스 라켓의 줄을 꿰는 기계)가 팔릴 수 있다고 하였다. 이 예측은 현재 스포츠와 레저산업에서의 추세에 근거를 두고 이루어졌다. 새한스포츠 장비의 엔지니어링 및 회계담당부서는 제조비용이 다음과 같다고 예측하였다.

변동비용(품목단위당)		고정비용	
제 조 비	55,000원	제 조 비	350,000,000원
판매 및 행정	5,000원	판매 및 행정	100,000,000원
총변동비용	60,000원	총고정비용	450,000,000원

시장에서 판매되고 있는 다른 모델들은 현재 가격이 9만원에서 25만원 사이라고 한다. 시장에서 예상되는 점유율을 확보하기 위하여, 새한스포츠 장비는 판매가격을 15만원대로 유지하기를 원하고 있다. S를 테니스 라켓의 총판매량이라고 하며, 총비용(TC, 단위: 천원)은 다음과 같다.

$$TC = 450,000 + 60S$$

판매가격을 15만원으로 하면 총수입(TR, 단위: 천원)은

그림 3-4 새한스포츠 장비의 손익분기점 분석

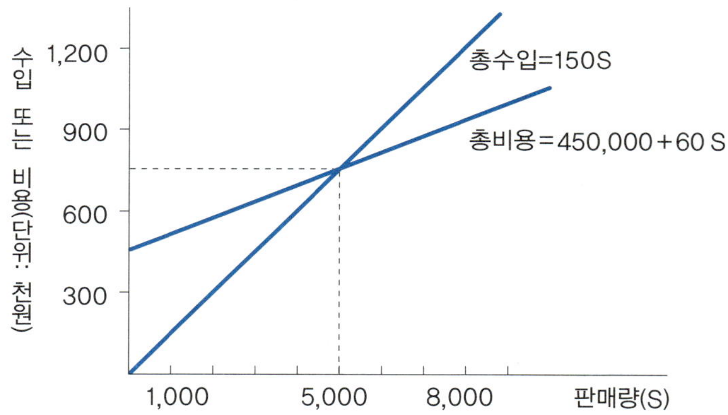

TR=150S

이다.

이들 함수들은 [그림 3-4]와 같이 나타낼 수 있다. 손익분기점인 5,000단위는 제품이 시판되어 $1\frac{1}{4}$년만에 이루어질 수 있다. 새한스포츠 장비의 경영진이 판단하기에 이것은 건전한 투자라고 생각되었다. 따라서 그 제품의 개발을 계속하기로 결정하였다.

초기제품설계 및 개발단계에서, 제품설계자는 제품의 운영상 특징뿐만 아니라 품질과 신뢰성에도 관심을 기울여야만 한다. 예를 들면, 새한스포츠 장비 예제에서 신제품 설계자는 라켓의 줄을 감을 때 여러 가지 장력을 주는 방법을 고려하여야 한다. 또 다른 예로서는, 식당에서 주방장이나 대규모 식품제조업자의 연구진들은 많은 시간과 노력을 기울이며 새로운 식품조리법을 시험하고 개발하게 된다.

제품의 설계는 단지 품목의 실체적인 묘사 이상으로 여러 가지 요인들을 내포한다. 일반적으로 세 가지 요인들이 고려되어져야 한다.

① 제품의 기능

② 기술적 요구사항 및 세부사항

③ 제품 및 유통의 경제성

(1) 기능적 영향

상업적으로 성공하기 위하여 제품은 시장에서 그 목적을 달성하고 또한 경쟁에 관계없이 고객의 마음에 들어야 한다. 제품의 기능과 관련되어 설계 시 중요하게 고려되어야 할 사항은 다음과 같다.

- 크기, 무게, 그리고 외양
- 안전성
- 품질과 신뢰성
- 제품의 수명, 서비스 및 보전관리

품목의 크기와 무게는 고객들에게 중요하다. 예를 들어, 알루미늄으로 된 사다리는 나무 사다리보다 더 선호의 대상이 되는데 그 이유는 운반하기가 쉽기 때문이다. 가벼운 동력사슬 톱은 1년에 한 번 정도 장작을 베는 집주인에 의하여 선택될 가능성이 낮은 반면에 생업으로 나무를 잘라 파는 사람은 힘든 일을 감내할 수 있는 동력사슬 톱을 필요로 할 것이다. 미식축구에서 선수들을 보호하기 위하여 사용되는 공군용 방탄조끼(flak-jacket)는 가볍고 또한 부피가 크지 않도록 설계되었다. 제품의 외양—즉, 색상, 스타일, 또는 패턴—은 제품을 받아들이는 데 있어서 중요하게 고려되어야 할 요인으로 생각된다. 승용차들에 어떤 스타일을 부여하는 것은 다양한 고객들의 흥미를 끌기 위하여 설계된 것이다.

최근 고객들은 제품안전성의 중요함을 더욱 깨닫고 그것을 더욱 요구하기 시작하였다. 제품책임에 관한 소송이나 정부규제 등을 살펴보면 제품설계에 있어서 첫 번째로 고려하여야 할 일은 안전성이라는 것을 알 수 있다. 스웨덴의 볼보(Volvo)는 안전성을 효율적인 마케팅전략으로 사용하였다. 화재나 기타 재난들은 호텔사업에 있어서 그 시설의 운영이나 설계를 평가하는 데 매우 중요한 고려요소이다.

서로 다른 제조업자들에 의하여 생산된 제품들은 그 품질이 다르리라고 예상되며, "지불한 만큼의 것을 얻는다"(you get what you pay for)라는 옛날 속담을 연상케 하는 느낌을 받는다. 모든 제품들이 좋은 품질로 설계되는 것은 아니다. 예를 들어, 호텔은 제공되는 서비스가 그 등급에 있어 무궁화 넷 또는 무궁화 다섯 등급이 되도록 노력하는 것이 상례겠지만, 다른 호텔은 이것을 중요한 것으로 간주하지 않을지도 모른다. 많은 소비재 상품에서는 이러한 것이 사실일지도 모르지만, 비행기 엔진과 같이 안전성이 요구되는 제품에서는 품질과 신뢰성이 절대적이다. 상품제조과정에 사용되는 원자재나 제조방법은 상품의 품질과 신뢰성에 영향을 끼친다. 이러한 특성들이 제조과정에서 달성될 수 있도록 하는 것이 운영관리자의 책임이다.

제품의 수명과 서비스의 비용 및 요구되는 보전관리는 대부분의 고객들에게 중요한 관심의 대상이다. 예를 들어, 래디알 타이어는 보통 바이어스 플라이(bias-ply) 타이어보다 제품수명이 길다. 사용자들로부터 고장이 잘 나지 않는다든가 또는 요망되는 차량보전관리기간이 길다는 평가는 새로운 승용차를 선택하는 데 기준이 된다. 새로이 제조되는 상품은 때로 신상품을 유지하고 수선하는 서비스의 설계를 촉진한다. 예를 들어, 비디오 게임의 성장은 숙련된 수리공의 필요성을 낳게 하였다. 따라서 기업은 새로운 제품과 관련된 의사결정을 내릴 때 서비스의 이용도를 고려하여야만 한다.

(2) 기술적 영향

제품설계에서 기술적 요망사항은 사용될 원재료 및 부품의 선정과 사용될 제조방법이 포함된다. 원재료는 제품의 기능적 요구사항들을 만족시킬 수 있도록 선택되어야 한다. 예를 들어, 어떤 원자재들은 다른 것들보다 허용기준치를 더 까다롭게 적용할 수 있다. 따라서 더 엄격한 허용기준치를 요구하는 부품들은 그에 상응하는 원자재로부터 만들어져야 한다. 서로 다른 원자재들은 다른 제조방법을 요구할지도 모른다. 항공기 제작에 있어서 많은 부품들이 알루미늄 또는 티타늄으로 만들어진다. 티타늄은 재래식 기계에서 가공될 수가 없다. 그 외에도, 티타늄은 알루미늄보다 비용이 더 많이 들고 서로 다른 기능적 특성을 지니고 있다. 따라서 원재료의 엔지니어링적 특성에 관한 지식은 제품설계자에게 필수적이다.

(3) 경제적 영향

고객이 제품에 대하여 지불하는 가격은 제조 및 유통과 관련된 직접제조비와 간접제조비에 따라 달라진다. 제품은 어떤 특정한 시장이나 고객들을 대상으로 제조된다. 예를 들어, 독일의 벤츠(Benz)는 소득수준이 높은 고객들을 대상으로 하는 반면에, 많은 다른 모델의 자동차는 평균적인 소득수준의 고객을 상대로 판매된다. 만약 어떤 제품을 생산하고 유통시키는 데 비용이 대단히 많이 든다면, 기업이 그 제품을 일반 대중을 대상으로 생산하는 것은 도무지 말이 안 된다. 그러므로 제품설계자들은 기능적 제품을 합리적인 비용으로 생산하기 위하여 설계단계에서 상품의 제조 및 유통비용을 고려하여야만 한다.

원재료의 선택과 설계의 형태는 제품의 성능에 기여하지 않는 불필요한 비용은 피한다고 하는 마음가짐으로 이루어져야 한다. 이러한 일은 제품설계과정에서 가치분석(value analysis, 때로는 가치공학이라고도 부름)에 의하여 수행된다. 가치분석은 제품에 관한 다음과 같은 기본적인 질문들을 던짐으로써 이루어진다.

① 어떤 특정한 구성요소의 기능들은 무엇인가? 그들이 꼭 필요한 것인지 혹은 다른 방법으로 수행될 수 있는지 여부
② 어떤 원재료들이 사용되는지? 비용이 덜 드는 원재료로 대체될 수 있는지 여부
③ 제조과정에서 얼마나 많은 원자재가 낭비되고 있는지? 설계를 변경시킴으로써 감소시킬 수 있는지 여부

이러한 형태의 질문들은 창고에서의 물류관리와 같은 운영의 생산성을 분석하는 데 현명한 운영관리자들이 흔히 요구하는 사항들과 별로 다를 바가 없다. 가치분석은 신제품의 설계에 적용될 뿐만 아니라 재설계를 통하여 기존의 제품과 운영의 생산성을 향상시키는 데 중요하다. 생산성 향상이라는 관점에서 생각하는 운영관리자들은 제품설계자들에게 주요한 정보를 제공할 수 있다. 예를 들어, 완제품의 수송 및 물류관리체계를 고려하여 보자. 뒤뜰에 설치가능한 그네 세트 또는 외바퀴 손수레와 같이 고객들이 조립할 수 있으나 부피가 나가는 품목들은 때로 조립이나 물류관리비용을 줄이기 위하여 조그마한 콘테이너에 조립을 하지 않은 상태로 포장되어 출하된다. 따라서 제품설계자들은 설계라는 것이 단순한 엔지니어링 기능뿐만 아니라 기업 내

의 모든 분야에 두루 걸친 아이디어와 지식을 합병하는 기능이라는 것을 인식하여야 한다.

1.3 모형시험(prototype testing)

일단 제품의 설계가 이루어지면, 보통은 모형을 만들어서 실제로 사용되는 조건하에서 그 제품의 특성을 시험하여 본다. 물론 초기의 제품설계과정에서 여러 가지 컴퓨터에 의한 정밀계산이나 설계의 결함 등을 점검하지만, 실제의 실험은 전면적인 제품생산활동에 들어가기 전에 문제점들을 발견하고 시정하기 위하여 중요하다. 예를 들어, 자동차 제조업자들은 새로운 모델에 대하여 포괄적인 노상성능시험을 수행한다. 비슷한 실험이 타이어, 비행기 및 스포츠 장비 등에 적용된다. 식품류나 세탁실용 제품과 같은 많은 소비재를 모형실험할 때는 "전형적"(typical)인 고객으로서 제품을 평가할 수 있는 소비자 패널을 구성한다. 새한스포츠 장비의 예제에서, 몇몇 지역의 예상되는 고객들이 라켓에 줄을 감는 데 걸리는 시간, 사용하기 용이함 그리고 라켓에 줄이 매어진 후 장력의 정확성 등과 같은 기준에 따라 모형장비를 시험하여 보고 그 가치를 판단할 수 있게 된다.

1.4 최종제품 및 공정설계

모형실험은 예비설비단계에서 어떤 변경을 수반하게 될 수도 있다. 최종설계에서는 이와 같은 변경사항들이 설계명세서에 통합된다. 설계도면이 만들어지고 생산과 관련된 계획들이 시작된다. 이 때에 생산공정들이 선택되면 운영관리의 구체적이고도 많은 문제점들이 해결된다. 이러한 이슈들은 뒤에 더 자세하게 언급될 예정이다.

1.5 제품개발절차의 관리

품개발절차는 기업 내부의 연구개발(R&D), 마케팅, 재무 및 다른 분야와 서로 밀접한 관계가 있는 활동으로 구성된다. 프로젝트 관리자들은 여러 기능분야들간의 적절한 의사소통이 이루어지도록 하며 또한 일정계획과 마감시간을 지킬 수 있도록 하기 위하여 이러한 활동들을 조정하여야 한다. 효율적인 신제품 개발절차의 수행을 위하여 PERT/CPM과 같은 프로젝트 관리의 기법들이 유용하다.

기업동향 현대자동차의 엔진개발

우리나라 자동차산업이 기술자립화 시대를 맞았다. 현대자동차가 엔진 제작기술을 독자적으로 개발하는 데 성공하여, 이 같은 전기가 마련됐다. 정초를 화려하게 장식한 현대자동차의 국산엔진 개발소식은 우리의 자동차 생산기술이 자립단계에 올라섰음을 보여 주는 쾌거로 꼽힌다. 외국기술에 의존하지 않고 자동차를 생산할 수 있는 기술이 확보된 것을 뜻하기 때문이다.

현대자동차가 1천억원의 개발비를 들여 5년 6개월만에 국산화한 알파 엔진은 1,500cc급 소형 가솔린엔진. 4개의 실린더에 각각 3개씩 모두 12개의 밸브가 적용된 멀티밸브식인 점이 돋보인다. 일반적으로 1,500cc급 소형 자동차엔진은 실린더당 흡기 및 배기밸브가 각각 1개씩 붙어 있다. 지금까지 공급된 소형 국산승용차는 이 방식의 제품이어서 8개 밸브의 작동으로 엔진이 움직인다. 알파 엔진의 경우 이와 달리 실린더당 흡기 2개 및 배기 1개 등 3개의 밸브로 설계됐다. 이같은 멀티 밸브식 엔진은 공기흡입량이 많아 연료의 연소율을 높여 준다. 이 때문에 실린더 내의 폭발력을 대폭 강화시켜 엔진의 고출력을 유도한다. 현대자동차가 개발한 알파 엔진은 노킹 컨트롤 시스템이 적용된 것도 특징으로 꼽힌다. 노킹 여부를 감지할 수 있는 센서를 부착, 노킹 발생시에만 점화시기를 늦추고 그렇지 않을 경우 항상 최적의 점화시기에 맞춰 엔진을 가동시키기 때문에 고연비효과를 가져 온다. 동력시험결과 시속 60km에서 100km로 추월 가속할 때 혼다 CRX3V가 11초, 기존의 현대스쿠프는 11.2초가 걸리는 데 비해 알파 엔진을 탑재한 스쿠프는 10.4초가 걸려 가속성이 우수한 것으로 나타났다. 그만큼 출력이 높아진 셈이다. 연비도 시속 60km 정속주행시 혼다 CRX가 리터당 10.4km, 기존 스쿠프가 18.6km이나 알파 엔진의 스쿠프는 20.2km를 기록할 정도로 앞섰다. 알파 엔진은 또 세계에서 가장 엄격하고 최근 더욱 강화된 미국 캘리포니아의 92년도 배기가스 환경기준법규를 만족시키는 것으로 나타났다. 국내기술력으로 개발된 국산엔진이 고출력, 저연비, 저공해의 3박자를 갖추는 우수한 성능의 제품으로 평가받은 실험결과이다. 현대는 알파 엔진을 자연흡기식(NA)과 過給器(TC: 터보차저)장착식 등 2가지 기종으로 나눠 생산에 나서고 있다. 터보장착식 알파 엔진은 흡기를 대기압 이상 압축시킨 상태로 엔진실 내부에 주입, 다량의 공기와 연료를 혼합 연소시켜 자연흡기식 엔진보다 고출력을 내게 된다. 1,500cc급 소형 엔진에 터보차저를 적용한 것도 국내생산엔진 가운데 알파 엔진이 처음이다.

이처럼 성능이 우수한 국산엔진의 제작기술을 개발한 것은 결코 우연이 아니다. 기업의 기술인력확보 및 기술투자확대 노력과 연구팀의 성실하고 끈질긴 연구개발 의욕이 한데 어우러진 데서 얻어진 값진 결실이다. 현대자동차 마북(麻北)연구소 연구위원 이현순 박사는 "회사의 적극적인 지원이 없었다면 알파 엔진의 독자개발은 생각조차 할 수 없는 불가능한 프로젝트였다" 고 털어 놓는다. 실제로 정세영 현대그룹 회장은 개발비에 구애받지 않도록 연구소에 절대적인 권한을 부여했을 정도로 열성을 보였다고 개발팀 멤버들은 입을 모은다. 1천억원에 이르는 개발비를 투입할 정도로 회사의 지원은 적극적이었으나 엔진개발작업은 초기부터 난산의 기미가 짙었다. 자체설계능력 부족으로 인한 설계실수, 초기개발에 따른 기술미숙 등이 큰 어려움이었고 주요 품목파손 등의 결과로 설계변경만 288건을 기록했을 정도이다. 또 성능을 향상시키기 위한 과정에서도 많은 엔진 시작품이 파손돼 개발팀의 가슴을 죄게 했다. 이현순 박사는 "내구시험중 개당 제작비가 2천만원이나 하는 시험용 엔진이 11개나 깨지는 고통스런 나날도 있었다"고 밝힌다. 이 같은 어려움을 딛고 국산엔진이 개발돼 우리나라는 미국, 독일, 일본, 영국, 프랑스, 소련, 이탈리아, 스웨덴에 이어 9번째로 자동차엔진 독자개발국 대열에 뛰어 올랐다. 국내 자동차 산업은 1960년대 녹 다운 조립단계를 거쳐 1970년대에 고유모델 승용차 개발단계에 들어섰다. 1980년대에는 양산체제를 확립했고 자동차 수출국이란 명성도 얻었다. 산업화 차원에서는 이처럼 비약적인 발전을 거듭했으나 핵심기술에 있어선 그렇지 않았다. 자동차의 심장인 엔진은 설계 및 제작기술이 미흡해 외국에 의존할 수밖에 없었다. 자동차업계는 그 동안 외국에서 기술을 도입, 기술제휴선이 제공한 설계도면을 통해 엔진을 제작해 왔다. 이 때문에 자동차업체들은 엔진에 대한 로열티를 지불하는 부담을 안았고 차종 다양화에 제약을 받아야 했다. 현대의 국산엔진 개발로 이젠 상황이 달라졌다. 독자적인 설계에 의해 엔진을 제작할 수 있는 기술자립화의 실현으로 이 같은 굴레에서 벗어날 수 있게 됐다. 1991년은 우리 자동차산업에 있어 기술자립 원년으로 기록되는 셈이다. 자동차 엔진제작기술의 자립화로 얻을 수 있는 파급효과는 생각보다 크다. "카트로닉스"로 일컬어지는 첨단자동차 기술을 개발할 수 있는 기반을 확보했다는 점을 우선적으로 꼽을 수 있다. 현대의 자동차엔진은 과거 방식처럼 기계식이 아니다. 컴퓨터 컨트롤러 시스템 등 전자제어기능을 가진 첨단기술의 결정체 가운데 하나이다. 이 때문에 앞으로 자동차와 컴퓨터가 조화를 이루는 기술이 우리나라에서도 개발될 것으로 전망된다.

(자료: 「한국경제신문」, 1991년 1월 28일에서)

2 제품의 품질설계 및 신뢰도

설계, 원자재 및 공정에 있어서 좋은 품질을 유지하게 되면, 많은 제조관리 문제점들을 제거할 수 있게 되고, 따라서 비용을 절감하여 생산성을 향상시킬 수 있다. 본절에서는 제조된 상품의 품질과 신뢰성에 관해서 논의하여 보자.

좋은 설계는 제품파손의 가능성 있는 원인들을 알아내고 그와 같은 일이 발생하는 확률을 최소화한다. 이것은 제품이 시장에서의 성공, 제품책임청구 및 과다한 품질보증비용의 예방을 위해서 결정적이다. 대부분의 회사들이 고장형태 및 효과분석(failure mode and effects analysis: FMEA)을 포함하는 공식

기업동향 **전화위복의 청하개발**

"데워 마시는 청주가 아닙니다. 차게 마시면 맛과 향이 더욱 좋습니다." 1986년 6월에 시판을 개시한 백화양조 청하의 광고표현이다. 청주는 따끈하게 데워 마셔야 된다는 고정관념에 정면으로 도전, 새로운 음주패턴을 제시한 것. 우리의 전통적인 식음(食飮)패턴은 대부분이 따뜻한 것을 선호하고 있었고 청주는 특히 데워야 주향(酒香)이 살아나는 것으로 되어 있었다. 그러나 서구적인 식생활에 점점 익숙해지자 데운다는 것은 불편하다는 거부감으로 나타났다. 이러한 소비자의 새로운 생활습성 탓에 종전에 인기 좋던 "백화수복" 청주가 제삿 술이나 명절날 시골 노인네의 선물로만 간혹 판매될 뿐 전멸위기에 봉착했다. "소비자의 변모된 라이프 스타일에 부응하자." 백화양조는 드디어 청주의 기사회생의 처방을 모색했다. 데우지 않는 술, 아니 차게 마시는 술이란 이미지 전환과 함께 주 소비층을 종전의 장년 · 노년층에서 청년층으로 확대, 전화위복으로 삼겠다는 대반격 작전이 개시된 것. 청주는 달고(甘), 시고(酸), 새콤하고(辛), 떫은 맛(澁)에 쓴 맛(苦)의 다섯 가지 맛이 있는데 데웠을 때 이 오미(五味)가 두드러지지만 실온(室溫)이나 차게 해도 이 맛이 살아나도록 기술적인 개선을 했다. 병의 크기도 종전의 대(大)병이 너무 부담스럽다는 소비자 반응을 토대로 300ml의 소형으로 축소, 냉장고에 넣기 쉽도록 했다. 술잔 또한 과거의 "대폿잔" 이미지가 살아나지 않도록 60ml의 새로운 규격을 판촉물로 활용했다. 60ml가 성인의 입 한모금의 주량에 가장 적합하다는 분석에 따른 것. 그리고 음용층의 확대를 위해 현대인의 가장 공통적인 관심인 "건강" 에 중점을 두었다. 청주의 알코올성분이 16%로 소주(25%)나 위스키(40%)보다 약하다는 것을 내세워 순하다는 것을 광고전단을 통해 강조했다. 젊은층에 대한 음용기회 부여로 새로운 수요창출을 유도하기 위해 갖가지 전술이 동원되었다. "대학생 파고들기" 가 그 중 하나. 대학축제 때 "청하" 를 마시게 하자는 것. 각종 학생서클을 통해 축제비용을 지원하되 별도의 지원금을 주는 것이 아니라 판매금의 50%만 받고 50%를 서클에 주도록 했다. 그렇게 함으로써 청하를 더욱 많이 팔도록 학생들 스스로가 노력하게 했다. 또한 소주시장을 파고 들기 위해 업소전담 판촉팀의 별동대가 편성됐다. 먼저 서울과 부산의 대도시에서부터 활동을 개시, 1조 5명의 별동대가 소비자 밀착판촉에 들어갔다. 저녁 6시가 되면 이들은 불고기집, 주물럭집 등 대중주점(음식점)으로 출근, 업무를 개시한다. "두 병을 마시면 선물을 드리겠다" 는 포스터를 주점벽에 붙인다. 손님이 두 병째를 시키면 즉각 달려가 청하잔 열쇠고리 등 갖고 다니기에 부담이 없는 소형 판촉물을 직접 건네준다. 이 때 단순히 사은품을 주는 것으로 끝나지 않고 소비자 반응조사를 실시한다. 맛은 어떤지, 개선해야 될 것은 무엇인지 등등. 소비자의 니즈(욕구)를 더욱 가까이서 파악해 보는 것이다. 이 결과 1986년 시판 이후 1987년엔 86.3%, 1988년 60%, 1989년 96% 올해엔 100%의 경이적인 신장세가 확실시 되고 있다. "청하" 의 마케팅 전략은 "마케터는 소비자의 라이프 스타일 변화에 민감해야 된다" 는 교훈이었다.

(자료: 「한국경제신문」, 1990년 5월14일에서)

적인 설계검토절차를 가지고 있다. 이 기법은 다음과 같은 질문들에 해답을 구하는 내용으로 구성되어 있다.

- 어떻게 구성부품이 실패할 수 있느냐?
- 그 결과는 어떤 것들이 되겠는가?

일반적으로, 재품의 각 구성부품은 그것이 고장나는 형태, 고장의 원인, 이와 같은 고장으로 인한 결과 또는 효과, 그리고 설계를 개선함으로써 어떻게 수정될 수 있을 것인지 등의 순서로 나열되어 있다. 예를 들어, 책상용 램프의 경우, 구성부품 중의 하나는 소켓이다. 이 구성부품에 대한 전형적인 FMEA(고장형태 및 효과분석)는 다음과 같다.

고　　장: 금이 간 소켓
원　　인: 과　　열
　　　　　억지로 전구를 끼우기
　　　　　충　　돌
효　　과: 쇼크를 일으키는 수가 있음.
수　　정: 향상된 재질을 사용함.

이러한 FMEA는 생산을 시작하기 전에 심각한 설계상의 문제들을 발견할 수 있고 제품의 품질과 신뢰성을 상당히 개선시킬 수 있다.

신뢰성은 때로 품질과 혼동하여 사용되는 용어이다. 품질은 제품명세에 대한 적합도이다. 반면 신뢰성(reliability)은 시간차원을 내포한다. 구체적으로, 신뢰성은 어떤 제품이나 공정이 주어진 운영조건하에서 주어진 시간 동안 만족스럽게 정해진 조건을 성취하게 될 확률로서 정의된다. 예를 들어, 어떤 제조업자가 48개월용 자동차 배터리의 신뢰성이 0.97이라고 말했다고 하자. 이것은 정상적인 조건(예를 들어, 1년에 18,000km 주행)하에서 100개 중 97개의 배터리들은 48개월간 제품수명대로 작동할 것이다라는 의미이다.

높은 품질이 반드시 높은 신뢰성을 의미하는 것은 아니다. 어떤 제품이 제조업자의 모든 설계명세서를 만족시킬지라도, 오랜 기간 동안 지속되지 못할 수도 있다. 그러나 품질과 마찬가지로 신뢰성도 제품과 함께 설계되어져야 한다. 이것은 때로 제품설계자들을 곤란하게 만드는데, 그 이유는 향상된 신뢰성은 더 많은 비용이 들고 제품이 더 무겁고 또한 더 큰 것을 의미하기 때문이다. 따라서 때로는 이러한 특징들과 신뢰성간의 평균을 취하여야 한다.

2.1 신뢰성의 측정

가장 흔한 신뢰성 측정방법 중의 하나가 고장률(failure rate)이다. 단위시간당 단위품목의 고장난 개수로서 측정된다. 때로 고장률은 다음과 같이 정의된다.

$$\frac{\text{고장난 개수}}{(\text{검사된 개수})\times(\text{총 검사기간})}$$

예를 들어, 5,000개의 전구가 100시간 동안 검사되었다고 가정하자. 이 시간 동안에 120개의 전구가 고장났다면, 고장률은 다음과 같다.

$$\frac{120(\text{고장})}{(5{,}000\text{개})\times(100\text{시간})}=0.00024\ \text{고장/개}\cdot\text{시간}$$

일반적으로 제품의 고장률은 일정한 것이 아니라, [그림 3-5]에 나타난 것과 비슷한 커브를 따른다. 작동하기 시작하여 처음에는 고장률이 높다. 이

그림 3-5 고장률 커브

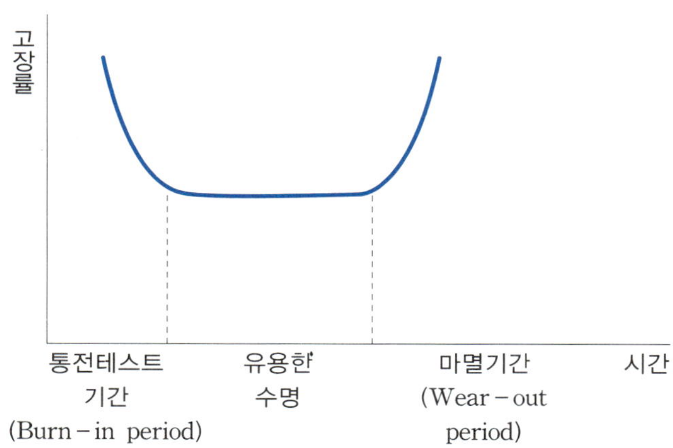

그림 3-6 마멸기간 동안의 제품수명에 대한 정규분포

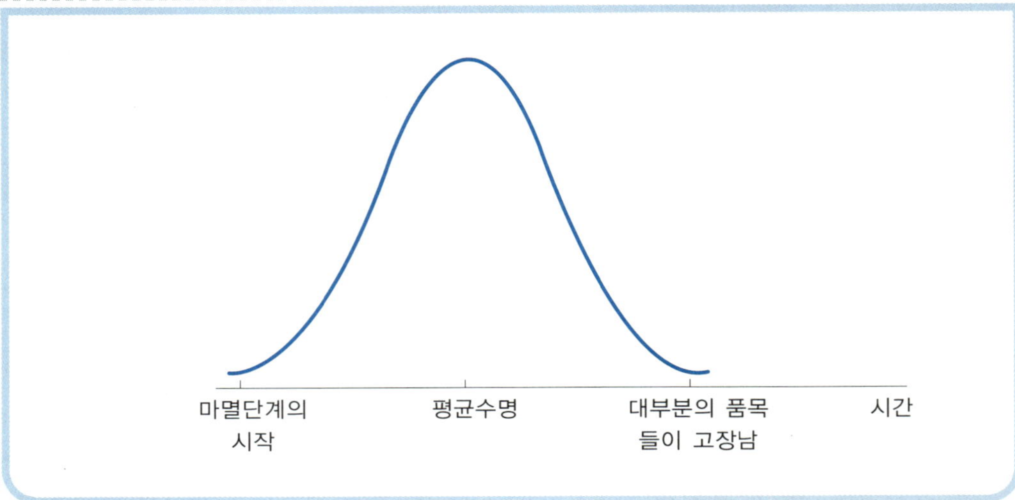

를 통전테스트(burn-in), 또는 초기사망률(infant mortality) 기간이라고 한다. 그와 같은 초기고장의 원인들은 재질이 나쁘다든가 또는 제조시 품질관리의 소홀에 기인한다. 그 다음 단계로 유용한 제품수명기간 동안에는 고장률이 오히려 낮고 또한 상대적으로 일정하다. 마지막으로, 상당기간 후에 제품은 닳아 없어지기 시작하고 고장률은 증가한다. 제품이 마멸단계(wear-out phase)에 들어서면, 남아 있는 제품수명의 확률분포는 가끔 정규분포로 나타내어진다. 이것이 [그림 3-6]에 예시되어 있다.

제품수명에 관한 평균 및 분산값이 주어지면, 정규분포를 사용하여 남아 있는 제품수명이 주어진 값을 초과할 확률을 계산할 수 있다. 예를 들어, 용인타이어(주)가 이제 막 스틸-벨트 래디알 타이어를 개발했다고 가정하자. 이 타이어가 신상품이기 때문에, 용인타이어(주)의 경영진은 타이어의 판매시 품질보증이 고객들의 호응도에 매우 중요한 요인이라고 보고 있다. 품질보증기간을 확정하기 전에, 용인타이어(주)의 경영관리들은 이 타이어의 수명에 관한 자료를 갖고 싶어하였다.

실제 노상성능시험으로부터 용인타이어(주)의 엔지니어링부서는 평균 타이어의 주행거리 $\mu=36{,}500$km이고 그 표준편차 $\sigma=5{,}000$km라고 추정하였다. 만약 40,000km의 품질보증을 고객들에게 제시하였다고 가정하면, 판매

된 타이어의 몇 %가 40,000km 보다 더 주행하리라고 예상할 수 있겠는가? 이 질문은 [그림 3-7]에서 빗금친 부문의 영역을 찾아 내는 것으로 해석될 수 있다. X=40,000에서,

$$Z=\frac{X-\mu}{\sigma}$$
$$=\frac{40{,}000-36{,}500}{5{,}000}$$
$$=0.70$$

부록 B를 사용하여, 이 면적은 0.5−0.2580=0.2420이다. 따라서 타이어의 약 24.2%가 40,000km를 초과한다고 결론지을 수 있다. [표 3-2]는 실제 주행거리(km)가 구체적으로 명시된 품질 보증치를 초과할 확률을 요약하고 있다.

용인타이어(주)는 이러한 정보를 어떻게 사용할 수 있겠는가? 예를 들어, 품질보증이 40,000km라면, 타이어의 75.8%는 40,000km가 되기 전에 마모될 것이다. 회사는 마모된 타이어를 바꾸어──타이어값의 전액은 아니더라도 적합한 보상액으로──주어야만 한다. 이에 따른 비용은 상당할 것이다. 만약 품질보증 주행거리를 줄여서, 예를 들어 32,000km로 판매하게 되

그림 3-7 용인타이어(주)의 타이어 주행거리

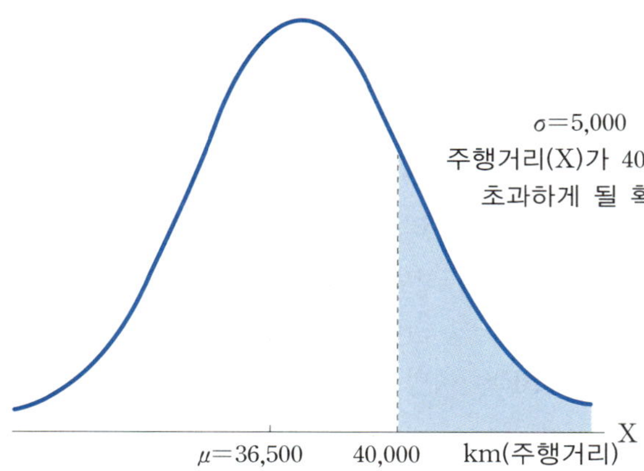

표 3-2 용인타이어(주) 제품이 품질보증치를 초과할 확률

품질보증거리 X	$Z=\frac{X-36,500}{5,000}$	실제주행거리(km)가 품질 보증거리를 초과할 확률
31,000	−1.10	0.8643
32,000	−0.90	0.8159
33,000	−0.70	0.7580
34,000	−0.50	0.6915
35,000	−0.30	0.6179
36,000	−0.10	0.5398
36,000	0.00	0.5000
37,000	0.10	0.4602
38,000	0.30	0.3821
39,000	0.50	0.3085
40,000	0.70	0.2420
41,000	0.90	0.1841
42,000	1.10	0.1357

면 타이어의 18.41%만이 교환을 필요로 할 것으로 예상된다. 그러나 이 경우는 마케팅상의 어려움을 겪게 될 것인데, 그 이유는 다른 래디알 타이어들은 40,000km 의 품질보증을 제시하고 있기 때문이다. 이 단계에서 용인타이어(주)의 가능한 대안은 그와 같이 저조한 주행시험결과에 대한 원인을 규명하는 것이다. 그 원인들은 원재료나, 실제 설계 등의 문제 또는 노상성능시험의 측정결과 때문일지도 모른다.

고장간의 평균시간(mean time between failures: MTBF)은 제품이 고장나고 수리될 수 있는 또 하나의 신뢰성 측정방법이다. 예를 들어, 휘발유펌프의 자동호스 주입구(휘발유탱크가 가득 찼을 때, 자동으로 차단이 될 수 있도록 장치된)가 가끔 마모가 되었거나 부서진 부품 때문에 고장이 난다. 이것은 제조회사로 되돌려 보내져서, 수리가 되어 다시 사용될 수 있다. 어떤 특정한 형태의 호스 주입구는 MTBF(한번 고장이 나서 그 다음 고장이 날 때까지의 평균시간)가 18개월이라고 하자. 그 의미는 평균적으로 매 18개월마다 고장이 발생한다는 뜻이다. 이 MTBF는 예방보전에 관한 정책을 수립하는 데 유용하다.

3 서비스의 제품개발

지금까지는 제조된 제품의 설계 및 개발에 관하여 집중적으로 논의하였다. 제품개발절차는 또한 새로운 서비스의 설계 및 개발에도 적용된다. 그러나 몇 가지 중요한 차이점이 있다. 제조된 제품을 계획하는 데 있어서는 제품의 크기, 무게 그리고 엔지니어링과 같은 기술적 명세서에 많은 주의를 기울여야 한다. 물리적 특성에 관해서는 기준이 설정되고 이 기준들에 적합한지 또는 부적합한지 품질보증을 위하여 감시된다. 반면에, 서비스의 품질은 서비스를 제공하는 직원들의 기술과 그들에 대한 훈련에 따라 좌우된다. 서비스의 성과에 대한 기준을 정하기는 더 어렵고 또한 일관된 품질을 유지하기란 더더욱 힘들다. 예를 들어, 비행기 내에서 제공되는 식사가 품질은 같을지 모르나, 그 서비스의 수준은 승무원의 태도에 따라 상당히 다를 수가 있다.

제조된 제품과 서비스의 또 다른 중요한 차이점은, 제품은 미래의 사용을 위하여 저장될 수 있지만, 반면에 서비스는 고객이 요구할 때마다 이용가능하도록 되어져야 한다. 이러한 차이점은 품질보증에 있어서 또 하나의 중요하게 고려되어야 할 일이다. 즉, 품질에 관한 주요 고려항목들이 제품을 생산할 때 계획되고 설계되어져야 하듯이 서비스에서도 마찬가지이다. 그러나 완제품은 공장에서 출하되기 전에 검사될 수 있다. 서비스에 대해서는 이러한 검사가 불가능하다. 다시 말해서 품질의 내부실패비용(internal failure costs of quality)이란 개념이 적용되지 않는다. 오로지 외부실패비용(external failure costs)만이 중요하다.

예제 3-2 중견 동양화가의 부인 김 여사의 서비스 제품개발

제품개발절차가 서비스에 어떻게 적용될 수 있는가를 예시하기 위하여, 어느 중견 동양화가의 부인인 김용숙 여사가 개발한 아이디어를 고려하여 보자. 김 여사는 부군의 예술작품을 액자에 넣는 일을 하였기 때문에, 친지와 이웃들은 가끔 그림, 포스터 또는 사진 등을 액자에 넣어 달라는 부탁을 하였다. 그녀의 친구들을 위하여 김 여사는 도매가격으로 구입한 원자재를 사용하여 기꺼이 액자에 넣어 주는 일을 하였다. 우연히 김용숙 여사에게 떠오른 생각은 아마도 많은 다른 사람들이 액자에 들어 있지 않은 그림이나 사진들을 구입하여 그것들을 액자에 넣기를 원하고 있으리라는 사실이었다. 화랑에서 그림을 액자에 넣어 주기도 하겠지만, 그것은 원재료나 서비스에 대한 화랑측의 이윤 때문에 매우 비싸기 마련이었다. 그림을 액자에 품위 있게 끼우는 것은 힘든 일이 아니나, 손쉽게 구할 수 없는 재료와 연장들을 필요로 한다. 김 여사의 아이디어는 "스스로 틀에 넣기"라고 부르는 가게를 여는 것이었다. 그 가게에서 누구든지 제공된 연장, 재료 및 조립지침에 따라 화랑에서보다 훨씬 저렴한 가격으로 고객 스스로 그림을 액자에 넣는 것이었다.

이 시점에서 김용숙 여사는 아이디어 창출과 고객들로부터의 반응을 평가하는 적격심사를 수행하였다. 이러한 사업의 경제성 분석을 위하여, 김 여사는 장비와 설비에 대한 투자, 운영경비 및 예상되는 수입들을 결정하여야만 했다. 그림틀의 비용은 사용된 틀(나무 또는 금속), 밑에 까는 깔개(한 겹 또는 두 겹) 투자, 경비 및 수입은 액자의 크기의 형태에 따라 달라진다. 여기에다 약 1/3가량의 이윤을 붙여, 평균 그림틀의 판매가격은 약 32,000원이었다. 따라서 평균이윤은 8,000원 정도가 된다. 이러한 판단기준으로, 다음과 같은 손익계산서를 얻었다.

월간 판매액(10개의 틀 @32,000×28일)	8,960*
－변 동 비 용(10개의 틀 @24,000×28일)	－6,720
기여마진	2,240
－고정비용(임대료, 세금, 아르바이트 보조원 등)	－1,000
순 수 입	1,240*(*단위 천원)

그 외에도 김 여사의 남편의 예술품, 그리고 다른 화가들의 그림들도 전시되며 판매되기 때문에 그에 따른 이익도 늘어나리라고 믿었다.

김 여사의 다음 단계는 가게에 대한 설계를 하는 것이었다. 품질과 안전성 때문에, 김 여사와 그녀의 보조원이 그림틀, 유리 및 매트를 자르는 일을 도맡아야만 했다. 이러한 작업은 가게의 뒷쪽에서 가능하였다. 고객들은 앉아서 작업을 할 수 있는 의자, 여러 종류의 작은 연장들 그리고 풀을 붙이고 못을 박는 동안 나무틀을 고정시키고 붙들 수 있는 특별한 집게가 필요하였

그림 3-8 "스스로 틀을 짜기" 가게의 설계

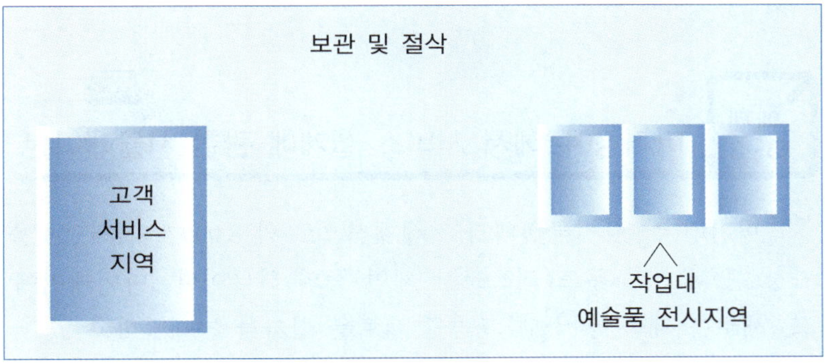

다. 필요 이상으로 많은 고객들이 기다리지 않도록(그것은 잘못하면 판매의 기회를 놓치게 될지도 모르기 때문에), 김 여사는 적어도 세 군데의 작업대가 필요하다고 판단하였다. 이렇게 함으로써 김 여사와 그녀의 보조원은 여러 고객들을 동시에 도와 줄 수 있었다. 개발된 잠정적인 설계도가 [그림 3-8]에 나타나 있다. 고객서비스 지역에서는 주문을 받기 위하여 측정을 할 수 있도록 하였으며, 선택할 수 있는 여러 종류의 틀이 전시되었다.

이러한 아이디어를 시험하기 위하여, 김 여사는 집에 작업장을 설치하고 이웃들을 초청하여 스스로 그림을 틀에 넣어보도록 하였다. 이렇게 하여 김 여사는 발생하게 될지도 모르는 문제점들의 형태와 보조원에게 필요한 훈련 등을 결정할 수 있게 되었다. 모든 일이 잘 진행될 수 있어서 그 다음 단계는 융자를 얻고 장소를 물색하며 그리고 가게를 차리는 것이었다.

example

이 예제를 통하여, 서비스의 제품개발은 보통 서비스가 이행되고 그리고 그 서비스가 어떻게 수행될 것인가가 결정되는 설비의 설계 및 배치를 수반한다. 효과적인 서비스 시스템의 설계는 때로 실제의 건설이나 물리적 모형의 운영이 없이도 여러 대안들을 실험하여 볼 수 있는 컴퓨터 시뮬레이션을 포함한다. 이것은 컴퓨터에 의한 설계(computer aided design: CAD)라고 불리울 수 있다. 다음 버거킹(주)의 예제는 어떻게 컴퓨터 시뮬레이션이 효율적으로 시스템을 설계하는지를 보여 준다.

e x a m p l e

예제 3-3 버거킹(주)에서 서비스 설계에 관한 시뮬레이션

버거킹(주)은 미국전역과 전세계적으로 약 3,000개의 체인점을 갖고 있는 가장 큰 패스트-푸드 레스토랑 체인 중의 하나이다. 마이애미에 본부를 두고, 새로운 제품, 시스템 그리고 새로운 절차들을 개발하고 있다. 그러나 프랜차이즈(소유와 운영이 독립적으로 되고 있음)는 그와 같은 새로운 시스템의 도입을 철저한 비용/수익분석의 결과에 따라 결정한다. 즉, 새로운 제품이나 시스템이 적합한 수익률을 보장한다는 것이 입증되어야 한다.

1954년에 처음 출발한 버거킹(주)은 다년간 많은 변화를 겪었는데, 결과적으로 그들의 서비스 시설은 새로운 설계를 필요로 하게 되었다. 예를 들어, 주문한 음식을 바깥으로 갖고 나가서 식사하는(레스토랑 내에서 식사를 하는 것이 아니라 주문한 음식을 바로 포장하여 밖으로 갖고 나가는) 형태의 비즈니스가 잘 되자, 버거킹(주)은 처음으로 "드라이브-스루"(drive-through: 자가운전자들이 레스토랑에 들어 올 필요가 없이 차안에서 주문하고 서비스를 받는) 서비스를 도입하였다. 1973년에 도입된 이 개념은 비슷한 주문품목에 대한 대량생산에서부터 개개인의 주문명세서에 의한 음식준비에 이르기까지 조리시설운영관리에 있어서 많은 변화를 필요로 하였다. 그 외에, 1978년에 도입된 "특별 샌드위치"는 새로운 장비와 준비절차를 요구하였다. 이러한 변화들이 완수되어 감에 따라, 원래의 부엌과 작업설계들은 고객에 대한 효과적인 수준의 서비스를 유지하기 위하여 재설계를 필요로 하였다.

그러한 재설계를 필요로 했던 한 가지 사례는 "드라이브-스루"이다. [그림 3-9]는 원래의 드라이브-스루 시스템에서 고객과 종업원들에 의하여 행해진 활동들을 예시하고 있다. 고객은 시스템에 입장하여, 주문을 하기 위하여 줄을 서서 기다리고, 바깥 메뉴판에서 주문하며, 다시 줄을 서서 기다린다. "픽업"창구에서 주문한 것에 대해 돈을 지불하고 마지막으로 시스템을 떠난다. 한 명의 종업원이 주문을 받고, 준비를 하며, 준비된 것을 봉지에 넣고

그림 3-9 버거킹 "드라이브-스루"시스템

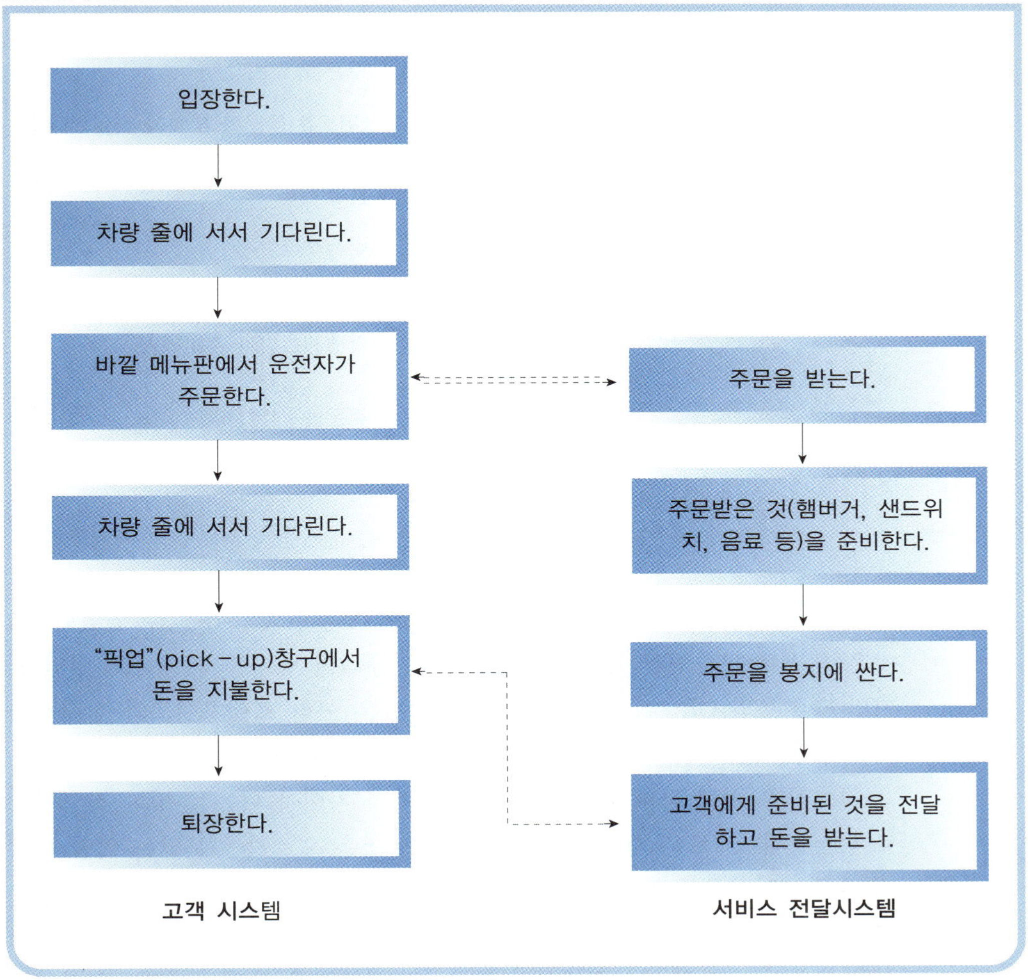

그리고 돈을 받는다. 버거킹(주)은 표준거래시간을 30초로 설정하였다. 그러나 여러 레스토랑을 분석하여 보니 그 시간은 평균적으로 45초 정도인 것으로 나타났다. 매우 바쁜 시간에는 차량들이 미처 줄을 설 수조차 없어서, 판매기회가 없어지곤 하였다. 거래시간이 45초인 경우라면, 시간당 80대 정도 처리될 수 있었다. 주문당 평균 2,440원씩 쳐서, "드라이브-스루"에 의한 판매는 시간당 최고 195,000원까지밖에 이루지 못하였다. 만약 시간이 30초로

그림 3-10 버거킹(주) 레스토랑에서의 "모듈"시스템

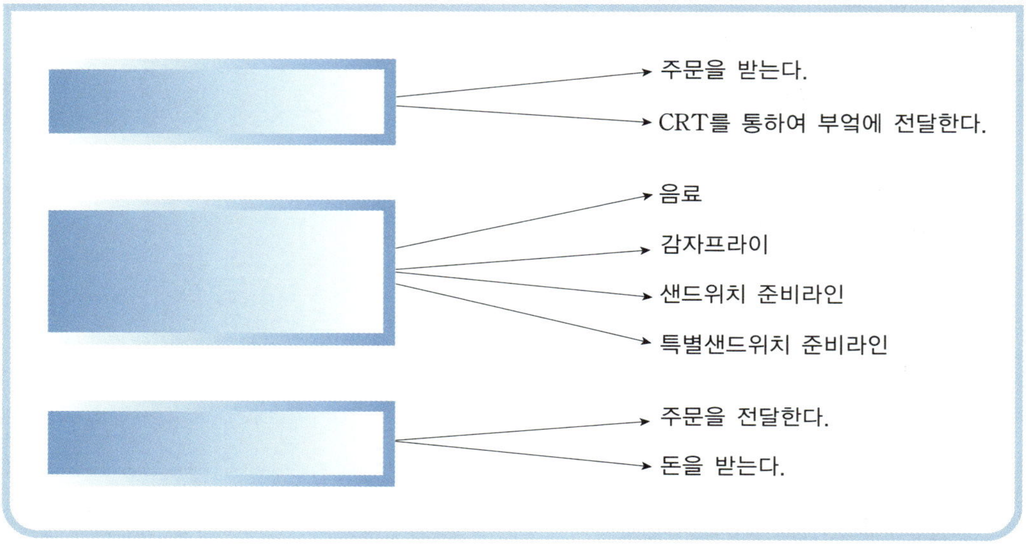

줄여질 수 있다면, 최고판매액은 시간당 292,000원으로 증가될 수 있었다. 이것은 레스토랑당 연간 3,500만원 이상의 판매액의 증가를 의미하고 있었다. 기업 총본부의 OR(Operations Research)그룹은 여러 프랜차이즈와 협력하여 거래시간을 감소시키기 위한 새로운 작업방법을 고안하였다.

[그림 3-9]에 나타난 작업절차를 몇 가지 차이가 나는 분명한 작업군으로 나누었다. 새로운 시스템에서 종업원 한 명은 오로지 주문받는 일만 하기로 한다. 또 다른 종업원은 주문을 준비하여 봉지에 넣고, 그리고 세 번째 종업원은 돈을 받고 고객에게 준비된 것을 건네준다. 이와 같이 작게 보이는 개선을 통하여 버거킹 체인점에서의 생산성과 판매량은 상당히 증가되었다.

몇 가지 발생된 변화와 비용의 증가에 비추어 버거킹(주) 경영진은 1979년에 생산성향상 프로그램을 개발하였다. 이러한 노력으로 성취된 결과의 하나는 일반적인 목적의 레스토랑 시뮬레이션 모형의 개발이었다. 레스토랑은 서로 연관되어 있는 세 가지 서브시스템(subsystems: [그림 3-10] 참조)으로 간주되었다. 시뮬레이션 모형은 융통성이 있고 또한 쉽게 수정될 수 있도록 모듈(module) 형식으로 개발되었다. 이렇게 함으로써 개별적인 프랜차이즈 운영의 변화라든가 또는 수요가 많고 적은 기간 동안에 종업원배치의 변경을

반영시킬 수 있는 모델이 가능하였다.

시뮬레이션 모형은 새로 제안된 설계변경, 새로운 제품의 도입과 새로운 레스토랑 구조의 설계를 평가하는 데 포괄적으로 사용되었다. 예를 들어, 많은 레스토랑에서 주문하는 곳과 픽업 창구와의 거리 사이에 단지 둘 내지 세 대의 차량만이 줄을 설 수 있는 경우가 태반이다. 이 모형은 가장 최선의 대기차량 대수를 결정하는 데 사용된다. 결과적으로, 기다리는 시간이 극적으로 감소되며, 점심시간에 레스토랑당 연간 천만원 이상 매상이 증가하는 사례가 발생하였다.

두 번째 적용분야는 첫 번째 창구와 병행하여 두 번째 "드라이브-스루" 창구를 설치하여 그 효과를 평가하는 것이다. 모형은 점심시간에 약 15%의 판매량 증가를 이룩할 수 있다고 예측되었다. 몇몇 레스토랑에 실제로 실시한 결과, 실제 증가율이 14%로서, 모형에 의한 예측과 대단히 근접하였다.

세 번째 적용분야는 "조그마한 특별샌드위치"를 도입하는 효과를 분석하는 것이었다. 모형의 결과로부터 부가적인 준비시간 때문에 "조그마한 특별샌드위치"의 도입은 수익성이 없으며 결과적으로 총판매액의 손실을 가져 올 것이라고 암시되었다. 그 모형은 또한 새로운 레스토랑 설계를 평가하는 데에도 사용되었다. 부엌 내에서 작업방법의 인공공학적 측면을 강조하면서도, 구체적인 위치에 적합한 크기를 수립하는 과정을 내포하고 있었다.

버거킹(주)은 그 주된 상품으로서 생산된 제품(음식) 및 서비스를 공급하는 경영조직의 예제이다. 생산성, 품질 그리고 비용에 관한 이슈들이 제품설계 및 개발과정에 통합되고 있다. 컴퓨터 시뮬레이션이 버거킹(주)에서 새로운 제품과 설비의 전략적 평가를 내리는 데 매우 유용한 도구가 되고 있음이 입증되었다.

e x a m p l e

4 제품개발의 추세 및 절차

버거킹(주)의 예제는 제품설계에서 중요한 여러 가지 개념들을 예시하고 있다. 즉, 모형시험 전에 컴퓨터를 이용한 설계심사, 많은 레스토랑에서 표준적인 절차의 사용, 서비스 시스템의 모듈화 및 인간공학적인 면을 고려함 등이다. 본절에서는 이러한 개념들을 토론하고 나아가서 그 개념들의 제품개발에 대한 중요성을 설명하여 보자.

4.1 컴퓨터에 의한 설계(CAD)

CAD(computer-aided design)는 제품설계와 개발에서 널리 사용되고 있는데, 이는 설계자가 설계과정에서 컴퓨터와 교호작용을 할 수 있도록 하며 CAD가 있기 전에는 시간이 많이 소비되는 활동으로 생각되었던 청사진 그리기 및 모형건설 등이 생략될 수 있게 되었다. 데커(R. W. Decker)[1)]에 의하면 CAD는 최소한의 위험부담으로 설계변경을 할 수 있다. 그 이유는 이미 CAD시스템에 의하여 입증되었으며, 따라서 설계과정에서부터 많은 시행착오를 제거하기 때문이다. 버거킹(주) 예제에서 컴퓨터에 의한 시뮬레이션 모형은 "조그마한" 특별샌드위치의 도입효과를 평가할 수 있었다.

이러한 시뮬레이션이 행해지지 않았더라면, 그 기업은 새로운 제품이 도입된 후 결과적으로 초래될 이윤의 감소는 말할 것도 없고, 제품개발을 추진하느라 많은 돈을 낭비하였을 것이다.

제품설계에 있어서, 많은 기업들은—GM자동차 회사와 같은—다년간 CAD를 사용해 왔다. 예를 들어, GM에서 흔한 설계활동 중의 하나는 자동차의 차대무게를 줄이는 일이었다. 이의 실현을 위하여, 모형이 건설되고 실험하는 데 오랜 시간이 수반된다. 설계가 타당치 못한 것이라면, 그 과정이 반복되어져야 했으며 때로는 여러 번 시도된다. 데커는 설계활동에 소요되던 시간의 40 내지 50%는 이제 CAD시스템으로 절약될 수 있다고 예측하고 있다.

CAD는 또한 많은 다른 곳에 응용될 수 있다. 예를 들어, 컴퓨터에 의한 분석으로 수송배달체계를 설계한다. 전형적인 사례는 어느 대형 가구점이 보유하고 있는 제한된 운송시스템(트럭, 화물차 등)으로 중앙창고로부터 매일매일 고객들에게 효율적으로 주문한 가구들을 배달하는 시스템을 설계하는 경우이다. 각 트럭이 운송할 수 있는 품목의 수가 제한적이기 때문에, 운송스케

---

1) Robert W. Decker, "Computer Aided Design and Manufacturing at GM," *Datamation*, 24, No. 5(May 1978), pp.159~165.

줄이 매우 중요하다. CAD시스템으로 컴퓨터 터미널의 화면에 창고와 운송 지점을 나타내고 또한 차량에 의한 운송배달로를 설계한다. 컴퓨터에 의한 프로그램을 통하여, 각 배달로의 실행가능성 및 비용에 관한 평가를 하며 나아가서 개선책을 건의할 수 있다. 그렇게 되면 설계자는 배달일정을 향상시킬 수 있는 운송체계를 수립할 수 있게 된다.

4.2 표준화

표준화(standardization)는 제품의 크기, 구성, 품질 또는 성능과 같은 특징들을 명시하는 과정을 말한다. 비록 제조업자들 나름대로 그들의 제품에 관한 표준을 설정하지만, 일반적으로 표준화는 산업 전체에 적용된다고 판단된다. 예를 들어 가정용으로 설계된 표준전구는 제조업체에 관계없이 어떠한 소켓에도 잘 맞게 되어 있다. 35mm필름의 경우, 그것이 코닥, 후지, 또는 포토메이트든 상관없이 35mm용 카메라에 사용될 수 있다. PC용 USB 메모리는 삼성전자, 삼보컴퓨터 또는 그 외의 어떤 회사의 PC에도 사용이 가능하다. 그러한 표준들은 중소기업청과 협조하여 산업별로 정해진다. 자동차의 배기가스 허용기준치와 같은 다른 형태의 표준은 관련된 정부의 규제기관에 의하여 시행되는데, 이는 제품사용자들의 안전과 건강을 증진시킨다는 목표 아래 이루어진다.

표준화된 제품은 소비자에게 중요한 혜택을 제공한다. 표준화가 되어 있음으로 해서 소비자들은 서로 다른 상표들을 손쉽게 비교할 수 있고, 예비부속품을 구하는 데 걸리는 시간을 줄일 수 있고, 그리고 제품수리가 더욱 쉽게 된다. 제조업자의 입장에서 표준화는 대량으로 생산하고 또는 대량으로 품목들을 구매함으로써 제품의 원가를 낮출 수 있다. 예를 들어, 1980년경 VTR이 널리 보급되고 나서, 일본 및 유럽의 여러 제조업자들은 가정용 비디오 장비의 국제규격을 설정하기 위하여 회합을 가졌다. 이것은 각기 다른 기종에 비디오 테이프를 호환적으로 사용할 수 없기 때문이었다. 표준화는 소비자의 입장에 보면 기종의 선택과 테이프를 구매하는 데 불확실성을 제거하여 주며 또한 제조업자와 공급업자들 입장에서 보면 생산에 노력을 경주할 수 있도록 도와 준다.

표준화는 또한 서비스 산업에서도 중요하다. 예를 들어, 은행업무에서는 수표와 마그네틱 코드숫자의 표준화를 수립함으로써 빠르고 능률적인 수표처리 및 은행간의 현금이체가 가능하게 된다. 세 가지 문자에 의한 비행장의 표시코드를 사용함으로써 여행사 종업원과 서로 다른 항공회사간의 의사소통을 원활하게 하여 준다. 컴퓨터 프로그램 언어까지도 표준화되고 있어서, 컴퓨터 기종이 다를지라도 프로그램의 운영에는 지장이 없도록 하고 있다. 버거킹(주) 예제에서는 작업절차의 표준화에 기여함으로써 생산성을 향상시키고 또한 더 높은 이윤을 실현할 수 있게 되었다.

표준화는 제조업자와 서비스 조직에서 그들의 자원을 효율적으로 사용하고 불필요한 비용을 피하도록 돕는 데 중요한 역할을 하고 있다. 소비자들은 사용하는 제품과 서비스에 있어서 안전성은 물론이고 신뢰성 있는 성능과 품질을 보장받게 된다.

4.3 모듈 설계

모듈(단위)에 의한 설계는 제조업자로 하여금 소비자들의 서로 다른 선호도를 충족시켜 주며, 대량생산에 의한 저렴한 비용의 이점을 누리게 하여 준다. 모듈 설계(modular design)의 기본아이디어는 수없이 많은 방법으로 결합될 수 있는 부품과 서비스를 설계하며 생산하는 것이다. 예를 들어, 자동차에서 가능한 많은 선택사양들, 즉 라디오, 에어콘, 자동잠금장치 그리고 타이어 커버 등은 제조업이 내놓는 여러 가지 모델에 따라 사용될 수 있다. 그것은 단순히 고객의 주문에 따라 적합한 부품을 조립하는 문제인 것이다. TV 수상기에 사용되는 인쇄배선판은 모듈로 생산된다. 서로 다른 입력/출력장치들이 디스크 드라이브, 본체, 주변장치 등에 따라 여러 형태로 구성되어져 조립할 수 있다는 의미에서 PC는 모듈에 의한 설계이다. 모듈에 의한 추세는 가구제작과 실내장식 설계의 영역까지 파고 들고 있다. 모듈에 의한 가구는 어느 특정한 방의 구조에 맞게 배치될 수 있으며 선반들을 필요한 만큼 쌓아 올릴 수 있다.

컴퓨터 소프트웨어의 설계는 가끔 모듈로 행해진다. 예를 들어, 버거킹(주) 시뮬레이션 프로그램은 고객시스템, 음식준비시스템 그리고 전달시스템에 관한 각각의 모듈로 구성된다. 이러한 방법으로 한 가지 시스템에서의 변경은 다른 시스템에 관계없이 독립적으로 이루어질 수 있다. 이것은 컴퓨터

코드를 변경시킬 수 있게 하고 경영진들이 서로 다른 프랜차이즈에서의 변경 효과를 연구할 수 있도록 한다.

모듈에 의한 구성부품으로 만들 수 있는 서로 다른 여러 가지 설계들은 기본적인 계산식을 사용하여 계산될 수 있다. 첫 번째 형태의 구성요소로 n_1개가 있고, 두 번째 형태의 구성요소로 n_2개, …, 그리고 k 번째 형태의 구성요소로 n_k개가 있다면, 가능한 서로 다른 설계의 숫자는 $n_1\ n_2 \cdots\cdots n_k$개이다. 예를 들어, 어떤 카페테리아에서 선택할 수 있는 앙트레의 가지 수가 네 종류, 야채의 가지 수가 세 가지, 그리고 디저트의 종류가 다섯 가지라면 총 $4\times3\times5=60$가지 종류의 식사가 준비될 수 있다. 웬디스(Wendy's)라는 햄버거 판매체인점은 햄버거(치즈, 양파, 마요네즈 등이 있는 경우와 없는 경우)를 준비하는 데 256가지의 서로 다른 방법을 선전할 때 위와 같은 혼합형태를 이용하였다.

4.4 설계에서 인간적인 요소

설계자들은 종종 제품설계과정에서 인간공학적(egronomics) 요소들을 통합시키기 위하여 많은 노력을 경주하곤 한다. 인간공학적 요소라는 것은 제조된 상품과 서비스와 관련지어 생의학적, 사회심리적, 훈련 및 성능을 고려함을 뜻한다. 예를 들어, 제트 비행기와 우주선에서 각종 기계의 설계와 그 위치는 긴급할 때 조종사가 신속하게 대응하는 것에 중요한 영향을 미친다. 사무실 배치의 설계요소들, 즉 온도라든가 소음의 기준치들은 작업자의 사기, 능률 및 커뮤니케이션에 영향을 끼칠 수 있다. 각 개인의 작업과 관련된 인간적인 요소들은 뒤에서 좀더 자세하게 설명하기로 하자.

소비자들이 구매하는 많은 제품들이 인간공학적인 요소들을 내포하고 있다. 소비자들은 필요 이상의 긴장이나 노력을 들이지 않으면서 쉽고도 안전하게 제품을 사용할 수 있어야만 한다. 그 제품들의 사용지침을 따르고 주의 깊게 사용하는 보통사람들에게 안전하도록 설계되지 않는다면 동력연장 같은 품목들은 소비자들에게 위험하게 될 소지가 많다. 미국에서는 1972년 소비자 상품안전법(Consumer Product Safety Act: CPSA[2])이 제정되어 사고를 유발하는 잘못된 제품설계는 그 설계자들에게 책임을 묻게 하고 있다. 따라서 제품의 설계, 상표 및 포장에 인간공학적 요소들이 고려되어야 하는 것이 필수적이다.

2) http://www.cpsc.gov /businfo/cpsa.pdf 참조.

최근에는 신체장애자들을 위한 제품과 서비스의 설계가 또한 많은 관심을 끌고 있다. 건물의 입구, 문, 화장실, 그리고 승강기 등이 설계과정에서 지체장애자들의 신체적 조건을 고려하여 설계되어져야 한다. 새로운 장비들이 개발되어 시각 또는 청각장애자들이 의사소통을 하는 데 도울 수 있도록 하여야 한다. 이러한 부분들은 단지 오늘날 제품설계에 있어서 새로운 도전의 몇 가지 예들에 지나지 않는다.

5 요 약

제품개발과정은 아이디어의 창출, 적격심사, 경제성 분석, 초기의 제품설계 및 개발, 모형시험 그리고 최종제품 및 공정설계로 구성된다. 이러한 과정은 제조상품과 좀더 관련되어 있지만, 제품개발과정은 서비스에도 똑같이 잘 적용되고 있다. 그러나 서비스에 있어서는 경영진들이 주로 기술적인 측면보다는 인간 대 인간의 접촉영역에 관심을 갖게 된다.

새로운 제품개발은 생산 및 운영관리에 있어서 많은 중요한 의미를 갖는다. 최소비용으로 설계명세서를 충족시킬 수 있는 능력은 운영관리자의 역할이다. 품질과 신뢰성 명세는 새로운 제조공정 및 세심한 경영관리를 요구한다. 그 외에도 새로운 제품은 또한 부가적인 생산시설을 필요로 한다. 따라서 운영관리자들이 제품개발과정에 참여하는 것이 필수적이다.

컴퓨터에 의한 설계는 설계과정에서의 생산성을 상당히 증가시켰다. 컴퓨터 시뮬레이션과 같은 기법들은 경영관리자들로 하여금 값비싼 모형을 건설하지 않고도 여러 대체적인 설계들을 분석할 수 있도록 하였다. 표준화와 모듈에 의한 설계는 제품비용을 낮추게 하였고, 소비자들이 그 덕을 보게 되었다. 그 외에 최근에는 인간공학적 요소들이 상품과 서비스의 설계에서 매우 중요하게 되었다. 이러한 측면들은 기업들로 하여금 더 나은 제품을 개발하고 또한 그들 조직 내에서 생산성을 증가시키는 것을 돕게 되었다.

토론문제

01 전략적 계획에서 제품개발의 역할을 설명하시오.

02 제품설계 및 선택에 있어서 운영관리상의 중요한 이슈들은 어떠한 것들이 있는가?

03 제품개발과정에서의 일반적인 단계들을 논하시오. 그와 같은 단계들이 제조된 상품이나 서비스에서는 어떻게 다른가?

04 제품개발에서 아이디어 창출의 주요 정보원(sources)들을 열거하시오.

05 기업 내에서 R&D(연구 · 개발)활동의 기능을 설명하시오.

06 직장을 선택하는 데 있어서 또는 자동차나 새로운 기계를 구매하는 데 점수모형(scoring model)을 어떻게 적용할 수 있는지를 논하시오.

07 여러분이 잘 알고 있는 제품이나 서비스를 선택하시오. 이 제품이나 서비스에 대하여 전형적인 가치분석과 관련된 현안문제들을 전개하시오.

08 고장형태 및 효과분석(failure mode and effects analysis: FMEA)의 개념을 설명하시오.

09 어떤 제조된 상품을 선택하고 FMEA를 실행하시오.

10 본장의 7. 2절에 있는 용인타이어(주)의 예제는 제품개발과정에서 어떤 단계에 있다고 판단되는가?

11 버거킹(주) 예제에서 컴퓨터 시뮬레이션이 어떻게 사용되고 있는지 기술하시오.

12 CAD(computer - aided design)는 종래의 설계과정보다 어떠한 이점들을 갖고 있는가?

13 표준화는 무엇이며 제품과 서비스의 설계에 있어서 그것이 중요한 이유는 무엇인가?

14 모듈에 의한 설계의 개념과 중요성을 설명하시오.

15 제품설계에 있어서 인간공학적 요소들의 참작이 중요한 이유는? 이러한 것들이 어떻게 생산성 향상과 관련되어 있는가?

연습문제

1 한국주식회사는 석유제품을 생산하고 있다. 연구개발부장은 새로운 윤활유를 개발하기 위한 프로젝트에 자금을 공급할 것인가 말 것인가를 결정하고자 한다. 예상되는 품목단위당 수입은 2,600원이다. 연간 고정비용은 1억 4천 4백만원이고 변동생산비용은 품목단위당 400원이다. 경영예측에 의하면 연간 판매량이 2만 단위가 될 확률이 40%이고, 연간 판매량이 7만 단위가 될 확률은 45%이며, 연간 15만 단위가 될 확률은 15%라고 한다.

① 판매량의 손익분기점을 결정하시오.
② 예상되는 연간 판매량을 계산하시오. 한국주식회사는 어떻게 하여야 하는가?

2 경인제조(주)는 다음 세 가지 새로운 제품들을 도입하려고 한다. 현재의 생산설비로는 부가적인 생산량을 감당할 수 없기 때문에 따라서 경영진은 현재 한 가지 제품만 선택하여야 한다. 다음과 같은 정보가 결정되었다.

기 준	최저 점수	최고 점수	제품 Ⅰ	제품 Ⅱ	제품 Ⅲ
제품개발	−5	+5	4	0	−4
시 장	−10	+10	2	9	8
재 정	−20	+20	16	14	17
			22	23	21

① 세 가지 기준의 상대적 중요성은 어떻게 되는가? 실제의 점수가 어떻게 위험도를 반영하고 있는가?
② 제품을 선택하는 데 총점수가 사용되어야만 하는가? 만약 그렇지 않다면, 경인제조(주)는 이러한 정보를 어떻게 평가하여야 하는가?
③ 다음과 같은 부가적인 정보자료가 이용가능하게 되었다고 하자.

기 준	제 품		
	I	II	III
예상되는 연간 판매량	6,000	9,000	12,000
품목단위당 이윤	8,000원	10,000원	9,000원
제품개발에 관한 고정 비용(단위: 천원)	125,000	100,000	180,000
제품수명(연)	10	5	12

위와 같은 정보자료가 의사결정에 어떠한 영향을 미치겠는가?

3 한국대학교의 경영대학에서는 보험통계학의 새로운 프로그램을 개발하려고 고려중이다. 제품개발절차가 이러한 상황에 어떻게 적용될 수 있는지를 논하시오(대학에서 새로운 프로그램 개발의 이해를 돕기 위하여 몇몇 교수들을 인터뷰하여도 무방하다).

4 컬러TV 수상관(picture tube)의 수명은 평균 7.8년 그리고 표준편차가 2년인 정규분포를 이루고 있다고 하자.

① 수상관이 10년 이상 지속될 확률은 얼마인가?

② 수상관의 품질보증기간이 2년이라면, 판매된 TV수상기 중 몇 %가 수상관의 고장으로 인하여 대체되어야 하는가?

③ 만약 기업이 판매된 TV수상기의 1%까지만 수상관을 교환해 줄 계획이라면, 수상관의 품질보증기간을 얼마로 홍보하여야 하는가?

5 전자미사일 유도시스템이 다음과 같은 구성품으로 이루어져 있다.

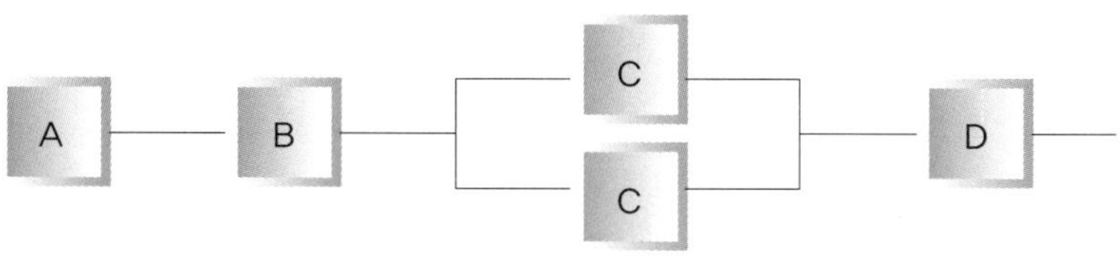

구성부품 A, B, C와 D의 부품신뢰성은 각각 0.95, 0.98, 0.90 그리고 0.99이다. 전체시스템의 신뢰성은 얼마인가?(힌트: 우선 병렬로 구성되어 있는 구성부품 C들의 신뢰성을 구하고, 그 결과를 직렬로 되어 있는 구성부품 A, B, 그리고 D에 적용하시오)

6 신한자동차판매(주)는 임대를 준 차량이 고장이 날 경우 필요한 어떠한 서비스 비용도 부담하는 특별서비스 계약을 실시하려고 계획중이다. 과거의 경험에 비추어 회사의 경영진은 연간 서비스 비용이 평균 15만원이며 그 표준편차가 25,000원인 정규분포를 이룬다고 추정하고 있다.

① 이 회사가 서비스 계약금 명목으로 고객들에게 연간 20만원을 부과한다면, 어떤 고객의 서비스 비용이 20만원을 초과하게 될 확률은 얼마인가?

② 신한자동차판매(주)의 특별서비스 계약마다 예상되는 이윤은?

7 햄버거는 다음의 모두를 또는 그 일부를 첨가하여 만들어질 수 있다. 즉 겨자, 케찹, 조미료, 토마토, 양파 그리고 양상추 들이다. 몇 가지 종류의 서로 다른 햄버거의 주문이 가능한가?

8 휴대용 라디오 제조업자는 주요 전자부속품을 모듈로써 구매하고 있다. 부속품의 신뢰성은 공급업자마다 다르다. 주요 전자부속품의 구성은 다음과 같다고 가정하자.

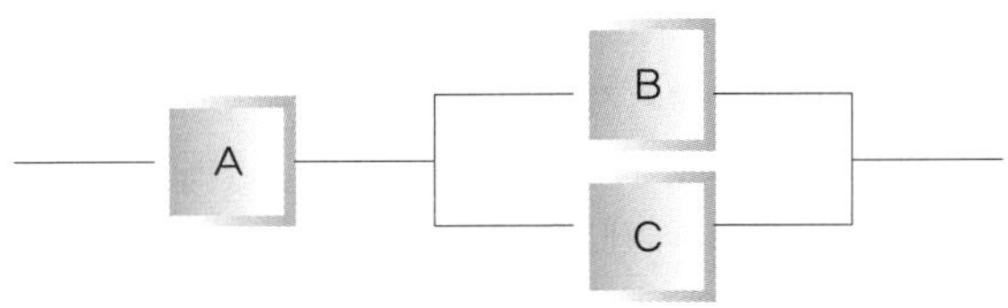

부속품들은 서로 다른 세 군데의 공급업자로부터 구매될 수 있다고 한다. 그 부속품들의 신뢰성은 다음과 같다.

	공급업자		
부속	1	2	3
A	0.95	0.92	0.94
B	0.80	0.86	0.90
C	0.90	0.93	0.85

수송체계 및 구매단계를 고려해 볼 때 공급업자를 단 한 군데로 압축시켜야만 한다. 라디오가 가장 높은 신뢰성을 가지려면, 어느 공급업자가 선택되어야만 하는가?

9 어느 시중 은행에서 고객들을 위한 가장 최선의 대기행렬시스템을 결정하려고 심사숙고중이다. 현재의 방법은 고객들이 다음 그림 (a)에서와 같이 세 줄로 각각 나누어서 기다리는 것이고, 새로이 제안된 방법은 다음 그림 (b)에서와 같이 한 줄로 서서 그 다음 이용가능한 금전출납원을 기다리는 것이다. 이 두 가지 시스템간에 운영상의 차이점들은 무엇인가? 이들 시스템이 고객의 지각력 또는 금전출납원의 생산성에 어떠한 영향을 끼치는가? 이러한 시스템을 분석하기 위하여 시뮬레이션이 사용될 수 있겠는가? 은행은 어떤 데이터를 수집하여야 하는가? 새로이 제안된 방법을 실제로 시도하는 것보다 시뮬레이션이 더 바람직한 이유는 무엇인가?

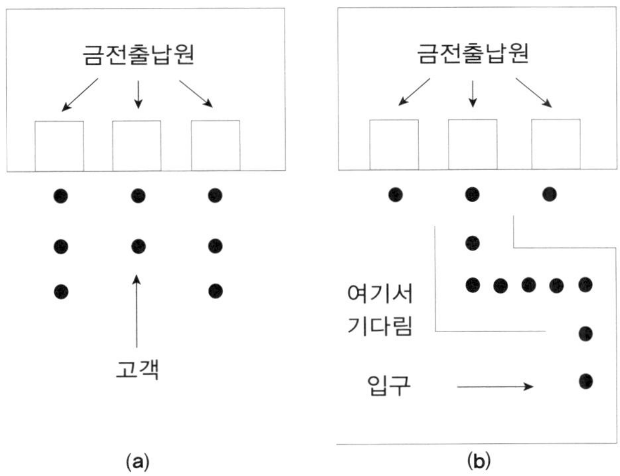

C·H·A·P·T·E·R 04

자원요구계획

기업은 사업계획을 수립하여 이것을 실행하게 되는데 이는 주로 장기계획에 관한 것으로 시장점유율의 확대, 새로운 사업으로의 진출, 제품라인의 재조정 등에 관한 것이다. 이러한 사업계획을 원활하게 수행하기 위해서는 자원의 적절한 공급이 있어야 하며 이를 위해서는 자원요구계획의 수립(resource requirements planning)이 필요하다. 결국 자원요구계획은 기업 혹은 특정 조직이 수립한 장기적 사업계획을 효율적으로 수행하기 위해 필요한 자원의 조달을 계획하는 것이다. 본장에서는 사업계획에서 수립된 목표를 달성하기 위해 필요한 자원 및 능력에 관한 문제를 중점적으로 다루기로 하겠다.

기업이 장기적인 수요를 충족할 수 있는지의 여부는 기업이 설비, 장비, 인력 등을 얼마나 보유하고 있느냐에 달려 있다. 우리나라가 포항제철을 통해 철강부문에 세계적인 입지를 확보한 것은 포항제철의 시설과 인력 없이는 불가능한 것이다. 이러한 예는 전자, 자동차부문에서도 찾아볼 수가 있으며, 이러한 예를 통해 볼 때 자원의 보유는 기업의 장기적인 운명을 결정하는 전략적인 중요성을 지니고 있다.

이러한 전략적인 중요성 때문에 자원요구계획은 생산, 마케팅, 재무 등의 여러 부문의 요구를 반영하여 결정된다. 이때 자원요구계획을 수립하기 위해서는 보통 다음과 같은 질문에 대한 답을 고려해야 한다.

① 현존하는 시설로써 신제품 혹은 신수요에 대응할 수 있는가?
② 시설을 신축할 것인지, 현 시설을 확충할 것이지, 아니면 시설을 폐쇄할 것인가?
③ ②에서 논한 시설의 변경은 언제, 어느 곳에서 시행할 것인가?
④ 장비와 노동력은 얼마나 필요한가?
⑤ 자동화는 현재와 미래의 생산능력에 어떠한 영향을 미칠 것인가?

위에 열거된 질문 혹은 결정은 생산부문의 관계자만이 단독으로 할 수는 없는 것이다. 보통 이러한 의사결정은 최고경영자의 승인이 있어야 한다. 예를 들어 신시설과 신장비에 소요되는 자금은 수억원에서 수천억원에 달할 경우가 많으며, 이 막대한 자금을 투자하기 이전에 세심한 분석과 계획이 필요하다. 이러한 의사결정을 할 때 사용되는 기법을 의사결정분석(decision analysis)이라고 한다. 본장에서는 불확실성(uncertainty) 상황에서의 의사결정을 추후에 논의하기로 하겠다. 자원요구계획과 생산능력에 관한 의사결정은 생산성에 지대한 영향을 미친다. 일반적으로 총생산성을 측정하기 위한 생산성의 공식은 다음과 같다.

$$\text{총생산성} = \frac{\text{총산출}}{\text{총투입}}$$

여기에서 총투입에는 설비, 시설, 인력 모두를 포함한다. 따라서 시설의 확장은 곧 투입의 증가를 의미한다. 만약 시설의 확충에 따라 산출의 증가가 따라가지 못하면, 기업은 과다한 시설확충에 따른 자금난을 해결하지 못하고, 결국 기업은 경쟁력을 잃게 되는 것이다.

따라서 자원요구계획을 효과적으로 수립하여 운영함으로써 생산성의 증대를 꾀하는 것은 매우 중요한 것이다. 이렇게 자원요구계획이 생산성에 미치는 영향을 고려하면 자원요구계획을 수립할 때 제품의 수요에 대한 예측은 무엇보다도 중요하게 된다. 본장에서는 제품의 수요를 예측하는 데 매우 유용한 기법인 제품수명주기(product lift cycle)를 논의하기로 하겠다.

1 제품수명주기

[그림 4-1]은 일반적인 제품의 수명을 나타내는 그림이다. 보통 제품은 도입(introduction), 성장(growth), 성숙(maturity), 쇠퇴(decline)의 단계를 거친다. 처음 제품이 소개되면 매출이 서서히 증가하는 도입기를 거치고 이 제품이 소비자에게 알려짐에 따라 매출성장속도가 빨라진다. 일정 기간 동안 성장기를 지속하다가 경쟁 혹은 수요의 정체로 성장은 둔화되어 성숙기에 들어서고 급기야는 매출이 감소하여 쇠퇴기로 들어서서 이 제품의 수명은 다하게 되는 것이다.

자원요구계획을 수립할 때 생산/운영관리자는 이러한 제품수명주기를 감안해 현 제품의 수명이 어느 단계에 와 있는지를 파악하여 수요를 예측할 수 있다. 제품수명주기는 장기수요예측, 재고수준결정, 신기계의 구입 등을 결정할 때 매우 중요한 정보를 제공한다.

제품수명주기를 사용할 때 한 가지 주의하여야 할 것은 이를 이용하여 제품의 수명을 연장할 수 있는 방안을 강구하는 적극적인 경영이 되어야 할 것이며, 소극적이고 비관적인 방향으로 생각해서는 안 될 것이다. 즉, 제품수

그림 4-1 제품수명주기

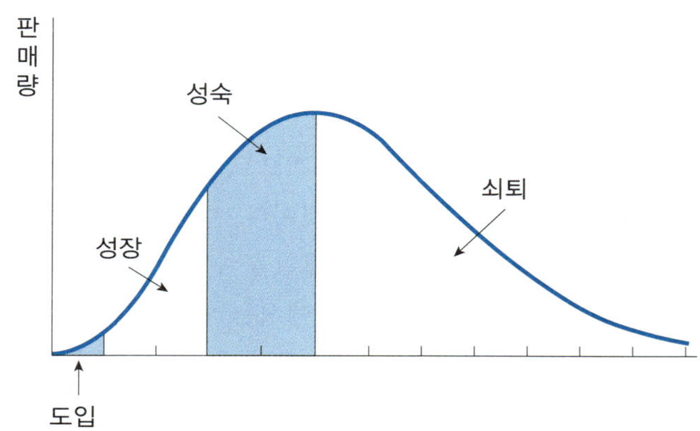

명을 파악해 보니 제품이 성숙단계 혹은 쇠퇴단계에 있으므로 이 제품에 대해 노력을 덜하거나 포기하라는 뜻은 아니다. 오히려 제품이 성숙단계에 있으면 쇠퇴단계로 진행되지 않도록 방안을 강구하여야 할 것이다. 이러한 경영은 특히 비누, 라면, 치약, 술 등의 소비재 제품의 경우는 더욱 필요하다. 1992년에 세상에 첫선을 보인 국순당(주)의 백세주는 생쌀을 그대로 갈아 발효시키는 "생쌀발효법"으로 빚어 뒤끝이 없는 우리의 전통 약주로 내놓아 대성공을 거둔 것은 좋은 예라고 할 수 있다. 그러나 최근 도수가 약해진 소주와 막걸리 인기 등이 백세주 판매를 떨어뜨리자 백세주담, 자양백세주, 강장백세주, 국순당 쌀막걸리와 같은 제품 등을 개발 및 판매하여 쇠퇴단계로 진행되지 않도록 노력하고 있다. 이러한 예를 통하여 또 하나 배울 수 있는 것은 생산능력을 결정할 때 생산담당자와 마케팅 담당자의 협력이 얼마나 중요한가도 알 수 있다.

2 생산능력의 정의 및 생산능력의 측정

2.1 생산능력의 정의

자원요구계획의 수립에 있어 가장 중요한 문제는 생산능력의 결정에 관한 것이다. 전통적으로 생산능력이라고 하면 일정 기간 동안에 실질적으로 생산가능한 생산량을 의미한다. 그러나 근래에는 또 다른 관점에서 생산능력을 정의하는데 이는 특정 대상의 최대생산 가능량을 생산능력으로 보는 것이다. 예를 들어, 한 공장이 5개의 작업센터를 갖고 있고 각 센터는 1교대당 100개를 생산한다고 하자. 또 이 공장은 일주일에 5일간 일한다고 할 때 이 공장의 생산능력은 다음과 같이 계산된다.

(5작업센터)(100개/작업센터/교대)(1교대/일)(5일/주)=2,500개/주

따라서 공장의 관리자가 "이 공장은 생산능력의 90%가 가동되고 있다"라고 했다면 이 공장의 관리자가 말한 생산능력의 의미는 바로 최대생산 가

능량을 의미하는 것이다.

이 두 가지 정의, 즉 실질적 생산량과 최대생산 가능량 중에서 어떠한 정의를 사용할 것인가 하는 것은 그다지 중요한 것은 아니지만 사용하는 사람은 어떠한 정의를 사용하고 있는지를 명확히 할 필요는 있겠다.

2.2 생산능력의 측정

생산능력을 측정하는 방법은 두 가지가 있다. 하나는 단위시간당 산출량을 기준으로 하는 것이고, 다른 하나는 투입량을 사용하는 것이다. 우선 산출량을 사용하는 생산능력을 설명하기로 하겠다.

보통 제조업체의 경우에는 단위시간당 산출량을 사용하여 생산능력을 측정한다. 예를 들어, 현대자동차의 생산능력은 1년에 70만대로 표현한다. 이렇게 일정 기간 동안의 산출량으로 생산능력을 측정할 수 있으며 주로 제조업체의 경우에 이러한 방식을 취한다.

두 번째의 방법은 생산에 투입된 자원을 사용하여 생산능력을 측정하는 방법으로 주로 서비스업체의 경우처럼 산출을 측정하기가 어려운 경우에 사

표 4-1 생산능력의 측정

산출량 기준 생산능력 측정	
조 직	생산능력의 측정
정 유 공 장	배럴 / 일
제트엔진공장	기계시간 / 월 또는 노동시간 / 월
전 력 회 사	메가와트의 전기 / 시간
제 지 공 장	종이생산량 / 주
투입량 기준 생산능력 측정	
조 직	생산능력의 측정
항 공 회 사	좌석 수/비행
호 텔	객실 수, 침대 수
식 품 점	계산대의 수
창 고	공간의 크기(m^3)
테 니 스 클 럽	코트의 수
백 화 점	총면적(m^2)

용한다. 예를 들어, 병원의 능력을 표현할 때 병원 병실 수를 사용한다. 또 호텔의 경우 객실 수로, 항공회사는 비행기 보유대수로 생산능력을 측정하는 것이 보통이다.

[표 4-1]에서는 일반적으로 사용되는 측정방법을 소개한 것이다.

3 자원요구계획의 수립과정

자원요구계획의 목표는 미래에 필요한 설비, 장비, 인력을 파악하고 이에 따라 생산능력의 확장 혹은 축소에 관한 계획을 수립하는 것이다. 생산능력계획 수립과정이 [그림 4-2]에 나와 있다. 이 그림을 보면 일반적으로 논의되는 의사결정과 매우 유사한 것을 알 수 있다.

생산능력수립은 장기예측과 전략적 목표의 평가에서 시작된다. 제품 혹은 서비스에 대한 예측이 이루어지면 이를 토대로 필요한 설비와 인력이 파악되어야 한다. 예를 들어, 만약에 특정 제품에 대한 수요의 증가가 예측되었으면 이를 좀더 구체적으로 어떠한 설비가 필요한지를 파악하여야 한다. 즉, 내년에 밀링기계에 대한 수요가 2,400시간이고 이는 향후 5년간 매년 5%의 성장이 예상된다는 식의 구체성이 있어야 한다. 또 다른 예로써 항공회사의 경우는 스튜어디스가 몇 명이 필요하고 연료비를 절감하기 위해 점보제트기 몇 대를 새 비행기로 대체할 것인지의 계획이 나와야 한다. 이러한 생산능력 소요는 [그림 4-3]에 그래프로 표시되어 있다.

이 능력소요가 결정되면 그 다음으로 필요한 부지의 확보가 뒤따라야 한다. 현재 우리나라의 가장 큰 문제점은 토지값의 상승과 공장용 부지의 절대적 부족으로 특히 중소기업은 부지를 확보할 수 없다는 것이다.

그 다음으로는 이러한 미래의 능력소요를 충족하기 위한 전략을 파악하여야 한다. 예를 들어, 만약 추가적인 설비가 필요하다고 할 때 구설비를 그대로 유지하고 새로운 설비를 추가로 구입하든가 혹은 구설비를 처분하고 최신설비로 대체하는 것 등의 전략이 있는데 이의 선택을 결정해야 한다.

보통 전략의 선택은 엄청난 자금의 투자를 수반한다. 따라서 투자결정은 철저한 경제성 분석 후에 이루어져야 한다.

그림 4-2 자원요구계획의 수립과정

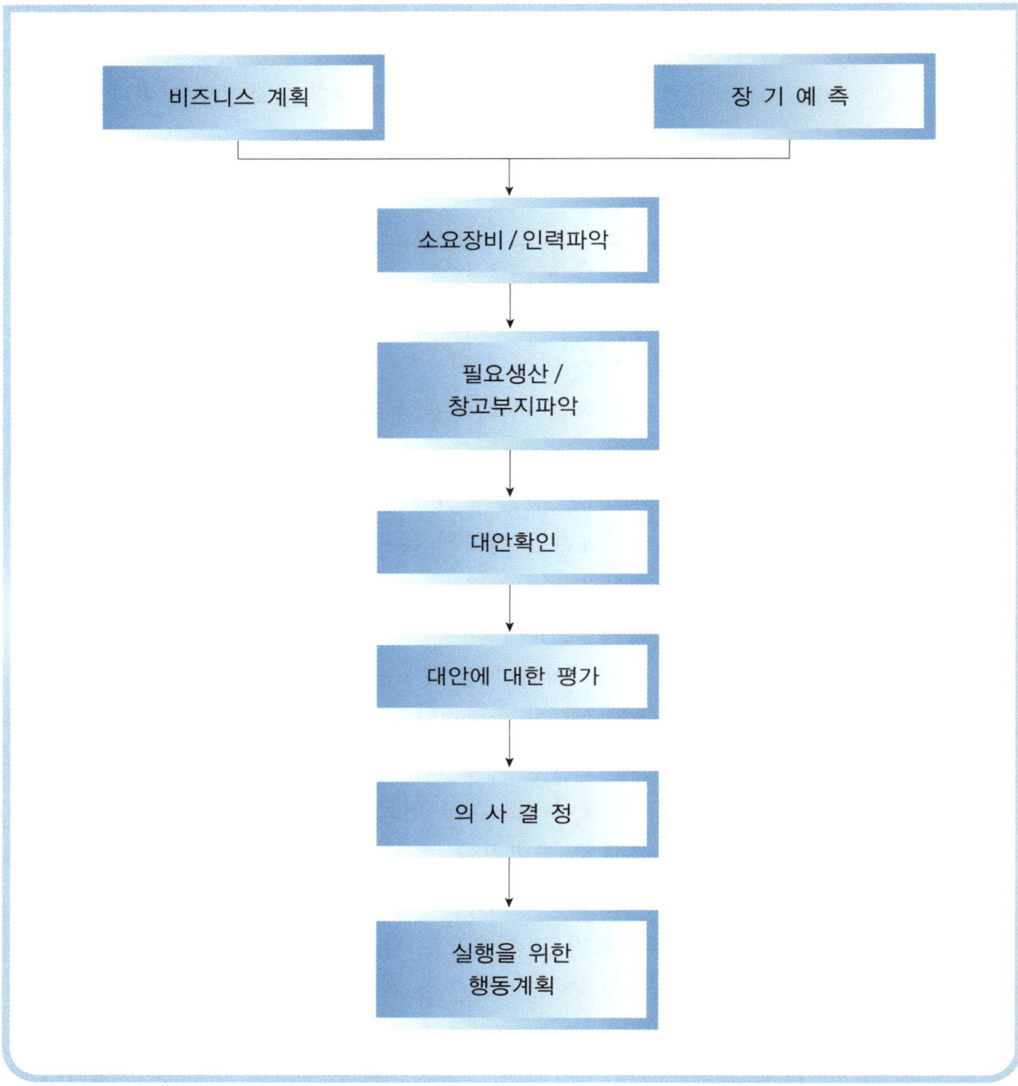

의사결정이 이루어지면 구체적인 실행계획 및 방침이 수립되어야 한다. 이 실행계획과 방침은 조직의 상층부에서 수립된 목표를 달성하기 위해 중간층과 감독층, 그리고 부서간의 협력과 역할분담을 고려하여 수립되어야 한다.

다음의 예는 두 대기업에서의 자원요구 계획과정을 보여 주는 것이다.

그림 4-3 자원요구계획의 수립과정

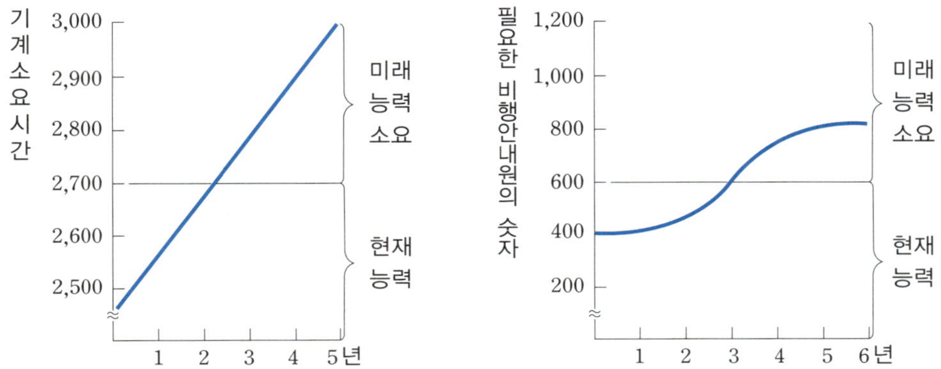

예제 4-1 자원요구계획의 예

첫 번째는 화이자(Pfizer)의 미국 펜실베이니아 공장을 예로 들기로 하겠다. 이 공장의 연간 매출액은 1,500만 달러이고 안료(그림물감), 페라이트(ferrite), 자석 등과 같은 철산화물을 생산한다. 이 제품은 페인트, 플라스틱, 음식, 화장품, 마그네틱 잉크, 녹음테이프 등의 원자재로써 사용된다.

이 공장에는 약 250명이 일하고 있으며 하루 24시간(3교대), 일주일에 7일 가동되고 있다. 이곳에서는 약 50종의 제품이 생산되고 이 중 30개 제품이 매출액의 90%를 차지하고 있다. 재고는 보통 완제품에 대하여는 8주분을, 반제품은 4주분, 원자재는 5주분을 유지하고 있다. 고객의 주문은 3주분 정도가 항상 들어와 있고 보통 주문의 90%는 고객이 납기일자를 명시한다. 납기일 준수율은 95%를 상회하고 있다.

장기계획은 부서별로 행해지고 있다. 제품수요예측은 미래 10년간에 대해 행해지며 제품수요예측이 결정되면 이에 따른 설비의 소요가 결정된다. 이 과정은 모두 컴퓨터로 처리된다. 이 설비소요예측은 현재의 생산능력과 비교되어 필요한 추가생산능력과 이에 따른 자금요구계획도 수립하게 된다. 모든 계획이 수립되면 이의 결과로 현금흐름계획서(pro forma cash flow)와 손익비교분석표(profit-loss statement)가 나오게 된다. 이러한 장기자원요구계획은 조직환경의 변화를 반영하기 위해 매년 갱신된다.

두 번째 예는 다우코닝(Dow Corning Corporation)의 전략적 자원요구계획이다. 이 회사는 미시간에 본사가 있으며 세계 각국에 현지법인이 있는 다국적기업이다. 이 회사의 주제품은 실리콘 원자재로써 이 원자재는 산업용과 상업용으로 쓰이고 있다.

실리콘은 화학합성재이며 천연상태의 카본폴리머의 성능을 능가하는 물질이다. 이 합성재는 보통 액체, 고무, 플라스틱의 형태를 취한다. 다우코닝은 산업용 시장을 겨냥하여 실리콘 액체, 유제(emulsion), 고무, 봉합제(sealant) 등을 생산하고 있다. 또 상업용 시장을 목표로 목욕통 마개, 안경 세척제, 우주선의 내열판, 수술용 기기 등을 생산하고 있다. 다우코닝의 미국 국내의 공장에서 생산하는 제품은 4,000가지가 넘으며 이 중에서 640가지가 매출액의 90%를 차지한다.

다우코닝은 5년간의 자원요구계획을 수립하고 있다. 4,000가지의 제품을 모두 종합한 자원요구계획은 수립과정상 또 계획실행상 문제가 많으므로 비슷한 제품을 한 그룹으로 묶고 이 그룹을 PTU(process train units)라고 한다. 자원요구계획은 PTU별로 수립하게 된다. 여기에서 비슷한 제품을 한 그룹으로 할 때 이는 시장에 근거를 하여 유사성 여부를 결정하는 것이 아니라 제품의 원자재 사용과 생산성의 설비요구상황을 근거로 그룹분류를 결정한다. 이들은 4,000개 제품을 200 PTU로 분류하고 있다. 필요한 생산능력과 자원요구의 예측은 각 공장의 생산/운영관리자가 작성한 PTU별 생산율에 근거하여 실행된다. 다우코닝회사는 PTU생산율과 자원소요구의 관계를 결정하는 공식이 개발되어 있다. 이 자원요구계획은 장기적인 자금계획을 세우는 근거가 된다.

example

4 생산장비계획

필요한 생산장비를 결정하기 위해서는 제품을 생산하는 데 필요한 부품과 생산방법, 생산순서, 조립과정 등을 분석하여야 한다. 이러한 정보를 토대로 단위당 작업시간 p(보통 한 단위당 소요되는 시간으로 표시)와 작업의 효율성 e를 결정할 수 있다. 여기서 효율성은 실질적으로 작업이 장비에서 처리된 시간을 작업이 장비에서 처리가 끝날 때까지 소요된 총시간으로 나눈 것이다. 예를 들어, 특정 작업이 밀링기계를 사용하기 위해 3분의 기계준비시간이 필요했고 실질적으로는 6분 동안 작업이 처리되었다고 하면 e=6/{3+6}=2/3이 효율성으로 되는 것이다. 물론 작업시간과 효율성을 측정하기 위해서는 생산과정분석과 작업측정이 필요한데 이는 이 책에서 다루지 않는다.

만약 생산목표량이 하루에 R이고 매일 H의 작업시간이 있다고 가정하자. 그러면 필요한 장비소요량 N은 다음과 같은 공식을 사용하여 계산할 수 있다.

$$N = pR/60He \qquad \cdots\cdots(4.1)$$

즉,

$$\text{필요한 장비의 수} = \frac{(\text{分} / \text{품목단위})(\text{생산단위} / \text{기계} / \text{日})}{(\text{分} / \text{시간})(\text{작업시간} / \text{작업효율성})(\text{작업효율성})}$$

이 공식의 사용에 주의하여야 할 것은 불량률과 재작업, 생산변경 등에 의한 작업의 지연은 고려하지 않은 것이다. 그러나 대략적인 소요사항을 파악하는 데는 매우 유용한 공식이다.

이 공식을 활용하는 방법을 설명하기 위해 다음과 같은 예를 들기로 하자. 음료수 공장에서는 1분당 6개의 병에 음료수를 채우는 기계의 구입을 고려하고 있으며 이 기계의 효율성은 0.85라고 한다. 이 공장에서는 1교대 8시간 작업하며 하루에 5,000병의 음료수를 생산해야 한다. 이 생산목표를 달성

그림 4-4 접시세척제품의 생산과정

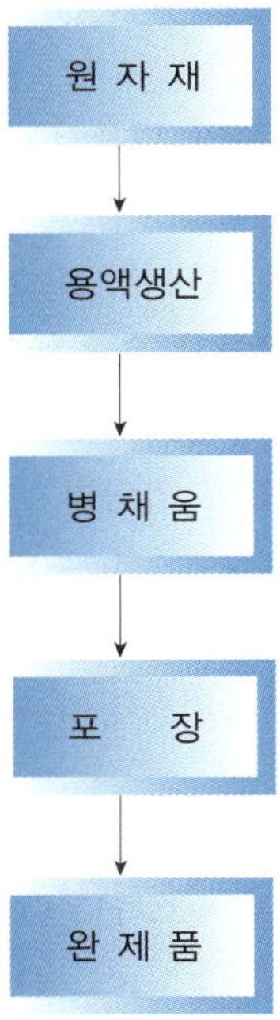

하기 위해 필요한 기계의 수는

$$N=\{(1/6)(5,000)\}\div\{60(8)(0.85)\}$$
$$N=2.04$$

이다.

따라서 약 2대의 기계를 구입하면 생산목표를 달성할 수 있다.

작업이 연결되어 있는 연속적 생산의 경우에는 생산능력 요구량은 가장 속도가 늦은 작업—이를 병목(bottleneck)이라고 함—에 의해 결정된다.

예를 들어, 한 공장에서 접시세척제품을 생산하고 있으며 [그림 4-4]와 같은 생산공정이 있다고 하자. 이 공장에서는 1분당 2갤런의 용액을 생산할 수 있으며 이 용액을 병에 채워야 하는데, 한 병에 16온스씩 1분당 12병을 채울 수 있다. 참고로 1갤런은 128온스이다.

그리고 이 병들을 상자에 포장하는 데 1분에 1.2상자씩 포장하며 1상자에는 12개의 병이 들어가게 된다. 이 생산과정에 대해 각각의 생산율을 계산하면 다음과 같다.

용액생산율＝(2갤런/分)(8병/갤런)
＝16병/分
포장률＝(1.2상자/分)(12병/상자)
＝14.4병/分

이를 생산공정별로 표시하면 다음과 같다.

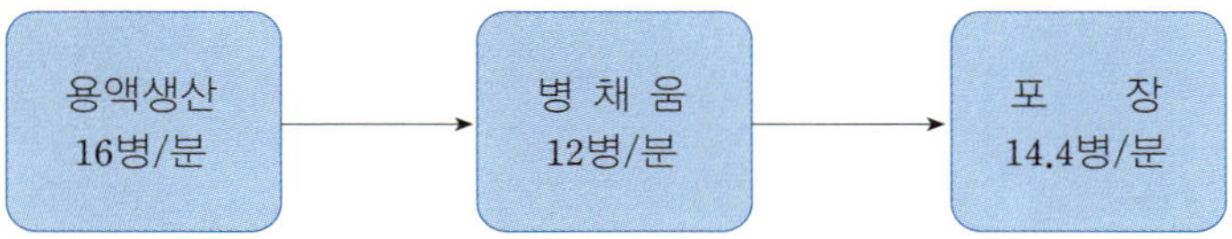

따라서 이 생산시스템의 생산능력은 1분당 12병이 된다. 이 라인에서의 생산을 지연시키는 병목은 병에 용액을 채우는 과정이 된다. 다음은 이와 유사한 예제에 대해 시뮬레이션을 사용하여 생산능력을 평가하는 기법을 공부하기로 하겠다.

예제 4-2 참피온국제회사에서의 생산능력분석

example

참피온국제회사는 목재제품 생산회사로는 세계에서 가장 큰 회사이며 미국, 캐나다, 브라질에 41,000명의 인원을 고용하고 있다. 미국에서만 300만 에이커의 산림을 보유 운영하고 있다. 이 회사의 주요 생산활동은 목재를 가공하여 ① 건축자재, ② 인쇄용 및 사무실용 흰종이, ③ 골판지용 종이를 생산하는 것이다. 목재제품시장은 경쟁 때문에 저가격과 품질이 최우선으로 손꼽히고 있으며 이를 위해 최신 목재가공설비를 유지해야 한다.

그림 4-5 참피온국제회사의 펄프 및 제지밀 설비

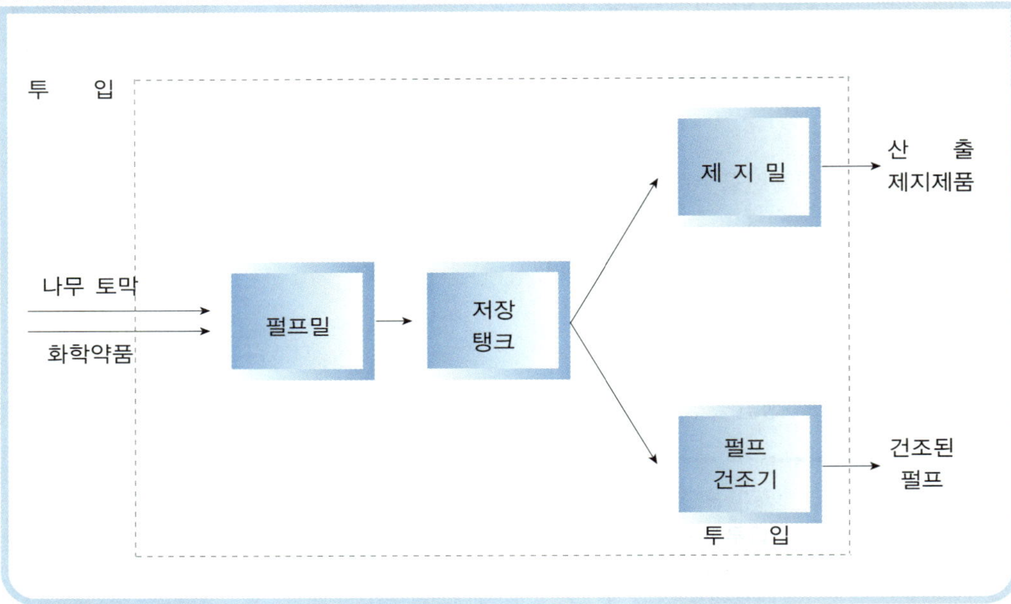

가공설비는 건펄프 혹은 종이제품을 생산하는 기계이다. 이 가공과정은 우선 펄프밀(pulp mill)에서 나무토막을 삶은 다음 탈색을 한다. 그리고 이 펄프를 저장탱크에 보관한 다음, 필요에 따라 제지밀(paper mill)이나 건조기로 보내진다. 종이제품을 생산하기 위해서는 저장탱크의 펄프가 제지밀의 제지기계로 보내진다. 혹은 저장탱크의 펄프가 건조기로 보내지는데 이 때는 펄프가 건조되어 다른 제지회사의 원자재로 팔리게 되는 것이다. 참피온국제회사와 같은 생산시스템을 통합펄프제지밀이라고 하며, 이러한 시스템을 설립하기 위해서는 기계시설비만 보통 수십억원이 든다.

이 회사는 현재 한 개의 펄프밀, 세 개의 제지밀, 그리고 한 개의 건조기가 있다. 이 공장이 건설되고 확장됨에 따라 문제가 발생하게 되었는데 이는 펄프밀의 생산능력이 제지밀과 건조기의 생산능력을 초과하게 되었다는 것이다. 이 펄프밀의 초과생산능력 문제를 해결하기 위해 건조기의 능력을 확장하는 문제를 조사하고 있다. 이 문제의 핵심되는 것은 건조기의 능력이 증가됨에 따라 건펄프를 얼마나 더 생산할 수 있느냐 하는 것이다.

건조기의 용량(능력)이 증가함에 따라 건펄프를 얼마나 더 생산할 수 있는가를 측정하는 가장 간단한 방법은 펄프 평균사용량을 계산하여 보는 것이다. 예를 들어, 펄프밀은 하루에 940톤을 생산할 수 있고 세 개의 제지밀은 하루 평균 650톤의 펄프를 사용한다고 하자. 그리고 건조기는 하루에 290톤의 펄프를 처리할 수 있다고 하자. 이 데이터에 근거하면 건조기 용량을 더 증가함에 따라 펄프밀에서 생산한 펄프를 더 처리할 수 있다는 결론이 난다. 물론 이는 건조기 용량이 1일 290톤이 될 때까지만 그렇고 290톤 이상이 되면 필요 없는 초과능력이 된다.

이 평균사용량에 근거한 분석방법이 간단하고 적절한 것 같으나 사실은 치명적인 결점을 지니고 있다. 이 방법은 매일매일의 사용량의 분산 혹은 변동을 고려하지 않은 것이다. 즉, 장비는 고장나기도 하고 효율성에도 변화가 많다. 예를 들어, 어느 하루를 보면 펄프밀은 고장시간이 의외로 길고, 제지기계는 평균 이상으로 작동이 잘되고 있다고 하면 건조기로 보내질 펄프는 거의 없게 되는 것이다. 또 어느 날에는 반대현상이 일어나서 제지기계가 고장시간이 길어지고 펄프밀의 생산시간이 많아져서 저장탱크는 완전히 차고 따라서 펄프밀의 생산을 중단해야 하는 경우도 생긴다.

이러한 경우를 고려하여 보면 건조기의 용량을 한 단위 증가하면 건펄프의 생산도 반드시 한 단위씩 증가한다고 할 수가 없는 것이다. 이를 좀더 명확히 분석하기 위해 참피온국제회사는 시뮬레이션의 기법을 사용하기로 결정하였다. 시뮬레이션 모델은 다음과 같은 요소를 고려하여 개발하였다.

펄 프 밀: 조사결과 펄프밀은 하루 평균 1,044톤을 생산할 수 있고 약 10%의 고장시간이 발생한다.

제 지 밀: 제지밀에 입력되는 펄프의 양은 생산하는 종이의 종류와 기계의 고장률에 달려 있다.

펄프건조기: 건조기의 용량이 달라짐에 따라 종이와 건펄프의 생산이 어떻게 변화하는가를 파악하기 위해 여러 수준의 건조기 용량을 테스트하였다.

저장탱크: 저장탱크는 펄프의 재고역할을 하며 이 탱크가 비거나 최대저장용량이 될 때 생산은 중단하게 된다.

이러한 요소를 감안한 후 컴퓨터 언어를 사용하여 시뮬레이션 프로그램이 개발되었다. 이 시뮬레이션을 행한 결과 건조기 1톤의 용량을 증가하면 제지생산에 차질 없이 건펄프의 생산을 0.8톤씩 증가할 수 있다는 것이 밝혀졌다. 이 비율은 건조기 확장에 따른 투자비용과 투자에 따른 이익을 계산하여 비교하는 데 매우 중요하게 사용되었다. 만약 평균사용량에 근거하여 계산을 하였다면 투자에 따른 이익이 25% 과대하게 책정되었다는 것을 알게 된다.

example

5 인력계획

5.1 국내인력문제

근래에 임금의 상승과 더불어 인력계획(labor planning)은 기업의 가장 큰 어려움이 되고 있다. 중소제조기업은 물론이며 서비스업체에서도 심한 이직률로 인력계획은 매우 심각한 문제가 되었다.

문제의 양상을 살펴보면 우선 제조업체의 경우 근로자가 어렵거나 깨끗하다고 여기지 않는 작업을 회피하며 정상임금의 1.5배를 지불하여도 잔업을 회피한다는 것이다. 서비스업체의 경우는 상당한 임금의 지불 없이는 능력 있는 근로자를 확보하기 어려운 실정이며 근로자는 여건만 좋으면 직장을 옮기는 실정이다.

이러한 문제의 발생근원을 살펴보면 첫째는 경제적 여건의 향상과 더불어 개인이 사회적으로 인정을 받으려는 욕구에 기인한다고 볼 수 있겠다. 임금을 적게 받더라도 공장보다는 백화점에서 일하려는 경향이 바로 그것이다. 이러한 연유에 의한 문제의 발생은 선진 외국의 경우에는 이미 경험되었고 이는 경제의 발전에 따른 피할 수 없는 현상이라고 할 수 있다.

두 번째 근원은 불건전한 부의 축적에 있다. 1986년부터 현재까지(특히 88올림픽 전후와 IMF 이후 [그림 4-6] 참조)[1] 급등한 부동산가격은 한국인의 의식구조에 절대적인 영향을 미쳤다. 열심히 땀흘려 일하는 사람보다는 그저 부동산을 매입한 사람—노동은 전혀 할 필요 없이—이 순식간에 돈을

1) (주)롯데건설(박창규 사장)의 주택기획팀 전재만 부장과의 e-mail 통신(2010.3.30.)

그림 4-6 주택시장 경기흐름 분석

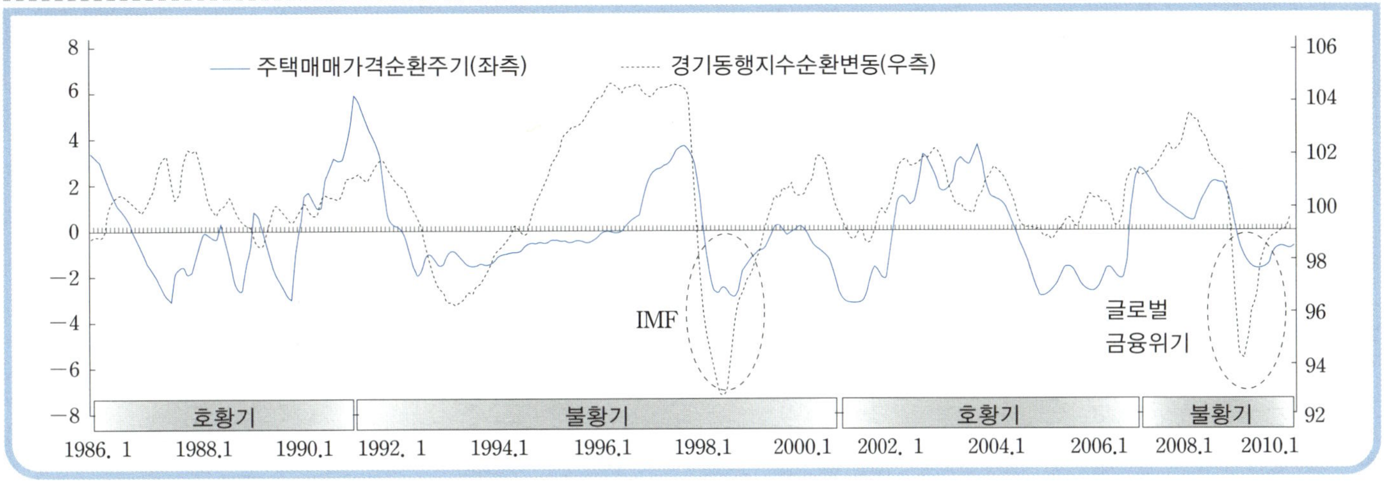

구 분	1986년~공급자 시장: 가격 폭등기	1991년~수요자 시장: 가격 하락 조정기	2001년~공급자 시장: 가격 급등기	2007년~수요자 시장: 가격 안정기 진입
정부정책	• 년 22만호 과소 공급 • 주택 200만호 공급계획 • 토지공개념 등 강력한 투기억제대책 마련	• 수도권 신도시건설등 공급 확대를 통한 주택시장 안정 • 토지공개념 본격 시행	• 주택경기부양책(재건축 완화 분양권 전매 허용/청약 자격 완화) • 4개 신도시/뉴타운 건설 • 준농림지의 개발 활성화	• 강력한 부동산 규제책 (분양가상한제, 대출규제, 양도세 중과) • 금리정책으로 주택경기 조절
시장구조	• 공급 절대 부족 (보급률 70% 내외) • 베이비붐 세대사회 진출 • 아파트가 대중투자수단 부상	• 공급과잉, 미분양 급증 • 주택 200만호 입주 • 98년 IMF충격으로 수요 급락 • 아파트 투자 수요 위축	• IMF 이후 수요 회복 본격화 • 서울의 재건축 급증 • 초 저금리로 가수요 폭발 • 투자수요 급격히 팽창	• Global 금융위기로 주택경기 침체 • 지방 공급과잉 누적, 주택수요 수도권 위주로 재편 • 정부의 규제로 인한 주택공급축소 • 주택보급률 2007년 108.1% 도달

벌 수 있다는 것이 진리가 되버리고 만 것이다. 이렇게 불건전한 경제구조에 의해 형성된 불건전한 의식이 팽배할 때 기업이 원하는 인력을 얻기란 거의 불가능한 것이다. 또한 부동산가격의 상승은 일반 근로자가 자신의 집을 구입하려는 꿈을 앗아갔고 이에 따라 이들의 근로의욕이 상실된 것은 부정할 수 없는 사실이다.

마지막으로 인력공급구조의 문제이다. 당시 문교부에 따르면 1991년도 전국 고교입학정원은 76만 4천여명이나 되지만, 공고[2]입학정원은 6만 6천 2백명으로 전체의 8.8%에 불과하다(「한국경제신문」, 1991. 1. 14일자 1면). 1991년 고교입학시험에서 공고경쟁률은 1.7대 1로 11만 2천 6백여명 지원자 중 4만 6천여명이 떨어졌고, 인문계에서는 53만 7천 8백명의 응시자 가운데 5천명만이 떨어졌다. 공고를 지망하는 학생은 일단 기능공이 되겠다는 희망자라고 볼 수 있는데, 이들조차 수용하지 못하면서 중소기업의 인력난을 해소하겠다는 정부의 시책은 큰 문제가 있다고 볼 수 있다. 현재의 교육구조로는 장기적으로도 인력수급에 문제가 지속될 것이므로, 시급히 더욱 많은 공고의 설립을 통해 기능공의 양성을 꾀하는 것이 시급한 문제이다.

5.2 필요인력의 계산

기업에서는 종종 현 작업의 수행을 위해 필요한 인력을 파악할 필요가 있다. 이는 이미 설명되었던 공식 (4.1)을 사용하여 인력의 수요를 측정할 수 있다. 예를 들어, 한 회사가 제품의 최종검사를 수행하는 품질관리자가 몇명 필요한가를 파악하고자 한다고 하자. 만약 품질관리자의 효율성은 e이며 한 제품당 p분의 검사시간이 소요된다고 하면, 이때 공식 (4.1)을 사용하여 특정 산출량 R을 생산하기 위해 필요한 품질관리자 수를 파악할 수 있는 것이다.

서비스업체에서는 인력관리가 특히 중요하게 된다. 예를 들어, 병원의 간호원 배치계획, 전화교환수의 작업시간계획, 슈퍼마켓의 현금등록 담당자의 배치계획 등은 매우 어려운 문제이다. 이러한 경우에도 공식 (4.1)을 약간 수정하여 필요인력을 계산할 수 있다. 이 경우 공식의 사용을 구체적으로 설명하기 위해 예제를 들기로 하자.

2) 과거의 공업고등학교는 정보과학고등학교, 과학기술고등학교, 자동차정보고등학교로 변신을 시도하고 있으며, 일부는 그대로 공고로 남아 있음.

example

예제 4-3 서비스업체의 필요인력계산

어느 공공기관에서 한 종업원이 두 개의 직무를 수행하고 있다. 직무 1은 4시간, 직무 2는 1.5시간이 소요된다. 일주일에 근무시간은 40시간이며 효율성은 80%이다. 일주일에 직무 1은 40번, 직무 2는 60번 수행해야 한다.

이 예제에서 사용될 기호는 다음과 같다.

p_1: 직무 1의 소요시간(4시간)
p_2: 직무 2의 소요시간(1.5시간)
R_1: 일주일간 직무 1의 횟수(40)
R_2: 일주일간 직무 2의 횟수(60)
T : 주당 근무시간(공식 (8.1)에서 60H와 대체됨)

이때 필요한 인력의 수는

$$N=(p_1R_1+p_2R_2)/Te$$
$$=\{4(40)+1.5(60)\}/40(0.8)$$
$$=7.8125$$

따라서 직무를 원활히 수행하기 위해서는 8명의 인원이 필요하다는 것을 알 수 있다.

일반적으로 다음과 같은 공식이 성립된다.

$$N=\sum_{i=1}^{k} p_iR_i/Te \qquad \cdots\cdots(4.2)$$

이때 k는 수행해야 할 직무의 수를 나타낸다.

example

5.3 학습곡선

필요인력을 산정할 때 반드시 고려해야 할 사항은 인간의 학습능력이다.

인간은 특정 직무를 반복적으로 수행하면 점점 짧은 시간 내에 직무를 완수할 수 있다는 것이다. 이를 그래프로 나타낸 것이 바로 학습곡선(learning curve)이며 [그림 4-7]에 나타나 있다. 이러한 인간의 학습능력은 오래전부터 인지되어 왔을 것으로 여겨지나, 최초의 과학적 연구는 1920년대에 미국의 라이트 패터슨 공군기지(Wright-Patterson Air Force Base)에서 비행기를 조립하는 과정에 대하여 수행되었다. 이 연구에 의하면 4번째 비행기를 조립할 때는 1번째 비행기를 조립할 때 약 80%의 시간이 소요된 것으로 나와 있고, 8번째의 비행기일 때는 4번째 비행기의 80%가 소요된 것으로 되어 있다. 16번째의 비행기는 8번째의 비행기를 생산하는 시간의 80%로 생산될 수 있다. 이 연구결과가 [그림 4-7]에 표시되어 있으며 이를 보통 80%학습곡선이라고 한다. 이는 같은 양의 생산을 두 번째 할 때는 처음 생산시간의 80%가 소요된다는 것에서 유래한 이름이다.

그러나 자동화가 이루어져서 기계가 많이 사용되는 경우에는 이 80%의 법칙이 변화한다. 대략적으로 말하면 사람과 기계의 비율이 3 대 1인 경우는 80%의 법칙이 적용되고 이 비율이 1대 3(기계가 많을 경우)일 때는 90%의 법칙(학습효과가 떨어짐)이 적용된다. 만약 사람과 기계의 비율이 같을 경우는

그림 4-7 80% 학습곡선

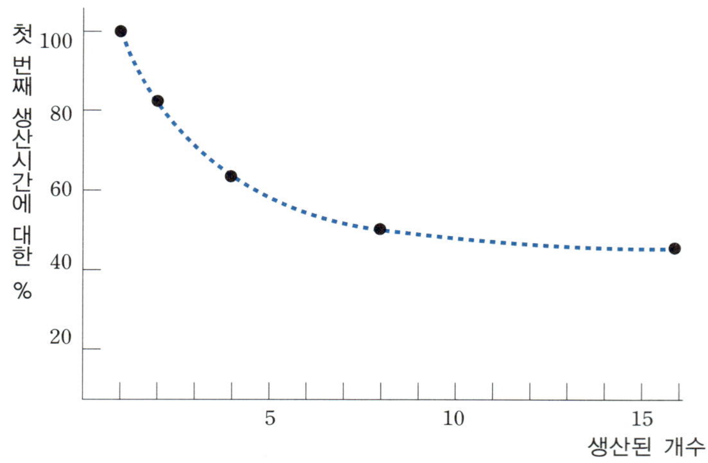

85% 정도의 학습효과가 있다.

예제 4-4 학습효과를 감안한 인력요구량 산정

장 여사는 크리스마스 트리에 부착하는 장식품을 생산하는 조그만 가게를 운영하고 있다. 장 여사는 생산량을 달성하기 위해 여러 명의 아르바이트 학생을 고용하고 있다. 이 제품은 주로 백화점에 납품하는데 12월 1일이 납기일이다. 주문량은 9월이 되어야 알 수 있으므로 약 8주의 생산기간이 있다. 제품은 모두 수동으로 생산되므로 장 여사는 학습효과를 약 75%로 추정하고 있다. 과거의 데이터에 의하면 첫 번째로 장식품을 만들 때 약 60분의 시간이 소요되는 것으로 알고 있다. 각 학생은 일주일에 10시간씩 작업을 한다. 장 여사는 특정 주문량에 대해 몇 명의 학생이 필요한가를 알고 있다.

75%학습곡선에 의하면 각 작업량에 대해 다음과 같은 소요시간이 필요하다는 것을 알 수 있다.

작 업 량	소요시간	계산근거
1	60	
2	45	(60×0.75)
4	33.75	(45×0.75)
8	25.31	(33.75×0.75)
16	18.98	(25.31×0.75)
32	14.23	(18.98×0.75)
64	10.68	(14.23×0.75)

위의 표에 나타낸 학습효과를 그림으로 표시하면 [그림 4-8]과 같다. [표 4-2]는 주어진 생산량에 따른 누적생산시간을 나타내고 있다.

과거의 경험에 의하면 가장 숙련된 작업자일지라도 적어도 하나를 생산하는 데 15분이 필요하다는 것을 알 수 있다. 그리고 학습곡선은 32개의 생산량에 달하면 더 이상 하락하지 않고 평행선을 그린다는 것을 또한 알 수 있다([그림 4-8] 참조). 이러한 가정하에서 한 작업자가 8주 동안 생산할 수 있는 총생산량을 추정하여 보기로 하자.

처음 32개를 생산하는 데 약 850분 혹은 14시간이 필요하다는 것을 [표

그림 4-8 75%학습곡선

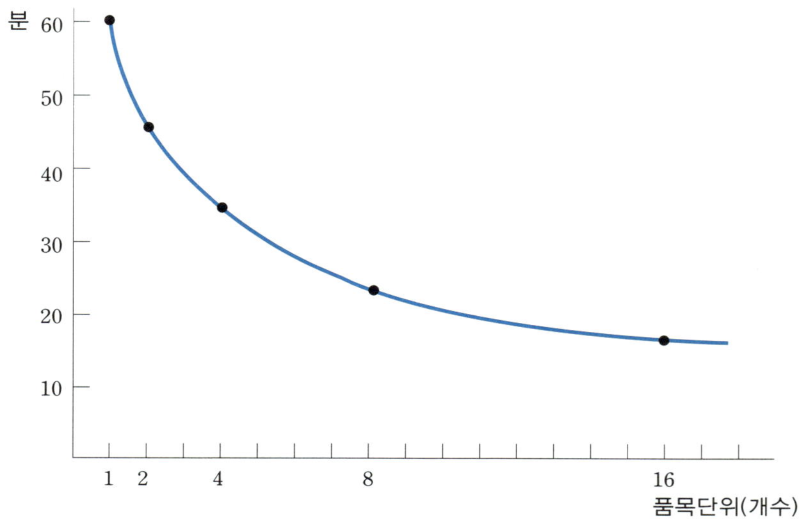

표 4-2 75%학습곡선에 대한 누적생산시간

생 산 량	누적생산기간
1	60
2	105
4	179
8	293
16	463
32	850

4-2]에서 알 수 있다. 그리고 피로도, 물자조달시간, 개인시간 등을 고려하면 효율성은 약 80%이므로 개인 작업자의 8주 동안의 실제작업시간은 10×8×0.8=64시간이 된다. 그런데 32개를 생산하는 데 총 14시간이 소요되므로 이후로 50시간(64−14)이 남게 된다. 32개를 생산한 후에는 숙련자가 되어 1개를 생산하는 데 15분 걸린다고 가정한다. 그러면 1시간에 4개를 생산

하게 된다. 따라서 남은 50시간 동안 200개(50×4)를 생산할 수 있는 것이 된다. 따라서 한 작업자는 8주 동안 총 232개를 생산할 수 있다.

예제를 통해서 볼 수 있듯이 학습곡선은 인력관리를 수립하는 데 유익한 의사결정도구가 될 수 있다.

example

6 설비계획

수요의 증가가 실현되거나 혹은 예상될 경우 설비를 신설하거나 현 설비를 확장할 필요가 있다. 여기에서 설비는 각종 기계와 사무실을 배치할 수 있는 공간을 의미한다.

제조업체의 경우 신설비를 추가하거나 기존설비를 확장할 경우에는 몇 가지 고려해야 할 사항이 있다. 가장 중요한 사항은 다음과 같다.

① 기계 및 장비를 설치할 공간의 필요면적
② 원자재, 재공품, 완제품 등을 저장할 수 있는 면적
③ 동력설비를 위한 면적
④ 종업원을 위한 설비, 즉 화장실, 식당, 오락시설 등을 위한 면적
⑤ 사무실 면적

서비스업체의 경우는 수요증가에 따른 설비계획문제가 제조업체의 경우와는 매우 다르다. 제조업체는 재고를 축적함으로써 수요의 급작스러운 증가에 대응할 수 있지만, 서비스업체의 경우는 서비스를 재고로써 유지할 수 없으므로 이러한 대응책이 불가능하다. 따라서 서비스업체는 수요가 발생하는 즉시 이에 대응할 수 있는 설비를 갖추어야 한다. 다음의 예제는 서비스업체가 손익분기점을 이용해 어떻게 설비확장문제를 해결하는가를 보여 준다.

예제 4-5 서비스업체에서 손익분기점을 이용한 설비확장결정

맛나식당은 약 100명을 수용할 수 있는 설비를 갖추고 있다. 이 식당은 점심시간에는 별 문제가 없으나 화요일과 토요일의 저녁에는 손님의 급증으로 적절한 서비스의 공급에 상당한 어려움을 겪고 있다. 맛나식당 주인은 저녁시간에만 사용할 수 있는 좌석 50개를 추가할 것을 고려하고 있다.

이에 따른 추가비용의 분석은 다음과 같다. 현재 이 식당은 임대하고 있으나 건물주인은 매달 160만원을 추가적으로 지불한다는 조건으로 설비확장을 허용하고 있다. 설비확장에 따른 추가비용은 감가상각과 이자를 포함하여 매년 450만원에 이를 것으로 예측된다. 이 외에도 세금의 추가부담은 매년 250만원, 그리고 유지관리비와 전기료는 매년 300만원이 될 것이다. 또 새로운 주방장, 종업원에 대한 임금도 3,500만원이 추가될 것이다.

맛나식당의 매출액에 대한 분석은 다음과 같다. 보통 고객 1인당 판매액은 평균적으로 12,000원의 음식과 4,000원의 포도주 및 기타 주류로 구성되어 있다. 보통 판매액 중 원가가 차지하는 비율은 음식이 40%, 주류가 25%, 그리고 기타가 10%를 차지하고 있다. 그 동안 설비의 부족으로 기다리다가 돌아간 고객에 대한 데이터는 [표 4-3]에 나와 있다.

표 4-3 맛나식당의 고객상실 데이터

요 일	평균고객 상실수	최대대기시간(분)
화요일	10	30
수요일	10	30
목요일	15	40
금요일	40	80
토요일	45	90
	합계 120	

맛나식당에 추가되는 연간 고정비용과 변동비용은 다음과 같다.

임대료	1,920만원
실내장식	450
세금	250
전기 및 유지비	300
임금	3,500
총 고정비용	6,420만원
음식비	4,800원
주류비	1,000
잡비	1,600
총 변동비용	7,400원

맛나식당은 이제 이러한 데이터를 토대로 손익분기점을 계산할 수 있다. 우선 X를 추가적인 고객의 수라고 하면 다음과 같은 공식으로 답을 구할 수 있다.

$$16{,}000X = 64{,}200{,}000 + 7{,}400X$$
$$8{,}600X = 64{,}200{,}000$$
$$X = 7{,}465 \text{명/년}$$

이 손익분기분석에 의하면 최소한 매년 7,465명의 고객이 증가되어야만 추가적인 설비증가가 정당화될 수 있을 것이다. 그러나 [표 4-3]을 토대로 매년 대기시간에 의해 상실되는 고객의 수를 계산하면 (120)×(52)=6,420명에 불과하다. 그러므로 손익분기분석에 의한 결론은 설비의 증설이 경제적으로 불합리하다는 것이다.

물론 이러한 손익분기분석에만 의존하여 결론을 내리는 것은 바람직하지 못하다. 다른 계량화할 수 없는 여러 요인들을 고려하여 의사결정을 내리는 것이 필수적이다. 예를 들어, 경쟁대상이 되는 식당에 손님을 잃는 것도 고려해야 하겠고, 반면에 식당의 긴 행렬은 그 식당의 명성을 높이는 반대효과도 고려할 필요가 있다. 따라서 손익분기점에서 긍정적인 결과가 나왔다 하더라도 이러한 심리적 · 사회적 인식을 고려해야 한다.

7 생산능력계획을 위한 의사결정분석

이미 예측기법을 논할 때 언급한 바 있지만 단기적인 예측의 경우보다 장기적인 예측의 경우에 불확실성이 보다 높아진다. 이는 특히 전략적인 자원계획의 경우는 더욱 그렇다.

그러므로 생산관리자는 의사결정의 대안을 분석할 때 불확실성을 고려하는 것이 의사결정의 정확성을 높일 수 있는 최선의 방법이다. 이렇게 불확실성을 고려한 기법을 의사결정이론(decision theory) 혹은 의사결정분석(decision analysis)이라 한다.

의사결정이론은 다음과 같은 상황에서 이용된다. 의사결정자가 선택할 수 있는 수개의 대안(alternative)이 있고, 이때 미래에 어떠한 사건(event)이 발생할지 매우 불확실한 상황에 적용되는 기법이다. 예를 들어, 내년 자동차 수요(사건)는 증가할 수도 있고, 올해의 수준일 수도 있고, 또 감소할 수도 있다. 이 때 자동차회사가 택할 수 있는 대안은 생산능력의 확충, 현 생산능력 유지가 있을 수 있다. 이러한 경우에 바로 의사결정이론을 적용하여 위험부담을 최소화할 수 있는 대안의 선택이 가능한 것이다.

이를 설명하기 이전에 우선 의사결정이론의 대략적인 요약을 하기로 하겠다.

상 황	대안선택기준
위 험 상 황	EMV, EOL
불확실성상황	MAXIMIN, MAXIMAX, MINIMAX

위의 표에 요약되어 있는 것과 같이 관리자가 처한 상황은 위험(risk)의 경우와 불확실성(uncertainty)의 경우로 나누어진다. 위험이나 불확실성의 경우, 모두 사건(event)이 일어날 것인지 아닌지 확실하지 않은 것은 공통적이다. 그러나 위험의 경우는 사건발생의 가능성을 확률로 추정할 수 있는 경우이고, 불확실성의 경우는 사건발생의 가능성을 확률로 추정할 수 없는 경우를 의미한다. 이러한 주어진 상황에 따라 관리자가 택할 수 있는 대안선택

기준이 다르게 된다. 관리자가 처한 상황이 위험상황일 경우는 EMV, EOL의 기준이 있으며, 불확실성 상황일 경우는 MAXIMIN, MAXIMAX, MINIMAX가 있는데, 여기에서는 위험상황에 EMV를 적용하는 예제만을 다루기로 하겠다.

관리자가 처한 복잡한 문제를 요약하여 표현하는 것은 의사결정의 효율성을 제고하는 매우 중요한 문제이다. 여기에서는 이러한 요약기법으로 성과표(payoff table)와 의사결정트리(decision tree)를 소개하기로 하겠다. 예제를 중심으로 성과표와 의사결정트리를 소개하고 대안선택기준을 적용하기로 하겠다.

7.1 성 과 표

성과표(payoff table)는 어떠한 사건이 발생할 경우에 특정 대안을 선택함으로써 얻어지는 성과 혹은 수익을 보여 주는 표이다. 애정화학회사라는 가상적 예제를 통해 성과표가 의사결정에 어떻게 이용되는가를 설명하겠다.

예제 4-6 애정화학회사 의사결정이론의 활용

애정화학회사는 다양한 산업용 화학제품을 생산하는 회사이다. 이 회사는 근래에 기계의 수명을 연장할 수 있는 새로운 산업용 윤활유를 개발하였다. 신제품을 대량으로 생산하기 위해서는 새로운 공장의 설립이 필요하고 소량을 생산하기 위해서는 현 공장의 확장만으로도 가능하다. 현 경영진은 신공장의 설립과 현 공장의 확장이라는 두 가지 대안선택을 놓고 고민을 하고 있다. 물론 이 선택의 성공 여부는 미래에 윤활유에 대한 수요가 어떻게 될 것인가 하는 상황에 달려 있다. 만약 현 공장을 확장하였는데 신제품에 대한 수요가 많게 되면 현 생산능력으로는 수요를 충족할 수 없어 수익의 손실이 예상된다. 반대로 신공장을 신설하였는데 수요가 적으면 생산능력이 필요 이상으로 남게 되어 투자수익(return on investment)이 하락하게 된다. 현재와 같이 경기가 불투명한 경우에는 미래의 수요가 어떻게 될지 예측하기가 매우 어렵다.

의사결정이론에서는 미래에 발생할 사건을 "주어진 상황"(state of nature)이라고 한다. 애정화학회사의 예제에서는 신제품의 수요가 높거나 낮은 상황이 바로 주어진 상황 — 실제로는 "주어질 상황"이 정확한 표현이겠지만 — 이 되는 것이다.

의사결정기법을 적용할 때 주의해야 할 점은 다음과 같은 가정이 준수되어야 한다는 것이다.

첫째, 주어진 상황은 발생가능한 것 모두가 파악되어 열거되어야 한다는 것이다.

둘째, 이 주어진 상황은 서로 중복될 수 없는 독립적이라는 것이다.

애정화학회사의 경우 이러한 가정이 성립한다는 판단 아래 의사결정이론을 적용할 것이다. 이 예제에서는 다음과 같은 부호를 사용한다.

d_1: 현 공장의 확장
d_2: 새로운 공장의 신설
s_1: 주어진 상황이 저수요
s_2: 주어진 상황이 고수요

이럴 때 애정화학회사는 과연 어떠한 의사결정을 택해야 할 것인가? 이에 대한 답을 구하기 위해서는 주어진 상황에 대해 선택한 의사결정의 결과가 우선 추정되어야 한다. 예를 들어, 만약 애정화학회사의 경영자가 현 공장의 확장(d_1)을 선택하였는데 저수요(s_1)의 상황이 실현되었다고 하면, 애정화학이 취할 수 있는 이익은 얼마인가의 데이터가 있어야 한다.

애정화학회사는 과거의 경험을 토대로 다음과 같은 데이터를 마련하였으며 이 표가 바로 성과표이다.

	주어진 상황	
의사결정대안	저수요(s_1)	고수요(s_2)
현 공장확장(d_1)	2억원	3억원
공장신설(d_2)	1억원	4억원

일반적으로 성과표는 특정 의사결정과 주어진 상황에 대한 이익, 비용

등을 보여 준다. 성과표 안에 나와 있는 성과 혹은 비용 등의 숫자는 일반적으로 V(d, s)를 사용하여 표시한다. 예를 들어 $V(d_2, s_1)=1$억원으로 표시할 수 있다. 이제는 어떠한 의사결정을 할 것인가에 대한 대답을 할 수 있는 모든 준비가 되어 있다. 다음에서는 같은 예제를 사용하여 의사결정기법의 선택을 결정하는 기준(criterion)에 대해 설명하기로 하겠다.

e x a m p l e

7.2 기대화폐가치기준

이전에 이미 설명한 바와 같이 기대화폐가치기준(expected monetary value: EMV)은 주어진 상황이 발생할 확률을 추정할 수 있는 경우 — 위험상황 — 에 사용할 수 있는 것이다. 이러한 확률은 예측기법을 사용하여 계산 혹은 추정할 수 있을 것이다. EMV를 사용하여 의사결정을 하는 방법을 설명할 때 다음과 같은 부호를 사용하기로 한다.

P(s): 주어진 상황 s가 발생할 확률
N: 주어진 가능한 상황의 수

기대화폐가치는 다음과 같이 표시될 수 있다.

$$EMV(d_i)=\sum_{j=1}^{n} P(s_j)V(d_i,\ s_j) \quad \cdots\cdots(4.3)$$

이 부호를 사용하여 애정화학회사의 예제에 대한 선택과정을 설명하기로 하자.

e x a m p l e

예제 4-7 EMV를 사용한 애정화학회사의 선택

애정화학회사는 델파이법을 사용한 결과 신제품에 대한 수요의 실현확률은 $P(s_1)=0.4$, $P(s_2)=0.6$로 나왔다. 이 확률과 성과표에 나와 있는 성과

$V(d_i,\ s_j)$를 공식 (4.3)에 대입하면 각 대안에 대한 EMV는 다음과 같이 계산된다.

$$\begin{aligned}EMV(d_1) &= 0.4(200,000,000)+0.6(300,000,000)\\ &= 260,000,000\\ EMV(d_2) &= 0.4(100,000,000)+0.6(400,000,000)\\ &= 280,000,000\end{aligned}$$

EMV의 기준을 사용하면 대안 d_2가 더 많은 기대화폐가치를 가져오므로 공장신설의 대안을 택하게 된다. 여기에서 EMV의 의미를 좀더 생각할 필요가 있다. 위의 계산에서 보면 d_1을 택한 경우, 저수요(S_1)가 발생하면 이때의 소득은 2억원이 된다. 그러나 S_1이 발생할 확률은 0.4이므로 기대가치는 0.4×2억원이 되는 것이다. 마찬가지로 고수요(S_2)가 발생하면 3억원의 소득이 발생하고 이 수요가 실현될 확률은 0.6이므로 기대가치는 0.6×3억원이 된다. 결국 d_1에 대한 EMV는 각 주어진 상황이 실험될 확률에 성과를 곱하고 이들을 합함으로써 구해진다.

example

7.3 의사결정트리

위에서는 성과표에 EMV를 적용하여 대안을 선택하는 방법을 설명하였다. 이때 성과표는 경영자가 처한 문제를 요약하여 표시하는 기법으로 소개되었다. 여기에서는 문제를 요약하여 표시하는 또 다른 기법을 소개하기로 하겠다. 이를 의사결정트리(decision tree)라고 하며 성과표는 표의 형태로 되어 있었던 데 반하여 의사결정트리는 그래픽의 형태로 되어 있어 좀더 가시적인 효과가 있다.

[그림 4-9]는 같은 예제인 애정화학의 문제에 대해 의사결정트리를 사용한 것이다. 그림에서 보면 의사결정트리는 경영자가 문제를 해결하는 과정을 순서대로 도식화한 것이라는 것을 알 수 있다. 따라서 의사결정트리를 보면 문제해결의 순서가 어떠하다는 것을 한눈에 알 수 있는 이점이 있다. 즉, 의사결정 대안 d_1 혹은 d_2를 택하면 그 다음 주어진 상황 s_1이나 s_2가 나타나

그림 4-9 애정화학 문제에 대한 의사결정트리(1)

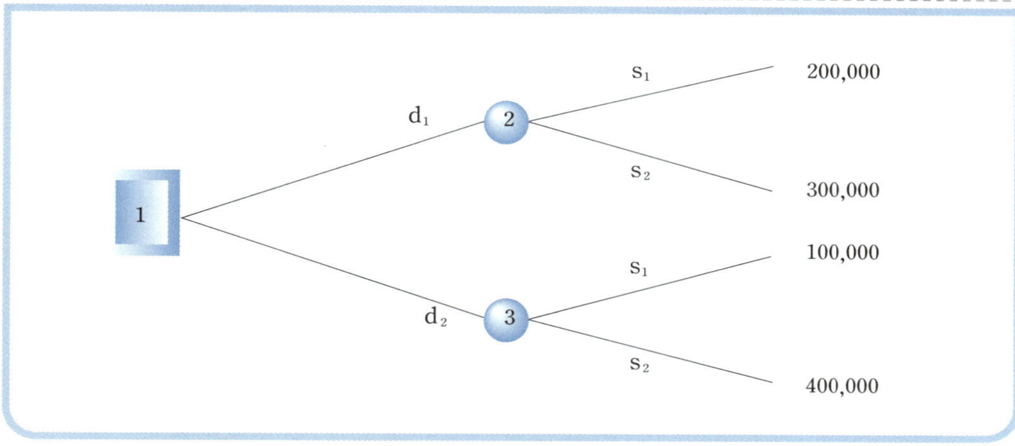

그림 4-10 애정화학 문제에 대한 의사결정트리 (2)

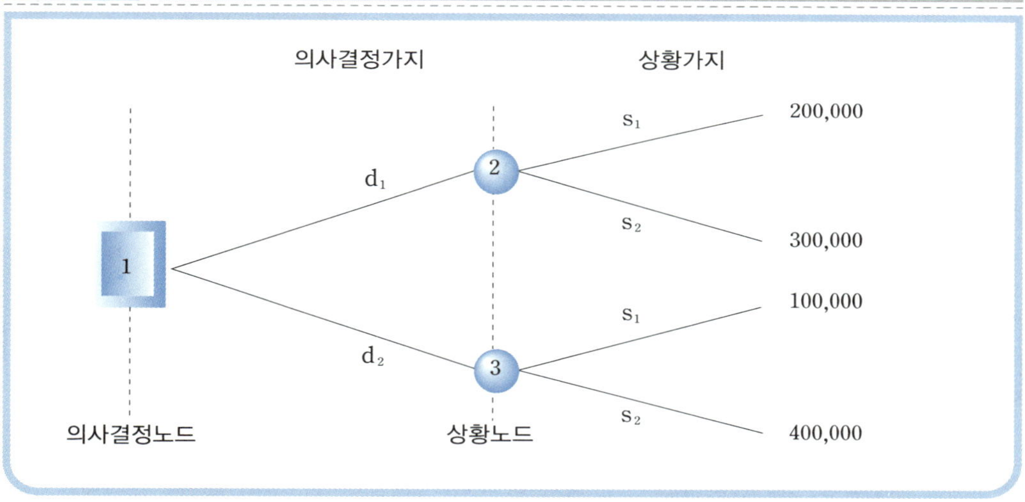

게 되는데 이 과정이 똑같이 [그림 4-9]에 나타나 있다.

[그림 4-10]은 의사결정트리에서 사용되는 용어를 소개하고 있다. 대안을 선택하는 시점이 바로 의사결정을 해야 하는 시점이므로 이를 정사각형으로 표시하고 의사결정노드(decision node)라고 한다. 주어진 상황이 실현되는 시점을 상황노드(state-of-nature-node)라고 하며 이는 원으로 나타낸

그림 4-11 애정화학 문제에 대한 의사결정트리(3)

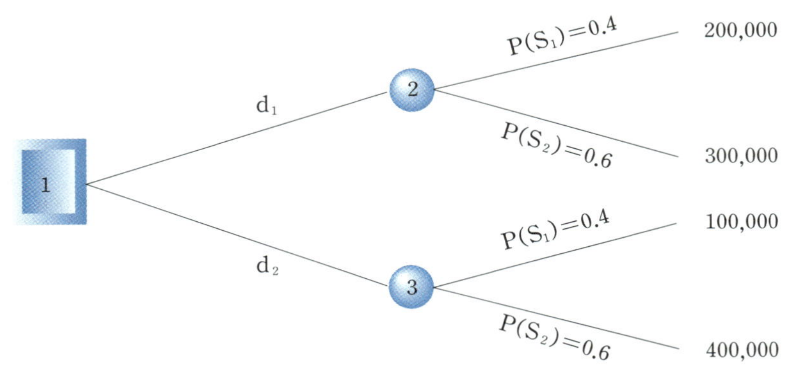

다. [그림 4-10]에서는 의사결정노드가 1이고 상황노드가 2와 3으로 되어 있다.

물론 이 의사결정트리에 성과표에 적용되었던 EMV를 적용하여도 대안 선택결정은 같게 된다([그림 4-11] 참조). 단지 의사결정트리는 가시적으로 상황과 대안의 흐름을 제공하여 준다는 점이 성과표와 다를 뿐이다.

8 요 약

자원요구계획은 시설, 장비와 인력에 관한 장기생산능력계획이다. 자원요구계획을 수립하는 과정에서 반드시 실행해야 할 것은 생산, 마케팅, 그리고 재무의 모든 분야 사람들의 의견이 수렴되고 반영되어서 회사의 목표를 달성할 수 있는 협조체제가 수립되어야 한다는 것이다. 현대 기업이 경쟁력을 제고하기 위해서는 목표의 달성에 부합하는 계획의 수립은 물론 이를 집행할 때 부서간의 긴밀한 협조가 필수적이다.

여기에서 소개된 의사결정기법은 과학적이고 합리적인 접근법으로 경영자가 계획의 수립과정에서 적용할 수 있는 것이다. 그러나 생산관리를 공부하는 학생으로서 명심해야 할 것은 아무리 과학적이고 합리적인 기법을 사용하였다 하더라도 조직과 인간의 뒷받침이 없이는 성공적인 기업을 이룩하는 것은 불가능하다는 것이다. 다시 말하면 인간 및 조직의 중요성을 항시 염두에 두고 기법의 적용을 시도해야만 성공을 거둘 수 있다.

토론문제

01 자원요구계획을 수립하는 데 고려해야 할 가장 중요한 사항을 열거하시오.

02 장기적 자원요구계획이 생산성, 품질, 원가에 어떠한 영향을 미치는가를 설명하시오.

03 자원요구계획의 수립에 있어 제품수명주기(product life cycle)가 어떠한 역할을 하는가를 설명하시오.

04 마케팅이 자원 요구계획에 미치는 영향을 설명하시오.

05 생산능력을 정의하는 여러 가지 접근법을 설명하시오.

06 제조업체와 서비스업체에 있어 생산능력의 측정은 어떻게 다른지를 설명하시오.

07 의사결정의 절차 측면에서 자원요구계획의 수립과정을 설명하시오.

08 학습곡선은 무엇이며 생산/운영관리에서 어떻게 이용될 수 있는지를 설명하시오.

09 신설비(new facility)를 계획할 때 고려해야 할 주요 사항을 설명하시오.

10 생산능력계획을 수립할 때 의사결정분석이 어떻게 사용될 수 있는가를 설명하시오. 또, 어떠한 의사결정에 의사결정분석기법이 이용될 수 있는가도 설명하시오.

11 기대화폐가치기준은 동일한 상황에서 하나의 의사결정이 반복하여 행해진다는 가정에 근거하고 있다. 그러나 설비확장에 관한 의사결정의 경우는 이 의사결정이 반복되는 것이 아니라 한 번에 끝나게 된다. 이러할 경우 의사결정분석에서 나온 결과(정보)를 어떻게 해석해야 할 것인가를 설명하시오.

12 MINIMIN과 MINIMAX REGRET 의사결정기준에 대하여 예를 들어가며 설명하시오.

연습문제

1 다음의 제품에 관해 제품수명주기를 그려보고 비교하여 보시오. 이때 필요한 가정을 논의하여 보시오.

① 레코드 앨범
② 여성용 디자이너 블라우스
③ 세탁비누

2 한 트랜스미션(transmission) 조립공장에서는 하루에 1교대, 일주일에 5일을 작업하고 있다. 1교대에 400개의 트랜스미션을 생산하고 있다. 다음 4주 동안 다음과 같은 출고계획을 수립하고 있다.

주	1	2	3	4
출고량	1,800	1,700	2,200	2,100

① 정상생산능력(normal capacity)은 얼마인가?
② 실제 가동률은 얼마인가?

3 한 식품점에서는 5개의 정규계산대(regular checkout line)와 1개의 고속계산대(express line)가 있다. 고속계산대는 제품을 12개 이하 구입한 고객만이 사용할 수 있다. 조사결과에 의하면 고객이 정규계산대를 통과하는 데 소요되는 시간은 평균적으로 11분이며 고속계산대는 4분이 소요된다. 이 식품점은 오전 9시에서 오후 9시까지 영업한다.

시간/일	월	화	수	목	금	토	일
9-12	1	1	1	1	3	5	2
12-4	2	2	2	2	3	5	4
4-6	3	3	3	3	5	3	2
6-9	4	4	4	4	5	3	1

① 식품점의 최대능력은 얼마인가?

② 만약 고속계산대가 항상 열려 있고, 열려 있는 정규계산대 대수는 위의 표와 같다면 이 식품점의 능력은 얼마인가?

4 한 제조업체는 A, B, C 세 가지의 제품을 생산하고 있다. 각 제품은 드릴 프레스(drill press)라는 기계에서 반드시 한 번 가공되어야 한다. 이 기계의 효율성은 현재 약 75%밖에 안 되지만 최대가능한 효율성은 90%이다. 이 제조업체는 1교대(8시간)로 5일을 작업하고 있다. 각 제품이 드릴 프레스에서 반드시 거쳐야 할 가공시간은 다음과 같다.

제 품	가공시간(분)
A	5.0
B	1.85
C	7.0

각 제품은 한 달에 10,000개를 생산하기 위해서는 몇 대의 기계와 몇 명의 작업자가 필요한지를 계산하시오. 단, 한 기계에 한 작업자가 필요함.

5 다음 데이터는 생산능력확장에 대한 세 가지 대안들을 나타낸다.

	대안 1	대안 2	대안 3
고정비*	200,000	150,000	100,000
변동비용(단위당)*	8.25	9.75	12.25
수입(단위당)*	18	18	18

(*단위: 천원)

① 각 대안에 관한 손익분기점을 계산하라.
② 생산량이 20,000개일 때, 각 대안별 수익은 얼마인가?
③ 바람직한 이윤쪽이 연간 75,000천원이라고 할 때, 각 대안에 대한 손익분기점은 어떻게 될까?
④ 어떤 생산량의 범위에서 각 대안은 비용 효과적인가?

6 한국코타마회사는 5개의 소형선박을 주문받았다. 첫 번째 선박을 완성하는 데는 6,000시간이 소요된다. 선박은 모두 수작업으로 완성된다고 할 때 5대 모두를 완성되는 데 얼마나 시간이 소요되겠는가? 각 선박의 소요시간을 그래프로 그리시오.

7 한산제약회사는 새로운 합성약품을 생산할 새로운 공장의 건설을 계획하고 있다. 현재 대형공장을 건설할 것인지 소형공장을 건설할 것인지를 결정해야 한다. 고수요가 발생할 확률은 0.65이며 중수요가 발생할 확률은 0.15, 저수요가 발생할 확률은 0.20이다. 다음은 한산제약회사가 작성한 성과표이다.

	장기평균수요		
의사결정	고	중	저
대　형	250백만원	100백만원	25백만원
소　형	100백만원	100백만원	75백만원

이 문제에 대하여 의사결정트리를 작성하고 최적전략을 선택하시오.

8 한산제약회사의 문제에 있어 일단 소규모의 공장을 지은 첫해에 만약 수요가 급증하면 3년 내에 이를 확장하는 것을 고려한다고 하자. 첫해에 중간 정도의 수요이거나 저수요일 경우는 확장을 고려하지 않는다. 이 때에 의사결정트리를 그려보시오.

9 8번 문제에 있어 최초의 소규모 공장을 짓고 이를 확장할 것을 고려하는 경우, 다음과 같은 성과표를 작성할 수 있다.

장기평균수요		
고	중	저
200	90	10

첫해의 수요가 고수요, 중수요, 저수요일 확률은 0.6, 0.2, 0.2이다. 그리고 첫해의 수요가 고수요이고 장기평균수요가 고, 중, 저수요일 확률은 0.85, 0.10, 0.05이다. 이 경우에 한산제약회사가 선택할 전략은 무엇인가?

C·H·A·P·T·E·R 05

설비배치와 공정설계

설비배치는 경제활동이 일어나는 장소에 경제활동의 수행에 필요한 설비를 배치하는 결정에 관한 것이다. 제조업의 경우에 설비는 주로 각종 장비와 기계이며, 서비스업의 경우에 사무용 비품과 기계가 된다. 제조업에서 설비배치는 생산의 프로세스에 맞게 이루어져야 하므로 곧 공정의 설계를 의미한다. 따라서 제조업에서 설비배치와 공정설계는 동일한 과정이다. 설비배치의 목표는 경제활동이 가능하면 효율적으로 수행되게 하는 것이다. 설비배치에는 다음의 사항이 고려되어야 한다.

1 설비배치의 유형

설비배치(공정)는 특히 제조업의 경우에 매우 중요한 전략적 의미를 지닌다. 자동차, 반도체, 가전제품과 같이 자본집약적인 산업에서는 공정설계의 우수성에 따라 경쟁력이 결정되는 경우가 많다. 제조업체가 채택하는 가장 일반적인 설비배치(공정)는 다음과 같다.

그림 5-1 공정별 배치의 예

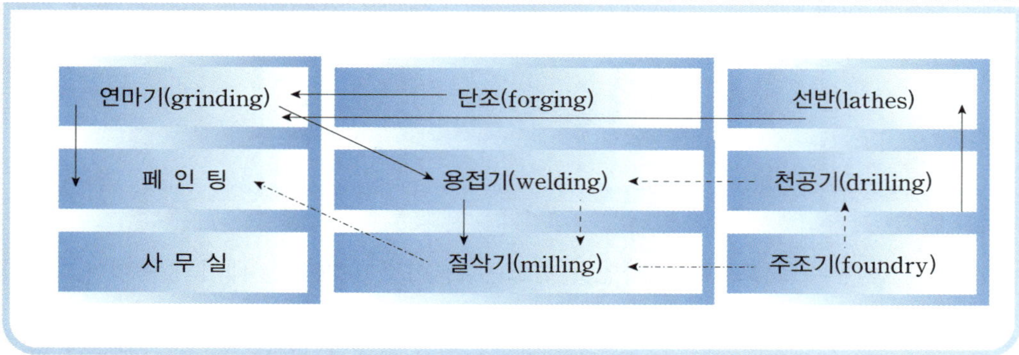

1.1 공정별 배치[1)]

공정별 배치(process layout)는 다양한 제품(부품)을 소량으로 생산하는 경우에 적합한 배치이며 기능별로 설비를 배치하는 방식으로 [그림 5-1]과 같다. 이 배치는 주로 항공기, 대형 발전기와 같이 주문에 의해 소량을 생산하는 제품에 사용된다.

공정별 배치에서는 같은 기능을 수행하는 기계를 한곳에 배치한다. 즉, 선반은 모두 한 곳([그림 5-1]의 오른쪽 위의 모퉁이)에 위치하게 된다. [그림 5-1]에서는 세 가지 종류의 화살표를 사용하여 작업이 수행되는 순서를 표시하였다. 공정별 배치의 장점은 소량의 다양한 제품을 생산(다품종 소량생산)할 수 있는 유연성에 있다고 할 수 있다.

1.2 제품별 배치

공정별 배치가 다품종 소량생산에 적합하다고 하면 제품별 배치(product layout)는 소품종 대량생산에 적합한 배치이다. 제품별 배치는 특정 제품만을 생산하기 위한 전용생산라인[2)]을 만드는 것이다. 예를 들어 자동차와 같은 제

1) 이 부분은 주로 Krajewski와 Ritzman의 *Operations Management*(4ed.)를 참고한 것이다.
2) 일본의 자동차회사는 하나의 라인에서 여러 개의 모델을 생산하는 방식을 고안하여 생산성을 높였다.

그림 5-2 제품별 배치

품은 주로 모델별로 라인을 만드는데, 이것이 제품별 배치의 예이다. [그림 5-2]는 자동차생산의 제품별 배치 예를 도시화한 것이다.

제품별 배치는 보통 일자형(一字型)의 형태를 취하는 것이 보통이나 반드시 일자형 형태는 최적이 아니다. 때에 따라 L, O, S, U의 형태를 취할 수 있다.

제품별 배치는 표준화된 제품을 대량으로 생산하는 데 적합한 배치로 공정별 배치에 비해 생산속도가 빠르며 생산설비의 효율성이 높다. 그러나 공정별 배치에 비해 생산할 수 있는 제품의 종류가 제한적이므로 유연성이 떨어진다. 따라서 제품별 배치는 경제환경, 시장, 제품의 수요변화에 즉각적으로 적응할 수 없다는 단점이 있다.

제품별 배치는 조립라인(assembly line) 혹은 생산라인(production line)이라고도 불린다. 엄밀히 말하면 조립라인은 조립을 수행하는 라인을 뜻하며 생산라인은 가공, 조립을 모두 수행하는 라인을 의미한다.

1.3 하이브리드 배치와 유연생산시스템

기업은 포지셔닝 전략에 따라 공정별 배치와 제품별 배치의 중간 형태를 택할 때도 있다. 이를 하이브리드 배치(hybrid layout)라고 한다. 하이브리드 배치는 설비의 일부는 공정별 배치의 형태로 하고, 다른 일부는 제품별 배치의 형태로 하는 것이다. 특히 유연생산시스템(flexible manufacturing systems: FMS)을 도입할 때 하이브리드 배치가 이용된다. 유연생산시스템은 수개의 작업소(work station) 혹은 셀(cell)[3]이 그룹을 지어서 연결된 형태의 시스템인

3) 이렇게 셀로 구성된 생산시스템을 셀룰러 생산시스템(cellular manufacturing systems)이라고도 칭한다.

데 이 작업소는 컴퓨터의 통제에 의해 자동으로 부품을 처리할 수 있다. 유연생산시스템은 소량의 부품과 제품의 가공도 효율적으로 처리할 수 있는 시스템으로 보통 그룹 테크놀로지(group technology: GT)를 채택하고 있다. GT는 다음 절에서 자세히 설명한다.

유사한 생산시스템에 대해 여러 용어가 사용되고 있는데 유연생산시스템(FMS)과 셀룰러 생산시스템도 이에 속한다. FMS나 셀룰러 생산시스템은 기능상 매우 유사하며 모두 다양한 제품을 효율적으로 생산하기 위한 시스템이다. 저자의 의견으로는 FMS는 유연성이라는 기능을 염두에 두고 만든 용어이며, 셀룰러 생산시스템은 셀로 구성된 생산시스템의 형태를 강조한 용어이다.

1.4 고정배치

설비배치의 네 번째 유형은 고정배치(fixed-position layout)이다. 타 설비배치는 설비와 장비가 한 장소에 고정적으로 배치되고 처리되는 부품과 제품이 이동하였다. 그러나 고정배치는 제품(주로 대형물품)을 한 장소에 고정시켜 놓고 기계와 작업자가 이동하며 작업을 수행하는 형태이다. 주로 조선(造船)이나 기관차 등을 생산할 때 고정배치를 채택한다.

2 그룹 테크놀로지

현재 기업이 채택하고 있는 설비배치의 추세를 보면 공정별 배치와 제품별 배치의 중간 형태인 하이브리드 배치인 것을 알 수 있다. 특히 기존에 제품별 배치로 생산을 하던 기업에서 하이브리드 배치로 전환하고 있다. 이는 제품수명의 단축과 소비자의 기호(嗜好)변화에 대응하기 위해서 기존의 제품별 배치가 부적합하다고 판단한 것이다. 제품별 배치는 특정 모델을 장기간 대량으로 생산하는 데는 적합하나 많은 모델을 자주 변경하며 소량으로 생산할 수는 없다. 근래에 기업들은 공정별 배치와 제품별 배치의 장점을 살릴 수 있는 시스템을 고안하기 위해 고심해 왔다. 즉, 기업의 전략은 공정별 배치의 유연성과 제품별 배치의 효율성을 모두 갖춘 생산시스템을 개발함으로써 경쟁우위를 확보하고자 하는 것이다. 하이브리드 배치는 바로 이러한 기업전략의 산물이다.

하이브리드 배치에 따른 생산의 효율성과 유연성 증대는 단지 공정별 배치와 제품별 배치의 혼합이라는 물리적 변경만으로 가능한 것은 아니다. 하이브리드 배치에 따른 효과는 그룹 테크놀로지(group technology: GT)와 같은 소프트한 측면의 개선이 있을 때 구현될 수 있다.

GT의 핵심은 생산하고자 하는 제품과 부품을 생산과정의 유사성에 따라 분류하고 분류된 제품/부품집단(families)을 생산하기 위해 생산 셀을 만드는 것이다. GT에 의해 만들어진 생산시스템은 제품/부품집단을 생산하기 위한 생산 셀로 구성되어 있기 때문에 셀룰러 생산시스템(cellular manufacturing systems)이라고도 한다. [그림 5-3]은 GT에 의해 부품을 분류하고 집단화된 부품을 생산할 수 있는 공정을 설치한 것이다.

GT에 의해 설계된 생산시스템은 제품별 배치와 공정별 배치의 장점을 살릴 수 있다. 즉, 유연성과 생산의 효율성을 동시에 성취할 수 있는 것이다.

그림 5-3 GT에 의한 셀룰러 생산시스템[4]

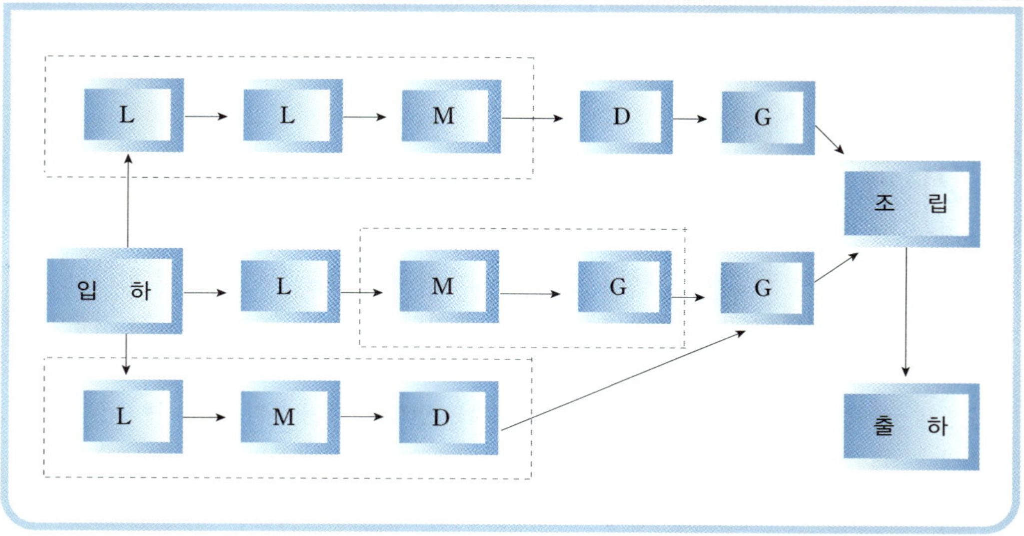

4) L: 선반, M: 절삭기, D: 천공기, G: 연마기임. 점선으로 된 사각형은 셀을 의미함.

기업동향 생산라인 구조조정

경기침체에 따른 소비위축 및 소비자 니즈의 세분화 추세를 반영, 대량생산의 상징인 일(一)자형 컨베이어 벨트 라인이 서서히 퇴조하고 그 자리를 셀라인, 혼류생산라인, 이동라인, U자 라인, 병렬라인 등 새로운 형태의 변형라인이 채우고 있는 것, 말하자면 구조조정이다.

변형라인은 품목과 모델이 많은 전자제품공장에 특히 많이 도입되고 있다. 삼성전자 수원공장이나 LG전자 구미공장의 경우, 제품별로 라인의 형태가 다를 정도다. 삼성전자 관계자는 "IMF체제 이후 수요 자체가 크게 줄어 대량생산체제를 유지할 수 없는 데다 소비자 욕구 또한 연령별, 지역별, 계층별로 다양화되는 추세여서 생산시스템을 조정할 수밖에 없는 상황"이라고 말했다. 또한 "일자형 라인으로는 생산성을 높이는 데 한계가 있다"고 덧붙였다.

- ◆ 셀라인=가장 널리 보급된 변형라인으로 하나의 독립된 셀(cell)에서 조립과 포장 등 공정을 완료하는 방식이다. 수시로 생산제품의 모델을 바꾸는 것이 가능하기 때문에 모델이 많은 제품생산에 주로 사용된다. 삼성전자는 전자레인지(수원) 공장을 비롯 냉장고(광주), 에어컨(수원), TV(수원), 청소기(광주)공장을 이 라인으로 바꾸었다. LG전자는 구미 TV공장에, 대우전자는 TV · VTR(구미), 청소기(광주), 전자레인지(광주)공장에 도입했다. 하나의 셀에는 1~10명의 작업자가 배치된다. 작업자의 숙련도가 높아야 한다는 단점이 있긴 하나, 한가지 동작만 반복하는 일자형 라인보다 작업자의 만족도가 높다. 따라서 생산성도 높다. LG전자는 TV 조립라인을 셀라인으로 바꾼 결과 생산성이 50% 가까이 향상됐다고 밝혔다.
- ◆ 혼류생산=일자(一字) 라인에서 여러 모델을 생산하는 일종의 시간차 생산, 예컨대 A라는 모델을 생산하다 2시간 후에 B모델로 품목을 바꾸고 또 일정 시간 뒤에는 C모델로 바꾸는 식이다. 혼류생산을 위해서는 협력업체로부터 부품이 적시에 공급돼야 한다. 부품의 재고비용을 획기적으로 절감할 수 있다는 것이 장점이다. 삼성(광주)과 LG(창원)가 냉장고 생산에 적용하고 있다. LG의 창원 냉장고공장은 혼류라인으로 제품이 생산에서부터 고객에게 전달되기까지 소요시간을 20일에서 1주일로 단축시켰다.
- ◆ U자라인=라인을 U자형으로 만들어 1번 작업자가 돌아서 마지막 공정을 맡도록 한 것으로 공정이 길 경우에 적용한다. 삼성은 냉장고(광주), 에어컨(수원)공장에서 본 라인을 시작하기 전인 제품외형을 성형하는 과정에, LG는 TV용 부품인 편향코일 생산라인에 도입했다. 삼성은 이 라인으로 1인당 생산성이 시간당 20여대에서 30여대로 올리는 효과를 거두고 있다.
- ◆ 줄기라인=공통공정만 줄기라인에서 조립하고 나머지는 모델별로 각기 다른 가지라인에서 작업을 하는 형태이다. 전자레인지처럼 모델이 특히 많은 제품을 만드는 데 적합하다. 삼성전자 수원 전자레인지 공장이 이 라인으로 되어 있다. 삼성은 수원 전자레인지 라인을 줄기라인으로 바꾼 뒤 시간당 생산량을 20대에서 35대로 늘리는 효과를 거두었다.
- ◆ 병렬라인=일자(一字) 라인을 기본으로 하되 끝부분에 6~7개의 같은 라인을 배치한 형태이다. 검사 등 마무리 공정에 많은 시간이 소요되는 제품에 적합하다. 삼성전자의 수원 컴퓨터 생산라인과 구미 하드디스크 드라이브 라인이 대표적이다. 삼성은 정밀검사를 필요로 하는 이들 제품의 특성을 감안, 병렬라인을 설치했다.

(자료: 「한국경제신문」, 1999년 1월 6일자에서)

그림 5-4 각종 변형라인

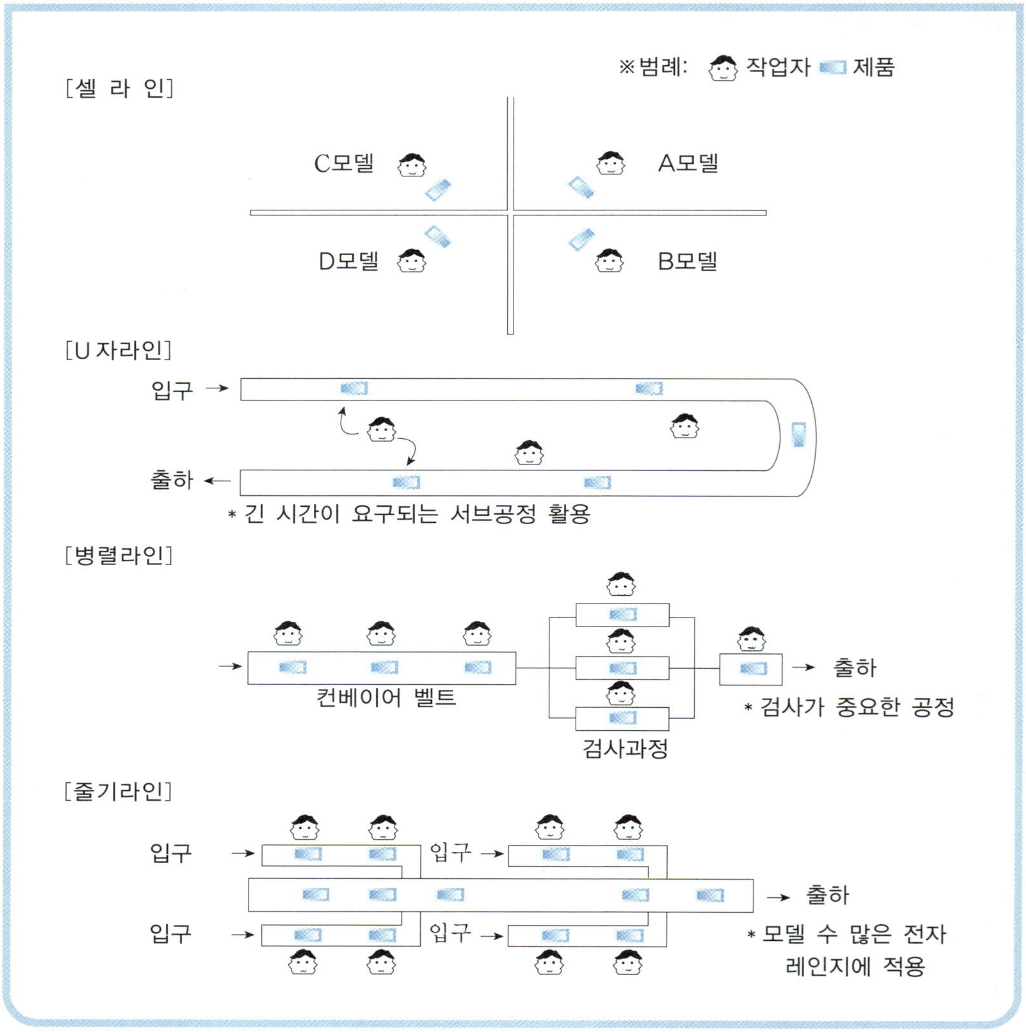

그러나 GT에 의한 생산시스템의 설계가 손쉽게 이루어지는 것은 아니다. GT의 핵심은 생산해야 될 제품과 부품의 공정상 유사성에 의해 분류하고 이 공정에 따라 생산 셀을 만드는 것이다. 그러나 제품과 부품의 분류가 현실적으로 어려운 경우가 많으며, 분류가 다양한 생산의 요구에 맞지 않는 경우가 발생하기도 한다.

3 생산작업의 유형

생산작업은 가공(fabrication)과 조립(assembly)으로 대분된다. 여기에서는 가공의 유형을 주로 다루겠는데, 가공은 다시 형상(forming), 머시닝(machining), 열처리(heat-treating), 표면처리(surface-treating), 그리고 연결(joining)로 나눌 수 있다.

3.1 형 상

형태를 원하는 대로 만드는 과정인 형상은 여러 종류가 있는데, 이를 간략하게 설명하면 다음과 같다.

① 주조 혹은 캐스팅(casting) 주형 혹은 몰드(mold)에 액체의 재료를 부음으로써 일정한 형태를 만드는 공정

② 벤딩(bending) 다이(die)를 이용하여 철사, 쇠봉, 철판 등을 일정 형태로 만드는 과정

③ 롤링(rolling) 금속을 두 개의 회전하는 롤러(roller)에 통과시켜 압축하는 과정

④ 돌기(突起: extrusion) 특정 모양을 갖춘 디스크에 알루미늄이나 플라스틱을 통과시킴으로써 일정 형태를 만드는 것

⑤ 단조(forging) 보통 열처리를 통해 달구어진 금속에 급격한 충격(대강질)을 가해 일정 형태를 만드는 것

⑥ 분말 야금술(powder metallurgy) 분말금속을 이용해 일정 제품을 만드는 과정

⑦ 회전(spinning) 금속을 회전시키고 회전하는 동안 일정 압력을 가함으로써 형상을 갖추게 하는 것

⑧ 스탬핑(stamping) 평평한 철판에 특정 모양의 강철을 가함으로써 형상을 이루는 것

⑨ 신선(伸線: wire drawing) 철사를 다이(die)에 여러 번 통과시키면서 잡아당겨 철사를 점점 가늘게 만드는 작업

3.2 머 시 닝

이미 가공된 부품에 기계적 처리를 통해 일정 부분을 제거하는 작업을 보통 머시닝(machining)이라고 하며 이는 다음과 같은 공정이 있다.

① 보링(boring) 이미 드릴(drill)을 통해 만들어진 구멍을 좀더 넓게 하는 작업

② 브로어칭(broaching) 일정한 경로를 따라 금속부분을 제거하는 작업으로 톱니모양의 회전축을 사용한다. 보통 이 회전축의 끝부분은 직경이 작음.

③ 역보링(counterboring) 드릴된 부분의 한쪽만을 더 넓게 하는 작업

④ 드릴링(drilling) 일정한 크기의 회전축을 사용하여 구멍을 내는 작업

⑤ 연마(grinding) 연마기를 회전하여 금속표면의 돌출부분을 제거하는 작업

⑥ 밀링(milling) 고속으로 회전하는 톱니에 저속으로 금속을 진입시켜 서서히 일정 부분을 제거하는 작업

⑦ 리밍(reaming) 현존하는 구멍을 약간 확장시키는 작업

⑧ 절단(shearing) 자르는 작업

⑨ 회전(turning) 가공물체를 회전시키면서 절삭기구를 이용하여 실린더나 고깔모양의 부품을 만드는 작업

3.3 열 처 리

열처리는 보통 물체의 속성을 바꾸는 데 이용되며 여러 가지의 기법이 있다.

3.4 표면처리

이는 페인팅, 샌드블래스팅(sandblasting), 플래이팅(plating), 왁싱(waxing) 등이 있다. 주로 녹의 방지와 표면의 미적 요소를 높이기 위해 표면처리를 한다.

3.5 연결처리

연결은 서로 다른 부품의 연결을 하는 작업이다. 보통 다음과 같은 작업이 있다.

① 기계적 연결(mechanical joining) 볼트나 리베트(rivet)를 사용하여 연결하는 작업

② 솔더링(soldering) 용해된 금속 혹은 합금을 이용하여 연결하는 작업

③ 용접(welding) 열, 압력을 이용하여 금속을 연결하는 작업

현재 여기에 열거된 처리방법은 일부를 소개한 것이다. 이외에도 하이테크를 이용한 공법이 많이 있으나 이는 너무 기술적인 관계로 생략한다.

이 부분을 공부한 학생은 왜 이러한 세부적인 것을 공부할 필요가 있는 것일까 의구심을 품을지 모른다. 그러나 현재 우리나라가 당면한 가장 큰 문제는 제조업체, 특히 철강, 기계 및 전자산업의 소재 및 가공기술의 부족으로 경쟁력을 상실하고 있다는 것이다. 따라서 미래의 경영자는 이러한 기술적인 면도 기초적인 것은 이해할 수 있어야 하며, 이러한 이해를 바탕으로 기업의 경영전략이 수립되어야 한다.

4 조립라인의 균형화

조립라인 균형화의 중요성을 이해하기 위하여, [그림 5-5]와 같은 세 가지 작업사례를 고려하자.

조립을 마치는 데 필요한 총시간은 0.2+0.3+0.5=1.0분이다. 따라서 8시간 교대근무로, 쉬는 시간 및 다른 지연을 감안하여 90%의 능률을 가정하면 한 작업자는

$$(60\text{개}/\text{시간})(8\text{시간}/\text{일})(0.9\text{ 능률})=432\text{개}$$

를 생산할 수 있다. 이번에는 생산라인에 3명의 작업자들이 각각 A, B, 그리고 C라는 조립작업을 수행한다고 가정하자. 첫 번째 작업자는 작업시간이

그림 5-5 세 가지 작업의 라인 균형화 문제

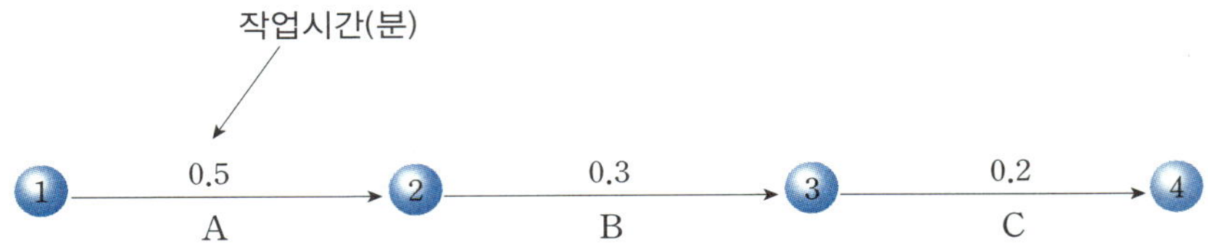

0.5분이므로 시간당 120개의 부품을 생산할 수 있다. 따라서 8시간 근무에,

총 (120개/시간)(8시간/일)(0.9 능률)=864개

의 부품이 두 번째 작업자에게 보내질 수 있다. 작업자 2의 작업시간은 0.3분이므로, 생산량은

(200개/시간)(8시간/일)(0.9 능률)=1,440개

부품이 되지만, 이보다 낮은 비율로 생산하는 첫 번째 작업자들로부터 도착한 부품 수(864개) 때문에 1,440개 전부를 생산할 수 없다. 이것은 단지 작업-부족지연(lack-of-work delay)이다. 이를 해결하기 위한 대안으로는 두 개의 작업대를 사용하는 것이다. 첫 번째 작업자가 작업 A를 수행하는 동안, 두 번째 작업자는 작업 B와 C를 수행한다. 각 작업자는 할당된 작업을 수행하는 데 0.5분이 걸리기 때문에, 생산라인은 완벽하게 균형이 맞고 근무시간에 864개의 부품이 생산될 수 있다. 따라서 세 명의 작업자들을 고용하여 얻을 수 있는 것과 같은 비율로 2명의 작업자들로 생산량을 달성할 수 있게 되었으므로 노무비를 절약할 수 있게 되었다.

더 복잡한 문제에 대해서는 가능한 작업대 구성의 숫자가 대단히 많아 질수 있기 때문에 더 나은 해법절차가 필요하다. [표 5-1]에 있는 데이터와 [그림 5-6]의 네트워크에 의해 정의된 11개의 작업문제를 고려해 보자. 단 하나의 작업대를 사용한다면, 한 부품을 완성하는 데 필요한 총시간이 4.8분, 즉 모든 처리시간의 합이 된다. 만약 각 작업이 각 작업대에 따로 따로 할당된다면, 작업시간 0.7분이 가장 긴 경우가 된다. 일반적으로, 어떤 조립라인

표 5-1 조립라인 균형화 데이터

작업번호	선행작업	조립시간
1	—	0.4
2	—	0.7
3	1, 2	0.5
4	2	0.4
5	4	0.7
6	3	0.2
7	6	0.1
8	6	0.3
9	5, 7	0.4
10	8, 9	0.5
11	10	0.6

그림 5-6 조립라인 균형화 문제에 대한 네트워크

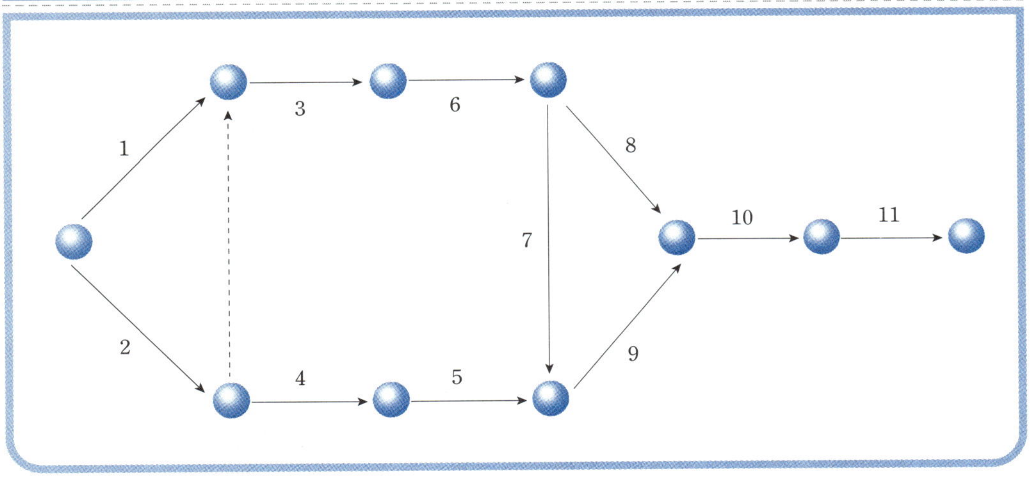

구성에서 한 부품을 생산하는 데 소요되는 시간을 주기(cycle time)라고 부른다. 만약 C를 분으로 표시된 주기이고 H를 근무시간(1교대) 내에 생산에 종사할 수 있는 시간(분으로 표시)이라고 하면 생산될 수 있는 부품의 숫자는 H/C로 주어진다. 그러므로 만약 근무시간 내에 P개의 부품이 생산되어야 한다면, 주기는 H/P보다 더 커져서는 안 된다. 즉,

$$C \le H/P$$

그 외에, 주기는 모든 작업시간의 합보다 더 커질 수가 없고, 또한 가장 긴 작업시간(the largest task time)보다 더 작게 될 수 없다. 즉 $0.7 \le C \le 4.8$이다.

예를 들어, 일주일에 6,500품목단위의 생산량이 요망된다고 가정하자. 주당 5일 동안 하루에 3교대로 운영되고 있다면 1교대당 약 433품목단위가 생산되어져야 한다. 90%능률을 감안하면 1교대당 근무 8시간 중 생산적인 시간수는 (0.9)(8)=7.2시간이 된다. 따라서 요망되는 주기(C)는

$$C = \frac{(7.2)(60)}{433} = 0.9977 \approx 1.0(\text{분})$$

이다.

문제는 선행관계를 고려하면서도 주기 1.0을 초과하지 않도록 작업대에 작업을 할당하는 것이다. 그 요령은 다음과 같다. 작업대 1부터 시작하여 어느 작업들이 할당될 것인지를 결정한다. 이 경우, 작업 1과 작업 2는 선행작업이 없으므로 우선 이들 작업들이 후보가 된다. 이들 중에 어느 것을 선택할 것인가에 대한 규칙이 필요하다. 여러 가지 규칙들이 사용될 수 있으며 각각 다른 결과를 얻게 된다. 여기서는 "가장 긴 작업시간을 가진 작업부터 먼저 선택하라"는 법칙을 사용하여 할당한다. 그러므로 작업 2를 작업대 1에 할당한다.

다음으로, 할당에 고려될 수 있는 새로운 작업들을 결정한다. 일반적인 원칙으로, 바로 전단계의 작업들은 이미 할당이 된 작업들이 그 고려대상이 된다. 작업 1은 아직 할당이 되지 않았기 때문에 작업 3은 고려될 수 없다. 그러나 작업 4는 고려대상이다. 작업 1 또는 작업 4를 작업대 1에 주기(C=1.0)의 제한조건을 어기지 않고 할당하는 것은 불가능하다. 이런 경우는 작업대 2로 이동한다.

작업대 2에서, 작업 1또는 작업 4(둘 다 작업시간은 0.4로 같음) 중 어느 것을 먼저 할당할 것인가를 결정한다. 이 때 작업번호가 가장 작은 작업을 선택함으로써 균형을 깬다. 따라서 작업 1이 작업대 2에 할당된다. 작업이 작업대에 할당될 때마다 새로운 후보작업들을 결정해야 한다. 작업 3의 선행작업

표 5-2 조립라인 균형화 문제의 해답

작업대	할당된 작업	총작업시간(분)	유휴시간
1	2	0.7	0.3
2	1, 3	0.9	0.1
3	4, 6, 7, 8	1.0	0.0
4	5	0.7	0.3
5	9, 10	0.9	0.1
6	11	0.6	0.4
		4.8분	총 1.2

들(1,2)이 모두 할당되었으므로, 이제 작업 3을 할당가능한 후보로 간주한다. 따라서 작업 3과 작업 4가 고려대상이 된다. 가장 긴 작업시간부터 먼저 선택을 하여, 작업 3을 작업대 2에 할당한다. 새로운 후보는 작업 4와 6으로 구성된다. 이들 중 어느 작업도 주기를 초과하지 않고서는 작업대 2에 할당할 수 없으므로, 다음 작업대 3으로 이동시킨다.

이런 식으로 계속하여, [표 5-2]에 주어진 해답을 얻는다. 각 작업대의 유휴시간(idle time)은 주기에서 해당되는 작업대에 할당된 총작업시간을 뺀 것이다.

전 생산라인의 능률은 다음 비율을 구하여 계산된다.

$$\text{라인 능률} = \frac{\text{총작업시간}}{(\text{주기})(\text{작업대의 숫자})}$$

이 사례에서,

$$\text{라인 능률} = \frac{4.8}{(1.0)(6)} = 0.8$$

이다.

유휴시간의 비율은 1.0에서 라인 능률을 뺀 것이며, 때로는 균형지연(balance delay)이라고 부른다. 지금까지의 절차는 균형지연을 최소화하려는 시도이다.

조립라인 균형화 기법의 요약

1. 생산할당량을 맞추기 위하여 요구되는 주기(cycle time)를 결정한다.
2. 균형화 문제를 위하여 선행관계를 나타내는 네트워크를 작성한다.
3. 바로 전단계의 작업들이 이미 할당이 된 경우에, 이 중에서 앞으로 할당가능한 작업세트를 선택한다.
4. 주기가 초과되지 않는다면 작업대에 우선적으로 작업시간이 가장 긴 것부터 할당한다. 작업시간이 같은 경우에는 작업번호가 가장 작은 것을 선택한다. 할당가능한 후보작업 세트를 작성한다. 더 이상 작업이 할당될 수 없다면, 다음 작업대로 이동한다. 이와 같은 방식으로 모든 작업들이 할당될 때까지 계속한다.

기업동향 포항제철 '박판제조기술'

포철은 지난 1989년 말 포항산업연구원과 함께 첨단공법인 쌍롤(roll)방식에 의한 박판주조공정(Strip Casting) 개발에 착수했다. 포철이 개발중인 박판주조공정은 용강을 1.5~5mm간격의 수냉롤 사이로 주입하면서 급속 냉각시켜 용강으로부터 직접 강판을 제조하는 기술이다. 조압연 마무리압연 등 열연공정을 생략, 제조공정을 단축하고 코스트를 절감할 수 있는 공법이다.

포철은 1단계(1989~92년)로 폭 350mm의 1기 시험주조기를 설계 제작하여 기술실용화의 가능성을 타진했다. 이후 1993~96년 폭 1,300mm, 두께 1.6 - 5mm, 10t 규모의 스텐인리스 강판의 안정적인 주조시험에도 성공했다. 포철은 시험공장에서 생산하는 제품의 품질을 높여 상용 열연판과 동등한 제품을 만들어 내는 등 상업화 직전의 기술을 확보했다고 자평하고 있다. 이미 확보한 박판주조공정기술이 일본이나 유럽 등지의 철강업체에 결코 뒤지지 않는다는 것이 포철 관계자의 설명이다. 포철과 포항산업과학연구원은 금년 말까지 상용화를 실증할 수 있는 플랜트의 기본설계 요구조건을 작성하고 1999년 말까지 자세한 설계를 끝마칠 생각이다. 또 2001년 말까지는 스테인리스강 박판을 대상으로 하는 상용 실증플랜트의 건설을 완료해 대용량(1,500t)으로 3연 연주까지 할 수 있는 주조기술 개발을 마치기로 했다. 생산성 및 내구성 등 관련기술을 실용화하면 이 설비를 곧바로 상용생산설비로 전환해 철강의 박판주조공정시대를 활짝 열겠다는 전략이다. 아울러 기존의 시험주조기를 이용, 일반탄소강 전기강판 등으로 주조강종확대시험을 추진해 다양한 제품을 박판주조공정으로 생산하는 방안을 모색할 계획이다. 이를 위해선 지속적인 연구개발 투자가 뒤따라야 한다. 외국 철강회사와 서로 필요한 기술을 서로 공유하는 방안도 검토할 계획이다. 포철은 지난 1989년 이후 지금까지 박판주조공정을 개발하는 데 총 555억원을 투자했다. 연구개발에 투입된 인력에 대한 인건비만 100억원이 훨씬 넘을 정도였다. 앞으로 추가투자가 필요하다. 회사측은 박판주조공정의 상업화가 끝나면 간단한 공정을 결합해 기존공정으로 생산하기 어려운 초극박 열연강판을 쉽게 생산할 수 있을 것으로 기대하고 있다. 다시 말해 슬래브 연주 · 열연공정 및 미니 밀공정과 구별되는 마이크로 밀 공정으로 수요자의 다양한 요구를 충족시켜 주겠다는 것이다. 그렇게 철강 신공정의 종합엔지니어링 능력을 갖춰 대외경쟁력을 확보해 나갈 방침이다. 포철은 열연강판시장을 대규모 일관제철사가 주조하던 시대

[기존연속주조 및 열연압연공정]

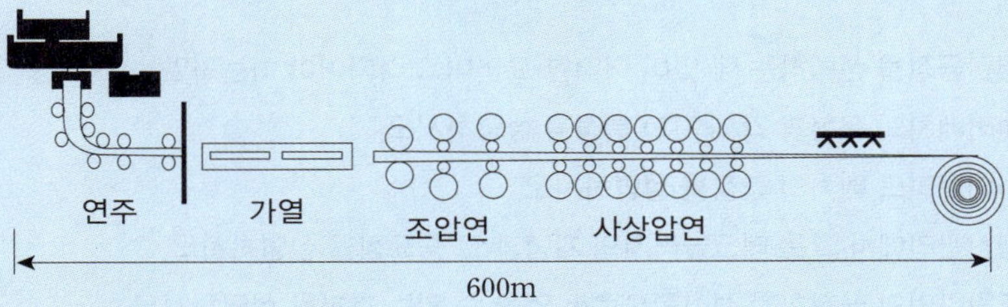

[박판주조공법(스트립캐스팅)]

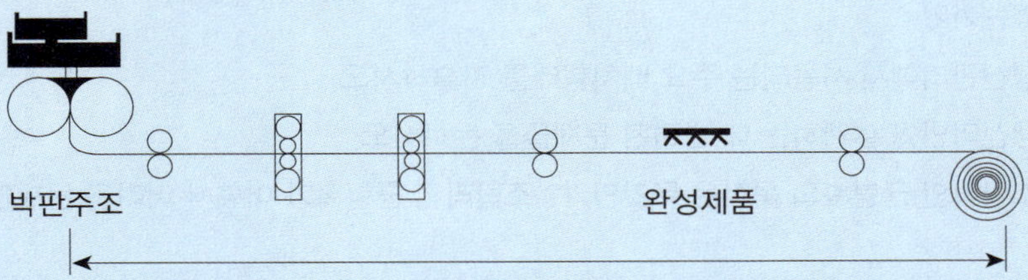

는 막을 내릴 것으로 본다. 오히려 박판주조공정이나 혹은 간단한 공정을 결합한 마이크로 밀 공정으로 최적생산능력을 갖춘 연간 100만 t규모의 소규모 제철사들이 경쟁력을 확보할 수 있을 것으로 예상한다.

자료: 「한국경제신문」, 1998년 10월 21일자에서

토론문제

01 생산공정을 선택하는 데 있어 어떠한 요인이 고려되어야 하는가?

02 설비배치의 유형과 각 배치의 특성을 설명하시오.

03 하이브리드 배치의 장점을 설명하시오.

04 생산관리에서 그룹 테크놀러지의 개념과 그 중요성을 설명하시오.

05 조립라인의 균형화를 성취함으로써 얻을 수 있는 효과를 설명하시오.

06 공정설계 및 배치의 목적을 논하시오. 어떠한 이유에서 그와 같은 연구들이 시작되었는가?

07 생산관리에서 사용되는 주요 배치형태를 기술하시오.

08 생산라인을 설계하는 데 관련된 문제들을 논하시오.

09 조립라인 균형화의 목적은 무엇인가? 조립라인 균형화가 어째서 어려운 문제인가?

연습문제

1 다음과 같은 제품을 생산하는 공정의 경우 연속 생산, 대량 생산, 뱃취, 잡 숍(개별생산) 중에서 어떠한 것이 채택될 것인가를 추측하시오.

① 전 화
② 가 솔 린
③ 담 배
④ 냉 방 기(air conditioner)
⑤ 주문생산되는 공작기계
⑥ 종 이
⑦ 여러 종류의 아이스크림

2 다음 조립라인 균형화 문제에서 주기(cycle time)가 10 그리고 7이 되도록 해법을 구하시오. 균형지연(balance delay: 조립라인에서 유휴시간의 %)은 얼마인가?

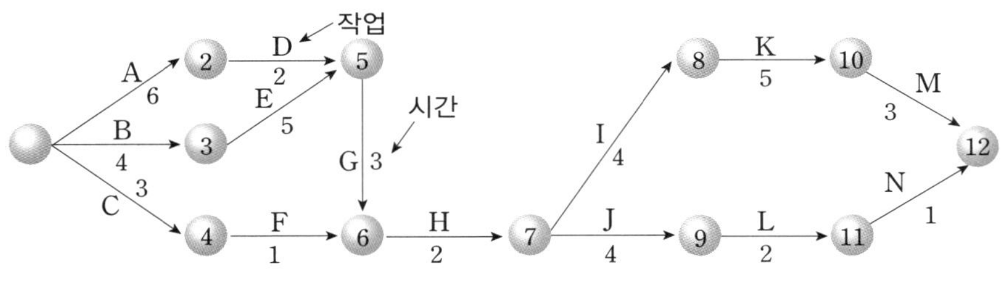

Operation Management for Competitive Advar

PART 02

생산계획 및 통제

C·H·A·P·T·E·R 06

생산계획수립과정과 생산평준화

1 생산계획의 종류와 수립과정

기업에서 생산계획수립은 생산관리의 첫 단계라고 볼 수 있고 가장 중요한 과정이기도 하다. 기업의 사업목표를 달성하기 위한 생산목표를 설정하고 생산목표를 달성하기 위해서 생산계획이 수립된다. 생산계획을 운영하는 과정은 또 생산전략을 구현하는 방법이기도 하다. 생산계획을 어떤 방식으로 운영하는가에 관한 결정은 기업의 전략과도 연관되어 있다. 본절에서는 생산계획 수립과정을 설명하고 생산계획운영이 어떻게 생산전략과 연관되는 가를 설명하겠다.

1.1 생산계획의 기간별 종류 및 수립

생산계획은 기업의 목표를 달성하기 위한 구체적인 실행방법이다. 보통 생산계획은 중장기계획, 연간생산계획, 월간생산계획, 주간생산계획, 일일생산계획으로 구분된다. 각 생산계획의 특성을 표로 정리하면 [표 6-1]과 같다.

거의 모든 기업이 3년에서 5년 앞을 내다보고 중장기계획을 세운다. 생산과 관련된 중장기계획은 주로 앞으로 어떤 나라, 지역에 생산기지를 세울 것인가에 관한 것이다. 물론 축소 혹은 폐쇄할 것인가도 포함할 수 있다. 중

장기계획은 시장기회와 위협에 대응하기 위한 투자계획이라고 할 수 있다.

연간생산계획은 일년간 생산할 제품의 총량에 관한 것이다. 기업에 따라 연간생산계획의 내용은 다를 수 있다. 어떤 기업은 생산하고 있는 모든 제품의 총량과 현재 생산능력을 비교하여 결정한다. 각 국가, 지역별로 계획을 세운다. 어떤 기업은 좀더 구체화된 계획을 수립할 수도 있다. 각 국가, 지역, 공장별로 별개 제품의 모델별로 계획을 수립할 수 있다. 대개의 경우, 제품에

표 6-1 생산계획의 종류

구 분	기 간	내 용
중장기계획	• 3년~5년	• 생산능력확장 혹은 축소 • 생산능력확장 지역 결정
연간계획	• 1년 12개월	• 수립시점: 보통 판매계획 10월, 생산계획 12월에 수립 • 6개월 단위 재검토/ 필요 시 조정 • 제품의 구체적 사양은 포함하지 않음. 모델별로 총생산량을 공장단위로 계획 • 운영계획 개념으로 월간계획에 의거 매월 수정
월간계획	• 보통 3개월~5개월간을 월별로 계획	• 연간계획을 달성하기 위한 월별생산계획 • 제품의 모델별로 총생산량을 계획(제품과 자재의 특성에 따라 구체적인 완전사양(full spec.)을 월간계획에서 수립할 수도 있음)
주간계획	• 주간 계획 운영은 제품에 따라 기간이 달라짐. 보통 3~7주간의 계획을 수립하기도 함.	• 월간생산계획을 달성하기 위해 세운 주별생산계획 • 보통 현재까지 접수된 실제주문과 예측주문을 생산계획에 반영함. • 제품에 들어가는 모든 사양을 생산계획에 포함함. 부품업체는 주간생산계획을 참조하여 부품생산을 미리 준비할 수 있음.
일일계획	• 보통 추후 3일간(D+3)의 생산 계획을 확정함.	• 주간계획에서 수립된 생산계획을 현재 생산라인의 제약조건과 생산량을 고려하여 수립할 것. 일일생산계획에 따라 부품업체는 자제와 부품을 공급/투입함. • 특정 생산업체는 자재와 부품의 조립라인투입순서를 정한 서열생산계획을 수립하기도 함. 부품업체는 이 서열생산계획에 의거하여 부품과 자재를 순서대로 생산업체를 공급하여야 함.

들어가는 구체적인 사양을 포함하지 않는다. 그러나 어떤 기업은 조달/생산시간(lead time)이 긴 자재/부품을 연간계획에 포함하기도 한다. 특히 자동차 같은 경우에는 엔진이나 트렌스미션이 연간생산계획에 포함되기도 한다.

월간생산계획은 회사에 따라 다르기는 하나 보통 추후 3~5개월간의 계획을 수립한다. 월간생산계획도 국가, 지역, 공장별로 매월 생산할 제품의 양을 계획한다. 보통 동종업종에 종사하는 대부분의 기업은 연간생산계획까지는 차이가 나지 않는다. 그러나 월간생산계획의 운영은 기업의 전략에 따라 달라질 수가 있다. 시장의 변화에 최대한 대응하고자 하는 유연성중심의 전략을 추구하는 기업은 월간생산계획에서 제품에 들어가는 모든 자재/부품에 관한 생산계획을 확정하지 않는다. 일부 조달/생산시간이 오래 걸리는 자재/부품에 대해서만 생산계획을 세우고 확정을 하지만 기타 자재/부품에 대해서는 최대한 계획의 확정을 늦춘다. 시장의 변화에 최대한 대응하기 위해 지연전략(postponement strategy)를 추구하는 것이다. 반면 어떤 기업은 생산안정성전략을 추구할 수도 있다. 제품에 들어가는 모든 자재/부품에 대해 생산계획을 월간생산계획에서 확정하여 부품업체가 생산예측성을 갖도록 하는 것이 있다.

예를 들어 생산유연성전략을 추구하는 기업은 추후 5개월간의 생산계획을 수립하되 1개월간 생산계획은 확정하고 4개월은 예측에 의한 생산계획으로 할 수 있다. 1개월 확정에 4개월 미확정 계획인 것이다. 그러나 월간생산계획에 모든 자재/부품이 포함되는 것은 아니다. 보통 조달/생산시간이 긴 자재만 포함한다. 부품업체는 대기업의 생산계획을 참조로 나름대로 예측에 의한 생산계획을 수립할 수 있다. 그러나 확정구간이 짧은 유연성 전략을 구매업체인 대기업이 채택하면 부품업체의 예측력은 떨어질 수밖에 없다. 그러나 생산유연성전략이 이렇게 약점만 있는 것은 아니다. 부품/자재에 대한 생산계획확정을 최대한 늦추어 시장변화에 대한 대응력을 키울 수 있는 장점이 있다. 물론 이런 장점은 공급사슬의 부품공급기업이 신속한 대응력이 있을 때 살려진다.

생산유연성전략을 추구하는 기업이 있는 반면 생산안정성전략을 추구하는 기업도 있다. 이런 기업은 필요한 모든 자재/부품에 대해 생산계획을 수립하고 확정하는 것이다. 월간생산계획을 확정한 이후에는 시장에 변동이 있어도 가능하면 생산계획을 변동하지 않는 것이다. 장점은 생산안정성을 확보할 수 있다는 것이다. 부품업체도 대기업의 월간계획을 보고 미리 생산을 준비할 수 있다. 공급사슬에 속한 부품업체는 높은 예측성을 향유할 수 있다. 그러나 시장에 변동이 생기면 이에 대한 대응력이 떨어질 수 있다.

각각의 전략이 나름대로 장점과 약점이 있다.

주간생산계획은 월간생산계획에서 수립한 생산량을 다시 점검한다. 보통 이때는 영업팀에서 수집한 실제 오더와 예측 오더를 종합하여 주간생산계획을 수립한다. 주간생산계획의 계획구간은 회사에 따라 다르다. 보통 4주~7주의 구간을 계획한다. 또 이 중에 일부구간, 예를 들어 2주간의 주간생산계획을 확정한다. 나머지 기간(7주의 경우 5주)은 부품업체에게 준비할 시간을 주기 위한 예측계획이며 확정된 계획은 아니다. 주간생산계획에는 보통 제품에 들어가는 모든 사양과 자재가 포함된다. 모든 자재에 대한 계획이므로 부품공급업체에게는 매우 중요한 계획이다. 주간계획을 토대로 부품업체는 생산을 준비할 수 있다.

일일생산계획은 주간에서 확정한 구간에 대해 실제로 생산을 집행하는 것이다. 보통 계획구간은 3일이다. 생산개시 3일 이전에 일일생산계획을 확정하고 이에 의거하여 생산을 집행하며 부품업체는 자재를 공급한다. 일일생산계획은 부품업체에게는 자재투입정보가 된다. 일일생산계획에 의거하여 생산오더와 구매오더가 생성된다. 구매오더가 부품업체에 발송되면 부품업체는 이를 근거서류로 하여 자재를 공급한다. 일일생산계획은 서열생산계획이 포함된다. 보통 한 생산라인에서 여러 제품과 모델을 생산한다. 즉, 혼류생산을 하는 것이다. 혼류생산을 하려면 각 제품에 대한 생산순서를 정하여야 한다. 각 제품의 생산순서를 정한 것이 서열생산계획이다. 완제품에 대한 서열생산계획에 따라 자재에 대한 서열공급도 정해지게 된다. 물론 볼트와 너트와 같이 모든 제품에 공통적으로 사용되는 자재에 대해서는 서열공급이 없다. 그러나 서열이 필요한 자재(자동차의 경우 car seat, transmission, wiring 등)에 대해서는 서열생산계획에 의거하여 부품업체가 자재를 공급하여야 한다.

1.2 생산계획의 대상별 분류

생산계획을 기간별로 분류할 수도 있고 계획대상에 따라 분류할 수도 있다. 보통 전체 제품에 대한 계획 즉, 제품군에 대한 계획을 총괄생산계획이라고 칭한다. 기업에 따라 다를 수 있으나 총괄생산계획은 보통 연간생산계획, 월간 생산계획과 일치한다. 각 제품 혹은 모델에 대한 생산계획은 마스터생산계획(master production schedule)이라고 한다. 마스터생산계획은 월간 혹은 주간 생산계획과 일치한다. 부품에 대한 계획은 자재소요계획(material requirements planning: MRP)이라고 한다. 일일생산계획은 자재소요계획을 기초로 수립한다.

사실 생산계획 관련 용어는 현업에서 다양하게 사용되기 때문에 학생에게 혼란을 야기할 수 있다. 많은 기업이 기간별 생산계획과 대상별 생산계획을 혼합하여 사용하기 때문에 혼란은 더욱 크다. 또 자체적으로 만든 생산계획용어를 사용하기 때문에 교과서에서 모두 이를 소개하는 것이 불가능하다. 불행히도 국내기업은 다양한 용어를 사용하기 때문에 특정 기업의 사례를 소개하는 것 자체가 오히려 혼란을 더 할 수 있다. 학생들은 기간별 생산계획과 대상별 생산계획이라는 틀을 머리 속에 두고 현업에서 사용하는 각 기업의 용어를 이해하기를 바란다. [그림 6-1]은 유리회사에서 사용하는 생산계획 용어를 보여주고 있다. 기준생산계획이라는 용어는 다소 생소하며 보통 교과서에서 사용하는 용어는 아니다. 제품군에 대한 생산계획이므로 넓은 의미에서 총괄생산계획의 하나라고 할 수 있다.

2 생산프로세스 핵심역량

2.1 핵심역량 요소: 혼류생산, 생산평준화, 생산동기화, 서열생산

개념을 이해하고 생산관리의 방향을 이해한다고 해도 경쟁사와 차별화되면서도 경쟁사가 쉽게 모방하지 못하는 역량을 갖고 있지 못하면 경쟁우위를 점할 수 없다. 제조업 기업이 생산경쟁우위를 점하기 위하여 축적한 역량을 소개하겠다.

생산역량에 관한 용어가 생산관리처럼 다양하게 사용되는 학문도 많지

그림 6-1 H 유리회사의 생산계획

계층생산계획	계획기간	작성주기	작성단위	계획시점	계획단위
총괄생산계획	1년	3개월	1개월	Q-1전	생산제품군 품종별 고객별
기준생산계획	3개월	1개월	1주	M-1전	생산제품군 공장별 두께별
주간일정계획	1개월	1주	1일	W-1전	두께별/ 규격별
일일작업지시	1주	1일	1교대	D-day전	두께별/ 규격별

않을 것이다. 특히 공장에서는 각 기업별로 혹은 같은 기업 내에서도 공장에 따라 다른 용어를 사용하고 있다. 혼류생산, 생산평준화, 서열생산도 여러 측면에서 사용되고 있는 데 본 교과서에서는 개념을 다음과 같이 정의하고자 한다.

(1) 혼류생산(混流生産)의 의의와 목적

혼류생산은 하나의 라인에서 다양한 제품(모델, 사양 포함)을 생산하는 것을 말한다.

혼류 생산방식의 정의

- 동일 생산라인에서 2개 이상의 제품을 동시에 만드는 시스템을 말함
- 다양한 모델을 한 생산라인에서 생산하거나 같은 모델에 다양한 사양을 생산하는 방식

혼류생산이 필요하게 된 이유는 여러 측면에서 생각할 수 있다.

첫째는 시장의 변화이다. 고객이 원하는 것이 너무나 다양해졌다. 포드회사가 검정색에 사양 선택이 없는 T-model 만으로 수십 년을 판매하던 시대는 지나갔다. 다양한 모델, 색상과 사양을 요구하는 시대가 되었다. 따라서 한 라인에서 다양한 품목을 생산해야 하는 시대적 필요성이 증대하였다.

둘째는 재무적인 측면이다. 최소의 투자로 최대의 효과를 내야 하는 것은 경영자의 중요한 임무 중 하나다. 생산공장을 하나 지으려면 보통 수천억 원의 투자가 필요한 시대가 되었다. 따라서 각 제품과 모델별로 생산공장을 짓는 것은 투자상, 또 가동률유지라는 측면에서 볼 때 비현실적이다. 따라서 한 라인에서 가능하면 최대한 많은 제품을 생산하는 것이 투자효율적인 측면에서 최적의 대안인 것이다.

혼류 생산방식의 필요성

- 고객요구의 다양화
- 단일제품을 저가생산하는 저가전략의 한계 봉착
  - 글로벌화에 따라 저임금국가에서 저가로 생산하는 업체 증가. 저가 제품과 고급제품을 생산해야 할 필요성 증대. 단일 제품당 사양의 수도 증가
  - 차별화전략으로 승부해야 할 필요성 증대
- 생산라인 당 투자금액의 증대. 생산시설의 글로벌화
  - 생산시설의 수 증가. 생산설비 총투자금액의 증가
  - 투자의 리스크 증대
  - 가능하면 투자를 최소화하기 위해 다양한 제품을 동일 생산라인에서 생산하고자 함
  - 동일한 생산라인에서 다양한 market segment를 공략하는 전략으로 승부
- 다양한 제품 생산라인으로 시장수요변동의 충격을 최소화. 공장의 적정 가동률 유지 가능성 상승

시장수요와 재무적 측면에서 필요한 혼류생산은 사실 공장의 가동률유지라는 측면에서도 매우 중요하다. 여러 제품을 한 라인에서 생산함으로써 수요변동의 충격을 어느 정도 막을 수 있는 것이다. 미국의 자동차회사는 노조의 반발로 혼류생산을 못하는 공장이 많다. 따라서 해당공장에서 생산하는 한 모델의 수요가 하락하면 공장가동률이 떨어지고 급기야 폐쇄해야 하는 경우가 생긴다. 한 모델에 의존하기 때문에 그만큼 시장변동의 충격을 막을 수 없다. 혼류생산은 시장의 수요충족, 시장수요의 변동에 대한 방어라는 측면에서 중요한 전략이며 역량이다.

사실 혼류생산은 이미 수십년 전부터 시작되었다고 볼 수 있다. 최근에 혼류생산이 관심의 대상이 된 것은 혼류생산 자체의 복잡성이 증가되었기 때문이다. 한 생산라인에서 생산하는 제품의 모델도 증가하였을 뿐 아니라 모델에 들어가는 사양도 증가하였다. 현대 · 기아자동차가 생산하는 한 모델에도 보통 200가지 이상의 사양이 고객에게 제공되는 것이 보통이다. 기업동향에 기술된 LG전자 창원공장의 비밀을 읽어보면 세탁기 제조라인에서 20개 모델을 생산하고 있다. 이렇게 많은 모델과 사양을 생산라인에서 취급해야 한다는 것이 생산관리자를 어렵게 하고 있다. 혼류생산이 중요해진 이유는 투자의 효율성과 시장변동충격의 흡수일 것이다. 생산라인당 투자금액이 수천억원에서 1조원을 상회하는 시대가 되었다. 가능하면 많은 제품/모델을 한 라인에서 생산하는 것이 중요해 진 것이다. 또 다양한 제품/모델을 생산해야 판매변동에도 가동률을 유지할 수 있는 생산제품포트폴리오(production portfolio)가 만들어지는 것이다. 생산전략 측면에서 혼류생산은 그 만큼 중요하게 된 것이다.

기업동향 '생산성 제왕' LG전자 창원공장의 비밀

LG전자는 도요타를 정밀하게 벤치마킹해 작년 7월 에어컨 라인에 혼류생산 시스템을 도입했다. 이 시스템은 하루에도 여러 종류의 제품을 동시에 생산할 수 있다. 예를 들어 A모델을 10대 만들고 나면, 그 다음에 B모델이 30대, C모델이 20대 식으로 부품교환에 따른 시차 없이 하루 종일 컨베이어 벨트에 다양한 모델이 계속 흘러가면서 조립되는 것이다. 이렇게 하면 많은 제품을 한꺼번에 생산하지 않고 그때그때 주문량에 따라 필요한 물량만 만들 수 있다. 부품 입고에서 제품 출하까지 걸리는 시간도 과거 24일에서 현재 18일로 줄었다.

혼류생산 효과가 에어컨 라인에서 입증되자 올해는 세탁기 라인에도 이를 도입했다. 세탁기의 경우 7개 라인에서 각각 20개 모델을 생산하니 이론적으로는 140개의 모델을 동시에 만들 수 있는 셈이다.

하지만 문제는 두 가지다. 첫째 작업자가 하루에도 여러 번 바뀌는 제조공정을 어떻게 몸에 익히느냐는 것이고, 둘째 작업자에게 어떻게 시간 낭비 없이 부품을 제때에 공급하느냐는 것이었다. 에어컨사업부는 직원 8명으로 업무 개선 전담팀을 구성, 현장 작업자들과 회의를 거듭하며 혁신 아이디어를 짜냈다. 그래서 나온 것이 부품 세트 공급(set part supplier: SPS) 시스템이다. 이 시스템은 각 작업자가 제품 하나를 조립하는 데 필요한 소량의 부품만 박스에 담아서 무인(無人) 운반 장치가 공급한다. 예를 들어 에어컨에 필터를 조립하는 작업을 하는 사람에게 부품 하나에 필터 1개, 볼트 4개, 너트 4개 식으로 딱 한 대 분량의 부품만 넣어서 전달한다.

작업자는 작업 표시 램프가 들어온 박스 안에 있는 부품을 집어서 컨베이어 벨트를 따라 돌아오는 에어컨에 끼워 맞추기만 하면 된다. 무슨 모델을 몇 대나 생산할지 생각할 필요가 없다. 작업이 끝나면 담아서 작업자 옆에 두고 조립하다 보니 무슨 부품이 어디에 들어있는지 찾느라 한참 시간이 걸렸는데, 이제는 그런 불편이 싹 사라졌다.

자료: 김희섭 기자, 「조선닷컴」, 2008년 12월 6일

위의 기업동향은 LG전자 창원공장에 관한 기사이다. 창원공장에서는 한 개 라인에서 20개 세탁기 모델을 혼류생산하고 있다. A를 10대, B를 30대, C를 20대 식으로 각 모델을 번갈아 생산하고 있다. 특이한 점은 모듈화가 안된 자재라고 하여도 자재박스의 내부에 칸을 만들어 부품을 라인 투입 순서대로 박스에 준비하는 것이다. 전형적인 서열생산방식이다. LG전자는 서열생산방식이라는 용어 대신 "부품세트공급시스템"이라고 칭하고 있다. 박스에 순서대로 부품이 정렬되어 있기 때문에 작업자가 자신 앞에 도착한 제품에 들어갈 부품을 실수 없이 장착할 수 있도록 한다. 한국의 기업은 창의적인 방식을 개발해 작업자의 실수를 줄이고 생산성을 높이고 있다.

혼류생산이 시대적 필요에 따른 기업의 선택이기는 하나 생산면에서는 여러 가지 어려운 점이 생긴다. 기업이 충족해야 할 여러 조건이 있다. 혼류생산을 하면 여러 제품을 생산하며 다양한 사양을 장착해야 한다. 이 과정에서 생산관리자는 제품의 일회생산규모(lot: 롯트)를 어떻게 할 것인가를 결정해야 하는 문제에 봉착하였다. 생산관리자는 2개의 전략을 고려할 수 있다. 하나는 한 제품을 한번에 많이 생산하는 것이다. 즉, 각 제품의 일회생산량 즉, 생산롯트(production lot)을 크게 하는 것이다. 이 전략은 생산의 효율성

을 높일 수 있는 장점이 있다. 생산작업자 입장에서는 생산해야 하는 제품이 변동하지 않고 일정하기 때문에 편리한 전략이다. 그러나 기업전체, 특히 영업부서와 재무부서에서 보면 그리 좋은 방법은 아니다. 불필요한 재고가 쌓이기 때문이다. 또 필요한 제품이 영업부서에 공급되지 않는 문제가 있다.

(2) 생산평준화

생산관리자가 택할 수 있는 다른 역량은 하나의 제품을 조금씩 생산하는 것이다. 소롯트생산이다. 이런 소롯트생산방식을 생산평준화라고 한다. 평준화를 일본어로는 Heijunka(平準化: へいじゅんか) 로 발음한다. 생산평준화는 조금씩 생산함으로써 수요와 생산을 맞출 수 있다. 따라서 재고를 줄일 수 있고 품절도 방지할 수 있다.

생산평준화의 정의

- 각 제품별로 일일 평균수요를 예측할 수 있다면 이에 맞추어 일일 평균생산량을 결정하여 생산하는 방식—일일 평균생산량에 의거한 생산계획수립. 한꺼번에 많이 생산하여 주별 혹은 월별로 수요와 생산을 맞추는 것이 아니라, 일별로 수요와 생산을 맞추는 생산계획

그러나 생산평준화 전략은 생산작업자에게 불편을 줄 수가 있다. 한 제품 생산에 익숙해질 만하면 다시 다른 제품을 생산해야 하기 때문이다

생산평준화의 필요성

- 혼류생산의 필요성 대두—다양한 제품 생산. 다양한 사양 장착
- 일정한 설비가동을 유지—각 제품생산량을 평균적으로 일정하게 유지함으로써 설비가동률을 일정하게 유지하려고 함. 부품업체의 설비가동률도 일정하게 유지됨

[그림 6-2]를 보자. 그림은 일본 생산공장에서 사용하는 생산평준화 박스를 도식화 한 것이다. 이 예제는 학생의 이해를 돕기 위해 가상적으로 만든 것이다. 실제는 더욱 복잡한 형태를 띠고 있다. 왼쪽에는 라인에서 생산하는 제품 A부터 F까지 표시되어 있다. 박스 상단의 숫자는 각 시간대를 뜻한다. 박스의 각 칸에 있는 카드는 간판이다. 즉, 1시간대는 제품 A에 대한 간판 1장, 제품 B에 대한 간판 2장, 제품 C, D, E에 대한 간판 1장이 비치되어 있다. 생

그림 6-2 Heijunka(平準化: 평준화) 박스

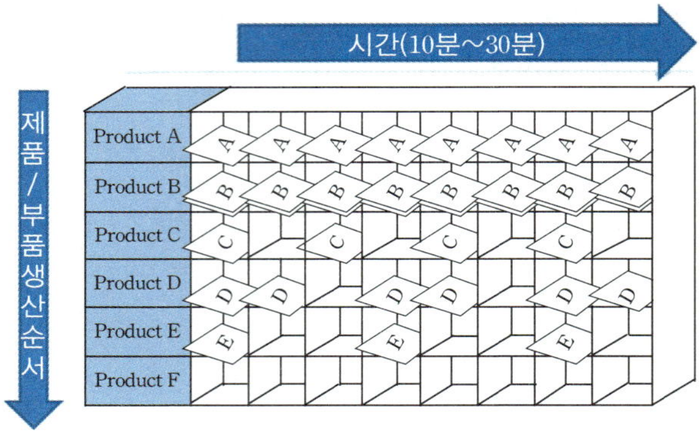

산관리는 각 시간대별로 어떤 제품을 몇 개씩 생산하여야 하는지를 박스의 칸에 들어가 있는 간판을 보고 알 수 있다. 이 생산평준화 박스는 결국 일일생산계획을 가시적으로 파악할 수 있도록 만든 것이다.

[그림 6-2]를 보면 생산평준화가 무엇인지를 알 수 있다. A부터 F까지 혼류생산을 하는데 한 제품을 한번에 많이 생산하는 것이 아니라 박스와 같이 시간대별로 소규모 롯트를 생산하는 계획을 의미한다.

생산평준화를 실현하기 위해서는 반드시 제품/모델의 교체준비시간(setup time)이 짧아야 한다. 만일 준비시간이 길다고 하면 혼류생산과 생산평준화가 생산의 비효율성으로 연결된다. 일본의 자동차회사가 생산평준화를 실시하면서 타 회사보다 경쟁우위를 점할 수 있었던 것은 여러 개선(한자로 改善, 일본어로 かいぜん)활동을 통해 준비시간을 단축할 수 있었기 때문이다.

(3) 생산동기화(生産同期化)

생산평준화는 생산동기화를 필요로 한다. 생산평준화가 생산/구매롯트의 최소화에 초점을 맞춘 반면 생산동기화는 크게는 공급사슬 전체, 좁게는 공장내의 물류흐름에 초점을 맞춘 것이다. 즉, 생산동기화(production synchronization)는 넓게는 공급사슬 전체에 속한 각 기업간의 물류가 정지하지 않고 공급사슬을 따라 물처럼 흘러가는 것이다. 공급사슬의 기업 중간에 자재가 저장되거나 정체되지 않고 움직이는 것이다. 물론 이를 실현한다는 것은 현실적으로 어려움이 많다. 대부분의 경우, 공급업체는 미리 자재를 생산하여 적당한 장소에 재고로 비축하였다가 필요할 때 공급하는 것이 일반적이다. 그러나 공급사슬 전체에서 정지/정체 시간을 적게 할 수 있도록 기업은 노력해야 한다. 생산동기화를 위한 노력을 기해야 한다는 것이다. 많은 기업들은 모듈화(modularization)을 통해 공급업체가 완제품생산업체의 조립라인에 직접 모듈이 투입되도록 한다. 이를 직서열공급(just-in-sequence: JIS)라고 한다. 전자제품회사와 자동차회사에서 시도하고 있다. 직서열공급은 생산동기화를 가능하게 하며 자재의 재고를 줄여서 생산성향상에 기여할 수 있는 방법이다.

협의의 생산동기화는 공장 내에서 물류흐름을 원활히 하는 것이다. 이는 각 공정의 작업시간이 유사하여 공정간의 대기시간을 최소화하는 것이다. 라인균형화(라인밸런싱)라고도 한다. 생산관리자는 공정설계를 통하거나 제품생산서열의 조정을 통해 생산동기화를 성취할 수 있다.

생산동기화

- 광의의 정의
  - 공급사슬 물류흐름에 지연이 없어 낭비가 없도록 하는 것
- 협의의 정의
  - 공장 내 공정간의 물류 흐름에 지연이 없어 낭비가 없도록 하는 것
- 방법
  - 공급사슬의 각 객체간의 물류흐름이 정지되지 않도록 즉, 저장 없이 하나의 생산라인처럼 움직일 수 있도록 하는 것
  - 모듈화를 통한 직서열공급(Justi-In-Sequence)
  - 각 공정의 각 작업시간이 동일하도록 공정을 설계하고 제품생산서열을 조정하는 것

(4) 서열생산계획(序列生産計劃)

혼류생산에 따라 생산평준화계획을 집행하려면 필연적으로 제품의 생산순서를 정해야 한다. 즉, 서열생산계획을 수립해야 한다. LG의 창원공장(앞의 기업동향)에서도 각 모델을 번갈아 가면서 생산하는 혼류생산방식이 언급되었는 데 혼류생산방식은 서열생산계획의 수립이 필요하다. [그림 6-2]에서

볼 수 있듯이 1 계획구간대에는 A-B-C-D-E, 2 계획구간대에는 A-B-D가 되어 있다. 모든 제품의 생산순서가 정해져 있는 것이다. 서열생산계획은 생산라인의 제약조건과 생산목표량을 고려하여 결정해야 한다. 이 제약에는 생산동기화도 포함된다. 만약 서열생산계획을 수립하는 데 작업시간이 많이 소요되는 제품을 연속적으로 생산하면 생산공정에 병목현상이 발생한다. 서열생산은 혼류생산, 생산평준화에 따른 생산계획을 집행하는 최종생산계획이며 이때 생산동기화를 고려하여 수립해야 한다. 생산공정에 병목현상이 발생하지 않도록 하는 동시에 각 제품, 모델별로 생산목표를 달성해야 한다. 이에 더하여 서열생산계획수립시 제품의 운송단위도 고려해야 한다. 즉, 제품을 운반하는 트레일러에 몇 개가 들어 갈 수 있는가도 고려해야 한다. 이렇게 복잡한 서열생산계획을 수작업으로 하는 것은 매우 어렵다. 보통 기업에서는 자체적으로 개발한 정보시스템을 사용하거나 ERP 회사인 i2나 SAP에서 개발한 시스템을 도입하여 서열생산계획을 수립하고 있다.

[그림 6-3]은 자동차 생산에서 최종 조립라인을 보여주고 있다. 조립라인(혹은 의장라인)은 트림(trim), 차체(chassis), 최종조립(final assembly)으로 다시 나누어진다. 자동차회사는 트림, 차체, 최종조립에서 순서대로 투입

그림 6-3 자동차공장의 부품 서열투입

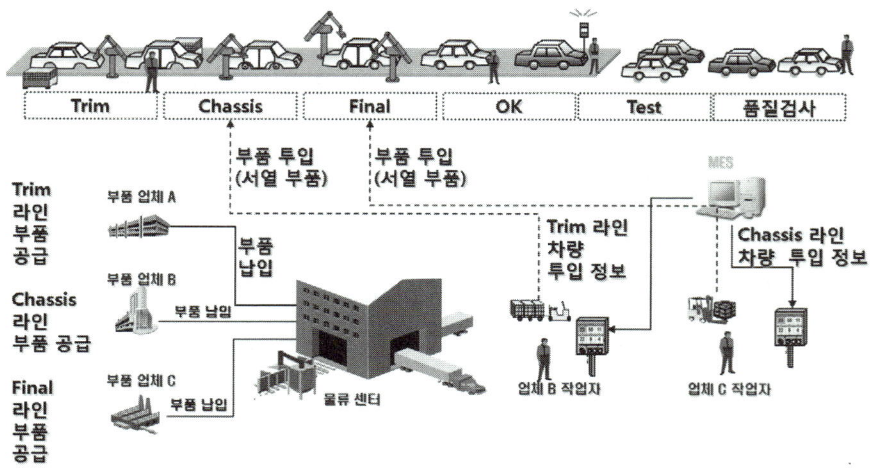

된 차체에 들어가는 사양의 정보를 부품업체에 제공한다. 부품업체는 이 차체순서(서열)에 맞는 부품을 순서대로 라인에 공급해야 한다. 이 방식이 서열생산방식이다.

서열생산방식

- 완제품과 부품의 재고량을 줄이고, 원하는 부품을 적시에 공급하기 위한 생산방식
- 서열생산방식의 종류
  - 부품을 조립공장과 부품공장 사이에 저장하고 서열을 정리한 후 조립공장에 투입
  - 부품이 조립공장에 입고된 후 조립공장 내 저장장소에서 서열을 정리한 후 조립라인에 투입
  - 부품공장에서 서열까지 맞춘 후 조립공장의 생산라인에 직접 투입(JIS), 직서열공급(JIS: Just-in-Sequence)이라고 함
- 서열의 결정과 조정
  - 생산평준화에 의해 일일평균수요를 기준으로 수립된 생산계획에서 서열결정
  - 서열생산계획 수립 후 접수된 주문에 대응하기 위해서 혹은 생산계획의 차질에 의해 서열 조정

이 중 모듈화된 자재는 부품업체와 완성차메이커 사이의 창고에 비축됨이 없이 부품업체에서 직접 완성차메이커의 라인에 투입된다. 이런 방식을 직서열생산방식(直序列生産方式: JIS)이라고 한다. 서열생산방식과 직서열생산방식의 차이는 자재가 중간에 저장되는가 여부에 있다. 저장이 되지 않고 직접 라인에 투입되면 직서열방식이 된다. 직서열방식은 부품업체와 완성차업체의 생산라인이 마치 하나의 라인처럼 움직여서 진정한 생산동기화라고 할 수 있다.

[그림 6-4]는 미국 조지아주 웨스트포인트에 위치한 기아자동차의 직서열공급방식을 도식화한 것이다.

2.2 모 듈 화

모듈화는 개별 부품을 조립라인에서 하나씩 장착하는 것이 아니라 미리 몇 개의 부품을 모듈로 조립하는 제조방식을 뜻한다. 원래 전자산업에서 모듈화를 위한 설계와 모듈화를 통한 생산이 시작되었다. 1970년대 IBM이 메인프레임(mainframe)이라는 중앙처리식 컴퓨터를 개발하여 생산할 때 모듈

그림 6-4 미국 조지아 기아차 공장의 직서열 공급

<table>
<tr><th colspan="2">자재의 직서열공급</th></tr>
<tr><td>개 요</td><td>• 조지아공장 30분 거리에 위치한 부품업체에 대해서 물류창고를 운영하지 않음.</td></tr>
</table>

<table>
<tr><th></th><th>일반적 산업관행</th><th>KMMG의 혁신적 접근법</th></tr>
<tr><td rowspan="2">조달물류</td><td>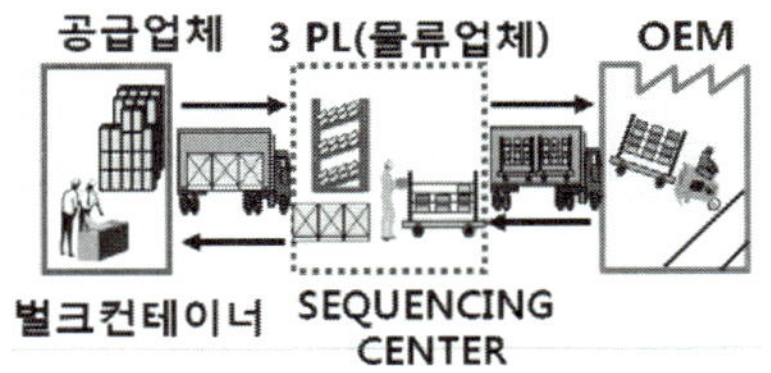
</td><td>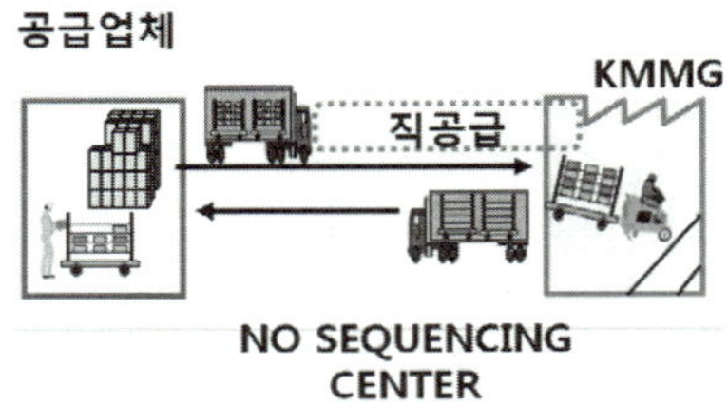
</td></tr>
<tr><td>• 4일전 단납기 발주운영으로 3PL 2일 재고운영 및 서열화 작업하여 서열공급
• 3PL을 통한 LP자재 2중 핸드링</td><td>• 의장투입 20시간 전 실시간 발주운영
• 혼류공급하여 KMMG 내 3~5시간 안전재고운영
• 주요 공급업체 부품 직공급체제 구축</td></tr>
<tr><td>비 고</td><td>• 보통 LOCAL 자재 서열 작업인원 120명 운영
• 2차종 기준 연간 제2CC 운영금액: 1,500만달러</td><td>• 3PL서열창고 미운영</td></tr>
</table>

화를 추진한 것으로 알려져 있다. 이후 다양한 제품에 모듈화가 확산되었다. 특히 자동차제조에서는 유럽회사들이 선구적으로 모듈화를 시도한 것으로 알려져 있다. 국내에서는 현대 · 기아차가 계열회사인 현대모비스를 모듈공급업체로 정하고 적극적인 모듈화를 2000년 초기부터 시도하여 왔다.

(1) 모듈화의 의미

모듈화는 단순히 몇 개의 부품을 미리 조립하여 조립공장에 공급하는 것을 의미하는 것은 아니다. 모듈화는 우선 기능과 물리적 특성을 고려하여 무엇을 모듈로 할 것인가를 결정하는 것이다. 여기에서 기능을 고려하여 모듈을 결정한다는 것은 다음과 같은 의미를 지닌다. 모듈을 결정하면 하나의 독립단위로 모듈 내에 속한 부품은 서로 기능적으로 의존적이나 다른 모듈과는 인터페이스를 통해 교신을 통해 기능을 수행할 수 있다. 하나의 모듈을 만들

면 모듈이 마치 독립된 개체로 특정기능을 수행할 수 있다. 동시에 각 모듈이 부여된 기능을 수행하면서 다른 모듈과 교신을 통해 기능의 수행상황을 알려 줄 수 있다.

(2) 모듈화의 목적

모듈화를 통해 기업이 얻을 수 있는 이익은 다음과 같다.

첫째는 조립시간단축을 통한 원가절감이다. 대부분의 조립은 임금이 높은 대기업에서 행해진다. 고임금 노동자의 조립작업시간(조립공수)을 줄이는 것은 제조원가의 절감으로 이어진다. 대기업보다 임금이 적은 1차 협력업체에서 모듈을 미리 조립하여 공급하면 최종조립라인에서 조립시간이 줄어들므로 제조원가는 낮아진다.

둘째는 생산성의 향상이다. 생산성향상은 조립시간단축을 통한 원가절감보다 좀더 포괄적인 측면에서 원가절감의 의미를 지닌다. 모듈화를 시행하면 최종조립공장에서 생산관리에 포함해야 할 부품의 수가 줄어든다. 자동차공장의 경우, 2개 모델을 생산하면 보통 한 라인에서 생산할 때 3,800개의 부품을 공급해야 한다. 만일 모듈화가 잘 진행되었다면 이 중 1,000개는 모듈로서 조립공장에서 관리해야 할 자재의 수는 2,800개로 줄어든다. 관리해야 할 부품의 수가 줄어들어야 사실상 서열생산계획도 원활히 집행될 수 있다. 만일 부품의 수가 너무 많으면 서열생산계획을 수립하기도 어려울 뿐 아니라 집행상에도 실수가 생길 위험이 크다. 따라서 모듈화가 되면 서열생산이 진행될 수 있고 생산성도 향상된다. 또 모듈화는 조립시간의 단축을 통해 생산싸이클 타임을 획기적으로 줄일 수 있게 한다. 결국 제공품의 재고도 줄어 드는 것이다.

셋째는 품질과 기능의 향상이다. 기존의 방식은 부품별로 기능과 품질을 검증하고 전체 제품을 조립한 후 기능/품질을 검증하는 체제였다. 그러나 이제는 단일 부품의 테스트, 모듈의 테스트, 최종제품의 테스트라는 3단계를 거쳐 기능/품질을 검증하므로 좀더 철저한 검증이 실시되고 있다. 또한 모듈에 속한 상호의존적 부품을 모듈단위로 기능/품질을 테스트하면 문제가 발생할 소지를 사전에 철저히 배제할 수 있다는 장점이 있다. 모듈화가 안되어 있을 때는 단일부품의 기능을 테스트한 후 최종 완제품조립이 끝난 후 완제품에 대한 테스트를 하였다. 만일 이때 문제가 발생하면 문제원인을 추적하기가 어려웠다. 모듈화 이후는 시스템상 상호의존성이 있는 부품들을 모듈차원에서 테스트한다. 따라서 시스템내에서 서로 상호작용을 하면서 문제가 발생하는 것을 테스트를 통해 발견함으로써 사전에 문제를 방지할 수 있다.

넷째는 제품개발기간의 단축이다. 현대 경영에서는 스피드가 생명이다. 누가 먼저 제품을 시장에 내놓을 수 있는가는 경쟁우위를 가능하게 하는 중요한 핵심역량이다. 모듈은 각각의 기능을 수행하며 인터페이스를 통해 교신하는 독립적 시스템이다. 따라서 각개의 모듈을 병행하여 동시에 개발할 수 있는 것이 가능하다. 모듈화를 하면 제품의 개발기간을 단축할 수 있어 스피드경영을 가능하게 한다.

(3) 자동차의 모듈화 사례

모듈화가 전자산업에서 시작되었다고 할 수 있으나 현재는 자동차산업에서 기업의 핵심역량으로 자리잡고 있다.

자동차에서 모듈은 주로 서스펜션 모듈((suspension module), 프론트 엔드 모듈(front end module: FEM), 운전석 모듈(cockpit module), 도어모듈(door module), 시트모듈(seat module)로 이루어진다. 모듈화를 통해 제작된 대표적인 자동차 사례는 벤츠사와 스위스 시계 메이커인 SMH사가 합작하여 설립한 마이크로 컴팩트 카(MCC)사의 스마트이다. 스마트를 생산하는

그림 6-5 자동차에 운전석 모듈 설치

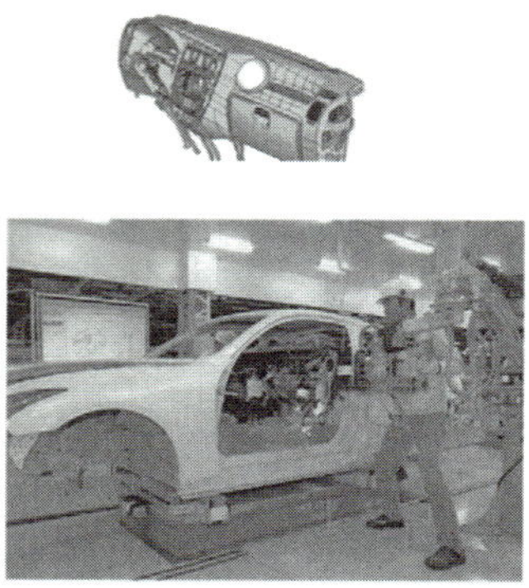

공장주위에는 4개의 건물이 있는데 각 건물 내부에는 7개 부품회사가 모듈을 공급하고 있다. 이들이 공급한 모듈만으로 차량의 90%가 완성된다. 이 같은 모듈화를 통해 MCC사는 종래 15시간의 조립시간을 5시간으로 단축한 것으로 알려져 있다(홍동희, 2009).[1] [그림 6-5]는 운전석 모듈(cockpit module)을 자동차에 설치하는 것을 보여주고 있다.

(4) 모듈화의 경향

모듈화를 찬성하는 전문가는 대개 핵심역량학파에 속한다. 기업은 핵심역량에 집중하고 그 외의 것은 가능하면 아웃소싱에 의존해야 한다는 것이다. 특히 자동차업계에서는 하이브리드차, 전기차, 연료전지차라는 새로운 차량과 기술이 부상하는 상황에서는 모듈화를 통해 아웃소싱을 늘리고 새로운 기술개발에 역량을 집중해야 한다는 논리이다. 모듈화는 최종제품회사가 단지 조립업체로 전락할 것이라는 걱정을 하게 한다. 모듈공급업체가 매우 중요한 위치를 차지하게 되고 기술력이 집중될 것은 사실이다. 이 때문에 우리나라와 일본의 자동차업체는 계열회사(지분소유회사)를 모듈공급회사로 지정하고 있다. 앞으로 모듈화의 진행여부는 각사의 경영전략에 달려 있다. 또 경영전략의 방향은 노조의 협조에 달려 있다. 미국, 한국과 같이 노조가 강한 교섭력을 갖고 있고 대결성향을 갖고 있는 경우에 노조는 모듈화를 반대하고 있다. 모듈화가 되면 조립라인에서 작업시간이 줄어들고 작업시간이 줄면 노조원의 수입이 줄어들 것을 우려하여 노조는 반대하는 것이다. 모듈화를 시행해도 기존의 임금수입을 보장해달라는 요구를 하는 것이 보통이다. 회사는 모듈화를 통해 제조원가를 절감해야 하는데 기존 수입을 보장하면 실질적인 원가절감을 할 수 없다는 문제가 생긴다. 노조의 논리는 적어도 기존의 수입을 보장하거나 수입을 늘릴 수 있는 방향을 경영자가 취해야 한다는 "내부복지논리"이다. 경영자의 입장에서는 경쟁사와 경쟁하기 위해서는 모듈화를 통해 노동자의 수입이 줄더라도 생산성을 향상시켜야 결국 생존할 수 있어야 한다는 "외부경쟁논리"인 것이다. 학생들은 1장에서 배운 경영이론을 생각하며 어떤 방향이 기업을 살릴 수 있는가를 숙고해 보기 바란다.

1) 홍동희, 자동차산업의 모듈화 동향과 미래의 방향, 한국자동차공학회 오토저널, 2009년 8월.

3 생산핵심역량의 정리

생산관리의 계획은 어떻게 수립되며 생산의 핵심역량은 무엇을 의미하는가를 설명하였다. 생산에 있어 핵심역량은 환경의 변화와 소비자의 니즈에 맞추기 위해 개발되고 진화하였다. [그림 6-6]을 보면 생산의 핵심역량이 어떻게 연관되어 있는가를 알 수 있다.

우리나라의 기업은 80년대 초반까지는 주로 저가전략을 취해 왔다. 그러나 임금상승으로 더 이상 저가전략만으로 경쟁우위를 점하기 어렵게 되었다. 더욱이 시장은 더욱 세분화되고 소비자의 니즈는 다양화되기 시작하였다. 좀 더 제품을 차별화하고 다양한 수요를 충족시킬 수 있는 제품개발과 생산이 중요하게 되었다. 또한 제품개발과 생산시설에 대한 단위당 투자는 천문학적인 숫자가 되었다. 새로운 반도체 개발, 새로운 자동차 개발에 수천억원에 투자가 필요하게 되었다. 반도체 생산라인을 새로 건설하려면 조단위, 새로운 가전제품 라인을 건설하는 데 수천억원의 투자가 필요하게 되었다. 기업의 입장에서 보면 수천억에서 조단위의 투자라는 엄청난 위험부담이 뒤따르게 된 것이다. 따라서 현명한 선택은 소비자에게 가능하면 다양한 제품을 하나

그림 6-6 생산계획의 핵심역량 요소

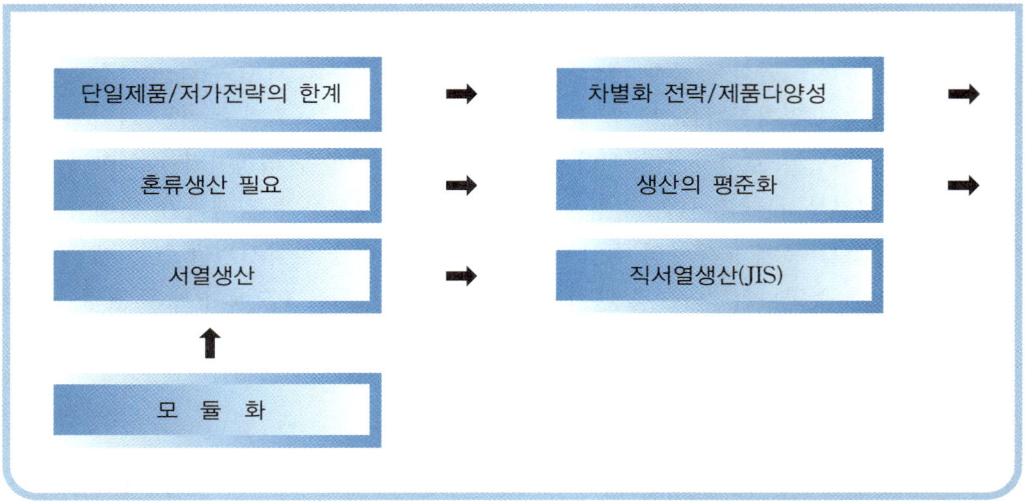

의 생산라인에서 생산하는 것이다. 혼류생산의 시대가 도래한 것이다. 70년대에도 혼류생산이 있었던 것은 사실이나 최근에 이르러서는 생산 모델 수, 모델당 사양의 장착 수라는 면에서 매우 복잡한 혼류생산이 된 것이다.

여러 제품을 한 라인에서 생산하면 과연 각 모델당 한 번에 몇 개를 생산해야 하는 생산롯트 크기 결정문제가 대두된다. 도요타가 취한 전략은 생산롯트를 최소화하는 생산평준화 전략이다. 필요할 때 필요한 만큼만 '조금' 생산하는 JIT(just-in-time)방식이다. 생산평준화는 한번에 생산하는 모델생산량이 적으므로 하루에도 몇번씩 모델을 변경해가며 생산을 해야 한다. 따라서 생산관리자는 각 모델의 생산순서를 정해서 일일 생산계획을 수립해야 하는 데 이것이 바로 서열생산계획인 것이다. 서열생산이 진행될 때 모듈의 경우에는 중간에 재고를 저장하지 않고 모듈공급업체가 모듈을 생산하는 즉시 조립라인에 직접 모듈을 공급하는데 이를 직서열생산방식(just-in-sequence)이라고 한다. 일본이 만든 JIT가 JIS형태로 발전한 것이다. 직서열생산방식은 모듈화가 되어 있어야 가능하다. 모듈화는 직서열생산방식을 가능하게 하여 제공품재고를 감축할 수 있다. 모듈화의 이점은 이외에도 제품개발기간의 단축, 품질/기능 테스트의 강화, 조립공수의 단축이 있다. 모듈화는 제품구조가 복잡한 제품의 경우에 기업의 경쟁우위를 제고해 줄 수 있는 중요한 전략적 핵심역량이다.

토론문제

01 생산의 핵심역량 요소로서 혼류생산, 생산평준화, 생산동기화, 서열생산 등을 기술하였었다. 이러한 핵심역량은 경쟁사가 모방하기 왜 어려운 것인가? 1장에서 언급한 경로의존성과 원인불투명성으로 설명하여 보시오.

02 JIT에는 생산평준화가 포함되며 생산평준화는 수요에 맞추어 조금씩 생산하는 개념이라고 했습니다. 정말 수요에 맞추어 생산을 한다면 실제주문에 따라 생산을 해야 하는 것 아닌가요? 그렇다면 MTO가 진정한 의미의 JIT아닌가요? [힌트: 재고를 완전히 없애려면 MTO가 바람직. 실제로 불가능하기 때문에 JIT는 일일평균수요(주문+예측)에 맞추어 생산. 따라서 JIT가 진정한 의미에서는 필요할 때 필요한 만큼만 생산하는 just in time이라고 할 수 없음.]

연습문제

1 혼류생산이 왜 필요한가 설명하시오.

2 생산평준화와 생산동기화의 차이점은 무엇인가요? [힌트: 생산평준화는 롯트의 크기와 관련. 생산동기화는 자재흐름이 막히지 안도록 하는 것.]

3 모듈화가 생산동기화에서 중요한 이유를 설명하시오.

4 모듈화의 장점을 설명하시오.

미니사례연구 한 라인서 모델 20개가 '쑥쑥': '생산성 제왕' LG전자 창원공장의 비밀

냉장고 · 세탁기 · 에어컨 등 전통적인 가전제품은 전자업계에서 별로 환영받지 못하는 존재다. 벽걸이TV나 휴대폰 같은 첨단 제품보다 덩치는 훨씬 크면서도 매출이나 수익이 매우 낮기 때문이다. 그래서 천하의 GE가 적자투성이인 가전사업을 매각하기로 했고, 삼성전자도 채산성이 떨어지는 가전 생산시설을 대부분 해외로 이전했다. 하지만 LG전자는 다르다. 세계 3대 가전업체인 LG의 가전(Digital Appliance: DA) 사업본부는 미국의 월풀이나 스웨덴의 일렉트로룩스보다도 높은 영업이익률을 올리고 있다. LG 에어컨은 8년 연속 세계 판매 1위, 세탁기와 냉장고는 글로벌톱 3를 달성했다. 제품의 기능이나 디자인이 뛰어난 점도 있겠지만, LG전자 사람들은 "주력 생산기지인 창원공장에 비밀이 숨어있다"고 이구동성으로 말한다. 경남 창원에 있는 이 공장은 인건비가 싼 중국 · 인도 공장보다 생산성이 20~30% 높은 것으로 평가된다. 제조업 분야의 최고봉으로 꼽히는 도요타자동차의 조 후지오(張富士夫) 회장도 지난 5월 창원공장을 둘러보고선 "대단하다. 도요타 보다 나은 점도 많다"고 감탄했다. 창원공장에서는 도대체 무슨 일이 일어나고 있을까?

■ 세계 최고의 경쟁력 자랑하는 LG전자 창원공장

지난달 찾아간 LG전자 창원공장은 겉보기에는 다른 곳과 큰 차이를 발견하기 어려웠다. 하지만 공장 관계자의 설명을 들으며 차근차근 둘러보자 곳곳에서 생산성을 높이려는 혁신작업의 흔적이 나타났다. 제조 공정의 제일 큰 특징은 이른바 '혼류(混流)생산', 혹은 '믹스(mix)생산' 이다. 한 제조라인에서 여러 가지 모델을 동시에 생산하는 것으로, 자동차로 치면 쏘나타와 그랜저를 동시에 한 라인에서 조립하는 것을 말한다. 가전제품은 똑같은 세탁기라고 해도 100가지가 넘는 모델이 있고, 여기에 들어가는 부품이나 조립방식도 다르다. 전원(電源) 공급장치만 해도 국내용은 220볼트짜리를, 미국은 110볼트짜리를 달아야 한다. 하지만 비용 문제 때문에 각 모델마다 제조라인을 새로 설치할 수는 없다. 그래서 과거에는 '로트(lot · 상품군) 생산' 방식을 사용했다. 예를 들어 먼저 A모델을 2주일간 10만대 만들고, 그 다음엔 부품을 교체해서 다시 2주간 B모델을 10만대 생산하는 방식이었다. 일단 많이 만들어 놓고 보는 로트 생산은 예상과 달리 특정 모델이 잘 팔리지 않으면 고스란히 재고로 남거나 덤핑 처리할 수밖에 없었다. 생산 품목을 다른 모델로 교체하는 시간도 오래 걸렸다. 이에 LG전자는 도요타를 정밀하게 벤치마킹 해 작년 7월 에어컨 라인에 혼류 생산 시스템을 도입했다. 이 시스템은 하루에도 여러 종류의 제품을 동시에 생산할 수 있다. 예를 들어 A모델을 10대 만들고 나면, 그 다음엔 B모델이 30대, C모델이 20대 식으로 부품교환에 따른 시차 없이 하루 종일 컨베이어 벨트에 다양한 모델이 계속 흘러가면서 조립되는 것이다. 이렇게 하면 많은 제품을 한꺼번에 생산하지 않고 그때그때 주문량에 따라 필요한 물량만 만들 수 있다. 부품 입고에서 제품 출하까지 걸리는 시간도 과거 24일에서 현재 18일로 줄었다.

■ 세탁기 제조라인 한곳에서 20가지 모델 동시생산 가능

혼류생산 효과가 에어컨 라인에서 입증되자 올해는 세탁기 라인에도 이를 도입했다. 세탁기의 경우 7개 라인에서 각각 20개 모델을 생산하니 이론적으로는 140개의 모델을 동시에 만들 수 있는 셈이다. 하지만 문제는 두 가지다. 첫째 작업자가 하루에도 여러 번 바뀌는 제조공정을 어떻게 몸에 익히느냐는 것이고, 둘째 작업자에게 어떻게 시간 낭비 없이 부품을 제때에 공급하

느냐는 것이었다. 에어컨사업부는 직원 8명으로 업무 개선 전담 팀을 구성, 현장 작업자들과 회의를 거듭하며 혁신 아이디어를 짜냈다. 그래서 나온 것이 부품 세트 공급(set part supplier: SPS) 시스템이다. 이 시스템은 각 작업자가 제품 하나를 조립하는데 필요한 소량의 부품만 박스에 담아서 무인(無人) 운반 장치가 공급한다. 예를 들어 에어컨에 필터를 조립하는 작업을 하는 사람에게 부품 박스 하나에 필터 1개, 볼트 4개, 너트 4개 식으로 딱 한 대 분량의 부품만 넣어서 전달한다. 작업자는 작업 표시 램프가 들어온 박스 안에 있는 부품을 집어서 컨베이어 벨트를 따라 돌아오는 에어컨에 끼워 맞추기만 하면 된다. 무슨 모델을 몇 대나 생산할지 생각할 필요가 없다. 작업이 끝나면 박스 안에 부품이 남아서도 안 되고, 모자라서도 안 된다. 예전에는 커다란 박스에 부품을 가득 담아서 작업자 옆에 두고 조립하다 보니 무슨 부품이 어디에 들어있는지 찾느라 한참 시간이 걸렸는데, 이제는 그런 불편이 싹 사라졌다.

■ 20년 만에 생산능력 10배로 확대

창원공장 직원들에게 혁신은 즐거운 놀이다. 현장에서는 누구나 자유롭게 아이디어를 낸다. 작업장 바로 곁에는 '보물찾기 현황판' 이라는 게시판이 있다. 낭비 요소를 제거하기 위한 제안을 내는 곳이다. 노란 포스트 잇(접착식 임시메모지)에 간단히 제안 내용을 적어서 붙여두면 된다. 전에는 작업자가 제안을 하면 그 사람에게 해결책까지 맡기는 바람에 자연히 제안을 꺼렸다. 하지만 지금은 문제를 해결하는 전담 팀을 운영해 이런 불편을 없앴다. '검사 공정의 형광등이 너무 높이 달려있어서 제 품을 구석구석 보기 힘들다' '나사를 죄는 작업을 할 때 센서가 걸린다' 등 제안 내용 옆에는 '완료', '위치변경 중' 등 개선된 내용이 적혀있었다. 작업장 곳곳에서는 혁신 아이디어가 발견됐다. 예를 들어 '청정 오아시스'라는 곳에는 빨랫줄에 담요를 널어둔 것 같은 워터커튼(water curtain)이 설치돼 있다. 폭 1m 정도의 막에 물을 흘리는 이 장치는 가습(加濕) 효과와 더불어 정전기를 방지하고 분진을 제거하는 역할을 한다. 현장에서 나온 아이디어를 두 달 간 연구한 끝에 작년 말 도입했다. 포장용 노끈 용기를 투명하게 만들어 노끈이 얼마 남았는지 용기 안을 들여다보지 않아도 알 수 있게 하자는 아이디어도 즉시 실천으로 옮겨졌다. 볼트와 너트를 집어 올리는 도구에는 자석을 달아 부품을 바닥에 흘리지 않고 정확하게 집게 했다. 조립작업이 끝난 세탁기가 컨베이어 벨트 끝에 도달하면 미리 세워둔 막대에 의해 세탁기 문이 자동으로 닫힌다. 예전에 사람이 문을 닫던 것을 간단한 아이디어로 자동화한 것이다. 이런 혁신작업을 통해 길이가 130m쯤 되는 세탁기 라인에서는 8초에 한 대씩 세탁기가 완성돼 나온다. 세탁기사업부의 김운태 제조그룹장(부장)은 "월풀과 일렉트로룩스가 13초에 한 대를 완성하는 것보다 훨씬 빠른 속도"라고 말했다. 창원 세탁기 공장은 20년 전 연간 50만대의 세탁기를 생산했는데, 이제는 공장 부지를 더 늘리지 않고도 생산 능력이 10배인 연 500만대로 늘었다. 꾸준한 혁신작업이 일궈낸 '창원공장의 기적' 으로 평가된다.

■ 혼자서 에어컨 · 세탁기 뚝딱 조립하는 것도 OK

창원공장은 도요타와 캐논의 전매특허라 할 수 있는 '셀(cell · 세포)' 생산방식도 시험 중이다. 셀 방식은 소수의 숙련공이 전체 공정을 처음부터 끝까지 담당한다. 다양한 제품을 각기 다른 셀에서 생산할 수 있어 다품종 소량 생산에 적합하고, 유연하게 생산량 조절이 가능한 것이 특징이다. LG 창원공장은 올 초부터 에어컨 라인에 셀 방식을 시험 도입했다. 현재 5명이 각자 혼자서 에어컨을 조립하고 있으며, 생산 물량에 따라 추가로 인원을 투입할 수 있다. 작업대는 180도 회전이 가능해 작업자가 몸을 돌리지 않게 만들었다. 창원공장의 혁신 사례는 다른 제조업체의 필수 견학코스로 꼽힌다. 외부에 비밀을 다 공개해도 되는지 물어보자 이영하 DA사업본부 사장동차 라인을 보고 와서 여기에 적용하는 데 수많은 시행착오를 겪었다"고 했다. 오랜 경험에서 나오는 '암묵지(暗默知)'가 관건이라는 이야기다.

W-Biz C3면, 김희섭기자, 2008년 12월 8일.

■ 토론 질문

1. LG전자가 혼류생산을 왜 시작하였을까요?
2. LG전자가 말하는 로트생산, 혼류생산, 생산평준화는 어떻게 다른 것인가요? [note: 기업에서 사용하는 용어와 교과서에서 사용하는 용어가 다를 수 있음. 혼류생산과 생산평준화를 혼용해서 사용하고 있음.]
3. LG전자가 혼류생산을 생산할 때 어떤 문제를 해결하였는가를 설명하시오.
4. LG전자는 어떻게 혁신활동을 할 수 있었을 까요? LG전자 창원공장의 노조는 이런 활동에 대해 반발을 하지는 않은가요?
5. 이영하 DA사업본부 사장은 왜 다른 회사가 창원공장의 노하우를 모방할 수 없다고 생각하는 것 일까요?

C·H·A·P·T·E·R

07 자재소요계획

생산을 지원하기 위하여 유지되는 재고를 생산재고라고 부르는데, 생산재고는 완제품재고와는 매우 다른 특징들을 가지고 있다. 생산재고를 계획하며 통제하는 데 사용되는 기법을 자재소요계획(material requirement planning) 또는 MRP라고 부른다. MRP는 사실 예전부터 존재했던 기법으로서, 오늘날 컴퓨터와 소프트웨어 패키지들이 이용가능해짐에 따라 실용화된 구개념에 대한 새로운 명칭이며, 제조 및 조립산업에서 널리 사용되고 있다. 본질적으로, MRP는 구성부품에 대한 소요량을 예측하기 위하여 제 6 장에서 논의된 주일정계획을 사용한다. 이들은 시간단계별 보유재고량 수준 및 계획된 수주(planned order)들과 비교되어져서, 원만하게 롯트가 생산될 수 있도록 일정을 맞추게 된다. MRP의 목적은 완제품들이 주일정계획에 따라 완성될 수 있도록 적시에 적합한 자재 및 구성부품들이 사용가능하도록 보장하는 데 있다. 따라서 MRP는 단기적으로 생산계획을 수립하기 위하여 의사결정을 내려야 하는 운영관리적 단계에서 사용된다.

MRP의 전반적인 목표들은 재고투자의 감소, 작업흐름의 향상, 자재 및 부품의 재고부족현상의 감소, 배달일정의 준수 등을 포함한다. 이외에도 회사의 업무를 조정하며, 커뮤니케이션의 향상을 꾀한다. 본장에서는 자재소요계획의 개념과 그 적용을 소개한다.

1 종속수요와 MRP의 개념

본장에서는 원자재, 구성부품, 그리고 반조립품과 같은 생산재고를 계획하며 통제하는 데 초점을 맞추기로 하자. 이러한 품목들에 대한 수요는 생산일정이 잡혀져 있는 완제품의 수량에 따라 좌우되며, 완제품에 대한 수요예측으로부터 계산될 수 있다. 주문점 접근방법들은 이러한 경우의 재고관리에

그림 7-1 종속수요에 대한 도해

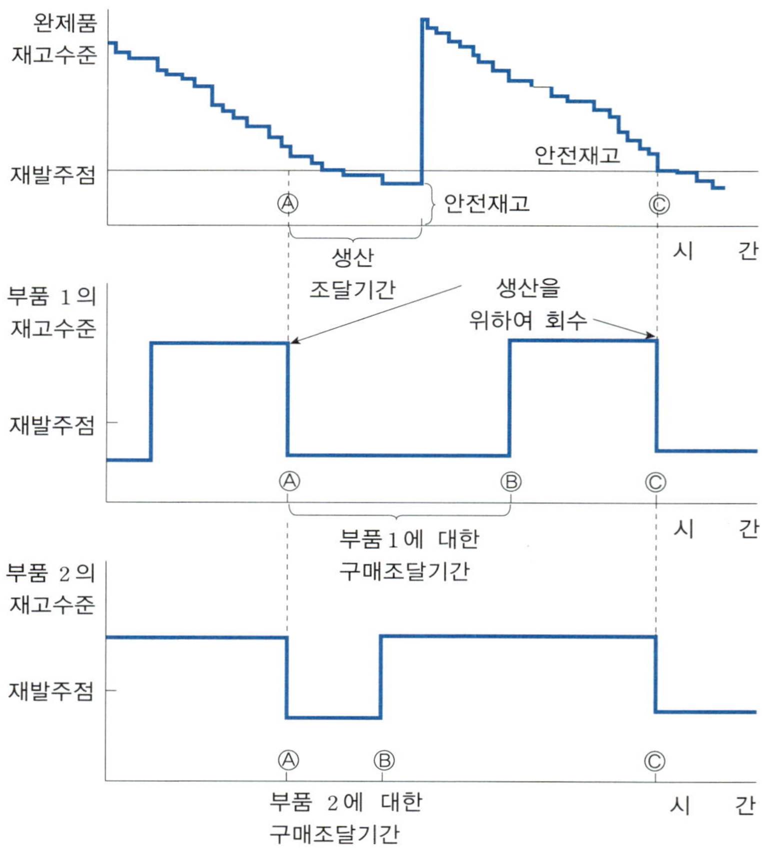

적합한 수단을 제공하지 못한다. 그 이유를 살펴보기 위하여 [그림 7-1]을 참조하자. 완제품에 대한 수요는 많은 고객들로부터의 독립적 수요들로 구성된다. 이 수요들은 다소 무작위로 발생하기 때문에 수요율은 꽤 일정하며, 따라서 EOQ와 경제적 생산량 모형들의 가정들은 합리적이다. 이것은 [그림 7-1]에서 상단도표에 나타나 있다.

완제품의 조립에 필요한 두 가지 부품들이 외부 납품업자들로부터 구매된다고 가정하자. 완제품 생산이 시작될 때(시간축에서 점 A), 각 구성부품의 충분한 분량이 재고로부터 인출된다. 부품재고 수준들이 재발주점 이하로 떨어지기 때문에, 점 A에서 각 납품업자에게 발주한다. 만약 구매조달기간이 비교적 짧으면, 부품재고는 점 B에서부터 다음 완제품의 생산작업시간인 점 C에 이를 때까지 유지된다. 분명히, 부품들이 시점 C까지는 필요하지 않다는 것을 알고 있기 때문에, 이것은 불필요한 재고투자인 것이다. 부품들이 정확하게 시점 C에 도착하도록 점 C로부터 구매조달기간만큼 후진시켜 발주하면 이러한 투자는 배제될 수 있다. [그림 7-2]에 이러한 상황이 예시되어 있다. 부품 1은 점 D에서, 그리고 부품 2는 점 E에서 발주된다. 그렇게 되면 두 가지 부품 모두가 완제품의 생산이 시작될 때 사용가능하도록 준비될 수 있다. 이것이 MRP의 기본철학이다.

그림 7-2 종속수요에 대한 발주의사결정

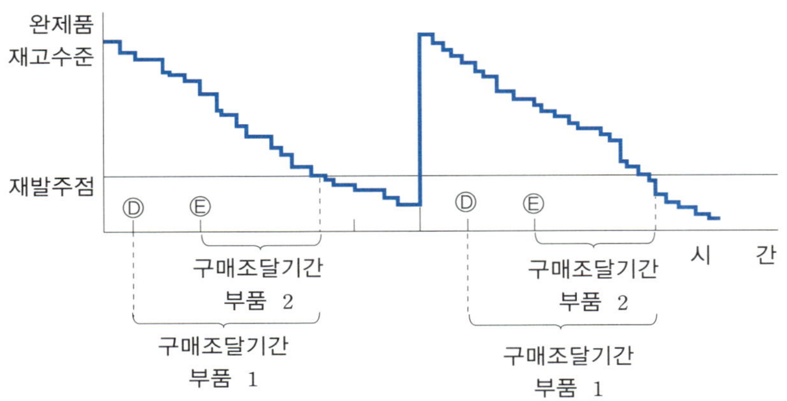

표 7-1 MRP를 산업에 적용

	대표적 산업		
	총 응답한 회사	MRP를 사용하는 회사	%MRP
식품	16	8	50
담배	1	0	0
목재 및 나무제품	5	1	20
제지	12	4	33
화학약품	15	8	53
석유 및 석탄	5	1	20
고무 및 플라스틱	15	7	47
1차 금속	1	0	0
조립금속	95	47	49
기계류	166	108	65
전기전자	90	68	76
기계기구	34	24	71
운송장비	67	50	75
기성복	5	2	40
가구	10	5	50
인쇄 및 출판	6	3	50
가죽	0	0	0
석재, 점토, 유리	4	2	50
기타 제조업	61	46	75

	대표적 산업		
	총 응답한 회사	MRP를 사용하는 회사	Non-MRP회사
제품의 형태			
주문생산	16.3%	14.1%	20.1%
재고생산	13.3%	13.7%	12.9%
양쪽 다	70.4%	72.2%	60.7%
	100.0%	100.0%	100.0%
제조업의 형태			
조립(기계, 자동차 등)	7.1%	7.2%	7.5%
제작조립	9.7%	6.3%	17.0%
양쪽 다	83.2%	86.5%	75.5%
	100.0%	100.0%	100.0%

공정형태			
개별공정	41.3%	38.8%	45.8%
연속공정	11.5%	9.1%	17.6%
조립라인	22.8%	22.4%	24.5%
복합공정	24.4%	29.7%	12.1%
	100.0%	100.0%	100.0%

자료: Fourth Quarter. Production and Inventory Management, *Journal of the American Production and Inventory Control Society*, Inc., 1982.

이러한 과정을 이행하기가 힘든 이유는 많은 제품들이 수십 또는 수백 가지의 부품들로 구성되어 있고 이들 부품들도 잇따라 서로 의존하고 있기 때문이다. 그러므로 필요로 하는 많은 계산들을 수행하기 위하여 신뢰할 수 있는 컴퓨터 시스템과 정확한 데이터가 있어야만 한다. 지난 20년간 소프트웨어의 개발과 컴퓨터 비용의 절감으로 이제 MRP는 많은 생산시스템의 중요한 일부분이 되었다.

[표 7-1]은 미국에서 MRP를 사용하는 산업의 형태와 그들 생산과정의 특징들에 관하여 조사된 결과를 보여 주고 있다. [표 7-1]로부터 MRP는 거의 모든 산업에서 사용되고 있음을 알 수 있으며, 특히 공작기계, 전자 및 수송장비산업에서 현저하다. 이들을 제품형태로 살펴보면 주문생산과 재고생산제품의 결합형태로, 그리고 제조형태 측면에서 보면 조립/제작 제조업으로 특징지을 수 있겠다. MRP시스템은 거의 모든 형태의 생산과정에 사용된다. 이제 자재소요계획의 세부사항들을 검토하여 보자.

2 MRP를 위한 정보시스템의 설계

많은 양의 데이터가 저장되고 또한 처리되어야 하기 때문에, 성공적으로 MRP시스템을 수행하기 위해서는 컴퓨터에 의한 정보시스템이 필수적이다. 자재소요계획은 주생산일정계획(MPS)으로부터 시작된다. MPS는 매 계획기간 동안, 일반적으로 주간에 생산해야 할 완제품 숫자의 명세서를 준비한다는 것을 명심하기 바란다. 예를 들어, 가정용 야외동력장비의 제조업체인 신원제작(주)의 주생산일정계획을 고려하자. MPS의 일부가 [표 7-2]에 주어

표 7-2 신원제작(주)의 주생산일정계획의 일부

	주					
품목 …	11	12	13	14	15	16
⋮						
12인치 눈송풍기	0	250	750	750	250	0
14인치 눈송풍기	1,000	0	500	1,500	1,250	250

져 있다. 이러한 일정계획으로부터 운영관리자들은 제품을 이루고 있는 여러 가지 부품들의 제조시기 또는 구매시기를 결정하여야 한다. 우선 제품의 구성부품들에 관한 목록이 필요하다. 이것은 통상 자재명세서라 정의된다.

2.1 자재명세서

자재명세서(the bill of materials: BOM)는 조직적인 부품목록이다. 그러나 BOM은 완제품과 그것을 구성하는 여러 부품들간에 계층적 관계를 나타내고 있다는 점에서 보통 부품목록과 다르다. 신원제작(주)의 BOM예제는 [그림 7-3]에 그려져 있다. 이 그림은 14인치 제설장비(눈송풍기)에 관한 자재명세서이다. 완제품은 계층의 제일 상단("수준 0"이라 부름)에 나타나 있다. 그것은 중심틀 조립부품, 바퀴조립부품, 엔진조립부품, 그리고 핸들 조립부품으로 구성된다. 만약 BOM을 "족보(family tree)"로 간주한다면, 14인치 제설장비(눈송풍기)는 이들 각각의 조립부품들에 대한 "어버이(parent)" 품목이다. 차례로, 이들 조립부품들은 그 안에 포함되어 있는 모든 구성부품들에 대하여 어버이 품목들이다. 따라서 바퀴조립부품은 하나의 칼날조립부품과 한 짝의 바퀴들에 대한 어버이 품목이다. 일반적으로, 수준 k에 위치한 품목들은 수준 k+1에 위치한 구성부품들에 대하여 어버이 품목이 된다. 자재명세서로부터 주생산일정계획에 언급된 완제품의 수량만큼 생산하는 데 소요되는 구성부품들을 정확하게 결정할 수 있다.

물론, [그림 7-3]은 대단히 쉽게 단순화시킨 것이다. 실제로 BOM은 급격히 늘어나기 때문에, 각개의 부품은 그 해당되는 분류체계 내에서 확인이 된다. MRP시스템에서 자재명세서를 포함하는 파일을 때로 제품-구조파일

그림 7-3 14인치 제설장비(눈송풍기)에 대한 자재명세서의 일부

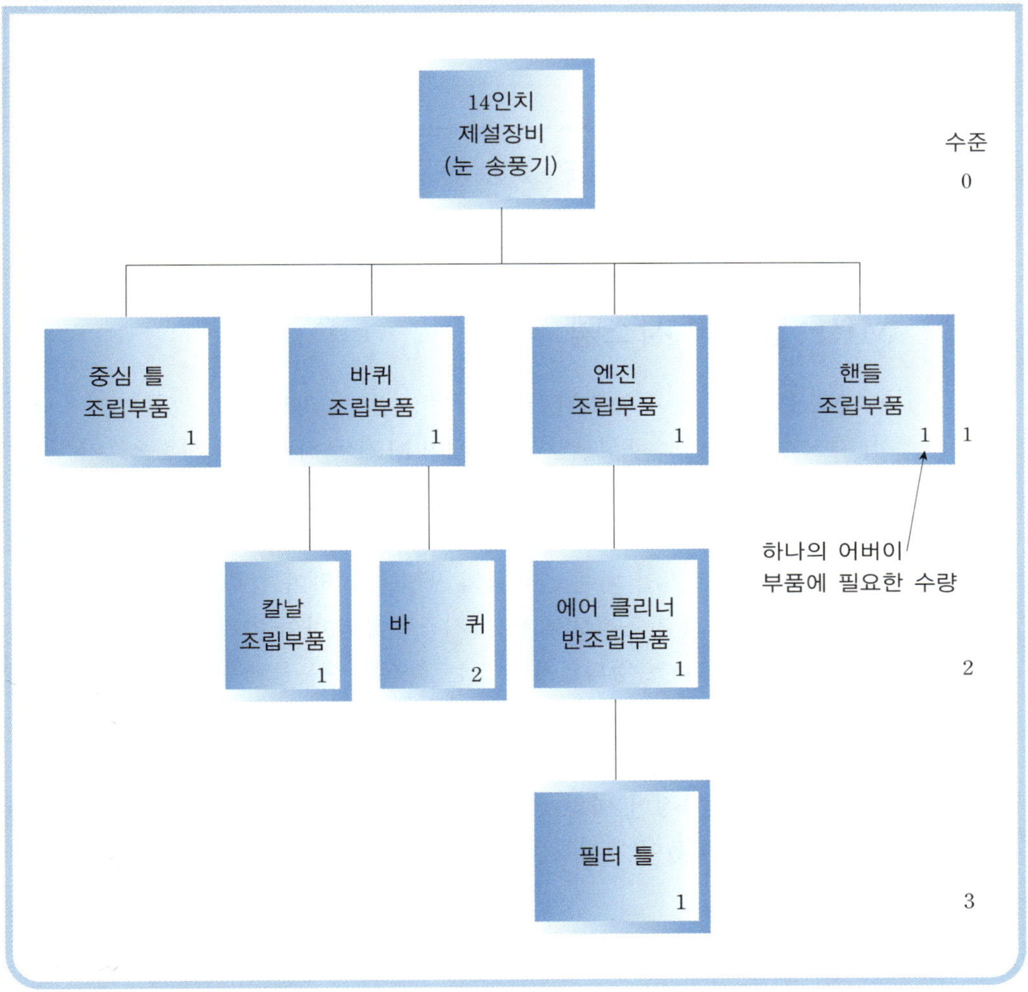

(product-structure file)이라고 부른다.

2.2 재고상황철

자재명세서의 각 품목에 관하여 재고현황자료가 유지되어야만 한다. 재고상황철에 있는 전형적인 데이터의 구성요소들은 다음과 같은 것들이다.

부품번호: 보유재고량: 주 문 량: 비용자료: 조달기간:

이 파일은 생산 및 구매부서와 연결되어야만 하는데, 그렇게 함으로써 주문, 수주 그리고 재고로부터의 지급들을 최근 정보로 새롭게 할 수 있다.

2.3 MRP 컴퓨터 시스템

MRP시스템의 개요에 관한 도해가 [그림 7-4]에 주어져 있다. 자재명세서, 재고파일, 그리고 주생산일정계획들이 MRP로의 주요한 입력요소가 된다.

MRP계산으로부터의 출력은 자재명세서에 있는 각 품목에 대한 총소요량 및 순소요량(필요한 날짜와 함께)의 결정에 관한 정보이다. 이와 같은 정보는 구매부품 및 기업 내에서 부품의 생산을 위하여 발주하는 데 사용된다.

계획된 발주도 자동적으로 MRP시스템에 의하여 야기되는데, 이때 다시 일정이 짜여졌거나, 수정되었거나 또는 취소된 주문들에 관한 자료로 보고된다. 이렇게 하여, MRP는 생산관리자들에 의한 운영계획에 유익한 도구가 된다.

이러한 계산과정이 어떻게 진행되는지를 예시하기 위하여 신원제작(주)의 예제로 다시 되돌아 가도록 하자.

3 MRP계산

MRP용어에서는 기간(time periods)을 버킷(buckets)이라고 부르는데, 보통 1주의 길이로 사용한다. 1주일과 같은 작은 버킷은 짧은 계획구간의 생산일정계획에는 적합하지만, 장기계획에는 너무 세세하다. 가끔, 계획구간이 넓어짐에 따라 더 큰 버킷(large buckets)을 사용한다. 신원제작(주)의 문제에서 모든 버킷들은 그 길이가 1주라고 가정하였다.

그림 7-4 MRP 컴퓨터 시스템

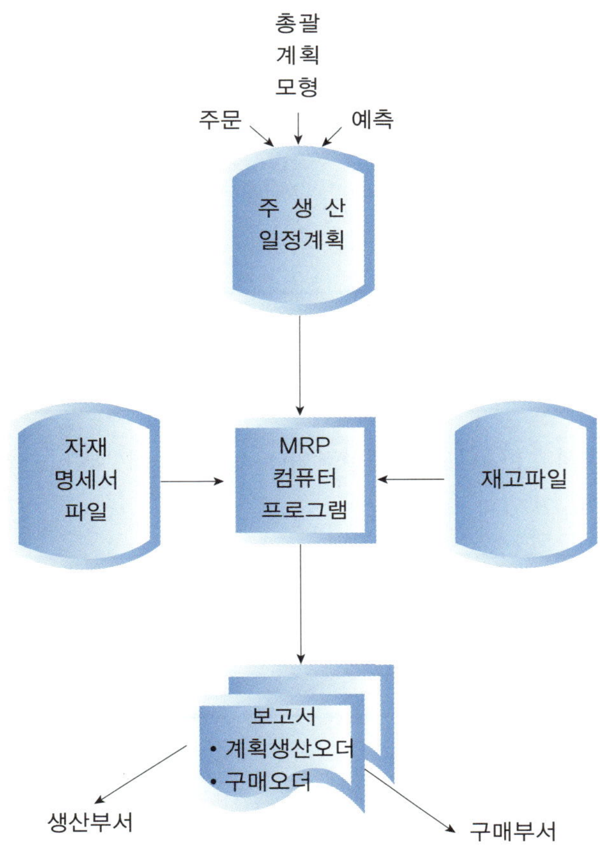

[표 7-2]의 주생산일정계획은 현재 계획기간의 주 15에 14인치 제설장비(눈송풍기) 1,250단위의 최종조립을 요구한다. 조립 리드 타임(assembly lead time)은 1주일이다. 따라서 이러한 일정을 맞추기 위하여 자재명세서의 네 가지 주요 조립부품들이 늦어도 14주째의 주말까지는 끝마쳐져야 한다. 이제 엔진조립에 관한 생산 및 재고통제측면을 검토하면서, 어떻게 MRP접근방법이 적용될 수 있는지를 집중적으로 살펴보자. 재고량 및 조달기간에 관한 적절한 데이터가 [표 7-3]에 주어져 있다.

표 7-3 신원제작(주)의 사례에 관한 재고보유량과 리드 타임

구성부품	재 고 량	리드 타임(주)
엔진조립	450	4
에어클리너 반조립품	250	1
필 터 틀	500	2

MRP의 출현 이전에는 각 구성부품에 대한 순소요량은 가끔 다음과 같은 공식을 사용하여 구해졌다.

$$\text{순부품소요량} = \left(\begin{array}{l}\text{완제품에 대한 수요를 충족시키기} \\ \text{위하여 필요한 부품의 수}\end{array}\right) - \left(\begin{array}{l}\text{재고로 보유하고} \\ \text{있는 부품의 수}\end{array}\right)$$

따라서 1,250단위의 제설장비(눈송풍기)들에 대한 순소요량은 다음과 같이 계산될 수 있다.

$$\left(\begin{array}{l}\text{1,250단위의 눈송풍기의 수요를 충족시} \\ \text{키기 위하여 필요한 구성부품수}\end{array}\right) - \left(\begin{array}{l}\text{재고상태의} \\ \text{부품의 수}\end{array}\right) = \text{순소요량}$$

엔 진	1,250	−	450	= 800
에어클리너	1,250	−	250	=1,000
필 터 틀	1,250	−	500	= 750

그러나 이와 같은 접근방법은 종속수요의 본질을 파악하지 못하고 있다는 것을 주시하기 바란다. 예를 들어, 필요한 필터틀의 숫자가 생산된 에어클리너의 수에 따라 좌우된다는 사실이다.

종속수요상황이 존재할 때마다 순소요량을 결정하기 위한 접근방법은 다음과 같다.

$$\text{순부품소요량} = \text{총부품소요량} - \text{계획입고} - \text{부품의 재고량}$$

여기서 총부품소요량은 조립의 다음 한 단계 높은 생산을 지원하기 위하여 필요한 부품의 분량이다. 예를 들어, 필터틀의 총부품소요량은 에어클리너 반조립부품의 순소요량을 충족시키기 위하여 필요한 필터틀의 수량이다. 에어클리너 반조립부품의 총부품소요량은 엔진조립의 순소요량을 충족시키기 위하여 필요한 에어클리너의 수량 등등이다. 신원제작(주)의 경우 이러한 소요량들이 어떻게 계산될 수 있는지를 알아보자(간단히 하기 위하여 계획된 수주는 0이라고 가정하자).

생산되어야 할 제설장비(눈송풍기)의 수량:	1,250	
총소요량, 엔진:	1,250	
(−) 엔진 재고량:	450	
순소요량, 엔진:	800	← 엔진
총소요량, 에어클리너:	800	
(−) 에어클리너 재고량:	250	
순소요량, 에어클리너:	550	← 에어클리너
총소요량, 필터틀:	550	
(−) 필터틀 재고량:	500	
순소요량, 필터틀:	50	← 필터틀

MRP접근방법으로 얻어진 엔진의 순소요량은 여전히 800단위일지라도, 어떻게 MRP가 종속수요정보를 사용하여 더 적은 분량의 에어클리너와 필터틀이 필요하게 되었는지 그 과정을 주목하기 바란다. 구성부품의 순소요량을 결정짓는 데 종속수요를 참작하는 것 이외에도, MRP시스템은 또한 언제 순소요량이 필요한지를 결정한다. MRP는 시간-단계별 조정(time-phasing) 개념을 사용하여 생산 및 재고관리를 다룬다. 완제품이 완성되어야 할 시점부터 시작하여 거슬러 올라가서, 각 구성부품의 주문시기를 결정할 수 있다. 예를 들어, 신원제작(주)의 눈송풍기 문제에 대한 시간-단계별 조정계산은 다음과 같이 된다.

표 7-4 MRP계산

	주								
	7	8	9	10	11	12	13	14	15
눈송풍기: 조달기간, 1주									
총소요량									1,250
계획입고							조달기간		0
보유재고량							1주		0
순소요량									1,250
계획생산오더								1,250	
엔진: 조달기간, 4주									
총소요량								1,250	
계획입고								0	
보유재고량				조달기간 4주				450	
순소요량								800	
계획생산오더				800					
에어클리너: 조달기간, 1주									
총소요량				800					
계획입고				0					
보유재고량			조달기간	250					
순소요량			1주	550					
계획생산오더			550						
필터 틀: 조달기간, 2주									
총소요량			550						
계획입고			0						
보유재고량		조달기간	500						
순소요량		2주	50						
계획생산오더	50								

	주	
엔진에 대한 주문을 끝마친다:	14	
(−) 엔진의 리드 타임:	4	
엔진을 발주한다:	10	← 엔진을주문한다
에어클리너에 대한 주문을 끝마친다:	10	
(−) 에어클리너의 리드 타임:	1	
에어클리너를 발주한다:	9	← 에어클리너를 주문한다
필터틀에 대한 주문을 끝마친다:	9	
(−) 필터틀의 리드 타임:	2	
필터틀을 발주한다:	7	← 필터틀을 주문한다.

이러한 결과들은 [표 7-4]에 요약되어 있다. 구성부품들이 그 다음 높은 단계의 조립에 필요할 때 사용가능할 수 있도록 일정이 짜여진다. 비슷한 계산들이 제설장비(눈송풍기)의 모든 다른 부품들에 대해서도 행해질 수 있으며, 그리고 만약 자재명세서가 자세한 부품소요량으로 급격히 증가되면, 완벽한 주문일정과 구매청구서가 가능하다.

대형컴퓨터가 개발될 때까지, 순전히 방대한 계산 때문에 MRP시스템의 수행이 어려웠다. 예를 들어, 신원제작(주)의 조그마한 예시에서도 모든 부품의 생산 및 재고상황을 추적하는 데 수반되는 복잡성을 느끼게 된다. 다행히도 현대적인 컴퓨터 기술로 인하여 과거 수작업에 의한 접근방법들로는 다루기 힘들었던 문제를 이제는 MRP시스템에 의해 일상적으로 다룰 수 있게 되었다. 그렇게 되기 위해서는 자료처리부서와 긴밀한 협조 및 세부적으로 주의 깊은 관심이 필요하다. MRP시스템의 실시에 대해서는 뒤에 다시 언급하기로 하자.

4 MRP의 응용과 그 장점

MRP시스템으로부터 이용가능한 출력은 생산 및 재고관리자들에게 적시에 유용한 정보를 제공한다. MRP의 세 가지 주요 사용목적들은 다음과 같다.

① 재고계획 및 통제
② 세부적인 능력계획
③ 생산통제에서 우선순위에 의한 계획

4.1 재고계획 및 통제

MRP에 의해 수행되는 계산은 구매부품 및 생산재고에 관한 계획된 발주(planned order releases)를 산출한다. 이런 식으로 MRP는 주생산일정계획과 관련된 재고투자를 최소화한다. 따라서 MRP는 주문품목, 주문량, 주문시기 그리고 배달일정에 관한 기본적 문제들을 해결함으로써 운영관리자들이 재고를 계획하고 통제하는 것을 돕는다.

신원제작(주)의 예제에서는 예시되지 않았지만, 보통 MRP는 일종의 "롯트 크기결정(lot sizing)" 기법(예를 들어, 부분-기간 균형화 또는 정기적 주문량)들을 적용하여서 여러 기간들에 대한 순소요량을 현실적으로 계획된 발주로 결합시킨다. 이것은 어떤 개별품목의 순소요량이 많은 기간들에 걸쳐 있을 때 필요하다. 롯트 크기결정은 구매 및 생산일정계획을 단순화시켜 준다. 롯크 크기결정은 대개 조달기간을 거슬러 올라가거나 또는 차감계산을 함으로써 계획된 발주를 결정하기 전에 MRP에 의해 수행된다.

4.2 세부적인 능력계획

MRP는 생산에 대한 세부적인 일정을 제공한다. 따라서 단기적으로 충분한 수용능력이 있는지 또는 부족한지를 결정하여야 한다. 때로 이것은 능력소요계획(capacity requirements planning: CRP)이라고 불리운다.

MRP는 능력의 한계에는 민감하지 않다. 그것은 단지 주생산일정계획을 충족시키기 위하여 필요한 자재 및 구성부품들을 결정한다. 세부적인 능력계획은 계획된 생산을 작업센터별로 수용능력(즉, 작업시간수 등)으로 전환시킨 것을 기초로 한 부하보고서(load report)를 산출함으로써 수행된다. 그러한 부하보고서는 [그림 7-5]에 나타나 있다. 충분한 수용능력이 없으면, 초과근

그림 7-5 부하보고서의 예

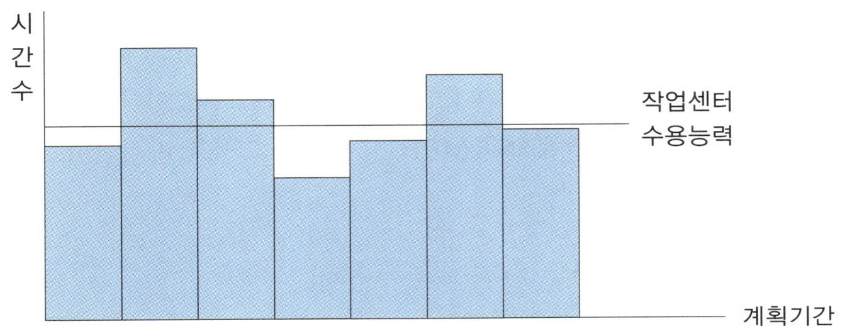

그림 7-6 폐쇄 순환(Closed-Loop) MRP 시스템

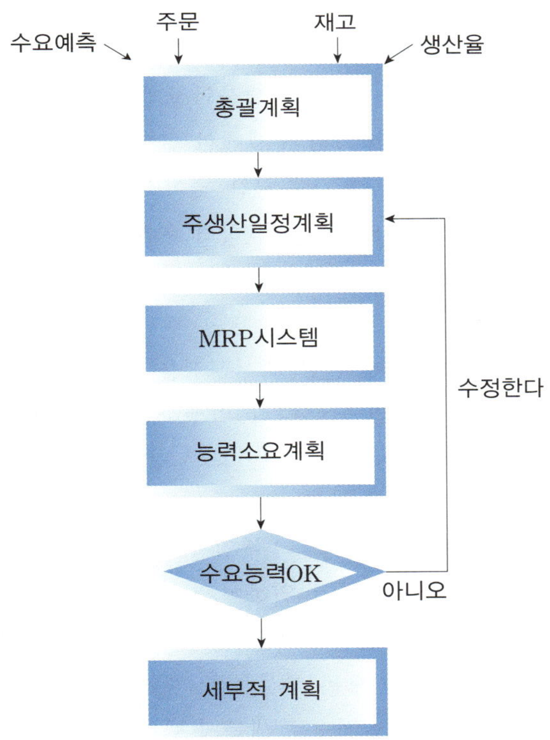

무, 부서간의 인사이동, 하청 등에 관한 의사결정을 하여야 한다. 이용가능한 수용력에 응하기 위하여 주생산일정계획도 또한 수정되어야 할지도 모른다. 이 때는 MRP프로그램을 다시 한번 사용하여야 한다. 능력소요계획, 주생산일정계획, 그리고 MRP의 통합은 때로 "폐쇄 순환(Closed-Loop) MRP 시스템"으로 불리운다. 이것은 [그림 7-6]에 예시되어 있다. 이렇게 함으로써, 능력소요계획은 총괄계획과 MRP 사이의 피드백을 마련한다.

4.3 우선순위계획

공장 내의 각 주문은 주문서에 예정일을 할당함으로써 우선순위가 결정된다. 일단 주문들에 대한 우선순위가 수립되면, 개별적인 운영일정들이 도출될 수 있다. 우선순위계획에서 MRP의 역할은 주문서가 작업장에 나갈 때 근거가 확실한 우선순위를 수립하며, 그리고 그것을 항상 최근의 자료로 새롭게 하는 것이다. 우선권 통제는 촉진(expediting)활동과 촉진저하(deexpediting)를 통하여 달성된다. 즉, 생산주문서를 좀더 빠르게 이동시키거나 또는 의도적으로 지연시키기 위하여 생산일정계획을 변경시키는 것으로 해석된다. 예를 들어, 신원제작(주)의 문제에서 필터틀 부품의 제조과정에서 기계고장이 발생하여 틀의 생산이 1주일간 늦어진다고 가정하여 보자. 이 경우 대안은 아마도 현재의 소요량을 생산하기 위하여 외부에 하청을 주는 것이다. 그러나 외부하청업자를 이용함에 따라 발생하는 부가적인 비용은 상당하다. 경영진은 어떻게 해야 할까?

외부하청업자의 사용에 관한 의사결정을 내리기 전에 경영진은 필터틀의 생산에서 1주일이 지연됨에 따라 발생하는 효과들을 분석하여야 한다. MRP시스템은 재고로 보유되고 있는 모든 품목들에 관한 정보를 유지하고 있기 때문에, 이제는 이러한 자료가 경영진이 사용가능하도록 될 수 있다. 예를 들어, MRP시스템은 필터틀의 1주일간 지연이 모든 다른 부품들의 생산일정에 미치는 영향을 결정하기 위하여 자재명세서를 검토하게 될 것이다. 그 외에 만약 경영진이 생산을 1주일 연기시키기로 결심하게 되면, 이 변화에 의해 영향을 받게 되는 모든 부품들은 새로운 생산일정을 반영하기 위하여 MRP시스템에 의해 최신정보로 새롭게 될 것이다.

따라서 MRP는 우선권이 바뀜에 따라 주생산일정계획상에 예정되어 있던 주문의 일정을 다시 짠다든가, 그리고 주문의 취소 또는 연기 등에 관한 의사결정을 내리는 데 도움을 준다. 실제로 수백 가지 일의 주문을 받고 있는 공장에서 이러한 것을 손으로 수행하기는 거의 불가능하지만, 컴퓨터에 의한 MRP시스템에서는 일상적인 일이다. 그 외에 MRP데이터 베이스는 경영자들에게 예상재고수준, 납품업자들의 배달성과 및 조달기간, 그리고 발주지연, 높은 폐기물 등과 같은 예외보고서 등을 제공한다.

MRP는 또한 기업 내의 다른 분야들에도 혜택을 준다. 예를 들어, 구매부서는 납품업자와의 관계를 향상시킬 수 있으며, 그리고 시간을 더 효율적으로 활용할 수 있다. 창고부서는 언제 주문량이 도착할 것인지를 미리 알게 됨으로써 향상된 작업일정을 통하여 소요노동력을 줄일 수 있다. 마케팅부서는 좀더 확실한 배달일정을 통하여 고객과의 관계를 개선할 수 있으며, 그리고 재무담당부서는 계획과 통제를 개량시킬 수 있다.

다음의 생산/운영관리 예제에서 활동중인 MRP시스템의 예를 살펴보자. 이 예제를 통해 시스템을 성공적으로 이행하기 위하여 필요한 정보의 정확성과 새로운 시스템을 가동시키는 데 관계되는 행동적 측면을 주시하기 바란다.

예제 7-1 신한(주)의 MRP

신한(주)은 전력케이블과 건축철망을 제조하고 있다. 1950년에 조그마한 공장으로 시작하여, 신한(주)은 매년 25%성장률을 이룩하여 1977년에는 아홉 군데에 주요 생산시설을 갖추고 있었다. 신한(주)은 컴퓨터에 의한 데이터베이스를 사용하여 완제품재고, 판매주문입력 및 외부원자재와 부품들을 관리하고 있었다. 그러나 생산재고는 생산관리담당부장의 본능적인 느낌과 수작업에 의한 안전재고수준이 뒤범벅되어 통제되고 있었다. 날로 늘어나는 제품의 분량과 복잡한 제품형태로 말미암아, 수작업에 의한 방법들은 더 이상 적합하지 못하였다. 특별연구위원회가 임명되어서 생산-통제문제들을 연구하고 컴퓨터에 의한 MRP시스템을 이행하도록 결정되었다.

[그림 7-7]은 시스템의 요점들을 예시하고 있다. 완제품에 대한 수요는 고객들과 회사의 유통창고들로부터 산출되고 온라인의 주문입력시스템에 보

그림 7-7 신한(주)의 MRP시스템

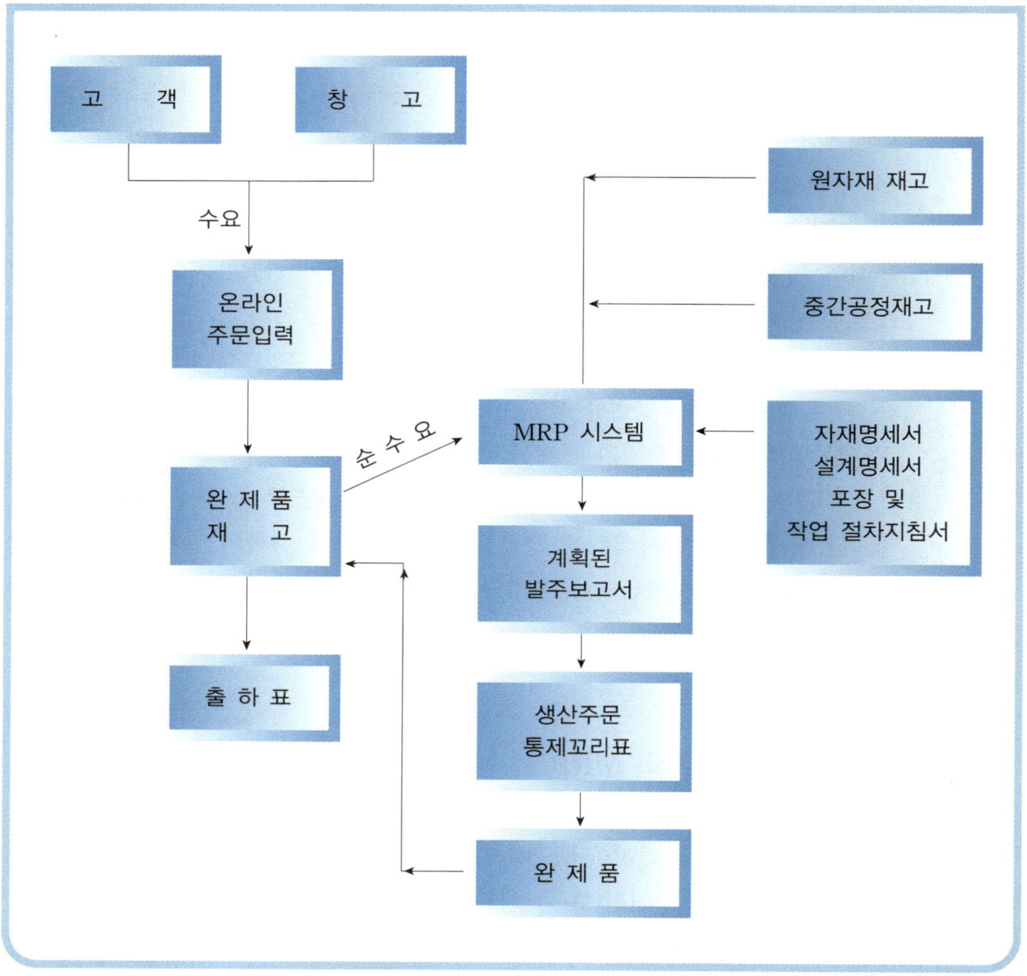

고된다. 컴퓨터는 수요와 완제품재고 파일을 상호비교한다. 보유재고는 바로 수요에 할당되고 자동적으로 발송표가 인쇄된다. 당장 출하가 가능한 완제품으로 충족되지 못한 수요는 순수요(net demand)로서 MRP시스템에 입력된다. 이때 MRP로부터의 출력은 주생산일정계획으로 대행되는 계획된 발주보고서(planned order report)이다. 이 보고서는 다음을 포함한다.

- 생산의 특징 열거

- 원천(제조 또는 구매)
- 주문번호
- 수　　량
- 납 기 일
- 제조기간
- 조달기간

그리고 MRP 시스템은 중간공정재고(work-in-process inventory)와 순수요소요량을 비교하게 되며, 그리고 생산소요량을 충족시키기 위하여 주문되어야 할 원자재의 품목과 주문시기를 결정한다. 생산관리담당자들은 이 보고서를 사용하여 생산에 착수한다. 생산주문서는 제조 및 포장지침, 자재명세서, 작업경로지시, 및 설계명세서를 담고 있다. 완제품이 생산되면, 온라인 단말기를 사용하여 이러한 정보를 재고파일에 입력한다.

MRP의 효율적인 수행을 위해서는 정확한 기록이 필수적이다. MRP 이용실태에 대한 초기조사에서 중간공정재고(work-in-process, WIP)의 정확도는 69%밖에 되지 않았다. MRP가 성공적이기 위하여는 이러한 것이 개선되어야만 했다. 신한(주)은 각 BOM(자재명세서)에 약 일곱 개의 구성부품을 갖고 있는 최종제품의 서로 다른 가지수가 700개 정도되었다. 재고수준의 정확성을 기하기 위하여, 꼬리표달기 시스템이 도입되어서 생산재고를 주의깊게 추적하였다. 그러나 그 시스템으로부터의 첫 번째 결과는 담당자의 말로 "쓰레기"였다. 바로 문제점이 발견되었으나 사실 꼬리표가 종업원들에게 진지하게 받아들여지지 않았다. 결과적으로 작업현장에서 제출된 꼬리표의 숫자와 양식이 사용되고 있는 재고와 조화를 이루지 못하였다. 이를 시정하기 위하여 꼬리표시스템의 중요성을 강조하기 위한 교육프로그램이 수행되었다. 이제는 꼬리표가 방출되어 매 교대근무시간마다 한 번씩 그것이 다시 제출될 때 잘 설명이 되고 있었다. 결과적으로 WIP의 정확도는 96%로 향상되었고 이것은 최소한 마음에 드는 수준이었다.

꼬리표 문제 이외에도 종업원 교육훈련은 시스템 개발에 매우 결정적이었다. MRP의 강점을 설명하고 지지를 얻기 위하여 비디오 상영 및 공장세미나를 포함한 여러 가지 보조교재들이 사용되었다. 현장감독자들에게 재고를 비축하지 말라고 설득시키는 일은 쉽지 않았지만, 그것을 노력한 가치가 있었다. 시스템을 가동시키고 나서부터 WIP재고의 재고품목 가지수가 50% 로 감소되었으며, 그리고 계획활동, 일정계획의 수정 및 최신정보로의 갱신 등은 상당히 향상되었다.

example

5 MRP계획 및 수행

효과적인 MRP는 모든 운영관리분야에서 높은 수준의 훈련이 필요하다. 많은 MRP시스템들이 성공하기도 하였지만, 또한 실패도 많았다. 대개 실패들은 두 가지 원인들 중 하나의 탓으로 돌려질 수 있다. 데이터와 정보에 있어서 정확성과 현실성의 결여 그리고 부적합한 계획 및 수행이 그러한 원인들이 된다.

5.1 기술적 정확성과 현실성

옛부터 전해 오는 "쓰레기가 들어가서, 쓰레기가 나온다"(garbage in, garbage out)라는 컴퓨터 속담은 특히 MRP시스템의 경우에 해당된다. 자재명세서, 보유재고량, 미해결의 주문들, 조달기간 그리고 예측 등에 있어서의 부정확성은 시스템으로 하여금 결국 생산중단의 원인이 되는 계획을 전개하도록 하며 결국 회사가 파산하도록 만든다. 미국의 퀴글리(Quigley)는 산업공학지(*Industrial Engineering*)에 게재한 글[1]에서 기술적 정확성을 점검하기 위하여 다음과 같은 세 가지 테스트를 제시하고 있다.

① 상자에 포장되어 출하되려고 하는 완제품을 하나 선택하라. 그것을 분해하여서 그 제품에 대한 자재명세서를 검증하여라. 이것은 100% 정확하여야 한다.

② 재고로부터 세 가지 부품들의 견본을 뽑아라. 즉, A품목 B품목, 그

1) Philip E. Quigley, "Pre-MRP Planning: Make These Tests before Implementing," *Industrial Engineering*, 12, No. 2(February 1980), pp. 36~37.

리고 C품목을 선정하라. 이들의 보유재고수준과 재고기록철을 대조하라. 각각의 실제 보유재고수준과 재고기록의 오차는 1~2% 이내에 있어야 한다.

③ 생산통제부서로부터 현재의 생산량, 현재의 목표량, 그리고 다음 달의 계획에 관한 상황보고서를 획득하여라. 자재관리부서 및 조립부서에 같은 정보를 요청하라. 이들은 일치되어야 한다.

[그림 7-4]로 되돌아가 참고하면, 상기 표본조사의 ①과 ②는 MRP시스템의 입력파일들의 정확성을 입증하는 데 사용된다. 테스트 ③은 생산활동의 앞과 뒷부분에 있는 부서들간에 적절한 협조가 이루어지고 있는지를 확인하기 위하여 수행된다. MRP시스템이 성공적으로 운영되려면 이러한 점검이 정기적으로 이루어져야 한다.

MRP에서 다른 문제들은 종종 주생산일정계획의 입력요소로부터 발생한다. 비현실적인 생산일정계획은 가끔 많은 수의 연착된 주문들, 직접노동 종업원에 의해 수행된 과도하게 많은 양의 간접노동, 또는 신속히 처리되었어야 함에도 늦어진 많은 작업들에 반영된다. 그러한 문제점들은 총괄계획에 세심한 주의를 기울이며 그리고 폐쇄 순환(Closed-Loop) MRP 시스템 내의 능력소요계획의 사용에 의하여 최소화될 수 있다.

5.2 계획 및 수행

MRP의 성공은 우수한 컴퓨터 소프트웨어와 MRP에 의해 영향을 받게 될 조직 내의 모든 집단들 사이의 긴밀한 협조 여하에 달려 있다. 전형적으로, 생산, 자료처리, 마케팅, 회계 및 구매담당자들로 구성되는 프로젝트 팀이 해당 프로젝트를 맡게 될 것이다. 이것은 여러 부서의 활동을 조정하도록 프로젝트 관리기법들을 사용할 수 있는 절호의 기회이다.

교육과 훈련은 신한(주)의 예제에서도 지적되었듯이 MRP수행에 있어서 중대한 역할을 한다. MRP와 그 기능에 대한 이해부족 또는 변화에 대한 저항감은 치명적이다. 교육프로그램은 조직 내의 모든 계층을 두루 포함하여야 되며, 그리고 최고경영층의 적극적인 지지를 받아야 한다. 이렇게 함으로써 자주 발생하는 많은 행동적 문제점들을 최소화하는 것을 도울 수 있다.

어떠한 시스템에서든, 예측, 조달기간, 제품구조 등의 변화가 일어나게 마련이다. 따라서 MRP시스템은 그러한 변화들에 적응할 수 있어야만 한다. 기본적으로 사용되고 있는 두 가지 접근방법들이 있다. 한 가지 방법은 재생(regeneration)이라고 불리우는데, 여기서는 전체의 자재계획들이 현재의 정보를 토대로 하여 정기적으로 — 예를 들면, 매주 한 번씩 — 다시 계산된다. 이 방법은 대개 많은 양의 컴퓨터 시간을 소비한다. 그 대안은 순변화(net change)접근방법으로 언급되는데, 여기서 MRP시스템은 필요할 때에는 언제든지 소요량을 재계산하지만 단지 변화에 의하여 영향을 받은 구성부품들에 대해서만 실행된다. 두 가지 방법 모두 효과적이다. 그러나 재생방법은 프로그램이 정기적으로 수행되기 때문에 실행하기는 더 쉽다. 그렇지만 재생방법은 감응도가 덜하다. 정보자료가 계획기간의 처음에는 최근 것이지만 끝에 가서는 부정확하다. 순변화접근방법은 실행하기가 더 어렵지만 소요량의 변화에 대한 감응도가 매우 높으며, 그리고 더욱 시의적절한 정보를 마련한다.

6 서비스 조직에서의 MRP

앞에서 언급되었듯이, MRP의 개념은 전혀 새로운 것이 아니다. 컴퓨터가 단순히 그것을 실행할 수 있도록 하였다. 서비스 조직들은 종종 재고계획 및 통제의 측면에서 보면 제조업과 대단히 비슷한 문제들을 당면하게 된다. 자재소요계획의 개념들이 서비스 조직의 유리한 입장에 사용될 수 있다.

예를 들어, 올림픽 주경기장 부근의 햄버거 가게를 고려하자. 여러 가지 많은 품목들이 재고로 유지되고 있으며, 그리고 정기적으로 주문된다. 이들은 햄버거, 치즈, 롤빵, 프라이 그리고 청량음료를 포함한다. 예컨대, 축구경기가 열릴 때 수요는 상당히 많게 된다. 이러한 정보와 과거자료를 기초로 하여 주요 일정계획이 전개될 수 있다. 각 최종제품의 자재명세서는 단순히 조리법(recipe)이다. 더블 치즈버거에 대한 가능한 자재명세서(BOM)는 [그림 7-8]과 같다.

재고통제의 관점에서 MRP철학의 적용은 재고투자, 부패 그리고 도난을 감소시키는 것을 돕고 또한 공간이용을 향상시킬 수 있다. 취급품목이 적으며, 그리고 능숙한 서류처리시스템을 사용하면 소요량의 시간단계별 조정은 수작업으로라도 가능하다.

두 번째의 예제로서, MRP개념은 또한 대학에서 능력소요계획을 짜는 데에 적용될 수 있다. 어떤 과목을 몇 개로 분반하여 시간표를 만들어야 할까를 결정할 때, 대학 당국은 그 과목을 수강해야 하는 예상학생 숫자를 알아야 한다. 이러한 상황을 제조환경과 유추하여 보자.

최종제품은 각 전공별 졸업생들이다. 이것은 단기적으로 현재의 수요, 고등학교 졸업예정자 수, 고용추세 등을 기초로 하여 예측될 수 있다. 이러한 정보로부터, 주요일정계획이 수립된다. 각 전공별 교과과정이 자재명세서(BOM)를 구성한다. 각 과목별 선수과목의 구조는 BOM에서의 제품구조를 정의한다. 이것은 다시 시간단계별 과목소요의 일정을 짜기 위하여 학기별로 전개된다. 단과대학별 학장 및 학과장들은 이러한 정보를 이용하여 담당교수, 조교, 교실, 컴퓨터 시설 소요량 등에 관한 수용능력을 계획한다.

그림 7-8 더블 치즈버거에 대한 BOM

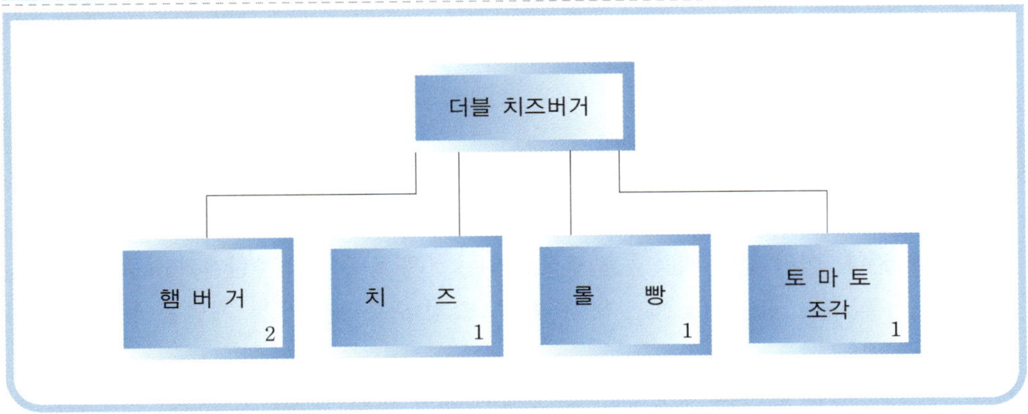

7 MRP II: Manufacturing Resource Planning

자재소요계획은 전술적 생산계획과 운영관리적 단계의 통제를 연결시켜

그림 7-9 MRPS의 구조

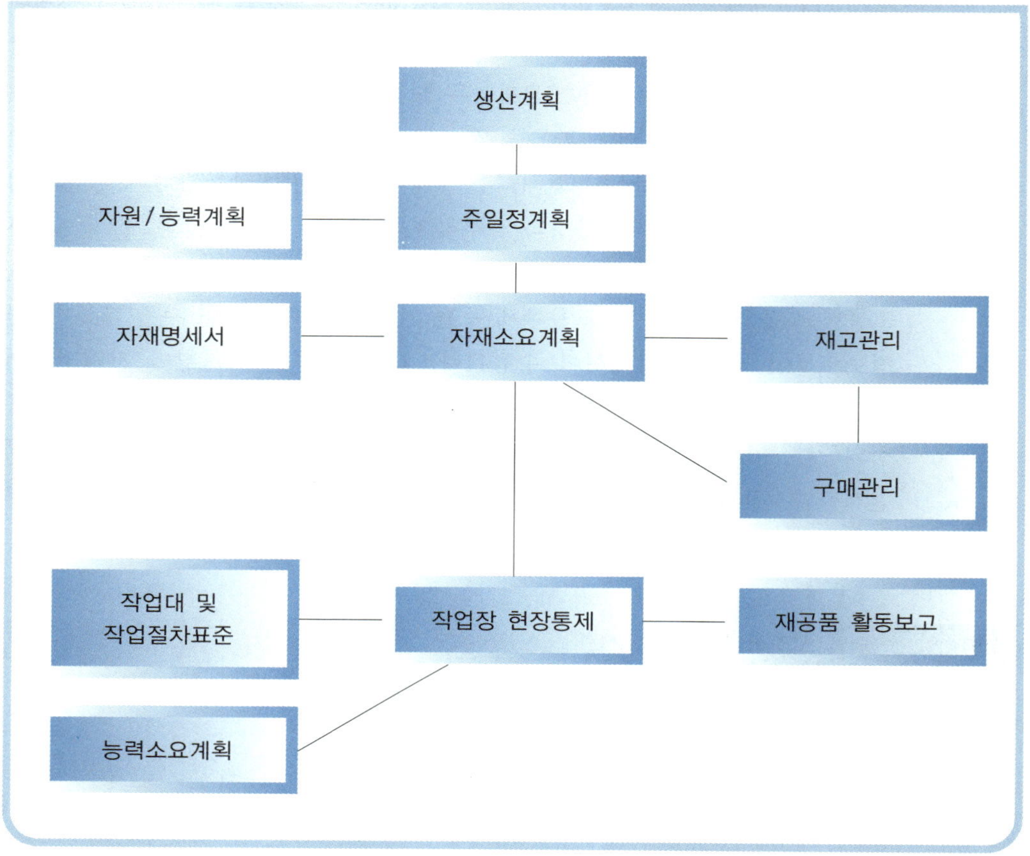

준다. 이와 같은 활동들을 조화시키는 것은 종종 제조자원계획(manufacturing resource planning 또는 MRP Ⅱ 라고도 함)으로 불리우는 개념을 통하여 완성된다.

본절에서는 제조계획 및 통제에 대한 현대적이고 포괄적인 시스템을 논의한다. CINCOM Systems, Inc.에 의해 개발된 MRPS[2](Manufacturing Resource Planning System: 제조자원계획시스템)는 다음과 같은 다섯 가지 설계철학에 기초를 두고 있다.

2) MRPS: Manufacturing Resource Planning System, CINCOM Systems, Inc., Cincinnati, Ohio 45211, (513)662-2300.

① 시스템은 변하는 상황을 충족시키기 위하여 융통성 있고, 확장가능하며 그리고 수정할 수 있어야 한다.

② 시스템은 변하는 환경과 잘 조화될 수 있도록 기능적으로 완벽하지만, 적응성이 있어야 한다.

③ 시스템은 단계적으로 이행될 수 있도록 모듈로 구성되어야 한다.

④ 시스템은 온라인이고, 상호작용하며, 사용자 우호적(user friendly)이어야 한다.

⑤ 모든 모듈들은 문서화(documentation)되어야 하고, 가장 현대적이며 기능적 특징들을 제공하여야 한다.

MRPS의 구조는 [그림 7-9]에 제시되어 있다. 수직적인 차원은 생산계획, 주생산일정계획, MRP 그리고 작업현장통제를 포함한다. 또한 이 시스템은 수평적으로 재고통제, 구매통제, 그리고 다른 계획항목들을 포함시킨다.

MRPS 시스템은 기초모듈과 네 개의 계획모듈로 구성된다. 기초모듈은 기본적인 기록관리를 마련하며 그리고 필요한 정보데이터 베이스를 갖춘 시스템 틀을 수립한다.

네 가지 계획모듈은 다음과 같다.

1) MMPS(manufacturing material planning system; 생산자재계획시스템)

이 시스템은 생산계획 및 통제에 필요한 보고서와 중요한 MRP계산을 마련한다.

2) MPSS(master production scheduling system; 주생산일정계획시스템)

이 모듈은 자재 및 생산활동을 계획하고, 협조하며 그리고 통제할 수 있는 기초를 마련한다.

3) PPCS(production planning and control system; 생산계획 및 통제시스템)

세부적인 작업일정이 작업현장을 위하여 만들어진다. 상세한 능력소요계획 및 통제, 우선적 처리 및 중간공정보고서 등이 포함된다.

4) VAPS(vendor analysis and purchasing system; 공급업자 분석 및 구매시스템)

이 모듈은 공급업자의 통제, 배달일정, 그리고 가격변동에 관한 자료를 제공함으로써 구매활동을 합리화하고 생산활동과 연계되도록 설계된다.

MRPS 시스템은 또한 자료처리의 융통성을 위하여 설계되어 있다. 이 시스템은 대형컴퓨터, 미니컴퓨터 또는 분산처리환경에서도 운영될 수 있으며 처리는 뱃취(batch: 일괄) 또는 온라인으로 수행될 수 있다. MRPS 시스템의 유용성을 설명하기 위하여 Exxon 사무실 시스템의 예제를 살펴보자.

example

예제 7-2 Exxon 사무실 시스템의 MRPS 시스템 적용

Exxon 사무실 시스템의 Qyx사는 전자타이프라이터의 생산업체이며, 미국 펜실베니아주의 라이온 빌(Lionville)에 위치하고 있다. Qyx의 경영진은 앞으로의 성장이 제조활동에 무거운 부담을 주게 되며, 따라서 더욱 효과적인 통제시스템이 수행될 필요가 있다고 일찍부터 인식하였다. Qyx타이프라이터는 수백 가지의 부품으로 구성되는데, 이 중 대부분이 외부로부터 구입되고 있다. 또한 제품개선과 가치공학에 상당한 역점을 두고 있다. 따라서 작업현장에는 적시에 적합한 양의 적절한 부품이 공급되어야 하는 것이 중요하다.

Qyx는 새로이 설립된 회사였으며, 공식적인 생산-통제시스템을 갖추지 못하고 있었다. 회사 내의 여러 기능적 분야들을 대표하는 팀이 구성되어서 폐쇄 순환 MRP 시스템 개발을 계획하였다. 세 가지 중요한 목적들은 다음과 같다.

① 재고투자를 최소화한다.
② 고객서비스를 극대화한다.
③ 공장능률을 최적화한다.

위와 같은 각각의 목표를 위하여 자재관리, 생산, 엔지니어링, 회계, 그리고 데이터 처리들이 연구 · 조사되었다. 이러한 연구로부터 전체적 시스템에 필요한 명세서 목록이 전개되었다. MRPS는 Qyx에서 가장 필요한 시스템으로 선택되었다. 운영관리의 모든 프로젝트에서 그렇듯이, 시스템을 실행시키는 데 중요한 점은 조직 내의 모든 계층에서의 협동과 책임의식이다. 프로젝트가 시작된 지 단지 7개월만에 시스템은 완전히 실행가능하게 되었다. 실행 6개월 후에 많은 무형의 그리고 재정상의 이익들이 다음과 같이 나타났다.

ERP(enterprise resources planning)

전사적 자원관리 혹은 기업자원관리의 약자로서 기업내 통합정보시스템을 구축하는 것을 말한다. 이 용어를 처음 사용한 것은 미국 코네티컷주 정보기술 컨설팅회사인 가트너그룹으로 알려져 있다. 가트너그룹은 ERP를 "제조업무시스템을 핵으로 재무회계와 판매, 그리고 물류시스템 등을 통합한 것으로서 가상기업을 지향하는 시스템"이라고 정의했다. ERP는 인사 · 재무 · 생산 등 기업의 전 부문에 걸쳐 독립적으로 운영되던 인사정보시스템 · 재무정보시스템 · 생산관리시스템 등을 하나로 통합하여 기업내 인적 · 물적자원의 활용도를 극대화하고자 하는 경영혁신기법이다. 따라서 ERP를 구축한 기업의 경우, 한 부서에서 데이터를 입력하기만 하면 전 부서의 업무에 반영되어 즉시 처리할 수 있게 된다. ERP는 완전히 새로운 것이 아니라 1980년대 초에 나왔던 자재소요계획(material requirements planning: MRP)과 뒤이어 1980년 후반에 개발된 MRP II 보다 개념과 기능이 크게 향상된 것이라 할 수 있다. 즉 기업의 생산관리부문에서 원활한 자재관리 및 구매활동을 위해 제안된 MRP에서 시작하여 MRP II 라는 과도기를 거쳐 기업의 모든 조직간의 상호정보통합을 위한 전사적 개념으로 전개되고 있는 것이다.

ERP가 경영혁신기법으로 새로운 바람을 불러일으키고 있는 것은 ERP패키지로 불리는 혁명적인 소프트웨어가 개발된 것이 계기가 됐다. 그 동안 기업업무의 전산화는 개발요원들이 전산화를 요구하는 부서의 업무를 분석하고 각종 개발도구를 이용하여 회계 · 인사 · 급여관리 등을 직접 자사의 업무프로세스에 맞게 구축하는 주문식 개발방법이 보편적이었다. 그러나 ERP에 따른 종합경영정보시스템을 지원하는 소프트웨어 패키지들이 개발 · 보급되면서 컴퓨터 사용자들이 워드프로세서 프로그램을 구입하여 사용하듯이 기업들도 전문소프트웨어업체의 경영소프트웨어를 구입해 각자의 실정에 맞게 적용하는 방식으로 변하고 있다. 대표적인 ERP 패키지로는 SAP의 R/3가 있다. 주의할 것은 기업의 모든 문제가 ERP패키지를 구입하여 설치함으로써 해결되지는 않는다는 것이다. 기업경쟁력의 향상은 기업프로세스의 개선에서 시작된다.

자료: 매일경제신문사, 경제신어사전의 정의를 보완함

- 재고의 30% 감소
- 재고정확도가 50% 미만에서부터 95%로 향상됨
- 자재명세서의 더 높은 정확도
- 미해결된 구매활동의 감소
- 연착된 구매주문의 감소
- 적시배달률의 향상
- 잔업의 감소

유형의 재정적 이익 외에도, 회사는 정확한 정보를 공급받을 수 있었다. 이것은 회사 내의 생산성과 사기를 진작시켰다.

8 요 약

본질적으로, MRP시스템은 컴퓨터에 의한 데이터 처리와 정보시스템으로서 이행되는데, 그 기능은 생산과 재고의 상태를 감시하는 것이다. 대부분의 제조환경이 가지고 있는 수요의 상호의존적인 성격과 타이밍의 결과적인 중요성을 인식함으로써, MRP는 종래의 재주문점 모형보다 생산 및 재고통제를 위하여 더 나은 대안을 제공한다.

MRP시스템의 입력요소들은 주생산일정계획, 자재명세서 파일, 그리고 재고파일을 포함한다. MRP는 이러한 정보를 사용하여 시간단계별로 생산 재고에 대한 총수요량 및 순소요량을 결정한다. MRP는 운영관리자들로 하여금 재고수준의 계획 및 통제, 주문의 우선순위에 대한 계획, 그리고 능력계획을 수립하도록 돕는다. MRP개념들은 때로는 서비스 조직에서도 유용하다.

MRP의 효과적인 수행을 위하여는 재고기록 및 자재명세서의 정확성과 현실적인 생산일정계획이 필요하다. 조직행동적 문제점들이 종종 MRP시스템의 실패이유가 된다. 따라서 MRP에 관련된 경영자들은 품질보증의 시각을 가져야 하며 그리고 조직 내의 모든 계층의 사람들과 효과적으로 관계할 수 있어야 한다.

현재, MRP접근방법을 실행시킬 수 있는 컴퓨터 프로그램을 제공하는 많은 컴퓨터 회사들이 있다. 물론 이러한 소프트웨어 패키지들 중 어느 하나를 사용하게 되면 MRP시스템의 개발을 상당히 단순화시킬 수 있겠지만, 그 개발에는 많은 비용이 들고 또한 시간이 소모되는 프로젝트이다. 그러나 적합하게 실행되면, MRP접근방법은 기업을 위하여 재고계획 및 통제와 관련된 상당한 이점들을 제공할 수 있을 것이다.

토론문제

01 재고관리담당자는 종속수요품목과 독립수요품목을 서로 다르게 취급하여야 하는데 그 이유는?

02 MRP의 목적들을 설명하고 어떻게 실행될 수 있는지 논술하시오.

03 생산조직 내의 어떤 부서들이 MRP에 의하여 영향을 받게 되는가? 그리고 어떠한 상호작용들이 발생하는지 설명하시오.

04 MRP시스템에서 자재명세서는 무엇이며, 그리고 그 기능을 설명하시오.

05 MRP에 필요한 입력요소들은 무엇이며, 어떤 종류의 산출(outputs)들이 생기는가?

06 우선순위계획에서 MRP의 사용을 설명하시오.

07 능력소요계획은 무엇이며 그리고 MRP와는 어떻게 공유영역을 갖고 있는가?

08 MRP를 개발하고 적용하는 데 겪게 되는 어려움들을 논하시오.

09 재생MRP시스템과 순변화MRP시스템의 차이는 무엇인가?

10 MRPS는 어떻게 운영되는가? MRPS를 생산계획에 관한 시스템 접근법이라고 부를 수 있는 이유는 무엇인가?

연습문제

1 본문에서 논의된 신원제작(주)의 경우에, 엔진조립부품, 에어클리너 반조립부품, 그리고 필터틀의 재고량이 각각 500, 375, 그리고 250이라면, 이들의 순소요량은 얼마인가? 모형 140은 주 21에서 소요량이 1,250단위라고 가정하자.

2 신원제작(주)의 예제에서, 엔진조립부품의 조달기간이 5, 에어클리너 반조립부품의 경우는 2, 그리고 필터틀의 조달기간은 3이라고 한다면 시간단계별 조정에 대한 영향을 설명하시오.

3 홍능기계(주)는 비료공급을 해줄 수 있는 회전식 분무기를 생산하고 있다. 아래 그림은 자재명세서의 일부를 나타내고 있다. 만약 고객이 주문을 충족시키기 위하여 3,000단위 회전식 잔디분무기가 필요하다면, 기본조립부품(base assembly), 바퀴 반조립부품(wheel subassembly), 그리고 타이어에 대한 순소요량은 얼마인가? 이들에 대한 재고는 현재 각각 1,000, 1,500, 그리고 800이다.

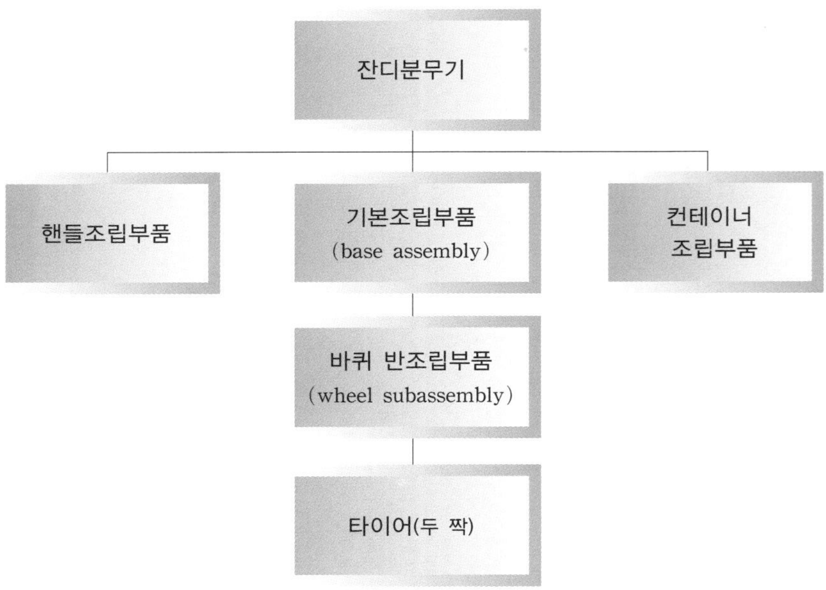

4 문제 3에서, 기본조립부품(base assembly), 바퀴 반조립부품(wheel subassembly) 그리고 타이어(tire)에 대한 조달기간이 각각 2, 4, 그리고 5주라고 가정하자. 모든 부품들이 현재의 생산계획기간인 15주라고 가정하자. 모든 부품들이 현재의 생산계획기간인 15주 이내에 완성되어져야 한다면, 이와 같은 생산계획일정을 충족시키기 위하여 언제 발주되어야 하는지를 결정하시오. 잔디분무기의 조립시간은 0이며, 잔디분무기를 생산하는 데 필요한 각 부품은 1개씩이다.

5 전기기구 A는 세 가지 주요 조립부품들 B, C 그리고 D로 구성된다. 전기제품 A는 조립부품 B가 2단위, 조립부품 C가 1단위, 그리고 조립부품 D가 3단위 필요하다. 조립부품 B는 2단위의 조립부품 D, 부품 E가 1단위 그리고 1단위의 부품 F로 된다. 조립부품 C는 2단위의 부품 E로 구성된다. 조립부품 D는 1단위의 부품 E와 1단위의 부품 F로 된다. 두 번째 주요 전기기구 G는 3단위의 조립부품 D와 4단위의 부품 F로 구성된다.

① 제품 A와 G에 대한 자재명세서를 그려라.

② 5월달에 A제품 50단위와 G제품 25단위가 필요하다면, 모든 부품과 조립부품들에 대한 소요량을 계산하라.

③ 6월달에 A제품 100단위, G제품 50단위가 필요하며 그리고 5월말의 재고가 다음과 같다면, 모든 구성부품과 조립부품들에 대한 소요량은 얼마인가?

품 목	보유재고량
A	50
G	25
B	50
C	20
D	350
E	0
F	175

C·H·A·P·T·E·R 08

일정 통제와 간판시스템

본장에서는 생산계획 중 가장 구체적인 일정계획과 간판시스템에 관해 논의한다. 일정계획은 매일 생산할 품목과 생산량에 관한 계획이며, 이에 따라 철저한 생산통제가 수반된다.

1 뱃취 생산일정계획

표준화된 제품을 대량으로 생산하는 경우, 하나의 생산라인에서 여러 종류의 모델을 생산할 때가 많다. 예를 들면, 청량음료제조업자는 하나의 설비에서 여러 가지 다른 맛의 음료들을 생산하며, 비누회사는 같은 포장라인에서 크기가 다른 여러 비누들을 포장하기도 한다. 이러한 경우에, 제품들은 일반적으로 뱃취(batch)에 의하여 생산된다. 뱃취는 1회 생산량을 의미하며, 뱃취로 생산한 제품을 재고로 축적한다. 이때 생산담당부장은 각 뱃취의 생산량과 제품의 제조순서를 결정해야 한다.

뱃취의 양(量)과 생산의 빈도수는 재고수준과 생산준비비용에 영향을 미친다. 생산주기가 길면 길수록 더 많은 재고가 발생하여 재고유지비용은 증가 하나 생산준비비용은 감소한다. 최적뱃취의 양은 경제적 생산롯트-크기(Economic Production Lot-Size)모형을 사용하여 계산될 수 있다. 그러나 여러 제품들이 설비를 공동으로 사용할 때에는 제품생산순서 또한 고려되어야 한다. 생산의 순서는 비용에 영향을 미친다.

본장에서 생산순서의 결정문제는 다루지 않기로 한다. 재고와 관련된 사항만 논의하기로 하자. 뱃취생산의 경우, 자주 사용되는 기법은 소진기간에 의한 일정계획이다.

1.1 소진기간에 의한 일정계획

어떤 제품에 대한 소진기간(runout time: R)은 다음과 같이 정의된다.

$$R = \frac{\text{재고수준}}{\text{수요율}}$$

이 값은 특정 제품의 현 재고수준으로 수요를 충족시킬 수 있는 기간을 의미한다. 일정계획을 수립할 때, 소진기간이 가장 짧은 제품에 생산우선순위를 둔다.

어떤 소비재 제품회사가 한 공장에서 서로 다른 다섯 가지 크기의 세탁비누를 제조한다. 롯트크기와 수요량에 관한 데이터는 [표 8-1]에 주어져 있다.

표 8-1 세탁비누의 데이터

크기(size)	경제적 롯트크기	생산시간(주)	주당 수요량	현재재고
소	1,000	1.2	250	800
중	800	0.8	300	600
대	1,500	1.9	500	2,000
특대(점보)	1,800	2.0	800	2,500
거대(자이언트)	600	1.0	300	525

각 제품에 대한 소진기간들은 다음과 같이 계산된다.

크기(size)	소진기간(R)
소	800/250=3.2
중	600/300=2.0
대	2,000/550=4.0
특 대	2,500/800=3.125
거 대	525/300=1.75

거대크기의 소진기간이 1.75로 가장 짧으므로, 우선 거대(자이언트)크기의 세탁비누를 먼저 생산하는 것으로 결정한다. [표 8-1]로부터 거대크기의 600품목단위 롯트크기를 생산하는 데 1주일 걸리는 것을 알 수 있다. 1주 말에 가서, 재고수준은 현재재고로부터 일주일간의 수요를 빼주게 되면 된다. 그 결과는 다음과 같다.

크기(size)	소진기간(R)
소	800−250(1)=550
중	600−300(1)=300
대	2,000−500(1)=1,500
특대(점보)	2,500−800(1)=1,700
거대(자이언트)	525−300(1)+600=825

다음으로, 위에서 구해진 새로운 재고수준을 사용하여 새로운 소진기간(R)을 계산하게 되며, 이에 따라 다음에 생산하게 될 제품을 같은 방식으로 결정한다.

크기(size)	소진기간(R)
소	550/250=2.2
중	300/300=1.0
대	1,500/500=3.0
특대(점보)	1,700/800=2.125
거대(자이언트)	825/300=2.75

소진기간에 따라 생산우선순위가 가장 높은 비누는 중간크기이다.

여기서 주의할 점은 모든 제품들의 일정계획은 차례로 수립되는 것이 아니라, 현재의 재고수준과 예상수요량에 응하여 한 번에 한 제품씩 결정된다는 것이다.

이것이 바로 동적 접근(dynamic approach)방법이다. 이 접근방법에서는 재고유지비용, 품절비용, 또는 준비비용을 고려하지 않는다. 경영관리자들은 모든 제품들에 관한 예상재고수준들을 신중히 검토하여, 재고가 너무 빨리 소진되고 있는 것은 아닌지 또는 재고가 필요 이상으로 높은 수준으로 유지되고 있는지를 주의하여야 한다. 필요하다면 초과근무, 근무시간단축, 또는 능력변경전략과 같은 방법을 통해 생산과 재고를 조정할 수 있다. 이 같은 의사결정을 내리는 데 전술적 수준의 경영관리층과 운영관리적 수준의 경영관리층간의 원활한 커뮤니케이션이 필수적이다.

2 개별생산에 의한 일정계획

주문공장(job shop)의 경우에는 다양한 주문에 따라 다양한 작업을 수행해야 한다. 이 때 각 작업은 방식과 순서에 따라 진행될 때가 많다. 이러한 경우의 일정계획에는 작업의 수행시기와 수행순서가 포함되어 있다.

일반적으로, 개별생산에 대한 일정계획(job shop scheduling)수립은 대단히 어렵다. 그러나 우선, 일정계획수립이 비교적 간단한 특별한 경우의 예를들어 설명하고자 한다.

① 단일처리장치(single processor)에서의 일정계획 여러 가지 작업들이 하나의 작업센터에서 수행된다.

② 연속생산에서의 일정계획 여러 가지의 작업들이 많은 공정단계를 거치나 모두 같은 순서로 처리된다.

2.1 일정계획의 평가기준

개별생산의 일정계획이 얼마나 효과적인가를 평가하는 데 사용하는 세 가지 주요 기준이 있다. 이 기준이 [표 8-2]에 정리되어 있다.

총소요시간(Make span)은 주어진 일련의 작업들을 처리하는 시간으로 정의된다.

흐름시간(flow time)은 특정 작업이 작업장에서 소요한 누적시간이다.

표 8-2 일정계획의 일반적인 기준

기 준	정 의	목 적
(1) 총소요시간 (make span)	일련의 작업을 완료하는 데 소요된 총시간	총소요시간을 최소화한다.
(2) 흐름시간	일정시점까지 소요된 누적시간	평균흐름시간을 최소화한다.
(3) 지연일*	완료 예정일을 초과한 시간의 양	최대지연일을 최소화한다.

* 만약 작업이 예정일 전에 완성된다면, 지연일(tardiness)은 0이다.

지연일(tardiness)은 완성예정일(due dates)을 초과한 시간의 양으로 정의한다.

총소요시간을 최소로 한다는 것은 모든 작업을 빨리 끝마침으로써 장비와 자원의 활용을 높인다는 것을 뜻한다. 또 흐름시간을 최소화하는 것은 중간공정재고의 감소를 의미한다. 지연일을 최소화한다는 것은 늦은 작업들의 수 또는 최대지연일(maximum tardiness)을 최소화하는 것이다. 총소요시간, 흐름시간, 지연일과 같은 기준을 사용하여 수립된 일정계획의 효과성 및 효율성을 평가할 수 있다. 이러한 평가를 통해 고객만족을 최대화할 수 있는 일정계획을 수립할 수 있다.

2.2 단일처리장치에서의 일정계획

가장 간단한 일정계획문제는 단일처리장치(즉, 단일기계 또는 작업자)하에서 n개의 작업을 처리하는 것이다.

예컨대, 고장난 기계들을 수리하기 위하여 한 사람의 설비기계정비공을 고용하고 있는 작업장을 고려하자. 기계정비공은 단일작업자이며 수리를 기다리는 기계들은 작업들로 간주할 수 있다. 현재 여섯 대의 기계가 고장이 나 있고, 예상되는 수리시간은 다음과 같다.

작 업	작업시간(시간수)
1	8
2	4
3	7
4	3
5	6
6	5

어떠한 작업순위가 결정되든간에 작업시간들의 합은 항상 같기 때문에, 일련의 작업들이 처리되는 시간(즉, 총작업시간)은 마찬가지이다. 일정계획을 평가하기 위해 평균흐름시간(average flow time)의 최소화를 기준으로 사용한다.

평균흐름시간을 최소화하는 일정계획을 수립하기 위해 작업시간이 가장 짧은 작업부터 처리하는 최단작업시간 우선법칙을 사용하여 보자. 이 방법을 영어로는 SPT(shortest processing time)라고 한다. 이 예에서, 작업순위는 4-2-6-5-3-1이다. 각 작업의 흐름시간들은 다음과 같다.

작 업	흐름시간(flow time)
4	3
2	3+4=7
6	7+5=12
5	12+6=18
3	18+7=25
1	25+8=33

따라서 평균흐름시간은 $(3+7+12+18+25+33)/6=16.33$이 된다. 이는 고장난 기계가 작업장에서 평균적으로 16시간 정도의 시간을 소요한다는 것을 의미한다.

2.3 납기일이 예정된 경우의 일정계획

작업의 납기일 준수는 기업의 신뢰도를 제고하는 데 매우 중요한 부분이다. 따라서 지연일을 최소화할 수 있는 일정계획의 수립이 필요하다. 다음과 같이 다섯 가지 작업들에 대한 처리시간과 예정일이 주어졌다고 가정하자.

작업	작업시간(일)	예정일
1	4	15
2	7	16
3	2	8
4	6	21
5	3	9

만약 작업이 1-2-3-4-5순서로 일정이 결정된다면, 각 작업에 대한 흐름시간(flow time)과 지연일(tardiness)는 다음과 같다.

작업	작업시간(일)	지연일
1	4	0
2	4+7=11	0
3	11+2=13	5
4	13+6=19	0
5	19+3=22	13
평균	13.8	3.6

일정계획담당자는 예정일이 가장 빠른 작업부터 우선적으로 처리함으로써 작업의 최대지연일을 극소화할 수 있다. 위의 예제에서 예정일이 가장 빠른 작업을 우선적으로 처리하는 규칙을 적용하면 최적작업순위는 3-5-1-2-4이 된다.

작업	흐름시간(일)	지연일
3	2	0
5	2+3=5	0
1	5+4=9	0
2	9+7=16	0
4	16+6=22	1 ← 최대

이 일정계획을 따르면 최대지연일은 1일로 축소된다.

여기 제시된 작업순위결정의 절차들은 현재부터 앞으로 일정계획을 짜는, 즉 전진적(forward) 일정계획을 토대로 하고 있다. 일정이 끝날 때까지는 언제 작업들이 완성될 것인지를 알 수가 없다.

만약 납기일이 반드시 지켜져야 하는 경우라면, 때로 후진적(backward)

시간단계별 조정이 시도된다. 이것은 PERT/CPM에서 LS/LF일정계획수립과 비슷하다(12장 프로젝트 관리 참조).

예컨대 위에서 논의되고 있는 다섯 가지 작업의 경우, 납기일을 반드시 준수하려면 다음에 표시된 시간까지는 각 작업들이 착수되어야 한다.

작 업	작업시간(일)	가장 늦은 시작 시간(LS)
1	15	11
2	16	9
3	8	6
4	21	15
5	9	6

후진적 일정계획(backward scheduling)은 전형적으로 항공산업(배달기일이 정부와의 계약에 의하여 결정됨)이나 MRP시스템에서 사용된다.

2.4 두 대의 기계를 가진 연속생산시스템

연속생산시스템은 모든 작업이 같은 순서로 처리되는 개별생산의 경우이다. 여기서는 두 가지 운영활동을 가진 간단한 연속생산시스템을 고려하도록 하자.

민한기계(주)는 주문부품을 생산하는 소규모 제조업자인데, 전단(shearing)공정과 구멍뚫는 천공(punching)공정을 필요로 하는 부품을 주문받았다고 한다. 민한기계(주)는 현재 다섯 가지 작업에 대한 주문을 받았는데, 각 작업의 예상처리시간(일)은 다음과 같다.

작 업	전단(shear)	천공(punch)
1	4	5
2	4	1
3	10	4
4	6	10
5	2	3

처리를 해야 할 다섯 가지 작업들은 우선 전단(shear)부터 처리되어야 한다. 흐름생산(flow shop)의 상황은 [그림 8-1]과 같다. 작업들은 1-2-3-

그림 8-1 작업순서 1-2-3-4-5에 대한 막대도표

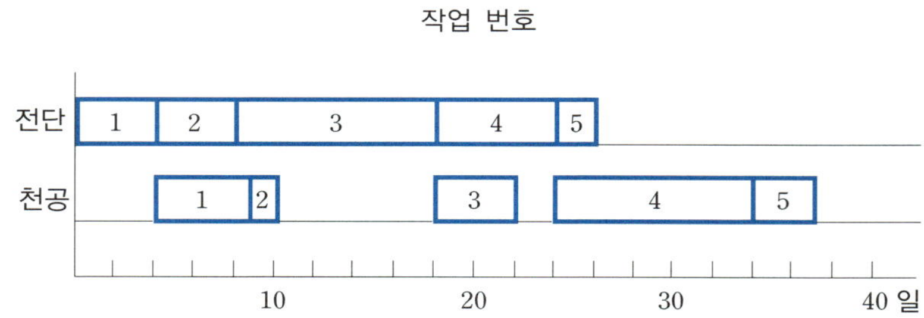

4-5의 순위로 결정되었다고 가정하자. 이러한 일정계획은 간트 차트를 변형시킨 것으로, 간단한 막대도표로 나타낼 수 있다. 간트 차트는 시간의 경과에 따른 장비의 활용을 도표로 나타낸 것이다. 이러한 작업순위에 대한 막대도표가 [그림 8-1]에 설명되었다. 이 그림은 우선 각 작업을 전단(shear)의 순위에 따라 배열함으로써 작성되었다. 그리고 나서, 다른 작업이 그 다음 공정(천공)에서 진행중이 아니라면, 전단작업활동이 끝나자마자 그 작업은 천공공정에 배정될 수 있다. 모든 작업들이 서로 잇따라 전단기계에 배치된다는 것을 주목하기 바란다. 그러나 처리시간의 변동으로 인하여 천공기계는 때로 그 다음 작업을 기다리는 동안 일이 없기도 한다. 일련의 작업의 총소요 시간(make span)은 37이며, 각 작업에 대한 흐름시간은 다음과 같다.

작 업	흐름시간(flow time)
1	9
2	10
3	22
4	34
5	37

따라서 평균흐름시간은 $(9+10+22+34+37)/5=22.4$이다. 민한기계(주)는 일정계획을 개선할 수 있겠는가?

최선의 일정계획을 찾는 방법 중의 하나는 가능한 모든 작업순서들을 일일이 헤아리도록 노력하는 것이다. 이 문제에 대해서는 $5!=120$가지 가능한

순서들이 있다. 일반적으로, 흐름생산시스템의 n가지 작업에 대하여 n! 가지의 작업순서들이 있게 된다. n의 값이 작은 경우를 제외하고 이러한 모든 작업순서들을 평가하려고 시도한다는 것은 분명히 비현실적이다. 그러므로 어떤 형태의 계량적 접근방법이 사용되어져야 한다. 최소의 총 소요시간을 구하기 위한 일정계획 수립방법이 1954년에 존슨(S. M. Johnson)에 의하여 개발되었다.

존슨의 법칙[1)]

단계 1) · 각 작업의 기계 1 및 기계 2에서 처리시간을 표로 만든다.
단계 2) · 가장 처리시간이 작은(어느쪽 기계이든지간에) 작업을 찾는다.
단계 3) · 만약 가장 작은 처리시간이 기계 1에 해당한다면, 그 작업을 우선 배정한다. 만약 그 처리시간이 기계 2에 해당한다면, 그 작업을 최후로 배열한다.
단계 4) · 그 다음으로 작은 처리시간을 사용하여 그리고 작업순위의 양쪽 끝부터 안으로 향해서 모든 작업들의 일정계획이 짜여질 때까지 단계 2)와 단계 3)을 반복한다.

민한기계(주)의 예에서 존슨의 법칙을 적용하면 다음과 같다.

작 업	전단(shear)	천공(punch)
1	4	5
2	4	①
3	10	4
4	6	10
5	2	3

최소처리시간(①)이 두 번째 기계에 해당되므로, 작업 2가 마지막으로 배정된다.

_ _ _ _ 2

다음으로, 두 번째로 작은 처리시간을 고른다. 이것은 작업 5의 기계 1에 해당하는, 처리시간 2이다. 그러므로 작업 5가 첫 번째 순위로 할당된다.

5 _ _ _ 2

1) S. M. Johnson, "Optimal Two-and Three-stage Production Schedules with Setup Times Included," *Naval Research Logistics Quarterly*, 1, 1(March 1954).

다음 단계에서, 작업 1의 전단공정과 작업 3의 천공 공정간에 동률이 된다. 동률이 일어날 때, 어느 작업이든지 선택될 수 있다. 작업 1이 선택되면, 작업순위는 다음과 같다.

5 1 _ _ 2

존슨의 법칙을 계속 적용하면 마지막 두 단계는 다음과 같이 된다.

5 1 _ 3 2

5 1 4 3 2

이러한 작업순위에 대한 간트 차트는 [그림 8-2]에 나타나 있다. 총 소요시간은 27로 감소되었으며, 평균흐름시간도 또한 18.2의 값을 갖게 되어서 원래의 일정계획보다 향상되었다.

2.5 개별생산의 일정계획에 관한 일반적인 문제

가장 일반적인 개별생산시스템의 상황에서는 n가지의 작업들을 m대의 기계들에 할당하는 일정계획을 수립하여야 한다. 각 작업은 유일한 작업경로를 갖고 있다. 그렇다면, $(n!)^m$개의 일정계획들이 가능하다. 예를 들면, n=5이고 m=4일 때, 2억 이상의 일정계획들이 있게 된다. 이러한 문제에 대해 최적해를 구하는 것은 매우 어려우며, 최적해에 접근하기 위해 휴리스틱(탐색적) 방법이 사용된다.

그림 8-2 작업순서 5-1-4-3-2에 대한 막대도표

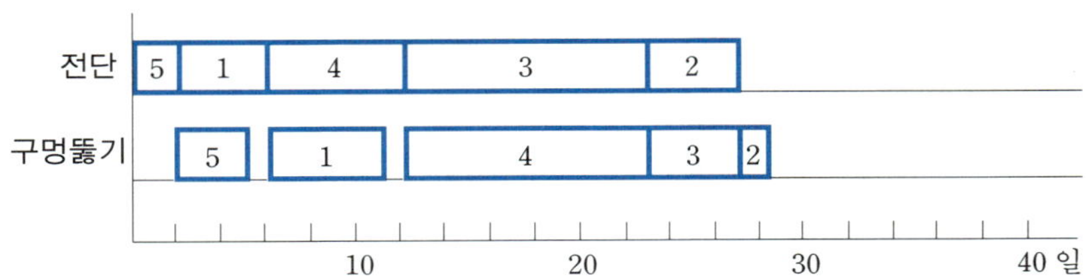

이러한 문제를 정식으로 다루기 전에, 앞서의 모든 방법들의 가정을 이해하는 것이 중요하다. 모든 작업이 동시에 착수가능하며 일정계획을 수립하는 동안에는 새로운 작업이 도착하지 않는다고 가정한다. 물론 이러한 상황은 실제로 발생하지 않는다. 작업이 수시로 도착하며, 이 때마다 일정계획은 수정되어야 한다. 이렇게 시간의 흐름에 따라 수정되는 일정계획문제를 동적(dynamic)인 일정계획문제라고 한다.

3 우선순위처리규칙

동적 개별생산시스템에서 사용되는 작업배정규칙은 처리시간, 작업의 속성, 작업장의 특성에 기본을 두고 있다. 전자의 부류에 속하는 규칙들은 정적(static)인 규칙이라고 불리우는데, 그 이유는 작업의 우선순위들이 창고로부터 어떤 원자재가 배분되기 전에 계산될 수 있기 때문이다.

후자의 부류에 속하는 규칙들을 동적(dynamic)이라고 일컫는 이유는 작업 우선순위들이 다른 작업들과 연관지어서 어떤 특정작업의 진행과정에 따라 계획기간중에 변할 수 있기 때문이다. 동적 규칙들을 사용하는 우선순위들은 기계의 부하의사결정(machine loading decision)이 내려질 때에만 계산될 수

표 8-3 개별생산에 대한 우선순위처리규칙들

규 칙	형태	특 징
(1) 가장 이른 양도일	정적	작업이 작업장에 양도되는 시각
(2) 최단처리시간	정적	기다리고 있는 작업의 최단공정처리시간
(3) 총작업량	정적	모든 처리시간들의 합
(4) 가장 이른 예정일	정적	작업의 예정일
(5) 남아 있는 최소의 작업량	정적	아직 수행되지 않은 모든 공정에 대한 처리시간들의 합
(6) 남아 있는 최소의 공정수	정적	수행되어져야 할 공정의 수
(7) 다음 대기행렬에서의 작업량	동적	작업의 처리순위에 있어서 다음 기계를 기다리는 작업의 양
(8) 여유시간	동적	예정일까지 남아 있는 시간에서 남아 있는 처리시간을 뺀 것
(9) 남아 있는 공정별 여유시간	동적	여유시간을 남아 있는 공정의 수로 나눈 것
(10) 임계비율	동적	예정기일까지 남아 있는 시간을 작업완수에 소요되는 일 수로 나누어 준 것

있다. 조금 다른 우선순위처리규칙들은 [표 8-3]에 목록으로 작성되어 있다.

작업이 계속적으로 작업장에 도착하는 경우, 작업배정규칙을 평가하는 기법으로 시뮬레이션(모의실험)이 사용된다. 시뮬레이션을 다음과 같은 예제를 통해 살펴보기로 하겠다.

3.1 작업배정규칙들에 대한 시뮬레이션

서울제강(주)은 선반(lathe), 천공기(drill press), 밀링기계(milling machine), 그리고 연마기(grinder)를 갖춘 소규모의 개별생산공장이다. 고객이 발주함에 따라 작업이 작업장에 도착한다. 시뮬레이션은 우선 작업의 도착패턴을 파악해야 한다. 이는 보통 과거 데이터의 분석을 통하여 얻어진다.

표 8-4 서울제강(주)의 개별상황

작 업	도착시간	특 징
1	0	L(10)−D(20)−G(35)
2	0	D(25)−L(20)−G(30)−M(15)
3	20	D(10)−M(10)
4	30	L(15)−G(10)−M(20)

주: 예컨대, 작업 1은 우선 선반(lathe)으로 가공처리되며, 두 번째로 천공기(drill press), 그리고 세 번째로 연마기(grinder)에 의하여 처리되어져야 하는데, 각각 처리소요시간은 10, 20, 그리고 35이다.

그림 8-3 시간 T에서의 작업장 상태

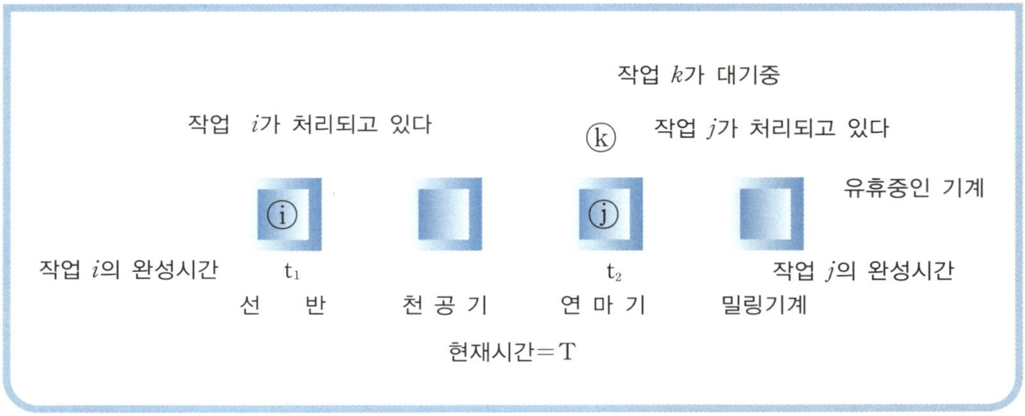

[표 8-4]와 같이 네 개의 작업들이 도착한다고 가정하자. [그림 8-3]에 나타낸 도해는 작업장의 상태를 보여 주고 있다. 이 그림에서 상자모양은 각 기계를 나타낸다. 처리중이거나 처리를 기다리고 있는 작업은 원으로 표시했다.

각 기계의 밑에는 처리중인 작업의 완성시간이 명시되어 있다. 시뮬레이션은 시간 T=0에서 시작된다.

일정계획수립에는 최소의 잔여작업량(least-work-remaining)규칙을 사용한다. 시간 T=0일 때, 작업 1과 작업 2가 도착된다. 작업 1은 바로 선반에 할당되며, 작업 2는 천공기에 지정된다. 시간 0에서의 작업장의 상태는 다음과 같다.

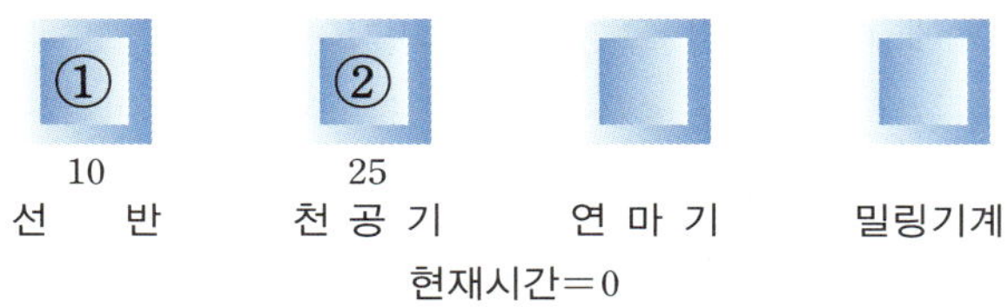

이 작업장의 형태를 시간의 흐름에 따라 분석함에 있어서, 시간은 5단위씩 증가된다. 발생할 수 있는 경우는 오로지 두 가지뿐이다. 새로운 작업이 도착되거나, 또는 어떤 작업이 기계에서 특정 공정을 완결하게 된다. 단위구간(여기서는 5단위) 동안 아무일도 일어나지 않는다면, 단순히 다음 구간으로 계속 진행된다. 시간 T=5에서는 아무일도 발생하지 않는다. 작업 1은 시간 T=10에서 선반공정이 끝난다. 작업 2가 아직도 천공기에서 끝나지 않았기 때문에, 작업 1은 기다리게 된다. 이 시점에서 작업장의 상태는 다음과 같다.

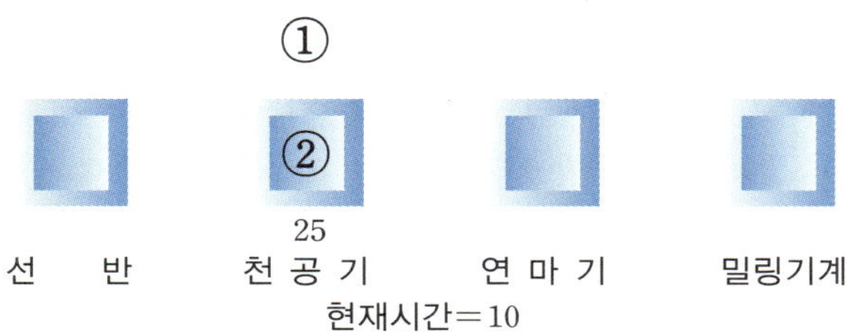

다음으로 시간 T＝20에서 작업 3이 천공기에 도착하여 차례를 기다리게 된다.

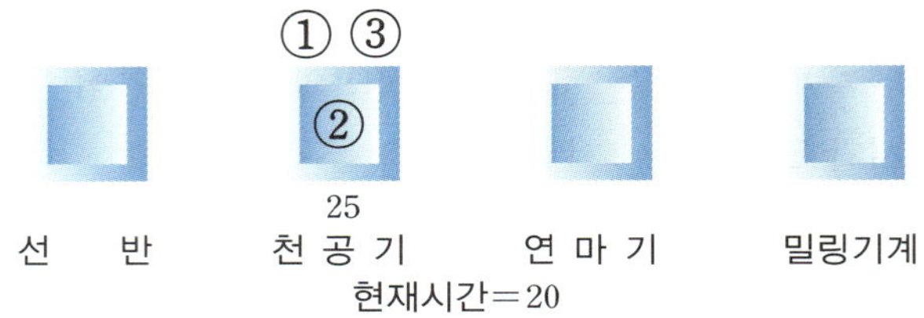

시간 T＝25에서, 작업 2는 천공기에서의 작업을 마친다. 다음으로 작업 1 또는 작업 3 중에서 어느 것을 배정하여야 할지 의사결정을 내려야 한다. 작업 1에 대하여 남아 있는 작업량은 10＋20＋35＝65인 반면에, 작업 3에 대하여는 남아 있는 총처리시간이 10＋10＝20이다. 따라서 작업 3이 다음으로 배정되며, 작업 2는 선반으로 이동된다.

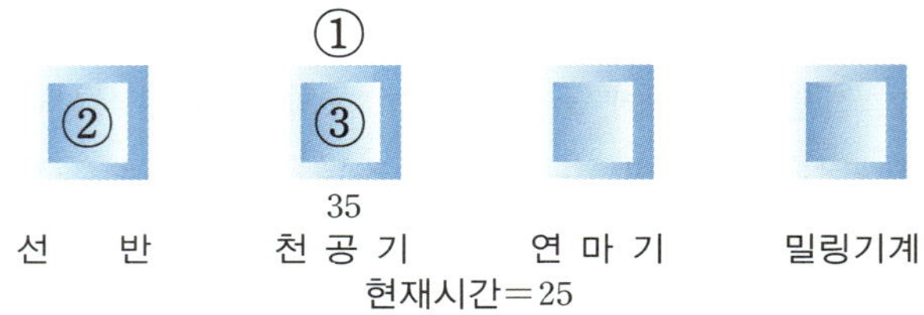

이러한 식으로 계속하여, 네 가지 작업들이 모두 완성될 때까지 [그림 8-4]에 나타나 있듯이, 계획기간 동안 작업장의 상태를 추적하게 된다.

이러한 일정계획과정에 대한 막대도표는 [그림 8-5]와 같이 작성된다. 기계이용률, 작업대기시간, 그리고 작업완료시간에 관한 통계량을 손쉽게 얻을 수 있다. 이 통계량을 이용하여 작업처리규칙들을 비교할 수 있다. [표 8-5]에 그 요약이 정리되어 있다. 이와 같은 시뮬레이션을 통하여 경영자는 어디서 병목현상이 발생하며 또는 어느 곳에 좀더 수요능력이 증설되어야 하는지를 알 수 있다.

그림 8-4 최소잔여작업량을 사용한 시뮬레이션 결과

그림 8-5 개별생산에 대한 막대도표결과

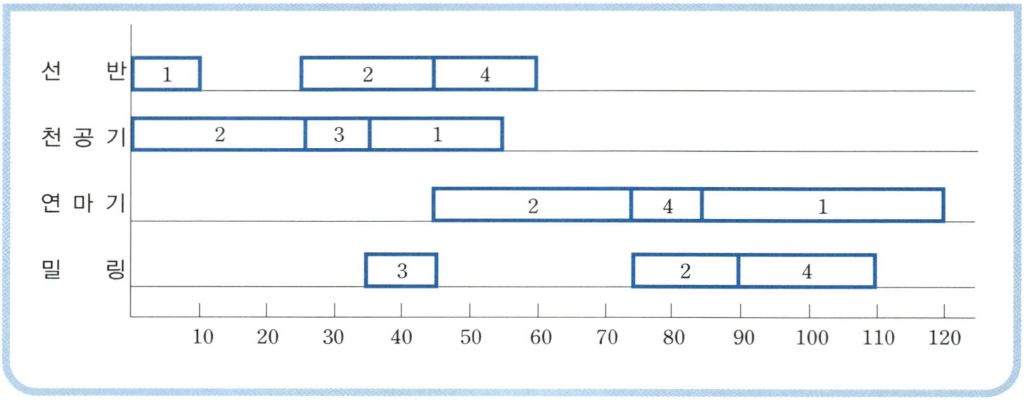

표 8-5 최소잔여작업량을 사용한 시뮬레이션

작 업	대기시간	완성시간	기 계	유휴시간(총소요시간－처리시간)
1	55	120	선 반	75
2	0	90	천 공 기	65
3	25	45	연 마 기	45
4	65	110	밀링기계	75

3.2 작업배정규칙의 선택

작업배정규칙의 성과에 대한 유용한 결과를 얻기 위해서는 좀더 긴 시간 동안, 그리고 좀더 현실적인 작업장의 형태를 대상으로 시뮬레이션이 수행되어야 한다. 시뮬레이션을 통해 작업배정규칙의 효과성을 측정하는 많은 연구가 진행되어 있다. 이 시뮬레이션 연구결과에 의하면 최단처리시간(shortest processing time: SPT)이 최선의 규칙들 중의 하나라는 것이 밝혀졌다. 일반적으로, SPT를 사용하여 일정계획을 수립하면 대기작업의 수가 적게 된다. 그러나 대기하게 되는 작업(즉, 비교적 긴 처리시간을 가지고 있는 작업들)은 오랫동안 대기하게 된다. 이러한 경우, 많은 시간 동안 대기하고 있는 작업들에 우선순위를 부여하도록 규칙을 수정함으로써 효율성을 제고할 수 있다. [표 8-3]에 있는 규칙들 (8)과 (9), 즉 여유시간과 남아 있는 공정별 여유시간규칙은 최선의 동적 규칙들이다.

납기일이 중요할 때, 임계비율규칙([표 8-3]에서 규칙 ⑽)은 매우 유익하다. 임계비율(critical ratio)은 작업을 수행하는 데 필요한 소요시간 대(對) 공급시간의 비율이다. 예컨대, 생산하는 데 8일이 소요되며 10일 내에 공급(배달)되어야 한다면, 임계비율은 10/8=1.25이다. 만약 이 지표가 1보다 크다면, 그 작업은 일정보다 앞서 있다는 뜻이다. 만약 지표가 1이면 작업은 순조롭게 진행되고 있으며, 만약 1보다 작으면 작업은 예정시간보다 늦다는 의미이다. 이러한 지수를 사용함으로써 운영관리자는 손쉽게 모든 작업들의 현황을 파악할 수 있으며 우선순위를 결정할 수 있다. 가장 이른 예정일(earliest due date)도 효과적인 작업순위처리규칙인 것으로 밝혀졌다.

동적 규칙 혹은 정적 규칙을 사용할 것인가에 관한 결정에 영향을 미치는 중요 요인 중의 하나는 정보수집의 양이다. 정적 규칙(static rule)을 적용할 경우, 많은 정보처리가 필요하지 않다. 동적 규칙(dynamic rule)은 작업현장으로부터 계속적인 피드백과 우선순위에 관해 새로 계산을 해야 한다. 이 경우, 신속한 자료처리를 위하여 컴퓨터 시스템을 이용해야 한다. 이 같은 시스템을 구축하고 시행하는 데 드는 비용은 동적 일정계획규칙을 사용하여 얻는 혜택을 능가하기도 한다.

우선순위처리규칙들은 의사결정에 보조자료로 사용될 수 있다. 감독자와 운영관리자들의 경험 및 지식이 매일매일의 작업장 운영에 있어서 가장 중요한 것은 말할 나위 없다.

4 생산통제

생산통제의 목적은 운영비용을 최소화시키며 또한 고객서비스 목표를 충족시키도록 노력하는 한편, 노동 및 장비의 높은 생산성과 제품의 높은 품질을 달성하도록 하는 데 있다. 생산성은 자원의 높은 이용률을 성취하고, 유휴시간을 최소화하며, 불필요한 기계준비 및 공장 내의 혼잡을 감소시킴으로써 향상될 수 있다. 적합한 재고수준과 적은 양의 중간 재공품을 유지함으로써 비용은 감소될 수 있다. 고객서비스 목표는 고객의 주문을 제때에 완결하

그림 8-6 생산통제기능

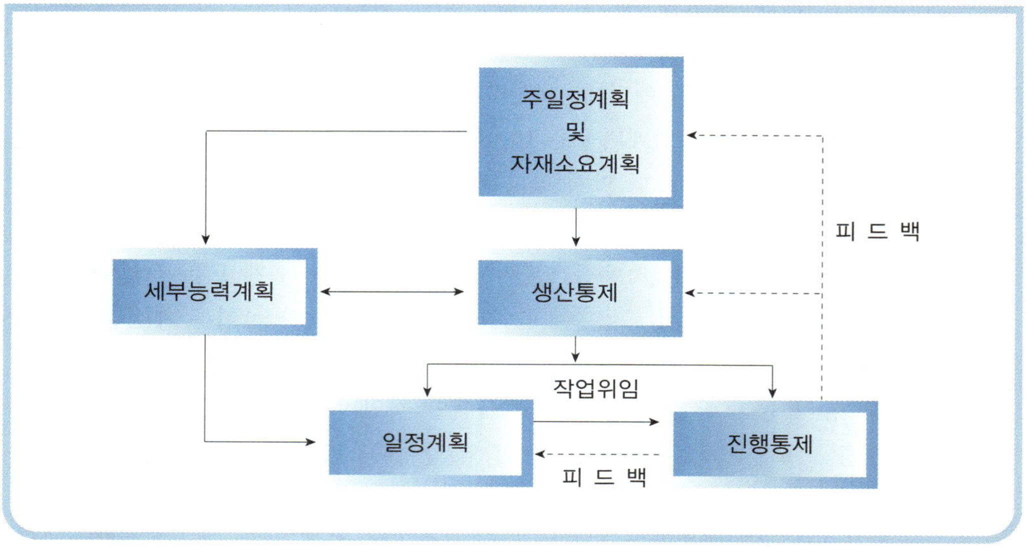

고 출하에 대한 약속을 지킴으로써 달성된다.

[그림 8-6]은 생산통제기능을 설명하고 있다. 주일정계획 및 MRP로부터의 정보는 생산계획의 실행에 관한 지침을 마련한다. 생산통제는 세부적인 능력계획, 일정계획, 작업의 위임 및 작업현장에서의 진행통제에 책임이 있다.

생산감독자의 역할은 연장 및 자재가 필요할 때 이용될 수 있도록 하고, 단기적인 능력제한을 조정하며, 중간공정을 추적하고, 작업자를 감독하며, 기계고장을 처리하고, 급한 주문은 신속히 처리하며, 생산량 및 폐기물을 계획된 소요량과 점검하며, 그리고 품질문제의 해결을 돕는다. 자료수집과 보고활동은 주일정계획 및 자재소요계획을 조정하는 데에 피드백을 마련한다([사진 8-1] 참조).

4.1 작업진행통제

머피의 법칙(Murphy's law)이 주장하듯이, “하나가 잘못되면 모든 것이 잘못되어 간다”라는 것은 특히 일정계획에서 들어 맞는 말이다. 따라서 작업진행을 계속적으로 감시하는 것이 중요하다. 생산통제는 일정보다 앞서 있거

사진 8-1 3개월간의 작업진행통제를 위한 간트 차트

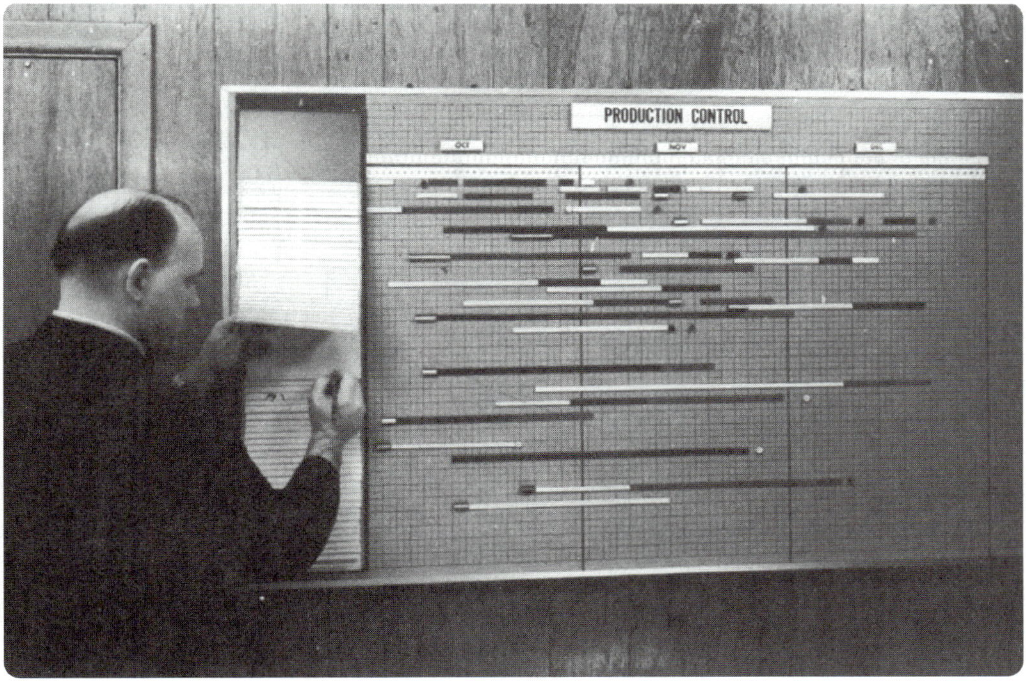

나 또는 뒤져 있는 주문들, 원자재가 부족한 주문들, 작업이 밀려 있는 작업센터들, 재고의 변동, 작업자의 인사이동, 그리고 적송품에 대한 판매부서의 약속 등의 상황을 인식하여야 한다.

단기적 수용능력의 변동은 또한 부득이 일정계획을 변경하게 만든다. 단기적 수용력에 영향을 미치는 요인들은 결근율, 작업자의 작업성과, 기계고장률, 도구사용상의 문제점들, 그리고 자재부족현상 등을 포함한다. 이러한 일들은 변함없이 발생하며 또한 피할 수가 없다. 수용력의 부족현상을 처리하기 위하여 운영관리자가 이용가능한 대안들은 초과근무, 단기적인 하청계약, 생산경로의 교체, 또는 노동력의 재할당 등이다.

간트 차트는 PERT/CPM프로젝트를 통제하는 데 사용되었던 것과 흡사하게 생산을 감시하기 위한 유용한 도구이다. [그림 8-7]에 그 사례가 설명되어 있다. 그늘진 부분은 완료된 작업을 의미한다는 것을 상기하기 바란다. 차트를 살펴보면, 예를 들어 작업 4는 기계 2에서 아직 시작되지 못하였

그림 8-7 일정계획의 진행을 감시하기 위한 간트 차트

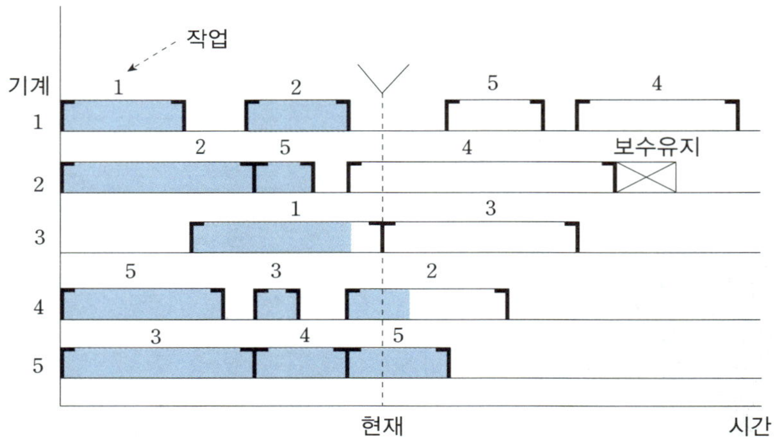

으며, 작업 1은 현재 기계 3에서 일정보다 늦어져 있고, 그리고 작업 2 및 작업 5는 일정을 앞지르고 있다는 것을 알게 된다. 아마도 작업 4에 필요한 원자재가 아직 작업 4에 도착되지 않았을 것이며 또한 기계 3은 고장이 났음에 틀림이 없다. 하여튼, 일정을 바꾸거나 또는 늦어진 작업을 촉진하는 것은 생산통제담당자의 역할이다. 많은 회사들의 경우, 생산관리담당자들의 유일한 목표는 최우선적으로 완성되어야 할 작업들("hot jobs")을 촉진하는 일이다. 그들의 과업은 급한 주문들을 처리할 수 있는 방법을 모색하고, 더딘 주문들을 추적하며, 그리고 본질적으로 작업들의 일정계획에 대한 우선순위를 결정하는 것이다. 그러나 재빨리 해치우기 위하여 발생된 너무 많은 촉진활동(expediting)은 공장 내에 분열을 초래할 수 있다. 대부분의 작업들이 우선적으로 처리되어져야 한다면 문제가 된다. 적합한 일정계획과 능력계획에 의하여 과다한 촉진활동은 피할 수 있다. 급히 처리되어야 할 작업들의 목록이 줄여질 수 있다면, 일정에 뒤진 작업들을 완성하기 위한 초과근무의 필요성도 감소된다. 이것은 또한 준비비용을 낮출 수 있게 하는데, 그 이유는 운영관리자로 하여금 급한 작업을 수행하기 위하여 현재 진행중인 작업을 중단시킬 필요가 없기 때문이다.

그림 8-8 LOB 목표계획

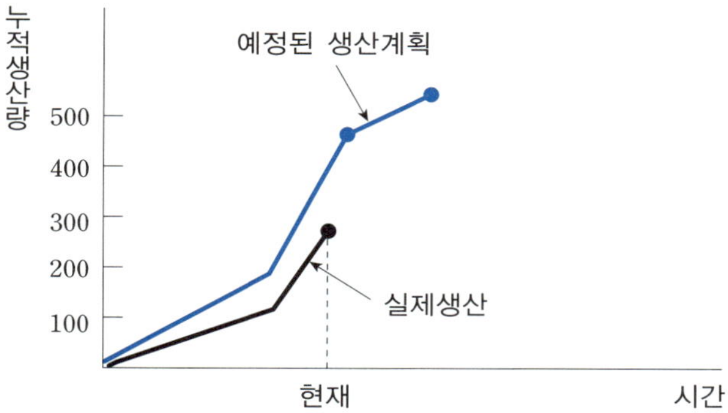

제조 및 조립활동에서의 성과를 통제하며 감시하기 위하여 오랫동안 사용되어 왔던 한 가지 접근방법은 라인의 균형화(line of balance: LOB) 기법이다. 어떤 제품에 대한 주문이 500품목단위만큼 접수되었다고 가정하자. 생산 일정이 짜여지고 또한 배달일정이 수립된다. [그림 8-8]과 같이 누적적인 예정생산계획 및 실제생산이 도면에 작성될 수 있다. LOB용어에서, 계획된 생산일정은 목표계획(objective plan)이라고 일컫는다. 작성될 수 있는 또 하나의 그림은 제품-조립계획(product-assembly plan)이라는 것이다. 이 그림은 구매 및 제조활동과 연관된 조달기간을 설명하기 위하여 시간에 대해서 작성된 것을 제외하고는 조립도(assembly chart)와 비슷하다. 그 사례가 [그림 8-9]에 주어져 있다.

이것은 일정에 맞추어 생산하기 위하여 언제 부품이 발주되어야 하며 또한 생산활동이 시작되어야 하는지를 알려 준다. 원과 정사각형들은 통제점(control points, PERT/CPM용어에서 사건들로 유추하여 생각하기 바람)들을 나타낸다. 마지막으로, 작업진행도표(progress chart)가 각 통제점에 대하여 작성되어 있다([그림 8-10] 참조). [그림 8-10]은 어느 한 시점에서의 완성된 누적적 품목단위와 라인의 균형화, 즉 일정에 따라 완성되었어야 할 숫자를 나타낸다. 운영관리자는 이러한 정보를 사용하여 단기의 수용능력을 조정하거나 일정계획을 다시 수립할 수 있다.

잠시만 생각해 보면, LOB의 개념은 MRP와 비슷하다는 것을 알 수 있

그림 8-9 LOB 제품조립계획

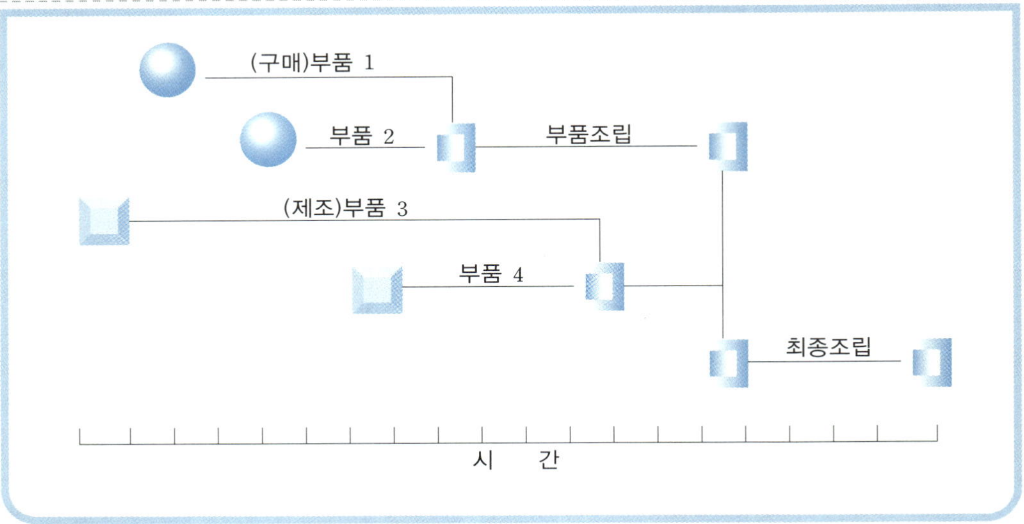

그림 8-10 LOB 작업진행도표

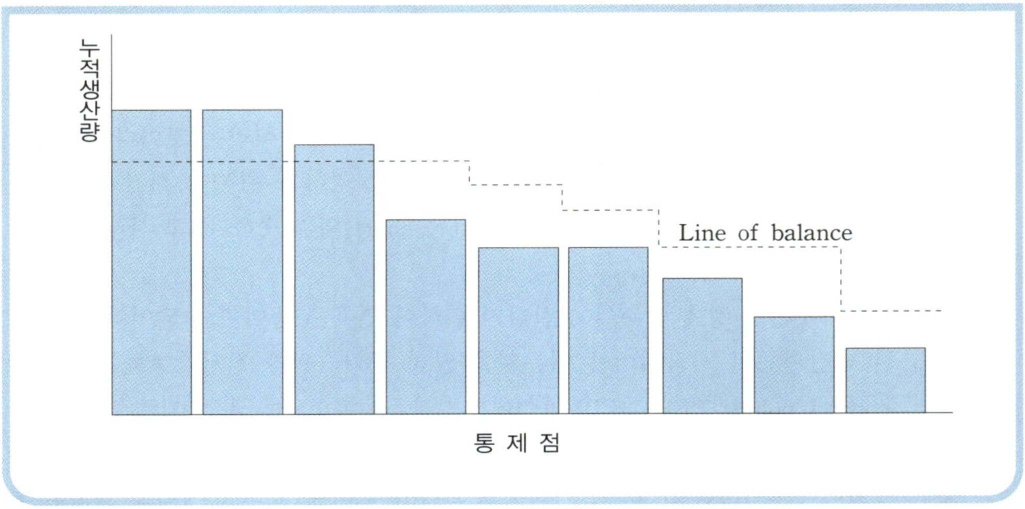

다. 가장 중요한 차이점은 LOB는 수작업에 의한 일정계획방법인 데 대하여, MRP는 좀더 강력한 컴퓨터에 의한 접근방법이다. 그러므로 많은 대규모의 제조기업들에서 더 이상 LOB는 사용되지 않는다. 작업현장통제를 자재계획 및 통제를 위한 통합적 시스템으로 연결시키는 MRP II — 제조자원계획(Manufacturing Resource Planning) — 의 개발 이래로 더욱더 그러하다. 그러나 LOB는 MRP보다 좀더 고객지향적이라는 점에서 유리하다. 많은 소규모의 기업과 비제조업 관련조직들은 아직도 LOB를 유용한 기법으로 알고 있다.

4.2 컴퓨터에 의한 생산통제시스템

컴퓨터에 의한 정보시스템은 대규모의 공장에서 생산통제를 위하여 광범위하게 사용된다. 제조시설이 수백 개의 작업센터 또는 기계들로 구성되어 있으며 또한 수천 개의 서로 다른 부품들을 처리하는 것은 드문 일이 아니다. 그와 같은 기업에서 일정계획은 복잡하여 컴퓨터에 의한 접근이 필수적이다. 전형적인 정보시스템은 [그림 8-11]에 예시되어 있다.

생산통제시스템의 세 가지 중요한 입력요소들은 작업절차파일(route file), 작업센터파일(work center file) 및 작업지시파일(shop order file)이다. 작업절차파일은 부품번호, 수행될 작업활동, 기준 등을 포함하는 각 고객의 주문에 대한 작업경로자료를 포함한다. 작업센터파일은 수용능력정보를 포함하며, 그리고 작업지시파일은 각 고객의 주문에 대한 자료를 함유하고 있다. 전형적인 산출은 부하보고서(load reports), 작업장 일정계획(shop schedules), 그리고 주문상황보고서이다. 이들은 날마다 또는 몇 시간마다 최신정보로 갱신된다. 이것은 많은 데이터 수집과 처리를 수반하며, 또한 정확성의 유지 · 보존이 매우 중요하다. 자동적인 데이터 수집장비가 이러한 활동을 수행하는 데 자주 사용되고 있다. 많은 시스템들은 온라인 질문처리능력을 갖추고 있어서 판매원은 고객의 주문에 대한 상황을 점검할 수 있고 또한 예상되는 배달기일을 수립할 수도 있다.

컴퓨터에 의한 통제시스템이 효율적으로 운영되기 위하여 정확한 정보와 경영진의 적극적인 지원이 필요하다. 또한 시스템 사용자들에 대한 교육과 훈련이 실시되어야 한다. 다음의 예제를 통하여 컴퓨터에 의한 생산통제시스템의 설계 및 실행에 있어서 문제점, 해결책 및 조직행동적인 측면을 살펴보도록 하자.

그림 8-11 생산일정계획 및 통제를 위한 정보시스템

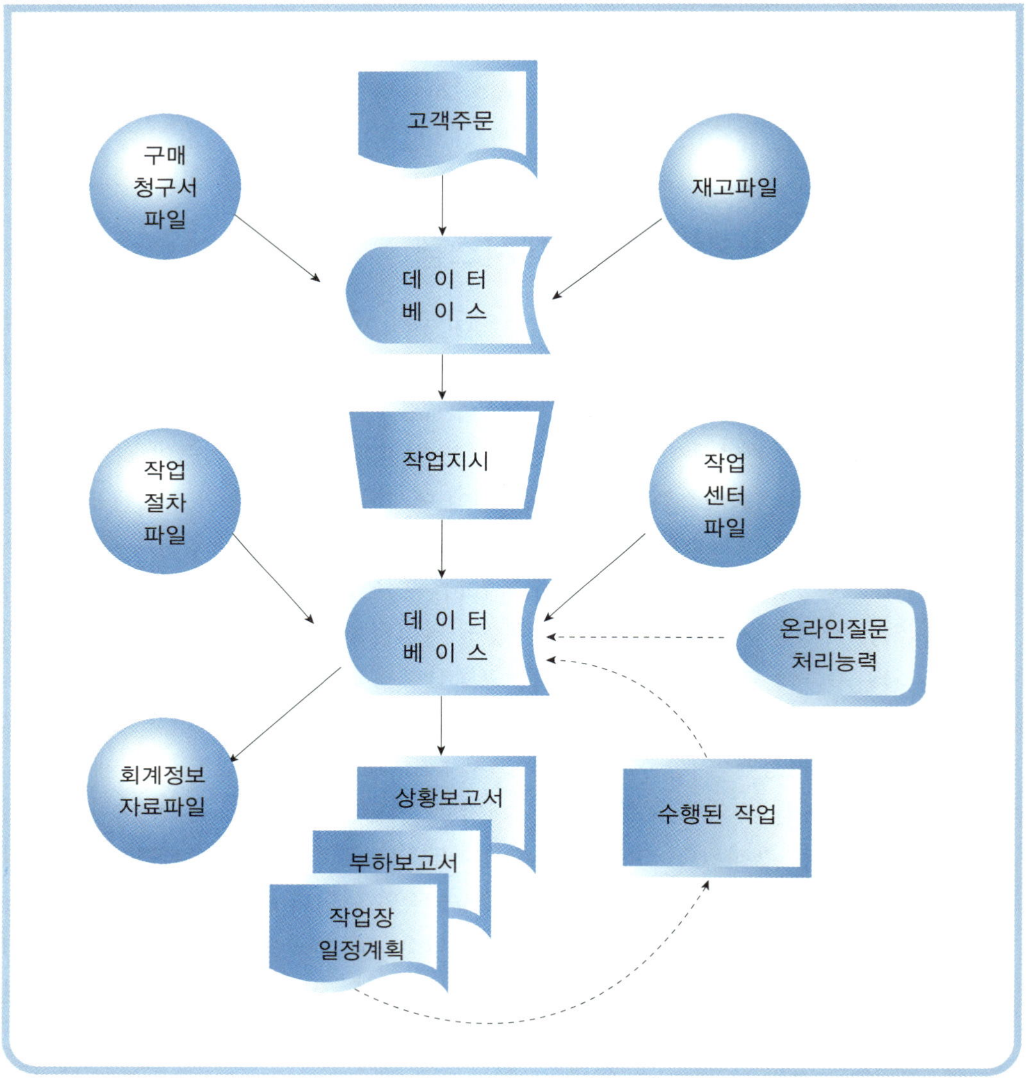

example

예제 8-1 왕산전자(주)의 반도체 생산통제시스템

반도체 제조업에서 일관성 있는 전기 및 기계적 특성을 유지 및 달성하는 것은 어렵다고 한다. 반도체 처리공정의 속성 때문에, 생산된 좋은 품질의 부품비율—제조수율(yields)로 일컬어지는데—은 원자재의 그룹에 따라 달라진다. 이러한 이유 때문에, 기계부하에 필요한 공정중재고의 양과 예상 배달일정에 관한 불확실성이 항상 존재한다.

두 번째 문제는 자재의 전기적인 특성이 실제의 겉모양은 그대로 있으면서 상당히 변하기 때문에 발생한다. 따라서 가공처리중에 여러 가지 제품들을 추적하는 것은 어렵다. 왕산전자(주)에서는 수백 가지 서로 다른 형태의 반도체들이 제조된다. 이러한 문제점들을 고려하여 기술진들은 불충분한 수작업시스템을 대신할 수 있는 컴퓨터에 의한 생산통제시스템을 개발하였다.

그러나 시스템설계자들은 컴퓨터에 의한 자동화가 작업장의 작업자들과 작업장 운영관리자들 쌍방에 의하여 가끔 오해받거나 원망의 대상이 된다는 사실을 인식하였다. 따라서 여러 가지 기본적인 고려사항들, 즉 사용자의 감정, 해결의 필요조건, 자료수집 및 정확성을 참작하는 것이 중요하였다.

조직행동에 관한 측면 또한 중요하다. 시스템을 받아들이도록 하기 위해서는 사용자들로 하여금 컴퓨터에 의한 시스템이 제공하는 복잡미묘함의 정도에 곤란이 없도록 하는 것이 중요하다. 예컨대, 시스템은 작업장에서 공급된 다듬어지지 않은 자료로부터 현재의 생산산출량을 계산한다. 이러한 정보는 작업장 경영진들이 미래의 생산을 계획하는 데 사용된다. 계획기능도 또한 전산화될 수 있음에도 불구하고, 작업장 감독자들의 경험과 판단이 컴퓨터에 의하여 계산된 정보자료와 통합될 수 있도록 계획기능은 그대로 두었다.

성공적인 시스템개발은 설계자와 사용자간의 통합된 노력으로 이루어져야 한다. 많은 생산통제시스템들은 설계자와 사용자들간에 커뮤니케이션의 부족으로 실패하였다. 왕산전자(주)에서 사용자들은 신속하며 정확한 자료수집을 준비할 필요성을 경험하는 동안에 설계자들은 시스템이 성숙함에 따라 변하는 필요성과 좀더 정교함에 대한 융통성을 부여할 필요성을 깨닫게 되었다. 사용자 참여의 일환으로서 개발팀에 작업장의 일선감독자, 생산통제담당자, 정보시스템 전문가 그리고 산업공학기사들이 포함된다.

리얼 타임(real-time: 컴퓨터의 실시간) 응답에 대한 필요성이 없었기 때문에 자료수집방법은 천공카드(punched card)를 활용하였다. 그러나 이러한 방법이 새로운 시스템에서는 만족스럽지 못하였다. 더욱이, 사용되고 있는 시스템은 작업장 운영관리자들로 하여금 스스로 카드에 구멍을 뚫도록 허용하였다. 작업장 훈련 및 시스템 수정은 한 사람에 의하여 더 잘 조화될 수 있다는 것이 밝혀졌으며, 벌써 현재의 시스템하에서 비공식적으로 이것이 실행되고 있었다. 이러한 개념은 각 지역마다 특별히 단말장치(terminal: 데이터의 입출력장치) 전담운영관리자를 두도록 만들었는데, 그 운영관리자의 직무는 생산기록들을 수집하며 이 기록들을 컴퓨터에 입력하는 것이었다.

바람직한 데이터의 정확성을 기하기 위하여 몇 가지 조치들이 취해졌다. 사용되고 있는 하드웨어 및 소프트웨어는 에러탐지능력(error-detection capability)을 갖추도록 선택되었다. 단말장치전담 운영관리자들은 데이터를 사전심사하는 책임을 져야 했으며, 전날의 입력사항에 관한 대조표가 마련되어져서 사후에 다시 한 번 검사하였다. 또한, 작업장 감독자들은 작업자에 의한 데이터 기록 및 입력에 있어서 그 정확성에 대한 책임이 있었다.

수집된 생산데이터는 세 가지 주요 시스템 파일들을 갱신하며 작업장 보고서들을 작성하는 데 사용된다. 이러한 파일들은 각 제조된 부품의 작업활동, 모든 중간공정재고들의 소재 및 특정 기간 동안의 요약된 생산물 자료를 포함한다. 파일의 보전관리에 대한 책임은 생산관리부서가 맡았다. 이 시스템이 공급하는 정보는 다음과 같다.

① 매일매일의 재고상황: 특정 제품을 촉진하며 추적하는 데 사용됨.
② 생산물 예측: 작업장 계획 및 생산일정계획에 사용됨.
③ 잠재적인 우량제품에 대한 추정
④ 현재의 고객주문에 대한 생산현황 및 앞으로 예상되는 적송품
⑤ 노동능률: 각 개인별 및 부서별
⑥ 결근보고

매일의 보고서들은 일선감독자 및 선택된 작업장 담당자들에게 배포되는 한편, 그 요약보고서가 좀더 높은 경영관리층의 전술적 계획을 위하여 일별, 주별, 또는 월별로 준비된다.

새로운 시스템은 반도체생산과 관련된 몇몇 문제점들을 완화하는 데 도움이 되었으며 또한 효과적인 생산통제를 위하여 필요한 사무적인 노력을 덜어 주었다. 이러한 시스템이 제공하는 것은 정보이지, 의사결정이 아니라는 것을 명심하기 바란다. 생산관리부서는 좀더 나은 의사결정을 내리기 위하여 이러한 정보를 사용할 수 있다.

5 적시생산방식의 의의

5.1 적시생산방식의 역사적 배경

1900년대 미국은 지리적, 문화적, 인종적 유사성 때문에 유럽의 산업혁명 이후 선진화된 생산기술을 쉽게 도입할 수 있었다. 유럽의 생산기술을 미국의 자동차산업에서는 더욱 발전시켜, 생산성을 배가하는 대량생산기술을 개발하였다. 특히 포드는 조립라인을 최초로 개발하여 자동차생산의 획기적인 발전을 가져 왔다. 그러나 미국의 자동차생산이 완벽한 것은 아니었다. 미국 특유의 대륙성 기질과 풍부한 자원을 기초로 한 운영방식을 채택하였으며, 당연히 생산상의 낭비가 있었다. 또 2차대전과 한국동란 이후 1960년대 최대의 호황을 누린 미국경제는 자만감에 빠져 전반적으로 산업에 생산성과 품질의 태만이 엿보이기 시작했다. 반면 일본은 패전 후 경제를 살리는 길은 수출이 유일한 방법이라는 것을 인식하여 생산성과 품질의 개선에 박차를 가하였다. 초기에 미국시장에서 일본 자동차업계는 열악한 품질, 낮은 생산성, 빈약한 유통망과 자본으로 고전을 면치 못하였다. 그러나 일본 자동차업계는 미국의 약점이 생산성의 낭비라는 것을 인지하고 일본이 승리할 수 있는 유일한 방도는 완벽한 생산시스템의 구축이라는 결론을 내리고 이의 실현을 위해 꾸준한 노력을 기울여 왔다. 이러한 와중에서 나온 생산기법이 바로 Just-in-Time, JIT이다.

JIT는 우리나라에서는 적시생산방식으로 번역되어 있다. 이 생산방식은 글자 그대로 적시에 생산하는 것이다. 즉, 필요할 때(適時)에 필요한 것(適品)을 필요한 양(適量)만큼 생산하는 방식이다. JIT는 일본의 도요타에서 시작되었으며 원래는 재고수준을 줄이기 위해 시도되었으나 나중에는 종합적인 경영철학으로 발전하게 되었다. JIT의 목적은 고객에게 보다 나은 품질과 가격의 제품과 서비스를 제공함으로써 경쟁우위를 견지하는 것이다. 이는 낭비를 제거하고 품질을 향상한다는 것은 일회성 프로젝트가 아니며 모든 형태의 낭비를 꾸준히 제거하고 지속적으로 생산성과 품질을 향상해야 한다는 경영철학을 의미한다.

JIT라는 용어는 미국의 경영인들이 도요타를 방문하고 이들이 채택한 생산방식을 보고 붙인 이름이며 일본인이 만든 용어는 아니다. 사실 일본에서는 도요타가 채택한 생산방식을 글자 그대로 도요타 생산방식이라고 불러왔다. 본서에서는 적시생산방식, JIT, 도요타 생산방식을 모두 동의어로 사용하겠다. 현재 전세계에서 가장 생산성이 높은 자동차회사는 도요타(豊田)[2]이다.

현재는 적시생산방식이 일본뿐 아니라 전세계적으로 채택되고 있는 일반화된 생산방식이다. 또 적시생산방식의 정의도 매우 일반화되어 단순히 필요할 때 필요한 양만을 생산하는 것에 국한된 것은 아니다. 적시생산방식은 자원의 낭비를 철저히, 지속적으로 배제하려는 시도이다.

도요타 생산방식은 1938년 도요타의 고로모(拳母, 현재의 도요타시)공장에서 재고절감을 달성하기 위해 강력하게 추진되었다. 우선 공장 내에 창고를 없애고 1일생산에 필요한 수량만을 공장 내에 반입하는 방식을 철저하게 실천하였다. 그러나 2차 대전 후에도 계속된 가격통제와 자재의 배급제 때문에 도요타의 생산방식은 빛을 잃게 되었으나 1949년 생산부서에서 근무하는 오노 다이이찌(大野耐一)가 다시 재고절감과 불량발생시 자동으로 라인이 정지하는 장치를 도입함으로써 도요타 생산방식은 재개되었다.

오노는 슈퍼마켓에서 불과 며칠 분의 재고만으로 고객의 수요를 충족하는 것을 보고 자동차생산에서도 재고 없이 생산하는 방식을 강구하기로 생각한 것이 바로 도요타 생산방식의 시작이다.

JIT목적과 철학

목 적: 고객에게 보다 나은 품질과 가격의 제품과 서비스를 제공함으로써 경쟁우위를 견지하는 것
철 학: 모든 형태의 낭비를 꾸준히 제거하고 지속적으로 생산성과 품질을 향상하는 것

5.2 JIT의 전개방향

도요타에서는 1955년경 주로 기계가공과 조립부문에 대하여 도요타 생

2) 우리나라에서는 도요타자동차라고 표기하나 일본에서는 토요타자동차라고 한다. 도요타자동차의 창업자는 토요다(豊田)이고 초기에는 도요타자동차를 토요다자동차라고 했었다.

상방식의 전개방향지침을 정하였는데 이의 내용은 아래의 표와 같다.

도요타 생산방식의 전개방향지침
첫째, 작업자가 여러 대의 기계를 담당한다(다기능공).
둘째, 공정의 끝에서부터 생산량이 결정되는 시스템을 정착한다(pull system).
셋째, 공정에서의 작업이 중단 없이 연속적으로 수행하도록 한다.
넷째, 가공과 조립의 라인을 동기화(同期化)한다.
다섯째, 간판(看板)을 사용한다.
여섯째, 생산의 평준화를 기한다.
일곱째, 표준작업을 설정한다.
여덟째, 가공작업과 운반작업을 분리한다.
아홉째, 물품의 운반량을 규격화한다.
열째, 납입부품의 납입단위에 대해 정수제(定數制)를 채용한다.

도요타가 추구한 생산방식의 내용은 첫째, 한 작업자가 여러 대의 다른 작업을 수행하는 다기능공의 육성, 둘째, 공정의 동기화를 통한 연속생산, 셋째, 간판방식의 정착으로 요약될 수 있다. 물론 이전에 오노가 주장한 자동화(自働化)[3]는 계속적으로 추진되었는데 이 자동화는 결과적으로 고품질, 저원가, 납기단축의 동시추구를 가능하게 하였다.

도요타 생산방식의 전개방향을 추구하는 과정에서 도요타는 많은 변화를 해야만 했다. 다기능공을 육성하기 위해서 작업의 표준화를 해야 했고, 공정의 동기화를 위해서는 생산방식의 혁신과 생산공정의 재편성을 해야만 했다. 또 생산의 후속공정에서 생산량을 결정하는 풀 시스템(pull system)을 정착하기 위한 간판을 발명하게 되었다.

1955년 이후에도 도요타가 생산방식을 지속적으로 개선하였는데 이를 요약하면 [표 8-6]과 같다.

5.3 JIT의 요소

JIT의 목적을 성공적으로 달성하기 위해서는 여러 요소들이 조화를 이루어 존재하여야 한다. 이 요소는 인적자원, 생산, 구매, 조직의 형태를 포함한다.

3) 자동화라는 한자는 일본에서 만든 한자이며, 여기에서는 작업자가 생산상의 문제가 있다고 판단하면 라인을 중단할 수 있는 권한을 의미한다.

표 8-6 도요타의 생산방식 개선과정

연 도	내 용
1957	생산지시방식의 순서를 보여 주는 순서표 채택
1960	전체공장 내의 공장간 공정을 동기화함(예: 주물공장과 조립공장의 동기화)
1962	프레스 준비시간의 단축
1962	간판방식의 전사적 채택
1962	기계공정제어의 개발, 가공종료시 자동정지제어장치 개발, 자동불량감지장치 개발 (이를 "포카요케"라고 함)
1963	JIT적 생산지시의 채택
1963	작업자의 다기능화
1965	외주업체도 간판채택
1966	생산의 문제발생시 작업자가 생산라인을 정지하는 제도채택
1975	전 공정의 표준작업화 전개
1980 이후	생산의 자동화 추진

(1) 이해집단의 참여

JIT의 성공은 조직에 관련된 사람들이 목적달성을 위해 얼마나 노력하느냐에 달려 있다. 조직의 이해집단은 주주, 노동조합, 경영자, 정부를 포함한다. 주주는 JIT를 통해 장기적인 이익의 실현을 추구하고, JIT의 이익이 조직구성원에게 돌아갈 수 있도록 하여 노조의 지원을 얻는 것이 필요하다. JIT에서는 다기능공이 필요하므로 노조의 협조 없이는 실행이 불가능하다. 경영진의 참여도 중요하다. JIT에서는 생산상의 문제를 해결하는 데 생산직원의 창의적인 아이디어를 필요로 한다. 따라서 경영자는 생산직원의 의견을 수용하는 자세를 갖추고 있어야 한다. 정부도 JIT를 기업이 채택할 수 있도록 사회간접자본의 투자를 통해 도로 · 항만 · 공항시설을 현대화하여야 한다.

(2) 공장 내의 변화

JIT를 실행하는 데는 공장 내의 설비배치 변경, 다기능공 육성, 신생산방식(풀 시스템, 간판, 포카요케)의 채택, 지속적 개선 등과 같은 요건이 충족되어야 한다. 이에 관한 자세한 사항은 추후에 설명한다.

5.4 간판[4]의 의의와 종류

간판방식은 도요타가 개발한 매우 간편하면서도 효과적인 생산통제방식이다. 생산에 있어 자주 발생하는 문제의 하나는 각 작업소의 작업자가 생산량을 필요 이상으로 생산할 때가 많다는 것이다. 이것은 생산책임자가 생산

그림 8-12 반출간판과 생산간판[5)]

반출간판	
부품번호: 33311-3501 컨테이너 용량: 50개	후속작업소: K123 저장장소번호: A-12
현재 유통간판: 12장 중 7장	저장장소번호: A-07 전공정작업소: Y-321

생산간판
작업소번호: Y321 생산부품번호: 33311-3501 컨테이너 용량: 50개 저장장소번호: A-07 필요한 부품 부품번호: 33311-3501 저장장소: A-05 부품번호: 33825-2474 저장장소: B-03

4) 일본에서는 간판을 칸반이라고 발음하며 우리나라 간판(看板)과 한자가 같다. 일본에서 칸반은 카드라는 의미도 된다.

5) R. W. Hall, "Driving the Productivity Machine: production planning and control in Japan," Falls Church, American Production and Inventory Control Society, 1981, p. 37.

통제의 업무를 제대로 수행하지 않거나, 생산지시가 잘못되거나, 혹은 생산지시를 작업자가 따르지 않아서 발생하는 것이다. 이를 수정하기 위해 도요타에서는 간판을 사용하여 반드시 필요한 양만을 필요한 시기에 생산하도록 한 것이다. 간판은 반출간판(conveyance kanban)[6)]과 생산간판(production kanban)으로 구분된다. 각 간판에는 [그림 8-12]와 같은 정보가 수록되어 있다.

5.5 간판의 흐름

앞 항에서 설명한 바와 같이 간판은 반출간판과 생산간판으로 나뉜다. 반출간판은 특정 작업소에서 생산에 필요한 부품을 전단계 작업소에서 반출하기 위한 청구서 기능을 하며, 생산간판은 특정 작업소에서 생산을 시작할 수 있도록 하는 생산지시서의 역할을 한다. 간판은 생산과 관련된 관리를 단순화한 매우 편리한 방식이다. 생산을 시작하려면 반드시 생산간판이 있어야 하며, 생산에 필요한 부품을 전공정에서 가져 오려면 반드시 반출간판이 있어야 한다.

5.6 간판의 기능과 사용수칙

간판은 생산과정에서 자주 발생하는 과잉생산을 방지하는 효과적인 방식이다. 간판의 기능을 요약하면 다음과 같다.

간판의 기능
1. 간판은 생산과 반출을 지시하는 기능을 수행 2. 과다생산을 방지 3. 생산과 반출(운반)시 반드시 간판이 있어야 하므로 가시적 관리가 용이 4. 간판은 경영개선의 도구로 활용됨. 간판의 매수를 줄이는 것이 바로 재고의 감축을 하는 것임.

간판을 사용하는 도요타자동차에서는 다음과 같은 규칙을 제정하고 있다.

6) 일본어로 반출간판을 히끼도리(引き取り) 칸반, 생산간판은 시가케(仕掛け) 칸반이라고 한다.

간판시스템 규칙

1. 불량품을 후속공정에 보내지 않음.
2. 후속공정에 필요한 부품을 전공정에서 가져옴(pull system).
3. 전공정에서는 후속공정에서 가져 갈 부품량만큼만 생산
4. 생산을 평준화함.
5. 간판을 생산의 조정수단으로 활용

5.7 풀 시스템(pull system)과 간판

적시생산시스템에서는 각 공정단계 작업소의 생산량이 최종제품의 생산량에 의해 결정된다는 것이다. 이는 각 공정단계의 작업소가 후속공정이 필요한 부품량만큼 생산하는 방식이다. 도요타가 이 생산방식을 채택하기 이전의 자동차회사는 후속공정에 의해 생산량이 결정되는 것이 아니라 전단계 공정에서 생산한 부품이 후속공정으로 오면 이를 사용하여 생산을 시작하는 푸시 시스템(push system)이었다. 이 시스템에서는 최종제품의 생산량을 초과하는 경우가 빈번하게 발생하였다. 후속공정이 필요한 만큼만 생산하는 풀 시스템의 장점은 공정단계별로 불필요한 생산이 방지되어 항시 최소의 재고만이 유지된다는 것이다. 풀 시스템과 간판의 관계를 그림을 이용하여 좀더 자세히 설명한다.

[그림 8-13]에서 보는 바와 같이 도요타의 적시생산시스템은 풀 시스템(pull system)이다. 작업소 A의 생산은 작업소 B의 생산에 달려 있다. 그림에서 B가 부품이 실린 컨테이너(검은 컨테이너)를 가져가 부품을 모두 소비하고, 빈 컨테이너(하얀 컨테이너)를 되돌려 주면 A에서 생산을 시작할 수 있는 것이다. A와 B간의 컨테이너 운반과 부품의 생산을 통제하기 위해 도요타는 간판을 고안한 것이다. 이를 다시 도식화하면 [그림 8-14]와 같다.

작업소 B에서 컨테이너의 부품을 다 소모하면 이 컨테이너의 반출간판을 떼고 컨테이너를 작업소 A로 보낸다. A에서는 생산간판함에서 생산간판을 꺼내서 빈 컨테이너에 부착한다. A에서는 생산간판이 부착되어 있는 빈 컨테이너를 채우기 위해 부품을 생산하기 시작한다. 중요한 것은 생산간판이 부착되어 있지 않으면 빈 컨테이너라고 하여도 이를 채우기 위한 생산을 시작하지 않는다는 것이다. 부품을 충분히 생산하여 컨테이너가 차면 부품보관소로 컨

그림 8-13 풀 시스템

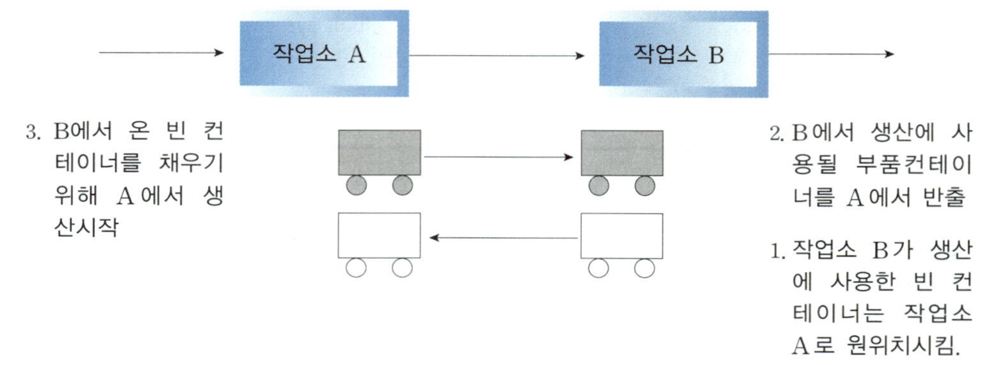

그림 8-14 풀 시스템과 간판의 이용

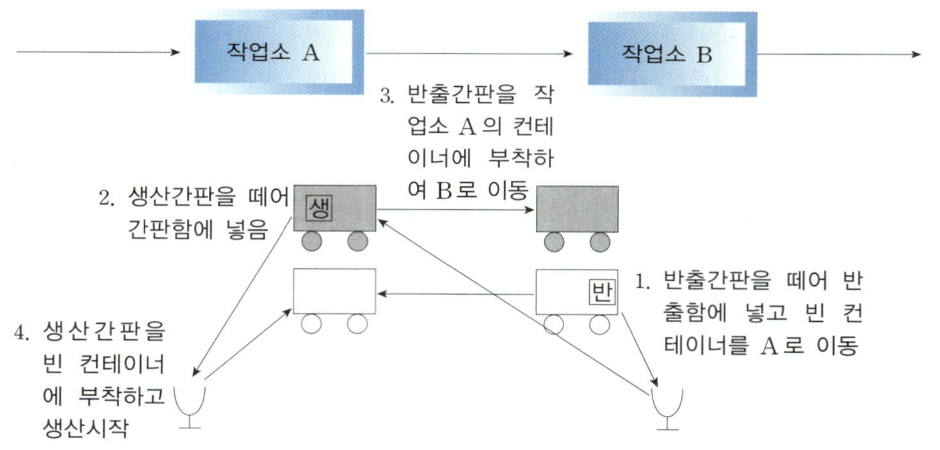

테이너를 이동한다. 작업소 B에서 부품이 필요하면 부품보관소로 와서 컨테이너의 생산간판은 떼어 간판보관함에 넣고, 갖고 온 반출간판을 부착하고 이 컨테이너를 작업소 B로 갖고 간다. 이렇게 부품을 사용할 경우는 반드시 반출간판이 있어야 하며, 부품을 생산할 경우는 반드시 생산간판이 있도록 하여 생산의 통제가 자동적으로 관리되도록 한 것이다.

간판에 의해 부품의 운반과 생산을 통제하면 결국 생산관리자가 일일이 작업소의 생산량을 통제하지 않아도 되는 간결하고 편리한 자동관리시스템이 구축된다.

5.8 생산의 평준화

위에서 설명한 간판방식은 작업소의 담당자가 간판에 의해서만 부품의 인출과 생산을 할 수 있도록 함으로써 공정 각 단계별로 필요 이상의 부품을 생산하지 않도록 한 것이다. 간판방식으로 공정에서의 과다생산은 방지할 수 있다. 그러나 아직 수요와 생산량을 일치시키는 문제는 남아 있다. 수요와 생산을 일치시키기 위해서는 생산의 평준화가 필요하다. 기존에는 모델을 생산하면 일단 대량으로 생산하여 생산의 효율성을 증대하였다. 즉, 롯트(1회 생산량)를 크게 함으로써 생산의 스피드와 품질을 개선하는 것이다. 롯트가 커지면 생산의 효율성은 증가하고 생산원가는 절감할 수 있으나, 한번에 많이 생산하므로 재고가 쌓이는 문제가 발생한다. 일본의 도요타자동차는 이 문제를 해결하기 위해 모델별 롯트의 크기를 작게 하고 모델을 수시로 바꾸어(생산믹스) 가며 생산하는 방식을 택하였다. 이것이 바로 생산의 평준화이다. 생산의 평준화는 필요할 때, 필요한 제품을, 필요한 만큼 생산하는 적시생산방식의 핵심개념이다. 생산의 평준화를 실현하기 위해서는 생산믹스가 필요하다. 우선 생산사이클 시간의 개념과 제품(모델)별 1일생산량의 결정을 예를 들어 설명한 후 생산믹스를 설명하기로 한다.

(1) 생산사이클 시간과 생산량의 결정

제품에 대한 생산량과 생산사이클의 결정을 다음의 예로 설명한다.

예를 들어 한 회사가 A, B, C, D의 네 가지 제품을 생산하고 있다. 이 제품의 월간 판매량은 [표 8-7]과 같다.

모델의 총 판매량이 30,000개이고 월 20일 생산을 하므로 1일 1,500개(=30,000÷20)를 생산하면 수요를 충족할 수 있다. 하루에 1,500개를 생산한다는 것은 시간당 187.5개(=1,500/8)를 생산하여야 한다는 것이다. 또 이는 생산라인에서 19.2초(=3,600초/187.5)마다 한 개가 생산되어야 한다는 것을

표 8-7 월 판매량과 생산능력

모델	월 판매량	생산능력
A	16,000	생산일수: 월 20일 일일생산시간: 8 시간
B	8,000	
C	4,000	
D	2,000	
총 판매량	30,000	

의미한다. 19.2초는 개당 생산에 소요되는 시간이며 이를 생산사이클 시간(cycle time)이라고 한다. 이 생산사이클 시간을 활용하여 생산계획을 수립하고 각 제품별로 생산량을 결정할 수 있다. 각 제품별로 A는 하루에 800개, B는 400개, C는 200개, D는 100개를 생산해야 월 판매량을 충족할 수 있다.

(2) 생산롯트와 생산믹스의 결정

제품에 대해 1일생산량이 결정되면 생산관리자는 제품별로 롯트(일회 생산량)를 결정하여야 한다.

하나의 방법은 A의 1일수요량을 모두 생산한 다음, B의 1일수요량을 생산하고 다음에 C를 생산하는 것이다. 그러나 이 방식은 각 제품의 재고가 커지는 문제가 있다. 일 회에 다량을 생산하므로 판매까지 재고가 많다는 문제가 발생한다. 둘째로 이 방식은 각 제품을 생산하는 데 필요한 부품의 롯트가 커지는 문제가 있다. 예를 들어 A에 들어가는 AA라는 부품이 3개 필요하다고 하자. 이때 A의 롯트가 400개이면, AA의 롯트는 1,200개가 될 수 있다. 결국 최종제품의 롯트가 커지면 공정단계별로 롯트가 커지고, 이에 따라 부품과 재고가 많아진다는 문제가 발생한다. 이 문제를 해결하는 대안은 제품을 혼합하여 생산하고(생산믹스), 제품의 롯트를 작게 하는 것이다.

생산믹스에 관한 문제는 [표 8-8]을 통해 설명하기로 한다.

A는 8번, B는 4번, C는 2번, D는 1번 생산하고 각 모델의 롯트를 100으로 하면 [표 8-8]에 나와 있는 생산량을 달성할 수 있다.

이 1일생산계획은 다음과 같은 생산믹스에 의해 실행될 수 있다.

표 8-8 제품별 1일 수요

제품(모델)	1일수요
A	800
B	400
C	200
D	100

A－B－A－C－A－B－A－D－A－B－A－C－A－B－A

위의 생산순서에 의해 각 제품이 생산되며, 이 생산순서가 반복되어 생산이 계속된다. 이렇게 제품의 생산믹스를 통해 특정 제품의 롯트가 너무 커지는 것을 방지하며 이는 곧 생산하는 전 부품의 롯트를 감축하게 된다. 이 방식은 생산의 재고를 상당히 감축할 수 있다.

설명한 생산믹스와 소롯트를 4개의 모델로 단순화하여 도식화하면 [그림 8-15]와 같다. 그림 아래부분과 같이 롯트를 작게 하고 A, B, C, D를 반복하여 생산하면 재고수준이 매우 작아지는 것을 알 수 있다.

생산의 롯트 감축과 생산믹스는 다음과 같은 이점이 있다.

그림 8-15 롯트와 생산믹스

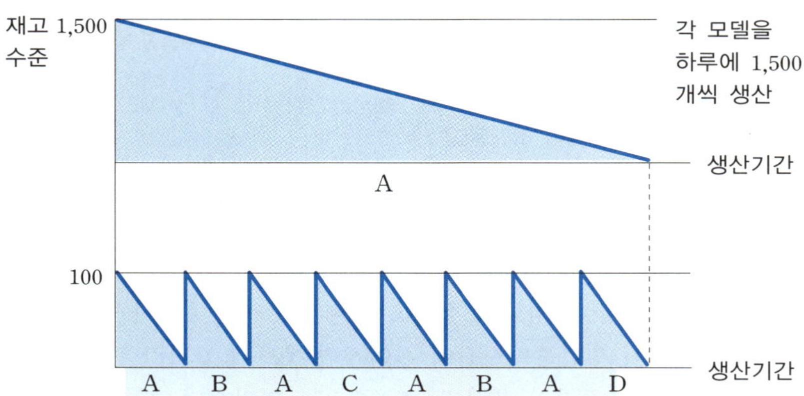

소롯트와 생산믹스의 이점

1. 시장수요에 대한 적절한 대응
   이 방식에서는 각 모델(제품)을 소량씩 매일 생산하므로 소비자가 구입하려는 모델의 생산을 기다리지 않고 빨리 구입할 수 있으며, 특정 모델에 대한 재고가 과다로 축적되지 않는다.
2. 부품공급의 안정
   매일 동일한 생산계획은 반복되므로 부품의 생산이 일정하며 부품공급을 하는 협력업체도 부품생산량을 항시 예측할 수 있다.
3. 재고의 감축
   항시 소량을 생산하므로 재고량이 매우 적다.

5.9 생산준비시간의 단축

시장의 수요, 즉 고객이 원하는 만큼만 생산하는 것은 곧 소롯트를 생산한다는 것을 의미한다. 이는 또 생산믹스를 통해 제품을 자주 바꾸어 가며 생산한다는 것을 의미한다. 만일 제품을 바꿀 때마다 생산을 준비하는 생산 준비시간(setup time)이 길다고 하면 이에 따른 낭비는 매우 클 것이다. 따라서 소롯트와 생산믹스방식은 우선 생산준비시간이 짧아야 한다는 전제조건이 충족되어야 한다. 생산준비시간은 다음과 같은 작업에 소요된다.

생산준비시간

1. 프로세스 준비시간
   제품롯트를 생산하기 위해서 필요한 도구의 비치와 기계의 재조정 등에 시간이 소요된다.
2. 프로세스 종료시간
   제품롯트 생산을 완료한 후 다음 제품을 생산하는 데 불필요한 도구를 치우거나 정리하는 데 시간이 소요된다.
3. 숙련시간
   생산믹스에 따라 제품이 변경될 때마다 조립방식 및 순서, 필요부품에 관한 지식 등을 습득하는 데 시간이 소요된다.

적시생산방식의 성공적 정착을 위해서는 생산준비시간의 단축을 반드시 실행해야 한다. 생산준비시간이 길어지면 롯트의 크기가 커질 수밖에 없으며 이는 곧 재고의 증가와 생산비용의 증가를 의미한다. 도요타는 특히 프레스 공정에서 생산준비시간을 획기적으로 단축함으로써 경쟁력을 강화할 수 있

표 8-9 생산준비시간 국제비교

	도요타	미 국	스웨덴	독 일
생산준비시간	10분	6시간	4시간	4시간
1일 생산준비 횟수	3회	1회	—	1/2회
롯트크기	1일분	10일분	1개월	—

었다. [표 8-9]는 프레스 공정에 있어 도요타와 타 국가간의 생산준비시간을 비교한 것이다.

근자에 미국의 MIT대학교에서는 일본(특히 도요타)의 생산방식을 좀더 체계적으로 분석하여 이를 린(lean) 생산방식과 애자일(agile) 생산방식으로 명명하였다.

기업동향 린 생산방식과 애자일 생산방식

Massachusetts Institute of Technology(MIT)에서는 International Motor Vehicle Program(IMVP)라는 연구프로젝트를 통해 세계 자동차회사의 경쟁력을 비교하였는데 이 연구에서 일본의 자동차회사(특히 도요타)가 채택하고 있는 TQM 및 JIT와 같은 방식은 새로운 생산방식이며, 이 방식을 린 생산방식(lean production model)이라고 명명하였다. 린 생산방식은 헨리 포드가 발명한 조립식 대량생산방식의 개량 판이며, 적은 자원(낭비의 철저한 제거, 재고의 최소화, 개발시간의 단축 등)으로 더 나은, 더 많은 제품을 더 빨리 생산하고자 하는 것이다. MIT가 스피드중심의 개발 · 생산방식인 애자일(agile) 생산방식 연구프로젝트를 수행하였다.

토론문제

01 일정계획 및 생산통제가 왜 생산시스템에서 중요한 국면인가?

02 대량생산시스템의 일정계획은 개별생산시스템과 대비하여 어떠한 차이점들이 있는가?

03 일정계획(scheduling)은 순위결정(sequencing)과 어떻게 다른가?

04 개별생산시스템에서 일정계획을 평가하는 데 사용되는 일반적인 기준에는 어떠한 것들이 있는가?

05 전진적(forward) 일정계획과 후진적(backward) 일정계획의 차이점을 설명하시오.

06 몇 가지 전형적인 작업배정규칙들을 열거하시오. 어떻게 하면 훌륭한 규칙들을 적용할 수 있겠는가?

07 생산통제부서의 목표와 책임들을 논의하시오.

08 촉진활동(expediting)에 대한 필요성을 설명하시오. 어떻게 하면 그것을 피할 수 있겠는가?

09 컴퓨터에 의한 생산통제시스템의 구조와 사용에 관하여 논하시오.

10 용인반도체(주)의 생산통제시스템에서 중요한 특징들은 무엇인가?

11 라인균형화(line of balance: LOB)는 MRP와 어떤 점이 비슷한가? 또한 그들은 서로 어떻게 다른가?

연습문제

1 청량음료 제조업자가 한 대의 기계로 여섯 가지 맛의 음료들을 병에 담고 있다. 관련된 데이터는 아래와 같다.

맛	경제적 롯트크기 (리터)	병에 담는 시간 (시간수)	수요 (리터/일)	현재재고
콜 라	7,500	32	3,000	5,000
오 렌 지	4,000	17	1,000	3,000
다이어트 콜라	5,000	21	2,000	4,500
레몬과즙	2,000	8	800	1,500
생 강 맛	3,000	13	700	2,000
사 이 다	3,500	15	1,200	2,100

어떤 맛의 청량음료가 제일 먼저 생산되어야 하는가? 그 결과로 남는 재고수준은 얼마나 되겠는가? 단, 하루에 3교대제로 근무한다고 가정한다.

2 다음 다섯 가지 작업들의 배달 예정일과 작업처리시간이 주어져 있다고 하자.

작업번호	1	2	3	4	5
배달예정일	5	3	9	10	13
작업처리시간	4	1	2	6	7

① 만약 작업들이 FCFS(선착순에 의한)법칙에 의하여 처리된다면 각 작업의 작업장 내에서의 흐름시간(flow time) 및 평균흐름시간은 얼마인가?
② 만약 SPT법칙이 사용된다면, 각 작업의 흐름시간은 어떻게 달라지겠는가?

3 한국대학에 재학중인 어떤 학생은 다음날 수업에 제출해야 할 네 가지의 과제물이 있다. 수업시간은 다음과 같다.

수 업	시 간
재 무 관 리	8:00 A.M.
마 케 팅	12:00 P.M.
생산 / 운영관리	10:00 A.M.
심 리 학	4:00 P.M.

각 수업은 1시간 동안 지속되며 그 외의 다른 수업은 없다. 지금 현재 자정이며 또한 이 학생은 재무관리, 마케팅, 생산/운영관리 및 심리학 과제물들을 준비하는 데 각각 4, 3, 5 및 6시간씩 소요된다고 어림잡고 있다. 이 학생은 어떻게 계획을 세워야만 모두 다 끝마칠 수 있겠는가?

4 문제 3의 상황에 대해서, 학생은 선견지명이 있어서 모든 과제물을 마칠 수 있도록(그리고 8시간의 수면을 취하며) 공부의 일정계획을 수립하기를 원한다고 가정하자. 그렇게 하기 위하여 후진적 일정계획(backward schedule)을 작성하시오.

5 컴퓨터 시스템부서의 소규모 컨설팅그룹은 완성해야 할 일곱 가지 프로젝트를 가지고 있다. 그 프로젝트들의 일정계획이 어떻게 수립되어져야 하겠는가? 각 프로젝트의 소요시간(일)과 최종기한은 아래에 주어져 있다.

프로젝트	1	2	3	4	5	6	7
소요시간(일)	4	8	12	16	10	14	18
최 종 기 한	12	24	60	28	24	36	48

6 월요일 현재, 민한산업(주)은 다음 2부서에서 처리를 기다리는 작업들을 가지고 있다.

작업번호	밀 링	드 릴
216	8	4
327	6	10
462	10	5
519	5	6
258	3	8
617	6	2

① 존슨의 법칙을 사용하여 최소 "make span" 일정을 개발하시오. 결과를 막대도표 위에 그리시오.

② 평일에 8시간 작업한다고 가정하고, 수요일 아침에 다음과 같은 요구조건을 가진 두 가지의 새로운 작업들이 도착한다고 하자. 어떻게 일정계획이 변경되어야 하는가?

작업번호	밀 링	드 릴
842	4	7
843	10	8

7 [표 8-4]에 있는 서울제강의 개별생산데이터에 대해서, FCFS(first-come-first-served: 도착순서대로 서비스를 받는 규칙), SPT(shortest processing time: 최단공정시간규칙), 그리고 총작업-신속한 처리규칙에 따라 모의실험(simulation)을 수행하시오. 각각에 대하여 막대도표에 의한 일정계획을 그리고 이들 규칙들을 본문에서 모의실험된 남아 있는 최소작업(least-work-remaining) 규칙과 비판적으로 비교하시오.

8 납기일을 가진 일곱 가지 작업들이 아래의 순서대로 두 대의 기계를 갖춘 연속생산 작업장에 도착한다.

작 업	1	2	3	4	5	6	7
도착시간	0	1	2	4	6	8	10
처리시간							
기계 1	1	4	5	3	1	4	1
기계 2	3	1	4	1	3	2	5
납 기 일	6	6	12	8	15	16	20

① 여유시간 작업배정규칙을 적용하여 이러한 작업들의 일정계획을 수립하시오. 각 작업이 도착할 때, 모든 작업들의 긴급률(critical ratio: CR)은 얼마인가?
② 그 일정에 대한 막대도표를 작성하시오. 각 기계에 대한 유휴시간(idle time)은 얼마나 되는가? 모든 작업들의 더딘(lateness) 정도는 얼마인가?

9 어느 병원의 응급실은 매일매일 최소로 필요한 간호사의 숫자를 다음과 같이 예측하고 있다.

월	화	수	목	금	토	일
3	2	2	4	6	7	4

각 간호사는 2일 연속휴일을 가져야 한다. 전시간근무(full-time)의 간호사가 몇 명 필요한가?

10 민한특급소화물 취급소는 조그마한 소포들을 대부분의 주요 도시에서 하루만에 배달한다. 수요일 아침 8:00에, 15개의 소포들이 배달될 준비가 되어 있다. 민한취급소의 약속된 배달을 준수하기 위하여 모든 소화물들은 정오까지 도착해야만 한다. 취급소와 여러 고객간의 이동소요시간은 아래와 같이 주어졌다. Clarke-Wright방법을 사용하여 민한취급소의 배달트럭들을 위한 차량배치계획을 개발하시오.

	1	2	3	4	5	6	7	8	9	10	11	12	13	14	15	
0	—															
1	14	—														
2	32	20														
3	56	44	10	—												
4	16	85	40	60	—											
5	72	31	29	16	40	—										
6	36	47	51	28	26	62	—									
7	19	21	65	43	52	36	48	—								
8	29	36	41	40	20	10	12	46	—							
9	78	32	51	46	31	12	16	17	58	—						
10	96	63	35	41	26	17	19	16	16	21	—					
11	43	41	18	36	42	37	41	23	18	19	10	—				
12	28	65	25	45	81	97	61	35	30	29	18	50	—			
13	17	42	22	14	37	62	14	48	54	34	17	21	19	—		
14	64	19	25	21	36	17	28	28	50	42	50	33	27	15	—	
15	50	35	14	20	62	75	32	32	45	26	34	11	58	34	25	—

Operation Management for Competitive Advan

PART 03

생산역량의 제고방안

CHAPTER 09 공급사슬관리

1 공급사슬관리의 출현

1970년대까지의 경영은 기능부서중심의 관리였다. 경영활동을 기능별로 분류하여 이를 전담하는 부서를 만들고, 이들 부서가 맡은 임무를 각각 수행하도록 하는 경영이다. 즉, 마케팅은 고객이 원하는 제품과 서비스를 기획하여 판매하는 기능을 담당하고, 생산부서는 제품과 서비스를 양질과 저가로 생산하는 방식으로 조직이 운영된 것이다. 기능부서중심의 경영에서는 각 부서가 전문화된 기능을 수행한다는 장점도 있으나, 각 부서간의 원활한 의사소통에 의한 협조가 부족한 경우가 많게 되었다. 이러한 문제점을 시정하기 위해 1980년대에는 전사적인 통합경영이 대두되었다. 전사적 품질관리와 전사적 유지보수와 같이 "전사적"(全社的: total)이라는 용어가 자주 사용된 것은 바로 경영의 통합을 추구하는 기업의 노력을 보여주는 것이다. 이러한 기업내부의 통합은 각 기능부서의 부분최적화(sub-optimization)를 지양하고 기업전체의 최적화(total-optimization)를 추구한 것이다.

1990년대의 경영은 기업의 내부적인 통합에 그치지 않고 한 걸음 더 나아가 기업의 가치를 창출하는 모든 활동의 과정을 관리함으로써 상승효과(시너지즘: synergism)를 극대화하려는 것이 특징이다. 이를 공급사슬관리(supply chain management)라고 한다. 공급사슬관리의 개념은 현재까지 주로 공급업체 혹은 협력업체에 관한 관리에 중점을 두고 있다.

기업동향 국내 기업들의 SCM 도입 현황

국내 대표적인 수출기업인 삼성전자, LG전자, 현대기아자동차, 하이닉스 등 업체는 글로벌 SCM을 구축, 외부 환경 변화에 민첩하게 대처하고 있다. 글로벌 SCM의 구축 없이는 이제 세계무대에서 더 이상 경쟁력을 유지할 수 없는 환경이 된 것이다. 국내 대표 수출기업들의 SCM 전략을 소개한다.

• 삼성전자 '의사결정 속도 높여 시장 선점'

삼성전자는 지난 1997년 모니터사업부에서 처음으로 SCM을 도입한 후 반도체, 메모리 사업부 등 타 사업부로 확산시켜 나갔다. 현재 전 사업부문에 걸쳐 주 단위 생산 · 판매 계획을 세우고 있으며, 사업부문별로 임원 산하에 GOC(Global Operation Center) 조직을 둬 SCM을 지휘하고 있다. 그동안 삼성전자는 윤종용 전 부회장, 이재용 전무 등 경영진의 강력한 의지에 힘입어 전사적인 SCM 혁신활동을 펼쳐왔다. 최지성 DMC(세트 부문) 대표가 정보통신총괄 사장 시절에 S&OP(Sales & Operations Plan; 판매&운영계획) 회의를 직접 주관, SCM 고도화를 주도적으로 이끌기도 했다. '위기에 강한' 글로벌 기업인 삼성전자의 급성장 배경에 SCM이 있었던 셈이다.

삼성전자 관계자는 "SCM 혁신으로 급변하는 외부 환경에 맞춰 의사결정을 한층 빠르게 할 수 있었다"며 "이로써 원가절감, 재고감축, 납기 준수 등이 가능해졌다"고 말했다. 삼성전자는 위기관리 능력을 높이기 위해 현재 주 단위로 진행되고 있는 생산 및 판매계획을 3일 또는 일 단위로 전환하겠다는 목표도 세워놓고 있다. 또 원가를 절감하고 재고를 최소화하는 SCM 전략에서 한발 더 나아가 시장점유율을 확대하기 위해 더욱 공격적인 SCM 전략을 동시에 추진하고 있다. SCM을 단순히 비용절감 차원이 아니라 공격적인 마케팅과 연결해 시장 확대를 꾀한다는 전략이다.

아울러 SCM의 수요예측을 제품개발에 연계하는 단계까지 확대하고 있다. 좋은 기술을 갖춘 제품도 중요하지만, SCM 효율을 극대화할 수 있는 제품 개발 및 출시에 힘을 기울인다는 전략이다. 일부 사업부는 불필요한 재고를 줄이기 위해 주문이 들어오면 부품 상태에서 바로 제품을 만드는(Make to Order) 방식으로의 전환도 꾀하고 있다.

• LG전자 '수요예측 능력 극대화로 글로벌 영업망 강화'

LG전자는 2000년대 초반부터 모니터 사업부 등에 SCM을 시범 적용하다 2005년부터 본격적으로 글로벌 SCM의 정착에 나섰다. LG전자는 글로벌 공급망관리 계획시스템인 'GSCP'(Global Supply Chain Planning)를 통해 주 단위 계획 수립을 하고 있으며, 일부 사업부는 일 단위 계획도 수립하고 있다. 공급망관리 조직인 CSCO(Chief Supply Chain Officer) 산하에 SCM팀과 사업부별 GOC를 둬 변화관리를 이끌고 있으며, 지난해부터는 각 법인 및 지역마다 별도의 SCM 조직을 만들어 운영하고 있다.

글로벌 SCM을 통해 실시간 정보공유가 가능해지면서 영업부문과 공급부문 간의 정보유통이 한층 투명해져 상호 신뢰가 높아지는 등 시너지 효과가 창출됐다. 특히 정보에 대한 '가시성'이 높아지면서 부문간의 판매 및 공급 약속 이행 등 선순환(善循環) 구조가 가능해졌다

LG전자는 그 동안 공급력 향상에 초점을 둬 왔는데, 지난해부터는 영업부문의 수요관리 프로세스 개선 작업에 주력하고 있다. 지난해 중남미 · 북미 · CIS · 유럽 등 전 세계적으로 지역별 영업조직을 수요혁신 그룹으로 재조직화했으며, 이들 그룹이 수요예측 정보를 관리해 GSCP 시

스템 기반하에 글로벌 SCM전략그룹과 협력하는 시스템을 갖췄다.

LG전자는 시장 수요를 빠르고 정확히 읽기 위해 변화관리프로그램인 'CAP(Change Acceleration Program)' 를 추진하고 있다. 이로써 전 세계 각 법인의 수요예측 능력을 높일 수 있는 전사적 표준화 프로세스 확대 및 인재 역량 강화프로그램을 진행하고 있다.

최종윤 LG전자 CSCO SCM팀 수요계획 혁신 그룹장은 "내부적으로 수요정보 프로세스를 체계적으로 수립해 적용하고, 유통 채널의 판매 · 재고 정보활용 및 CPFR(Collaborative Planning, Forecasting & Replenishment)을 통한 협업으로 수요예측능력을 한층 높일 계획" 이라고 말했다.

공급 측면에서는 시장에 대한 빠른 대응체계를 구축함으로써 확정구간(수요자와 공급자간에 일정 기간에 필요한 공급 물량을 미리 확정해 놓는 것) 단축시에도 빨리 대응하도록 할 계획이다. 협력업체와 확정구간을 지정함으로써 원활한 자재공급으로 변동을 최소화하고, 수요 측에서 정확하게 데이터를 파악할 수 있도록 하고 있다. 일부 사업부는 반제품 재고로 주문에 대응하는 'ATO(Assemble to Order)' 도 적용 및 확대하고 있다.

자료: 「전자신문」, 2009년 3월 30일에서 발췌.

공급사슬(supply chain)이라는 용어는 마이클 포터가 그의 책, *Competitive Advantage: Creating and Sustaining Superior Performance*에서 사용한 가치사슬(value chain)이라는 용어에서 비롯된 것 같다. 포터는 가치사슬을 사슬에 있는 각 활동이 어떻게 가치를 창출하고 비용을 소요하는가를 강조할 때 사용한 용어이다.

공급사슬에 대한 용어의 정의와 개념은 학자에 따라 다르기는 하나 보통 다음과 같은 공통점을 지닌다.

첫째, 공급사슬관리는 상호 의존적인 일련의 업무에 대한 관리를 중요하게 여긴다(프로세스 관리).

둘째, 부품 혹은 서비스를 공급하는 협력업체와 형성된 네트워크의 관리를 중요시 한다(네트워크 관리).

자동차나 전자제품과 같이 제품의 구조가 복잡한 경우, 기업은 타 기업과 협력체제를 구축하는데, 이때 형성된 네트워크라는 공급사슬의 관리는 전략적 중요성을 지닌다.

공급사슬개념에 의해 기업의 내부업무와 기업 외부 개체의 업무가 어떻게 연결되는가를 파악할 수 있다. 또 이 개념에 의거하여 기업의 일련의 활동을 도식화하여 장·단점을 일목요연하게 나타낼 수 있다. 예를 들어 기업이 제품개발시간을 단축하려고 할 때 개발기간이 어디서 지연이 되며 어디서 개선을 요하는가를 파악할 수가 있다. 특히 공급업체(supplier)[1]를 관리할 때 이 개념은 유효하게 된다.

2 공급사슬전략

공급사슬전략은 통합적 관리를 위한 것이다. 기존에는 구매와 생산을 모두 별개의 기능으로 간주하였다. 그러나 근자에 구매와 생산을 통합하는 것이 전략적 중요성이 있다는 것을 깨닫게 되었다. 많은 기업이 핵심경쟁력을 중심으로 업무를 수행하고, 경쟁력이 없는 부문은 아웃소싱을 하거나 파트너를 통해 서비스와 제품을 공급받는 전략을 채택하고 있다. 이에 따라 공급사슬전략은 더욱 중요하게 되었다. 공급사슬전략의 개념을 도식화하면 [그림

그림 9-1 공급사슬전략의 틀

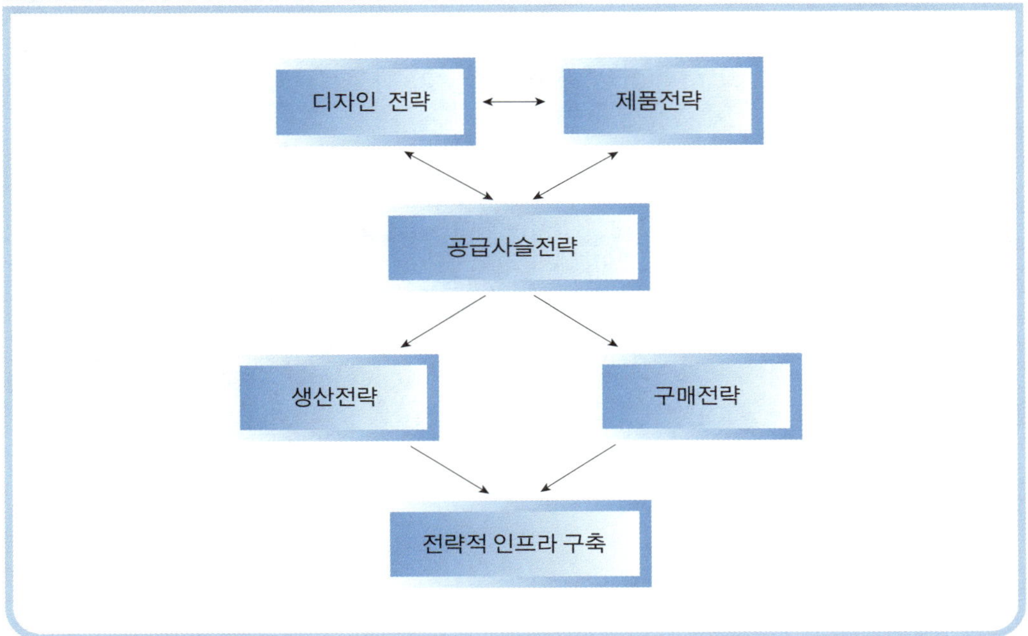

1) 본서에서는 공급업체는 제품(부품), 서비스, 경영기능을 공급하는 협력업체와 동일하게 사용한다.

9-1]과 같다.

제품전략은 공급사슬의 기본이 된다. 제품전략은 경쟁상황분석과 기업의 목표설정에 따라 제품개발의 우선순위, 품질, 가격, 출시 시기, 제품혁신 등을 결정하는 것이다. 제품전략과 디자인 전략은 상호 영향을 준다. 기업이 경쟁우위를 확보하기 위해서는 어떠한 디자인을 추구할 것인가를 결정해야 하며 이것은 제품전략수립에 영향을 준다. 또 제품전략에 따라 디자인 전략이 결정될 수 있다. 보통 디자인 전략은 엔지니어의 의견이 많이 반영되며 제품전략에는 마케팅부서의 영향이 많이 작용한다. 그러나 디자인 전략과 제품전략의 수립에는 관계된 부서(엔지니어링부서, 마케팅부서, 생산부서, 구매부서)의 의견이 종합적으로 반영되는 것이 바람직하다.

제품전략과 디자인전략이 수립되면 이에 따라 공급사슬전략이 수립되는데, 공급사슬전략에는 구매와 제조에 관한 전략적 선택이 중심을 이룬다.

기업동향 공급사슬관리와 구매관리

기존의 구매관리개념은 기업이 조달하는 물품을 공급하는 업체의 관리에 관한 것이라고 볼 수 있다. 이는 구매업체의 기술력, 가격경쟁력, 신뢰도에 관한 평가와 업체의 선정, 필요한 물품의 사양, 구매조건, 구매업체의 경영 및 품질관리능력 배양의 지원 등을 포함하는 매우 광범위한 개념이다. 또 구매가 기업과 기업 외부의 협력업체를 연결하는 접점(interface)의 기능을 수행하는 것이라고 볼 때, 구매관리는 매우 중요한 분야이다. 기업의 가치사슬에 속한 구매업체를 관리한다는 측면에서 공급사슬관리와 구매관리는 매우 유사한 개념이다.

그러나 공급사슬관리는 문제를 분석하는 접근법에서 구매관리와 차이가 있다. 공급사슬관리는 현대의 기업활동이 다수의 기업이 참여한 복잡한 네트워크에 의해 수행되기 때문에 공급사슬이라는 개념으로 분석하고자 하는 것이다. 즉, 기업 내부 및 외부활동의 연결상황, 가치가 창출되는 사슬부분, 비용이 발생하는 사슬부분을 분석하여 문제를 해결하고자 하는 것이다. 결국 공급사슬관리는 현대 경영관리의 특징인 "프로세스"를 중심으로 한 개념이다.

3 공급사슬관리의 포지셔닝전략

기업은 공급사슬관리에 있어 기업 내에서 수행해야 할 활동과 공급사슬 내의 타 개체(외주업체 혹은 고객)에서 수행해야 할 활동을 결정해야 한다. 이는 곧 기업이 공급사슬 내에서 자신의 위치를 정하는 포지셔닝전략에 관한 결정이다. 이 결정을 일반적으로 생산/구매(make/do or buy)의 결정이라고 한다.

3.1 생산/구매결정의 본질

생산/구매의 결정은 과거에 그다지 중요시되지 않았었다. 근래에는 경영전략의 중요성이 부각되고 또 일본기업이 협력업체와 밀접한 관계를 유지하며 경쟁력을 갖추게 된 것에 자극을 받아 다른 나라의 기업도 생산/구매결정 문제에 관심을 갖게 되었다.

기업이 현재 생산하고 있는 제품을 지속적으로 생산할 것인가 혹은 생산을 중단하고 외부에서 구매할 것인가를 정하는 것은 전략적으로 중요한 결정이다. 이 결정은 곧 기업이 무엇을 핵심경쟁력으로 배양할 것인가를 결정하는 것이기도 하다. 생산/구매의 결정은 인적자원의 양성은 물론 인적자원과 물적자원에 대한 투자에도 영향을 미친다. 또 기업의 지배구조(governance structure)에도 영향을 미친다.

생산/구매의 결정은 발주기업과 외주기업과의 관계를 결정하게 된다. 발주기업과 외주기업간의 관계는 단순한 교환기능을 수행하는 관계일 수도 있으며 파트너십과 같은 협력관계일 수도 있다.

경영전략수립과정에서는 기업 자체의 경쟁력을 항시 점검하고 경쟁력이 약화되는 부분이 있으면 이를 강화시킬 것인지 아니면 외주로써 전환할 것인지를 검토해야 할 것이다. 예를 들어 카메라 생산은 금형의 설계와 생산에 상당한 시간과 투자비가 소요된다. 만일 인건비의 상승으로 보급용 카메라(저가품)에서 더 이상 이익을 남기기가 어렵다고 한다면 저가품의 금형은 국내의 타 회사 혹은 인건비가 저렴한 중국의 회사에 개발을 의뢰하는 것을 검토해

기업동향 경영도 아웃소싱

신세계는 8일 블루힐 백화점의 영업을 대행해 주고 영업이익의 10%를 수수료로 받는 내용의 위 · 수탁계약을 체결했다고 밝혔다. 계약기간은 11월부터 10년간이다. 신세계는 이에 따라 블루힐 상호를 신세계 분당점으로 바꾸고 매장구성, 판촉, 광고계획 등 영업과 관련된 모든 권한을 블루힐로부터 넘겨 받는다고 덧붙였다. 블루힐은 지난 1996년 3월 매장면적 8,100평 규모로 오픈했으나 분당지역에 대형 유통업체가 잇달아 들어선 이후 이들과의 경쟁이 치열해지면서 경영난에 빠졌다.

자료: 「한국경제」, 1998년 10월 9일에서 발췌.

야 할 것이다. 기술의 변화, 외주업자의 기술개발력, 임금의 상승, 경쟁회사의 제품 등과 같은 기업환경의 변화는 기업의 핵심경쟁력에 영향을 주며 생산과 구매에 관한 사항은 다시 검토되어야 한다.

생산/구매의 결정은 단순히 원가절감을 위한 것은 아니며, 기업경쟁력의 다차원적인 각도에서 검토되어야 할 것이다. 포드(Ford)에 의하면 생산/구매의 결정은 다음과 같은 단계를 통해 발전하게 된다.

(1) 원가절감단계(operational cost-based approach)

단순히 현 생산능력의 조정 혹은 원가절감만을 고려하여 생산/구매를 결정하며 전략적인 측면을 고려하지 않는 단계이다. 단순문제 해결을 위한 의사결정에 국한된다.

(2) 외주업체 선별단계(business approach)

원가절감보다는 외주업체를 좀더 장기적인 관점에서 선별하는 단계이며 외주업체 선발을 위한 기준의 설정과 선별팀을 구성하는 단계이다.

(3) 전략적 단계(policy approach)

생산/구매의 결정은 전략적인 위치를 차지하게 되고 원가력 이외에 기술력을 갖춘 외주업체를 중시하게 된다.

3.2 협력업체를 통한 외주의 이점

공급사슬관리에서 기업이 가장 중시하는 것은 역시 공급업체[2)]이다. 이들을 통해 각종 부품 혹은 서비스를 공급받거나 특정 경영기능을 대행하도록 하기 때문이다. 공급업체와 협력을 통해 얻는 이점은 [표 9-1]과 같다.

4 구매의 기능

구매는 공급사슬관리에 있어 핵심적인 분야의 하나이다. 구매는 공급업체와 기업의 생산관리시스템을 연결하는 기능을 수행한다. 구매담당자는 공급업체와의 관계를 관리하고 회사의 생산시스템에서 요구하는 부품과 서비스에 관한 모든 주문을 수행한다. 어디에서(공급업체 선정), 무엇을(부품), 어떠한 조건(가격, 품질, 1회 주문량, 납기, 지불조건, 배상 등)으로 구매할 것인가에 관한 최종결정을 내린다. 구매담당자는 회사가 필요한 부품과 서비스의

표 9-1 협력업체의 이점

저가(低價)	연구개발을 통해 자체적으로 부품을 개발하는 것보다 전문화된 업체에서 구매하는 것이 비용을 절감할 수 있음.
유연성	자체적으로 생산을 할 경우, 기업환경이 변할 때마다 적응을 위한 투자가 필요하지만, 구매할 경우에는 필요한 부품과 서비스를 제공하는 업체를 구하면 됨. 또 자체생산할 경우, 불경기에 해고를 감행해야 하나, 구매의 경우는 단순히 구매량을 줄일 수 있음.
품질	특정 부품과 서비스만을 제공하는 전문화된 업체가 대체로 품질이 높음. 경우에 따라 이를 마케팅에 이용할 수 있음(예: 인텔의 CPU를 사용하는 컴퓨터).
핵심경쟁력 개발에 치중	핵심경쟁력이 없는 분야는 구매를 통해 해결함으로써 핵심경쟁력이 있는 분야를 집중적으로 관리가능함.
정보	전문화된 공급업체로부터 최신정보를 입수할 수 있음.

2) 공급업체와 외주업체는 서비스 혹은 제품/부품을 제공하는 업체로써 본서에서는 동일한 의미로 사용한다.

그림 9-2 발주업체의 생산관리자와 공급업체의 상호 의존성

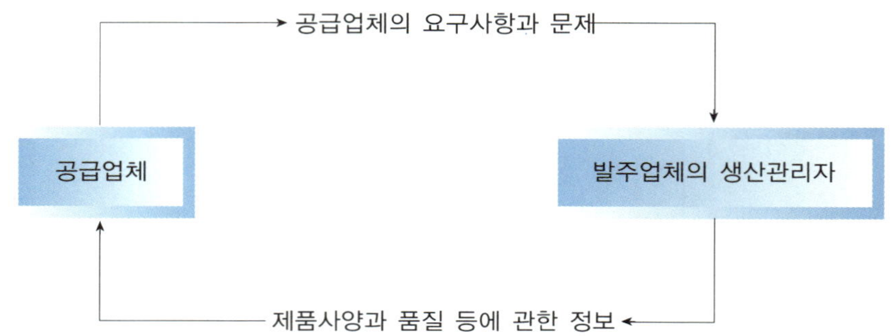

기업동향 가상기업

가상기업(Virtual Corporation)은 동종업체나 협력업체는 물론 심지어 경쟁업체간에도 합작 또는 협력관계를 맺고 첨단정보통신기술을 활용하여 서로 정보를 공유함으로써 신기술개발과 시장개척을 효율적으로 행하는 새로운 기업형태를 말한다. 미국 리하이대학 부설 아이아코카 연구소의 로저 나겔 교수가 미국 제조업체의 침체를 집중 연구하면서 창안한 것이다.

20세기 대량생산형태에서 경쟁은 1차원적이고 가격중심으로 이루어져 왔다. 그러나 현재의 경쟁형태는 다차원적이다. 가격뿐만 아니라 제품에 대한 정보와 서비스가 결합되어 있어 각종 지식과 노하우가 필요하며 이를 위해서는 경쟁기업의 협력도 불가피하게 되었다. 이와 같은 환경의 흐름 속에서 가상기업이 성립하게 되는 것이다. 가상기업의 각 파트너는 핵심능력을 제공하기 때문에 개별기업으로서는 성취할 수 없는 최상급 조직을 창출할 수 있다. 첨단정보통신망을 구축하여 부품과 디자인업체 등 협력업체끼리 정보교환을 쉽게 함으로써 저렴하게 신기술을 개발한다. 가상기업은 각기 독특한 핵심역량을 가진 수개의 회사가 설립한 것이기는 하나 특별히 법적 · 공식적인 조직이 존재하는 것은 아니다. 법적 · 공식적 조직에 의지하기보다는 협력기간 동안 강한 운명체의식을 바탕으로 협조가 이루어지며 존재의 필요성이 끝나면 가상기업은 해체된다.

이같은 모델은 기업협력체제의 경계를 재정립하는 방식으로 경쟁업체, 협력업체, 고객들과의 교류를 통해 상호 긴밀도가 한층 높아지게 된다. 가상기업의 성공조건으로서는 적합한 파트너의 선정, 공정성, 우수인력확보, 구체적인 목표의 설정 및 양질의 정보시스템 구축 등을 들 수 있다.

특성을 잘 파악하고, 공급업체의 능력에 관한 지식을 갖추고 있어야만 적절한 구매를 할 수 있다. 또 생산시스템이 요구하는 사양, 품질에 관한 사항을 공급업체에 전달하는 기능을 수행해야 한다. 또 공급업체의 애로사항을 자사(自社)의 생산관리자에게 전달하는 기능도 수행해야 한다. 즉, 구매담당자는 회사의 생산시스템과 공급업체간의 접점(interface)기능을 수행한다.

5 구매기능의 발전단계에 관한 이론

구매관리가 발전하는 단계에 관한 연구는 다수가 있다. 구매관리의 발전은 외주업체에 대한 관리의 발전을 의미하며, 여기에서는 중요한 연구 일부만을 소개하고자 한다.

5.1 로버트 렉과 브라이언 롱의 이론

로버트 렉(Robert Reck)과 브라이언 롱(Brian Long)은 대기업의 외주업체관리와 구매관리가 발전하는 과정에 관한 이론을 개발하였다.

(1) 수동적(passive) 단계

외주업체를 선택하는 데 있어 가격이 주된 결정요인이며 전략적 방향설정에 의한 외주업체 관리는 없다. 외주업체를 통해 단기적인 문제해결만을 추구하는 단계이다.

(2) 독립적(independent) 단계

외주업체를 통해 원가절감과 경영효율의 증대를 인식하기 시작하나 아직 발주기업의 경쟁전략의 관점에서 외주업체를 관리하지는 않는 단계이다. 즉, 외주업체 관리는 경쟁전략과는 독립적으로 시행된다.

(3) 지원(supportive) 단계

외주업체가 기업의 경쟁우위를 점하는 데 중요한 역할을 한다는 것을 인식하고 외주업체의 선택에 신중을 기하며, 구매관리와 외주업체 관리에 대해 지원을 한다. 외주와 관련된 기업환경을 면밀히 검토하고 분석하기 시작하는 단계이다.

(4) 통합(integrative) 단계

외주업체 관리와 구매관리가 경쟁우위전략의 한 부분으로 포함된다. 외주업체 관리를 위해 인력을 양성하는 단계이다.

5.2 럿셀 시슨의 이론

로버트 렉과 브라이언 롱의 이론이 구매와 외주업체 관리에 대한 경영자의 인식에 초점을 맞춘 반면, 럿셀 시슨(Russell Syson)은 구매와 외주업체 관리의 발전단계에 관한 이론이다.

럿셀 시슨의 단계설의 내용은 다음과 같다.

(1) 거래적(transactional) 단계

구매와 외주업체 관리를 단순 반복적 업무로 간주한다. 경영자가 구매 업무의 자동화와 같이 업무의 효율성을 제고하는 데 관심을 보이는 단계이다.

(2) 상업적(commercial) 단계

외주업체를 통해 원가의 절감만을 꾀하는 단계로 외주업체를 단기적으로 이용하고 강압적으로 가격할인을 요구하는 단계이다. 외주업체와의 관계는 항상 적대적이다.

(3) 전략적(strategic) 단계

외주업체의 중요성을 인식하고 전략적 경쟁우위를 확보하기 위해 외주업체를 지원하는 방안을 강구한다. 공급사슬관리를 시작하는 단계이다.

5.3 로빈 카미쉬와 마크 퀘의 이론

로빈 카미쉬(Robin Cammish)와 마크 퀘(Mark Keough)는 구매와 외주업체 관리의 발전단계를 다음의 네 단계로 구분한다.

(1) 생산지원(serve the factory)단계

생산과 관련된 운영을 지원하며 단순한 물품조달기능과 사무처리를 수행하는 단계이다.

구매가 기업의 가격경쟁력 유지를 위해 전략적으로 중요한 기능이라는 것을 인식하고 원가분석과 가격에 관한 협상을 중요시하는 단계이다.

(2) 저가구매(lowest unit cost)단계

구매위원회와 같은 조직결성을 통해 구매의 중앙통제를 시도하는 단계이다. 구매와 관련된 정책을 수립하고 적용하는 단계이다.

(3) 구매조정(coordinate purchasing)단계

기업 중앙부서의 주도에 의해 구매가 시행되며 CFT(cross-functional team)과 같은 조직을 결성하는 단계이다. 외주업체를 육성할 필요성을 인식하고 외주업체 인증제 등을 도입한다. 또 제품사양과 제품원가분석에 외주업체를 관여하게 한다.

5.4 피터 크랄직의 포트폴리오 접근법

피터 크랄직(Peter Kraljic)은 구매의 종류에 적합한 구매전략의 채택을 제시하고 있다. 구매의 중요성과 구매시장의 복잡성에 따라 2×2 매트릭스의 활용을 제시하고 있다.

6 외주업체 관리에 관한 기존 이론

자동차업계에서 일본 기업의 성공은 기존의 서구식 외주업체 관리를 재검토하는 기회가 되었다. 서구 기업은 외주업체를 단기적인 비용절감의 한 방편으로 본 반면에 일본 자동차회사는 외주업체와 장기적인 관점에서 상호 이익이 되는 협력관계를 수립하는 데 성공하였다. 일본 기업의 성공은 서구 기업이 외주업체 관리를 재고(再考)하는 계기가 되었다. 발주업체와 외주업체의 관계에 관한 이론을 소개하고자 한다.

6.1 사코의 이론

사코(M. Sako)는 발주업체와 외주업체는 두 개의 극단적인 관계 사이에 있다고 주장하였다. 사코가 말하는 두 개의 극단적인 관계는 적대적 관계와 동반자 관계와 유사한 개념이다. 사코의 이론 중 중요한 부분은 발주업체와 외주업체간의 신뢰(trust)에 관한 개념이다. 사코는 신뢰를 세 가지로 분류하고 있다.

(1) 계약의 신뢰(contractual trust)

발주업체와 외주업체 모두 약속을 준수하는 경우의 신뢰를 의미한다.

(2) 능력의 신뢰(competence trust)

발주업체와 외주업체 모두 주어진 역할을 수행할 능력이 있다고 신뢰하는 것을 말한다.

(3) 호혜의 신뢰(goodwill trust)

상대를 위해 되도록 일을 해줄 것이라는 신뢰를 의미한다.

발주업체와 외주업체가 적대적이며 사무적인 관계에 있다고 하더라도 계약의 신뢰와 능력의 신뢰는 갖고 있다. 그러나 호혜의 신뢰는 동반자적인 관계에만 존재한다.

6.2 래밍(Richard Lamming)의 접근법

리차드 래밍(Richard Lamming)은 자동차산업에 있어 자동차회사와 부품공급업체간의 관계를 분석하는 데 다음과 같은 요인을 사용하였다.

① 부품업계의 경쟁상태
② 외주결정요인
③ 정보이전에 관한 역할
④ 생산능력계획에 대한 협력관계
⑤ 납기준수방식
⑥ 가격변경을 결정하는 방식
⑦ 제품품질을 관리하는 방식
⑧ 제품의 연구개발을 관리하는 방식
⑨ 관계수립의 필요성 정도

위의 요인을 기초로 하여 자동차회사와 협력업체를 분석한 결과 다음과 같은 관계발전의 네 단계 모델을 제시하였다. 이 단계는 첫째, 전통적인 관계, 둘째, 갈등관계, 셋째, 문제해결단계, 넷째, 동반자관계로 나누어진다. 래밍은 나중에 다섯 번째 단계를 추가하였는데 이는 린 서플라이 모델(lean supply model)이다. 래밍의 다섯 번째 단계가 네 번째 단계와 다른 점은 자동차회사와 부품공급업체간의 힘의 균형에 있다. 네 번째 동반자관계의 단계에서는 자동차회사와 부품공급업체가 협력을 추구하기는 하나, 힘은 자동차회사가 우위인 것으로 설명하고 있다. 그러나 린 서플라이 관계에서는 발주기업과 외주기업이 거의 균등한 힘의 관계를 유지하게 된다.

6.3 수명주기모델

데이비드 포드(David Ford)는 발주업체와 외주업체간의 관계를 5단계로 분류하였다.

① 관계수립전 단계(pre-relationship stage)
② 초기단계(early stage)

③ 발전단계(development stage)
④ 장기적 단계(long-term stage)
⑤ 최종단계(final stage)

여기에서 최종단계는 관계를 청산하는 단계가 아니며 가장 성숙한 관계를 의미한다.

6.4 포트폴리오 접근법

발주업체는 외주업체와 협조적인 관계를 수립하기 위해 노력해야 할 것임에는 의심의 여지가 없다. 그러나 우선 협조적인 관계수립에 관한 결론에 앞서 다음과 같은 연구결과를 설명할 필요가 있다.

첫째, 현재까지의 실증연구를 보면 협조관계는 결속력 측면에서 볼 때 매우 다양한 형태를 취하고 있다. 즉, 동반자관계를 수립하는 유일한 모델이 존재하지 않는다는 것이다.

둘째, 외주업체와의 관계수립의 선택에 있어 상황이론에 입각한 접근법이 사용되고 있다.

콕스(Cox)는 이와 같은 결과를 토대로 포트폴리오 접근법을 제창하고 있다. 즉, 상황에 맞는 외주업체 관리전략이 필요하다는 것이다. 콕스의 이론은 외주업체의 경쟁력을 고려한 것이다.

7 일본 기업의 부품업체 관리[3)]

일본의 대기업과 협력업체간의 관계를 연구하는 학자의 대부분이 일본 기업은 신뢰를 바탕으로 한 협력관계의 구축을 추구한다는 긍정적 측면을 부각하였다. 사실 일본의 대기업과 수주업체간의 관계는 상호 이익을 장기적으로 추구하는 협력적인 면이 강하다. 그러나 이러한 이론에서 간과된 측면이

3) 유지수, “대량생산체제에 있어 경쟁력 향상과 측정평가방법에 관한 사례연구”(생산관리학회 추계학술연구발표회, 1996)에서 발췌.

있다. 일본 기업간의 협력관계는 결과이며, 이 협력관계가 수립될 때까지는 대기업과 부품업체간에 다양한 형태의 갈등과정을 거쳤다는 것이다. 일본 대기업의 행위를 좀더 심도 있게 관찰하면 일본 대기업은 부품업체보다 상대적인 힘의 우위를 점하고 이를 유지하기 위한 수단을 강구하고 있다는 것을 알 수 있다. 또 상대적 힘의 우위를 이용하여 대기업의 비용을 부품업체에 전가하는 방식도 취하고 있다. 이에 대한 구체적인 예를 자동차업계를 중심으로 살펴보고자 한다.

7.1 힘의 우위 확보를 위한 부품업체 선정방법

우선 일본 자동차회사의 단일부품업체(sole sourcing)제도의 비율을 보도록 하자. 일반적으로 알려진 바와는 달리 일본 자동차업계에 있어 단일부품 공급업자의 비율은 매우 낮다. 일본 자동차업계는 단일부품 공급업자에 대한 의존도가 증가되는 것을 방지하기 위해 대부분 두 개의 부품업자를 선정하는 것이 일반적이다. [표 9-2]의 데이터가 이를 뒷받침하고 있다.

일본 자동차 대기업인 발주회사는 이들 부품업체간의 끊임없는 경쟁유발 환경을 조성하고 있다. 이 전략은 두 가지의 효과를 노린 것으로 보인다.

첫째, 두 개의 부품업체간에 경쟁을 조성함으로써 이들의 경쟁력을 향상시킬 수 있다.

둘째, 두 개의 부품업체가 경쟁을 함으로써 발주업체는 힘의 우위를 항시 유지할 수 있는 것이다.

구체적으로 발주회사가 부품업체간의 경쟁을 조성하는 방식은 다음과 같다. 부품설계단계에서 두 명의 납품회사의 엔지니어를 초청하여 발주회사의 기술센터(technical center)에서 함께 시제품 작업을 하게 한다. 부품업체가 같은 장소에서 시제품의 설계 및 개발을 수행하게 함으로써 경쟁의 강도

표 9-2 미국과 일본간의 단일부품업체 비교

	단일부품 공급업자의 비율
미 국	69.3%
일 본	12.1%

를 높일 수 있는 것이다. 시제품이 완성되기까지는 부품업자와 발주회사의 수많은 상담이 진행된다. 이 과정에서 부품업자의 창의성이 중시되며 또 설계개선에 대한 제안을 제시할 수 있는 능력이 평가된다. 결국 최종적으로 하나의 시제품만이 선택되며, 채택된 부품업자가 주부품업자(主部品業者), 채택되지 않은 부품업자가 부부품업자(副部品業者)로 선정된다. 채택된 주부푼업자에게는 대량의 물량이 주어지며 보너스가 지급되는 것이 보통이다. 부부품업자에게는 소량의 물량이 주어지는 대신 이들의 설계능력의 보강을 위해 기술자문 등의 지원이 지속된다. 시제품이 채택되지 않은 부부품업자를 지원하는 이유는 항상 선택가능한 부품회사를 육성하려는 발주회사의 의도적인 전략의 일환이다. 선별된 수개의 부품업자 중 하나를 선발하는 방식을 단일부품업체 선정제도라고 한다. 위에서 언급한 단일부품업체 제도는 특별한 선정과정을 거치지 않고 하나의 업체에 부품공급을 전적으로 의뢰한다는 점에서 차이가 있다.

기존의 이론은 일본 대기업 발주회사가 중소기업인 부품회사에게 설비의 사용을 허가하는 것을 단지 호혜적, 우의적, 협력적인 의도로만 해석하였다. 이러한 해석은 일본 대기업의 단편적인 면만을 부각한 것이다. 현재까지 이해된 것과 같이 "우의와 협조분위기"에 의거한 대기업과 협력회사간의 관계보다는 철저한 경쟁논리에 의거한 전략을 채택하는 것이 일본의 자동차회사라고 할 수 있다.

7.2 힘의 우위를 유지하기 위한 특정 투자요구

일본 자동차업계의 대기업은 부품회사에게 특정 투자를 요구한다. 특정 투자는 부품업체의 투자가 발주회사의 특정 주문에 응하기 위한 투자를 의미한다. 즉, 부품업체가 신기계 설비에 투자를 하였는데 이는 발주회사의 특정 주문만을 위한 경우이다. [표 9-3]을 보면 미국의 자동차업계에 비해 일본 부품업체의 특정 투자가 상대적으로 높은 것을 알 수 있다. 특정 투자가 증가할수록 부품업체는 발주회사에 대한 의존도 또한 증가할 수밖에 없다. 특정 투자액을 회수하기 위해서는 발주회사의 주문을 지속적으로 수주하여야만 하기 때문이다. 부품업체가 특정 투자에 대한 위험부담을 인지하면서도 실행할 수밖에 없는 것도 역시 일본의 발주회사와 부품회사간의 힘의 불균형에 의한

표 9-3 미국과 일본 자동차업계의 특정 투자비율

총 설비투자 대비 특정 투자비율	
일 본	31%
미 국	15%

것으로 보인다.

7.3 힘의 우위를 이용한 물류비용 전가

전세계적으로 벤치마킹의 대상이 되었던 도요타의 생산방식인 JIT를 일본에서는 비판적 시각으로 보는 학자도 있다. 이는 JIT가 결국 도요타의 재고비용을 절약하기 위해 부품업체가 물품을 수시로 배달을 해야 하기 때문이다. 부품업체의 배달횟수는 매일 평균 7.4번이며 매시간 배달하는 계열 부품업자도 30% 이상에 달한다. 이러한 빈번한 배달 때문에 나고야의 모또마치 공장 주변의 도로에 극심한 교통체증이 발생할 정도이다. 도요타의 부품업체 사이에는 "도요타 지옥"이라는 말이 있다. 도요타에 납품한다는 것이 얼마나 어려운가를 잘 표현하는 말이다.

JIT는 도요타의 부품과 반제품에 대한 재고비용을 절감하기는 하나 부품업체의 물류비용의 상승을 야기한다. 곧 도요타의 재고비용이 부품업체의 물류비용으로 전가된 셈이다. 부품업체가 이러한 도요타의 요구를 수용하는 것을 단지 도요타와 부품업체간의 협력으로만 해석하는 것은 무리가 있다. 이는 우선 도요타가 힘의 우위를 이용한 부품업체에 대한 압력이라고 볼 수 있다. 부품업체의 입장에서는 도요타가 대량의 구입물량을 장기적으로 보증함으로써 빈번한 부품수송을 수용한 것이라고 볼 수 있다.

7.4 힘의 우위를 이용한 잉여인력 전가

일본 자동차회사가 힘의 우위를 이용하여 부품업체에 문제를 전가하는 것은 단지 도요타에 국한되어 있는 것은 아니다. 닛산 부품업체 중역의 30%는 닛산 출신이다. 닛산과 같은 대기업에서 부품업체로 전출되는 것을 사회적으로 불명예스럽게 여기고 있다. 닛산은 자사에서 승진이 불가능하게 되고 또 불필요하다고 여겨지는 인력을 부품회사로 전출시키는 것이다. 닛산이 자사의 잉여인력 처리를 위하여 부품업체를 적절히 활용하고 있다고 볼 수 있다. 이러한 제도도 결국 일본 기업의 양면성을 보여 주는 예이다. 부품업체의 일정 지분을 소유함으로써 닛산은 힘의 우위를 견지하고 있다. 부품업체가 대기업의 잉여인력을 수용할 수밖에 없는 이유 중의 하나는 닛산의 지분소유 때문이다. 닛산은 주요 부품업체의 지분을 평균 33% 소유하고 있다. 물론 닛산의 자본투자가 있음으로써 부품업체의 자금력이 향상되는 것은 사실이다. 그러나 부품업체는 자본의 획득 대신에 잉여인력 처리라는 부담을 안아야 하는 것도 또한 사실이다.

7.5 일본 자동차회사의 채찍전략

위에서 설명한 일본 자동차회사가 힘의 우위를 이용하여 비용을 부품업체에 전가하는 것은 일면 "채찍"을 사용한 관리라고 할 수 있다. 기존의 거래비용 경제학의 핵심논리는 거래상에서 발생하는 비용의 최소화를 위한 조직의 행위결정이다. 일본 자동차회사가 힘의 우위를 점하기 위한 행위와 또 힘의 우위를 이용한 비용의 전가는 거래비용 경제학의 논리로써는 설명되지 않는 부분이다. 또 기존의 발주업체와 수주업체간의 관계발전이론에서 논의되지도 않았다. 일본 자동차회사의 행위는 결국 조직간의 힘의 불균형에서 필연적으로 발생하는 "강자의 약자이용"이라는 논리로써 설명된다. "강자의 약자이용"이라는 논리는 결국 일본도 예외가 될 수 없으며 국가를 막론한 현실이라고 할 수 있다. 다만, 일본의 대기업은 힘의 우위를 이용한 "채찍"만을 사용하는 것이 아니라는 면에서 타 국가의 기업과 차이가 있다고 할 수 있다.

7.6 일본 자동차회사의 당근전략

일본 자동차회사가 부품업체에 대해 힘의 우위를 이용한 강압만을 행사하는 것은 아니다. 일본의 자동차회사는 힘의 우위를 이용한 "채찍"과 이에 따른 부품업체의 반발을 최소화하기 위한 "당근"을 제공하는 양면전략을 취하고 있다. 일본의 자동차회사가 부품업체의 반발, 특히 부품업체의 이탈을 방지하기 위해 "당근"을 제공하는데, 예를 들어 일본 자동차회사는 부품업체가 원하면 연구개발시설의 사용을 허가하고 있다. 또한 묵시적이기는 하나 장기적 발주물량을 보증함으로써 부품업체의 지속적인 자금의 순환을 돕는다.

일본 대기업의 당근제공은 거래비용 경제학의 이론으로도 설명될 수 있다. 일본 자동차회사는 당근을 제공함으로써 거래상 이전비용의 증대를 꾀하고 부품업체가 거래선을 바꾸는 것(협력관계에서 이탈)을 방지하려고 하는 것이다.

7.7 부품업체의 대응전략

한편 부품업체도 대기업인 일본 자동차회사의 당근과 채찍전략에 효과적으로 대응하고 있다. 부품업체의 전략은 거래비용 경제학에서 말하는 이전비용의 증대를 중심으로 한 전략이다. 즉, 부품업체는 대기업이 부품업체에 대한 의존도를 증대하기 위한 전략을 채택하고 있다. 대기업이 부품업체에 대해 의존하는 정도가 높아진다는 것은 곧 대기업이 다른 부품업체로 거래를 이전하는 비용이 증가한다는 것을 의미한다. 부품업체가 대기업의 의존도를 증대하기 위한 노력을 경주하고 있는데 이를 다음과 같이 요약할 수 있다.

첫째, 부품업체는 자체기술력의 향상을 통해 대기업이 기술 면에서 의존하도록 하는 것이다.

둘째, 대기업이 조직관리 측면에서 부품업체에 의존하도록 하는 것이다.

우선 기술의존도를 보면 일본 부품업체의 설계기술은 특정 분야에서 이미 대기업을 추월하고 있는 실정이다. 미시건대학의 조사에 의하면 도요타는 소위 세트 기본 설계(set-based design)의 방식을 취하고 있다. 이는 도요타가 부품업체에 부품설계를 의뢰할 때 구체적인 설계규격을 제시하는 것이 아니라 대체적인 규격을 주는 방식이다. 사실 구체적인 규격은 부품업체의 기술자에 의해 완성된다. 일본 부품업체의 기술자에 의하면 특정 부품의 설계기술능력은 부품업체가 도요타를 능가한다는 것이다. 미시건대학의 최근 보고서에 의하면 도요타의 경우 하나의 자동차에 40개의 배기시스템과 30개의 팬(fan), 그리고 20개의 클레이(clay) 모델을 만들 수 있는 능력을 보유하고 있다. 이는 부품업체의 기술력, 특히 설계능력의 뒷받침 없이는 불가능한 것이다. 따라서 현재 일본 자동차회사의 부품업체에 대한 설계기술 의존도는

표 9-4 일본 자동차회사와 부품업체의 전략비교

일본 자동차업계의 전략비교			
자동차회사의 전략			부품업체의 전략
힘의 우위 확보 · 유지	힘의 우위 이용	유 인 책	대기업의 이전비용 증대전략
• 일정 지분의 소유 • 경쟁부품업체의 육성 • 복수업체 선정	• 물류비용 전가 • 잉여인력 전출 • 개발비용 이전 • 부품업체간의 경쟁 창출	• 장기물량 제공 • 재계약 보장	• 지속적 개선(품질, 비용, 기능) • 비용전가의 허용 • 발주기업의 부품업체에 대한 기술 의존도 증대추구

상당하다고 보인다.

일본 부품업체의 노력은 이것에 그치지 않는다. 대기업의 잉여인력을 수용하는 것도 의존도 전략의 일부라고 할 수 있다. 대기업은 조직상의 문제를 해결할 수 있는 창구로 부품업체를 이용하고, 부품업체는 이를 허용함으로써 대기업이 자신들에 대한 의존도 증대를 꾀하는 것이다.

7.8 협력관계의 수립

이러한 상호 의존의 증대는 대기업이 거래선을 함부로 변경할 수 없게 만드는 환경을 초래하며 또한 부품업체가 네트워크에서 이탈하는 것을 불가능하게 만든다. 상호 의존도 증대는 상대를 "배반 혹은 이용"할 여지를 축소하며 또 선택의 여지가 없어지므로 자연히 "한배를 탄 운명"과 같은 공동체 의식이 생기는 것이다. 이것이 바로 일본 대기업과 부품업체가 공생을 추구할 수밖에 없게 되는 상황논리이다. [표 9-4]는 일본 자동차회사와 부품업계의 전략을 정리한 것이다.

결론적으로 일본 대기업이 부품업체를 불신하며 힘의 우위를 이용하는 것은 다른 나라의 대기업과 다를 바 없다는 것이다. 다만 일본 대기업과 부품업체는 공생추구를 할 수밖에 없는 환경을 창출하기 위한 적절한 전략을 수립했다는 것이다. 따라서 일본은 사회적, 문화적으로 상호 신뢰가 이미 정착되어 있기 때문에 대기업과 부품업체간의 협력체제가 가능하다는 논리는 위험한 결론이다. 앞으로 우리의 성공은 불신의 제거와 부품업체의 자체능력

향상을 위한 공존형 전략의 수립에 달려 있다고 본다. 이 점에 있어 일본 대기업과 부품업체의 전략은 좋은 지침이 될 수 있을 것이다.

8 외주업체 관리의 한국형 포트폴리오 전략

일본 자동차업계의 자동차회사와 부품업체간의 관계발전과정은 매우 독특한 면이 있다. 경영학의 기본이론은 대기업과 중소기업이 장기적인 상호이익을 추구하기 위해 상호 노력해야 한다는 매우 이상적인 논리에 기초를 두고 있었다. 그러나 동일민족으로서 사회적으로 응집력이 있는 일본에서조차 기업간의 힘의 불균형이 있을 때 거래상대를 이용하는 것은 어쩔 수 없는 기업의 생리인 것 같다. 다만, 일본의 대기업은 힘의 불균형을 이용하여 부품업체에 대해 강권만을 사용한 것이 아니라 부품업체가 가치사슬에서 이탈하지 않도록 하기 위한 유인책을 제공했다는 점에서 다른 국가의 기업과 차이가 있다고 할 수 있다. 이러한 일본 기업의 행위는 거래비용 경제학 이론만으로는 설명될 수 없는 것이다.

경영학은 실천학문이며 이론 자체의 중요성도 있지만 이론이 현실에 적용될 수 있을 때 그 가치가 더한다고 할 수 있다. 즉, 일본 기업의 행위가 우리나라 기업에 주는 시사점이 무엇인가를 살펴볼 필요가 있다. 일본 자동차회사의 경쟁력이 공급사슬에서 나오는 것은 의심의 여지가 없다. 공급사슬의 부품공급업체는 주어진 사양에 맞게 단순히 생산만을 하는 것이 아니다. 일본 부품공급업체는 이미 상당한 기술축적이 되어 있어, 부품의 설계와 같이 부가가치가 높은 부문에 공헌을 하고 있는 것이다. 이는 일본의 자동차회사가 "당근과 채찍"을 적절히 배합한 부품업체 관리를 통해 부품업체의 기술 수준을 올려 놓은 것이다. 그러면 우리나라의 기업도 일본 기업과 같이 부품업체의 육성을 위한 전략을 구사해야 할 것인가를 결정해야 할 것이다. 피터 크랄직(Peter Kraljic)은 구매의 종류에 따라 적합한 구매전략을 택해야 한다고 주장하고 있다. 부품업체의 관리에 있어서도 크랄직과 같이 상황이론의 적용이 필요하다. 포트폴리오 전략을 구사하기 위해서는 우선 부품업체의 분류와 이에 맞는 전략의 개발이 필요하다.

기업동향 포드의 supply strategy

포드의 supply strategy의 핵심은 supply base를 포드 운영의 연장으로 만드는 것이다. 즉 자동차 디자인부터 supply management에 대한 프로세스 제 설계에 이르기까지 협력업체를 참여시키는 것인데, 이러한 전략은 새로운 물류(distribution) 및 제조(manufacturing)전략과 함께 포드가 69억 달러의 수익을 올리고 30억 달러의 코스트를 절감할 수 있도록 만들었다.

포드의 supply strategy의 핵심요소는 비용관리, 품질개선, 협력업체 육성, 자동차 디자인과 개발이라는 측면에서 찾아 볼 수 있다.

먼저 비용관리(Cost control)의 측면을 살펴보면, 협력업체와의 공동노력을 통해 효과적인 비용절감을 달성하고 있음을 알 수 있다. 이러한 것은 "우리의 목적은 시장에 알맞은 제품개발을 통해 소비자들에게 높은 가치를 제공하고, 포드와 협력업체에 많은 수익을 안겨 주는 것이다." "우리의 낭비에 대한 도전은 우리와 협력업체 사이의 가치체인(value chain)에 대한 공동관리를 통해 달성되었다. 이러한 노력은 포드의 엔지니어링, 제조, 판매 및 마케팅, 구매와 생산, 서비스, 생산과 직접 관련되지 않는 협력업체 등과의 협력을 포함한다"라는 포드 경영진의 말에서 확인할 수 있다. 이러한 노력은 포드의 총 비용관리(Total Cost Management) 프로그램하에 조직되어 있다. 이 프로그램의 주요 요소는 ① VA, VE, 가치체인분석(Value-chain-analysis) 등의 기법을 통해 포드와 협력업체가 함께 비용을 절감할 수 있도록 하는 총 비용관리 워크샵(Total-cost management workshop), ② 협력업체가 린 생산프로세스를 실행할 수 있도록 지원, ③ 복잡성(Complexity) 축소, 책임성(responsibility) 증대, 보증비용 감축을 위한 공동노력, ④ 포드·협력업체의 프로세스를 개선하기 위한 노력, 예를 들어, 1997년에 포드·협력업체팀이 새로운 모델 개발에 있어서의 목표비용설정(cost target) 프로세스를 재정립한 것, ⑤ 정보를 공유하고 목적을 조정하기 위한 협력업체와 지속적인 대화 등이다.

두 번째는 품질개선이다. 포드는 협력업체와 함께 비용절감을 위해 노력하는 것과 같이 협력업체가 품질을 개선하는 것을 돕기 위해 협력업체와 함께 작업하고 있다. 결국, 개선된 품질은 제조의 낭비를 줄이고 보증비용을 감소시켜 전체적인 비용절감에 도움을 줄 것이라는 것을 인식하고 있다.

또한 라인별 부품의 복잡성을 감소시키기 위해 작업하고 있으며, 부품과 시스템의 표준화, 보증비용의 절감을 위해 노력하고 있다. 이러한 노력은 부품구입 비용상의 이익을 가져오고 또한 제조의 복잡성(differentiation)을 감소시킬 뿐 아니라 품질을 개선시킬 수 있다. 한 예로 New Mercury Cougar는 Mondeo/Contour/ Mystique 플랫폼을 기본으로 하고 있으며 이들 자동차부품의 70%를 공용으로 하고 있다.

세 번째는 협력업체 육성이다. 포드는 다양한 팀들의 노력을 통해 지속적으로 자동차와 협력업체 사이의 시스템 및 협력업체의 성과를 추적하고 있다. 이러한 노력을 조정하기 위해 포드는 포드의 고참 — "쿼터백" 이라고 불림 — 을 차종별 시스템의 품질책임자로 임명하고 있다. 협력업체 및 다른 팀원들의 평가와 함께 이러한 정보의 안정적인 획득은 최선의 방법을 통해 협력업체를 육성할 수 있도록 하고, 한 프로그램으로부터의 교훈을 다른 프로그램에 적용할 수 있도록 한다.

포드는 특별한 재정적 지원을 통해 소규모 업체를 지원하기 위한 지원프로그램을 전개하고 있다. 추가로 기술지원 프로그램(Technical Assistance Program)은 이전의 숙련된 포드 근로자들이 소규모 업체들의 기술적 또는 운영적 이슈와 관련된 문제를 해결하는 데 도움을 주도록 하고 있다.

네 번째는 자동차 디자인의 개발이다. 포드의 제조, 제품개발, 엔지니어링, 마케팅 및 판매, 그리고 구매기능은 디자인 및 개발단계에서 협력업체와 결합하여 일하고 있다. 이것은 높은 품질과 낮은 코스트의 설계뿐만 아니라 일관되고 효과적인 프로세스를 보장한다.

포드는 이러한 초기단계에서의 협력업체 참여를 증대시키고 있다. 또한 프로젝트 관리, 시스템 엔지니어링, 그리고 개발에 대한 협력업체의 책임도 함께 증대시키고 있다. 예를 들어, 다수의 다른 협력업체로부터 조달하고 있는 시스템을 구성하고 있는 부품들의 적합성, 마무리, 칼라 등을 승인하는 공동작업에서 큰 역할을 수행할 수 있는 1차 협력업체를 선정하여 이들의 역할을 증대시키고 있다. 또한 다수의 프로그램을 통해 협력업체에 대해 완전히 시스템 디자인 및 그들이 포드에게 납품하는 모듈 어셈블리의 계획진행에 대한 책임을 맡기고 있다. 이러한 활동의 목적은 설계 및 제품개발에서 협력업체의 능력 및 전문성을 이용하고자 하는 것이다. 그리고 포드는 협력업체들이 좀더 효과적, 효율적으로 일할 수 있다는 믿음을 가질 수 있는 프로젝트를 이용하여 협력업체들의 성과를 높일 수 있도록 노력하고 있다.

자료: 류기천, "완성차 메이커와 협력업체간 파트너십의 중요성," 기아경제연구소.

첫째, 기술력, 원가, 품질 면에서 경쟁력이 없으며 향후 발전가능성도 없는 부품업체에 대해 일본 자동차회사의 부품업체 관리모델과 전략을 적용할 수는 없다. 힘의 불균형이 심각한 이러한 부품업체에 대해서는 부품의 global sourcing을 통해 부품구매를 실시하며 가격 면에서 경쟁이 없는 경우는 거래를 중지해야 할 것이다.

둘째, 기술적인 면에서 가능성이 있는 부품업체에 대해서는 일본의 자동차회사가 구사한 전략을 적용하여 이들 부품업체의 능력배양을 지원해야 할 것이다. 물론 힘의 우위를 이용하여 적정한 경쟁상황을 창출하는 것과 동시에 공급사슬에서의 이탈을 방지하기 위해 이전비용의 증대를 강구하여야 할 것이다.

셋째, 기술적인 면에서 이미 세계적 수준에 올라 있는 부품업체와는 힘의 균형이 이루어진 상태이므로 동반자와 같은 수준에서의 거래가 이루어져야 할 것이다. 이같은 포트폴리오 전략을 도식화하면 [그림 9-3]과 같다.

포트폴리오 전략을 구사하기 위해서는 우선 부품업체를 분류하는 평가기준을 정해야 하는데 이에 대한 연구가 앞으로 필요하다.

자동차산업의 예를 들면 전세계적으로 모듈화와 플랫폼[4]을 통합하는 추

4) 플랫폼(platform)은 차체, 즉 샤시(chasis)를 의미하며, 개발비를 줄이기 위해 플랫폼의 수는 줄이고 플랫폼당 자동차 모델 수를 늘이는 것이 세계적인 추세이다.

그림 9-3 부품업체의 분류

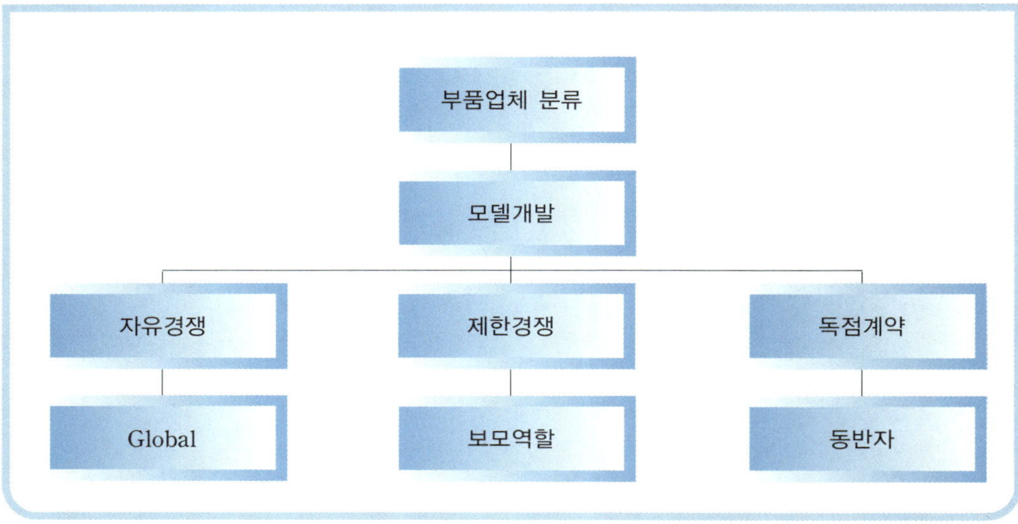

세이며 이 과정에서 필연적으로 1차 협력업체 수가 축소되고 있다. 이때 협력업체를 과연 어떠한 기준에 의해 분류하여 협력업체 관리전략을 적용하느냐 하는 것이 논의가 된다. 다이어(Jeffrey H. Dyer), 조동성, 주우진은 제품의 특성에 따라 [표 9-5]와 같은 부품업체 육성전략을 제시하였다.

기업동향 수평적 동반자관계 수립의 노력

현대중공업은 축구대회를 통해 현대와 협력업체간, 협력업체와 협력업체간 팀워크를 다지고 있다. 제1회 현중협의회(現重協議會) 연합회원사 친선축구대회를 열었는데 이 대회는 협력업체 227개사 중 신한기계를 비롯한 울산지역 9개 업체, 동화정기를 비롯한 부산지역 9개 업체 등 총 18개 팀이 참가하고 있다. 현대는 사계절 푸른 잔디구장인 강동축구장을 빌려 주고 상금 전액과 현대호랑이축구단 사인볼 등을 제공했다. 현대는 협력업체와 수평적 동반자관계를 공고히 하기 위한 이 대회를 내년부터 전국 각지의 모든 협력업체가 참여하는 대규모 축구잔치로 확대할 계획이다.

자료: 「한국경제신문」, 1998년 10월 9일에서 일부 발췌.

표 9-5 세그멘트별 협력업체 관리전략

	durable arms-length relation[5] (quasi-market)	전략적 파트너십 (quasi-hierarchies)
제품/투입물의 특성	• 상품/표준화된 제품 • 공개구조제품 • 단독기능부품 • 부품업체와 완성차 메이커간의 낮은 상호 의존도 • 저가치 투입물	• 주문형 비표준화 제품 • 비밀구조제품 • 다른 투입물의 기능과 관련된 부품 • 부품업체와 완성차 메이커간의 높은 상호 의존도 • 고가치 투입물
협력업체 관리	• 단일부문상대(영업 대 구매) • 가격에 대한 비교로 협력업체 선정 • 최소한의 지원 • 협력업체의 성과는 쉽게 계약화될 수 있음. • 협약을 강제하기 위한 장치는 계약으로 충분함.	• 다부문 상대(엔지니어링 대 엔지니어링, 제조 대 제조 등) • 능력에 대한 비교로 협력업체 선정, 실질적인 지원 • 비계약적 성과가 더 중요(혁신, 품질, 대응력 등) • 최적의 성과를 얻기 위해서는 강제적 합의가 필요함.

5) Arms-length relation는 발주회사가 협력회사와 너무 가까워 지지 않도록 일정 간격을 유지하고 필요하면 언제나 거래를 청산하는 관계를 의미한다.

토론문제

01 생산/구매에 관한 결정의 전략적 중요성을 논하시오.

02 공급사슬관리가 현대 경영에 있어 중요하게 된 이유를 설명하시오.

03 마이클 포터는 산업집합체에 의한 경쟁과 산업집합체의 경쟁력을 중시하고 있습니다. 그렇다면 단일기업의 경쟁력이 중요하지 않다는 것을 의미하는 것인가를 논하시오. 그리고 세계화의 시대에 산업집합체의 경쟁력이 과연 비교우위가 될 수 있는 것인지를 설명하시오.

04 우리나라 자동차업계에 있어 대기업과 부품업체의 관계를 외주업체 관리이론에 비추어 설명하시오.

05 자동차회사와 부품공급업체간 관계를 설명하는 래밍의 린 서플라이 모델의 특징을 논하시오.

06 가상기업의 이점과 한계를 설명하시오.

07 일본 자동차업계에 있어 대기업의 부품업체 관리전략의 특징을 간략하게 설명하시오.

08 포드의 협력업체 관리전략을 우리나라 기업이 채택할 경우 발생할 수 있는 문제점을 토의하시오.

CHAPTER 10 재고관리

1 재고수준 결정 요인

생산업체로서는 재고를 없애는 것이 비용절감의 가장 좋은 방법이다. 그러나 많은 제조업체 혹은 유통업체가 재고를 유지하고 있다. 재고는 원자재, 부품, 반제품, 완제품으로 구분할 수 있는데 업체에 따라 재고수준의 정도는 다를 수 있다. 왜 각 업체가 서로 다른 재고수준을 유지하는 것일까? 과연 재고수준은 어떻게 결정되는 것일까? 생산관리를 공부하는 학생이면 한번쯤 품어 볼 수 있는 의문이다. 이에 대한 대답을 구하기 위해 다음과 같이 생각해 보자.

만일 학생이 제조업 혹은 유통업에 종사하고 특히 구매 혹은 생산팀에 소속 되었다고 하자. 그러면 무엇을 고려하여 재고를 결정할 것인가를 생각해 보아라. 많은 학생은 아마도 첫째, 수요발생과 공급에 걸리는 소요시간(LT: lead time)을 생각할 것이다. 당신 회사에서 고객으로부터 주문을 받고 고객에 완성품을 배송하는 데 많은 시간이 걸린다고 하면 고객은 아마도 당신 회사와 거래를 원하지 않을 것이다. 결국 소요시간이 재고수준 결정의 중요 요인이라는 것을 알 수 있다. LT가 길수록 당신 회사는 주문이 예상되는 완성품을 미리 축적해 놓고 고객을 유인할 것이다. 다른 경쟁사보다 주문과 배송에 걸리는 시간을 단축하는 스피드경쟁을 하는 것이다.

둘째로 고려하는 사항이 고객의 성향이다. 고객이 얼마나 기다릴 의향이 있는가를 생각해 재고를 결정할 것이다. LT가 아무리 길다고 해도 고객이 기다릴 의사가 있다고 하면 재고문제가 없다. 정말로 좋은 레스토랑은 미리 음식을 만들어 놓지 않고 고객주문 접수 즉시 음식을 만들기 시작한다. 음식은 역시 만드는 즉시 먹어야 최상의 맛을 유지할 수 있기 때문이다. 프랑스의 음식 평론사인 미쉐린(사실은 타이어 제조 회사)에서는 전 세계의 레스토랑에 우수등급을 매기는 데 놀랍게도 일본에서 상당한 수의 일식집이 우수등급을 받았다고 한다. 불행히도 한국에서는 아직도 우수등급을 받은 음식점이 없다. 여하튼 고객이 LT를 감수하면 구태여 미리 만들어 놓을 필요가 없다. 제조업에서 좋은 예가 조선업이다. 대우조선해양, 현대중공업, 삼성중공업과 같은 회사에서 배를 미리 만들어 놓고 팔지는 않는다. 고객의 주문을 받아 설계를 시작하는 것이다. 이도 역시 고객이 기다릴 의향이 있기 때문에 가능한 것이다. 조선과 같은 경우는 고객이 기다림을 당연시 할 것이다. 왜냐하면 선주(船主: ship owner)가 원하는 대로 설계를 하여 배를 만드는 주문생산이므로 선박완성에 상당한 시간이 걸린다는 것을 당연시 할 것이다. 반면 자동차와 같은 제품은 고객의 기대수준이 다르다. 특히 조급한 국민성을 갖은 민족은 차량인도에 2~3주가 걸린다는 것을 이해하지 못한다. 고객은 발주 즉시 차량인도를 기대한다. 이런 경우에는 아무래도 제품의 재고가 늘어날 수밖에 없다.

결국 재고수준은 소요시간과 고객성향에 따라 달라질 수 있다.

2 LT단축을 통한 재고 절감

고객이 장시간 기다릴 의향이 없고 LT가 길어지면 재고는 늘 수밖에 없다. 고객이 생각하는 인도시간을 CT라고 하자. 이때 CT<LT 가 되면 고객만족을 위해 재고를 늘릴 수밖에 없다.

사실 재고를 늘린다는 것은 불필요한 낭비이다. 마치 집 안방 금고에 돈을 가득 쌓아 놓고 있는 격이다. 금고에 쌓아 놓은 돈은 안전하지도 않고 금고에 있는 돈이 늘어나지도 않는다. 주주가 기업에 투자를 하고 경영인에 경영을 맡겼는데 경영자가 집안 금고에 돈을 쌓아 놓고 있다면 이는 주주의 입장에서 볼 때 매우 무능한 경영자인 것이다. 경영자가 주주들의 돈을 잘 굴려서(자산운영) 자산의 증식을 해 줄 때 투자목적이 달성되는 것이다. 경영자가 주주의 자산을 잘 운영하여 주주의 재산이 증식되어야 더 많은 주주가 투자를 하게 되고 이에 따라 고용이 더 창출되는 것이 자본주의 경제의 근간이다. 그런데 창고에 재고를 쌓아 놓고 있다면 이는 집안 금고에 돈을 쌓아 놓는 것과 다를 바 없다. 재고가 많다는 것은 경영자가 자산운영의 효율성 면에서 잘못한다는 것이다. 따라서 고객을 잃지 않는 범위 내에서 재고를 최대한 축소하는 것이 경영자의 의무이다. 그러면 재고를 어떻게 축소할 수 있을까? 고객이 좀더 기다리게 하는 것도 생각해 볼 수 있으나 현실적으로 어려운 일이다. 고객에게 기다려 달라고 애원해보아도 다른 경쟁사에게 달려갈 것이기 때문이다. 결국 경영자는 LT를 축소해야 한다. 고객이 원하는 즉시 생산하여 공급할 수 있는 LT를 축소하는 것이 가장 좋은 방법이다.

기업동향 *LG 구미 TV공장, RFID로 시간단위 자재관리*

LG전자 구미 TV공장은 부품 등 생산자재를 한 시간 단위로 관리한다. 협력업체에서 납품하는 각종 부품은 생산라인에 투입하기 30분~1시간 전에 공장에 입고되도록 했다. 이 때문에 이 공장에는 생산자재 재고가 거의 없다. 작년 말부터 올 초까지 생산라인, 협력업체, 물류창고에 구축한 전자태그(RFID) 시스템 덕분이다. 협력업체에서 들어오는 부품 등 자재에는 근거리통신 기술을 이용해 정보를 주고받는 전자태그가 붙어 있다. 월 70만대 안팎인 완제품에도 마찬가지다.

LG전자는 한 발 더 나아가 전자태그 시스템을 전사적자원관리(ERP) 시스템과 연동했다. 협력업체들도 생산 ERP시스템을 보며 각 생산라인의 작업 현황을 실시간으로 파악할 수 있도록 했다. 이를 통해 협력업체들은 추가 납품 시간을 정확히 예측하고 있다. 작년 말까지만 해도 수십 명의 협력업체 직원들이 자재 납품 시간을 맞추기 위해 생산라인에 상주했었다. 지금은 PC 모니터만 보면 알 수 있어 일손을 크게 덜었다. 전자태그를 활용해 공급망관리(SCM)를 고도화한 대표적 사례다.

이 공로를 인정받아 LG전자는 26일 정보통신산업진흥원과 한국경제신문 등이 주관하고 지식경제부 주최로 열린 '2009 대한민국 IT 이노베이션 대상' 에서 영예의 대통령상을 수상했다. LG전자 관계자는 "전자태그 시스템 도입으로 생산성이 높아졌고 재고 유지 및 주문 관리의 효율성도 향상됐다" 며 "연간 100억원 이상의 비용절감 효과를 거두게 됐다" 고 말했다. 이 회사는 전자태그를 휴대폰, 에어컨, 냉장고 등의 생산공장으로 확대하고 국내외 공장을 잇는 글로벌 공급망관리(Global Supply Chain Management) 시스템을 구축할 계획이다.

출처: 「한국경제」, 2009년 11월 27에서 발췌.

3 LT의 발생

기업이 관리해야 하는 가치사슬(value chain)은 매우 복잡한 경우가 많다. 그러나 간단하게 도식화 하면 [그림 10-1]과 같다.

조립업체는 고객의 실제주문과 추후 발생할 주문을 예측하여 생산을 계획하는 것이 일반적이다. 조립업체의 생산계획에 의거하여 부품업체는 부품을 저장장소인 물류창고(CC: consolidation center)로 배송한다. 물론 부품업체가 CC를 거치지 않고 직접 조립업체의 공장으로 배송하는 경우도 있다. 배송장소는 부품의 유형과 조립업체의 요구조건에 따라 달라진다. 조립업체가 완성한 완제품은 소비지로 보내기 이전에 적치되는 곳이 있다. 이때도 역시 물류창고가 있다. 자동차와 같은 경우는 거대한 주차장과 같은 장소가 물류창고를 대신한다. 최종적으로 고객에게 전달이 되면 총 LT가 결정된다. 위의 가치사슬의 각 단계별로 LT를 최소화하는 것이 경영자의 임무이다. 결국 부품업체와 조립업체의 생산소요시간(production lead time)과 각 단계에 소요되는 배송소요시간(transportation lead time)을 최소화할 수 있어야 총 LT는 줄어 들 수 있다. 총 LT단축은 경영자의 능력과 의지에 달려 있다.

참고로 CC라고 불리우는 이유는 이곳에서 단순히 저장만 하는 것이 아니라 부품을 조립순서에 맞게 재분류하기 때문에 통합(consolidation)이라는 용어를 사용하고 있다.

경영자가 단순히 각 단계별 LT단축에만 관심을 갖는다고 해서 문제가 해결되지는 않는다. 단편적이고 부분적인 부분을 개선하는 것도 중요하다. 그러나 전체적인 물류시스템의 설계도 중요하다. 근자에 세계의 경제활동은

그림 10-1 물류의 흐름

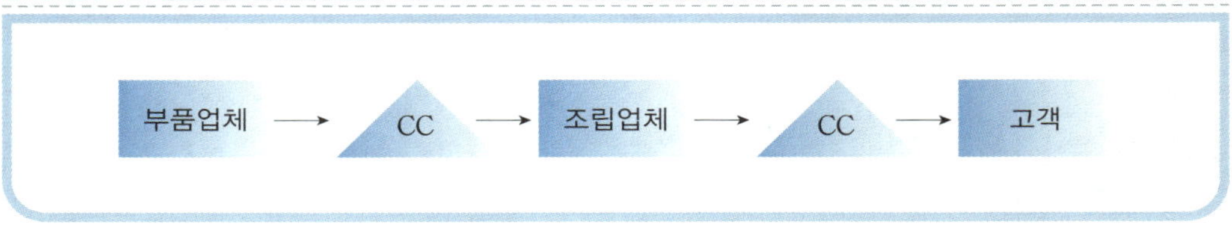

더욱 상호의존적으로 되고 있다. 우리나라도 전세계를 상대로 판매/생산/구매활동을 전개하고 있다. 이는 물류관리를 더욱 복잡하게 하고 있다. 배송소요시간을 최소화하려면 물류시스템의 전체적인 그림을 그리는 것이 중요하다. 어디에 조립공장을 설립하고 부품업체 중 누구를 해외에 동반진출할 것이며 어디에 부품업체 공장을 위치해야 할 것인가를 설계해야 한다. 물론 어디에 물류센터를 지어야 할 것인가도 결정해야 한다. 이런 전체적 공장과 물류시스템의 설계가 무엇보다 중요하다. 전체적인 생산과 로지스틱스 시스템의 설계가 물류흐름의 효율성을 결정하게 되기 때문이다. 효율적 물류시스템(로지스틱스 시스템과 동의어)을 구축해야 LT를 단축할 수 있으면 재고수준도 줄일 수 있다.

근자에는 물류관리에서 자재의 흐름을 실시간으로 파악하기 위해 RFID(radio-frequency identification)을 사용하고 있다. RFID는 [그림 10-2]에서 볼 수 있듯이 작은 칩처럼 보이는 RFID 태그(tag)를 제품에 붙인다. RFID 태그에는 안테나와 집적회로가 있다. 집적회로에는 제품에 관한 정보가 수록된다. 제품정보는 안테나를 통해 판독기 혹은 리더(reader)에 전달된

그림 10-2 RFID processes

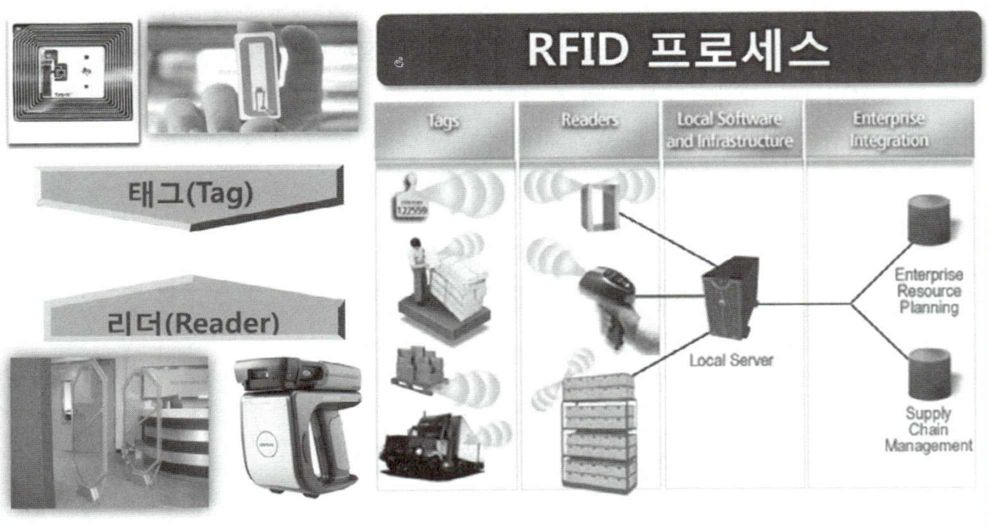

표 10-1 RFID와 전통적 바코드의 차이점

분　　류	RFID	바 코 드
인식 방법	무선 READ/WRIGHT	광학식 READ ONLY
인식 거리	100M까지 가능	최대 1M 이내
인식 속도	수 백개 가능	개별스캐닝
정 보 량	수천단어	수십단어
관리레벨	개별상품(일련번호)	상품그룹
가　　격	태그 수백원(점차 낮아짐)	라벨인쇄 10원 미만
예　　제	산지에서 11월 25일 오후 7시에 출하 11월 26일 오전 7시에 가공센터로부터 출고 오후 10시에 매장에 입고 현재 A1번 곤돌라에서 진열 100개중 11번째 배추	산지직송 배추

http: //www.rfiddb.or.kr

다. 이 판독기는 다시 컴퓨터에 제품정보를 전달한다. RFID 태그가 부착된 제품이 판독기 앞을 지나가면 제품의 정보가 컴퓨터에 입력될 수 있도록 한다.

기존의 바코드와 여러 면에서 차이를 갖고 있으며 [표 10-1]에 정리되어 있다. 기존 바코드는 제품정보입력량이 제한적이며 인식방법도 반드시 인식기 혹은 판독기가 제품에 근접해야 한다. RFID는 이런 문제를 해결하였다. RFID의 가장 큰 문제는 가격이다. 아직도 가격 면에서 기존의 바코드보다 비싼 것이 RFID의 확산을 저해하고 있다.

4 LT축소 방법

LT를 축소할 수 있는 방법으로 물류시스템의 설계와 구축을 논의하였다. 이외에 어떠한 방법이 있나? 물류시스템은 주로 수송LT에 관한 것이었다. 생산LT를 단축하기 위한 기업의 노력도 있다. 이미 3장에서 설명한 적이 있는 모듈화가 그것이다. 모듈화는 초기에는 조립라인에서 조립시간을 줄이기 위한 방안으로 강구되었다. 그러나 모듈화가 진전되면서 개발기간을 단축하기 위한 방향으로 발전하였다. 기업은 모듈화를 통해 조립시간, 개발LT의 단축을 추구하고 있다.

6장에서 또 다른 생산기법을 논의하였는데 바로 JIS(just-in-time-sequencing)이다. JIS도 조립공장내에서 자재가 막힘 없이 흘러갈 수 있도록 함으로써 생산의 LT를 단축하는 기법이다.

5 수요관리방식과 재고관리

재고관리는 단지 생산단계에서 결정된다고 생각하기 쉬우나 사실은 가치사슬의 전 단계에서 결정된다. 재고를 어떻게 할 것인가는 첫째, 수요관리에서 시작된다. 수요관리를 어떻게 할 것인가가 가치사슬 전단계(前段階; upstream)의 재고에 영향을 미친다. 가치사슬 단계를 따라 물류가 흘러가고 물류정보가 서로 교환된다. 수요관리방식은 이미 1장에서 설명한 바가 있다. 이때는 MTO(make-to-order), ETO(engineer-to-order), ATO(assemble-to-order), MTS(make-to-stock)만을 설명하였다. 본장에서는 BTO(build-to-order)를 중심으로 수요방식을 설명하겠다.

보통 기업의 전략차원에서 어떤 방식으로 수요와 주문에 대응할 것인가를 정한다. 수요관리(demand management)에 관한 정책결정이다. 수요관리방식을 많은 학자가 여러 방식으로 나누고 있다. 수요관리방식에 통일성이 없어 혼란이 있다. 본 교과서에서는 다음과 같이 용어를 구분하였다.

[표 10-2]에 정리된 용어는 불과 일부에 불과하다. 수요관리방식에 관한 용어는 매우 많다. 또 본교과서에서 구분한 방식이 많은 사람들에 의해 수용되는 것은 아니다. 용어가 혼란스럽게 사용되고 있기 때문에 학생들의 이해를 돕기 위해 나름대로 정리를 한 것이다. 확실한 것은 기본적으로 다음과 같은 기본 요소에 따라 수요관리 방식의 용어가 만들어 지고 있다는 것이다.

기업은 고객요구수용방식에 따라 수요관리 방식을 결정한다. 그리고 수요관리방식의 용어는 [그림 10-3]의 왼편의 고개요구수용방식과 오른편의 재고축적방식이 합해져서 구성된다. 만약 완전히 예측에 의해 생산이 진행된다

표 10-2 수요관리방식 용어 정리

용 어	내 용
BTO (build-to-order)	고객의 주문이 없어도 부품은 이미 준비가 되어 있는 상태임. 고객주문이 오면 부품을 조립하여 완성품을 만듦. 단, 정해진 사양 내에서 고객이 주문을 할 수 있음. 고객이 원하는 것을 전부 설계하여 응하지는 못함. CTO (con-figure-to-order)라는 용어를 사용할 수 있음.
BTF (build-to-forecast)	고객의 수요를 예측하여 정해진 사양 내에서 부품을 만들고 완성품을 조립함. BTO와의 차이는 주문이전에 예측에 의해 생산한다는 것임.

그림 10-3 수요관리방식 용어의 분해

고 하면 이는 Make to stock 즉, MTS가 된다. 아마도 현업에서 이런 제품은 거의 없을 것이다. 굳이 예를 들자면 CPU와 같은 제품이 여기에 해당할지 모르겠다. 그러나 CPU라고 해도 실제로 주문은 전혀 없는 상태에서 예측에 의해 미리 생산하지는 않을 것이다. 주문에만 의존하여 생산을 하면 MTO가 된다. 사실 기업에서 완전한 MTS, MTO는 거의 없다. 가공식품과 같이 고객의 선택여지가 없는 경우에도 유통업체의 주문과 예측을 합하여 생산을 하는 것이 보통이다. 보통 MTS+O(예측치+현재 주문치)가 이루어진다고 할 수 있다.

고객의 선택사양범위에 따라서도 수요관리방식이 달라진다. 만약 조선과 같이 고객의 사양에 따라 새로운 설계를 한다고 하면 이는 ETO(engineer-to-order)가 될 것이다. 그러나 완전백지에서 새롭게 설계를 하여 주문생산을 하는 경우는 거의 없다. 특히 가전이나 자동차와 같은 제품은 사양리스트에서만 고객이 선택을 할 수 있다. 이런 수요관리는 BTO 혹은 CTO가 된다. 대부분이 제조업에서는 BTO 혹은 CTO방식으로 수요관리를 하게 된다. 여하튼 고객의 주문을 어떻게 대응하느냐 하는 수요관리방식이 가치사슬에 전단계(upstream)에 영향을 미칠 수밖에 없다.

많은 기업이 미리 생산을 해 놓는 MTS를 피하고자 한다. 이유는 이미 학생들이 알고 있을 것이다. MTS는 재고를 많이 축적하는 방식이기 때문이다. 재고를 많이 갖고 있다는 것은 현명한 경영자가 아니라는 것을 이미 전술한 바 있다. 현재 많은 기업은 MTS를 가능하면 피하고자 한다. 재고를 줄이자는 것이다. 그렇다면 어떻게 고객의 주문에 대응할 것인가? 많은 기업이 재고절감과 고객대응이라는 두 마리의 토끼를 잡고자 한다. 해결책은 가격이 높은 완제품 재고는 줄이되 가격이 낮은 부품은 미리 준비를 해두고 주문이 오면 준비한 부품으로 즉시 조립을 하여 완제품을 생산한다는 것이다. 완제품에 대해서는 생산시기를 최대한 늦추는 지연전략(postponement strategy)을 취하고 있는 것이다. 그러나 부품은 미리 준비를 해 놓고 필요한 시기에 빨리 완제품을 조립하여 생산LT를 단축하는 것이다. 이것이 BTO(built-to-order)의 기본적 내용이다.

BTF는 기본적으로 BTO와 유사하나 BTO와는 달리 완제품도 일부는 주문이 없어도 예측에 의거하여 미리 생산하는 것이다. 대부분의 가전회사와 자동차회사는 BTF의 형식을 좇고 있다.

6 재고의 종류

유지되고 있는 재고에는 여러 가지 형태들이 있다. 재고의 다섯 가지 가장 중요한 분류들은 다음과 같다.

(1) 원자재 및 구매 부품(raw material or purchased parts)

기업의 산출물의 생산에 사용하기 위하여 외부로부터 구매된 품목들, 예를 들면, 화학약품, 판금, 트랜지스터, 너트와 볼트 등이다.

(2) 부품(components)

최종조립을 기다리고 있는 반조립부품 또는 부분품들을 말한다.

(3) 재공품(work-in-process)

작업활동 사이에 또는 공정의 여러 단계에서 생산현장에 놓여 있는 모든 자재들, 반제품 또는 반조립부품들을 말한다.

(4) 완제품(finished goods)

유통되기 위하여 또는 고객들의 구매를 기다리는 최종제품들

(5) 소모품(supplies)

생산이나 행정기능들을 지원하는 데 사용되지만, 완제품의 부분품은 될 수 없는 품목들, 예를 들면 연장, 천공기, 사무실 집기 등

서비스 조직에서 실체적인 제품들은 생산되지 않고 있다. 그러나 지급품의 재고 — 즉, 보험회사에서 필요한 각종 서류양식 또는 병원에서의 약품들 — 는 조직의 성공적인 운영에 필수적이다.

유지되고 있는 재고는 다섯 가지 형태로 분류되었지만, 조직 내에서 재고를 유지하는 목적에 대해서는 설명되지 않았다. 재고를 유지하는 네 가지 주요 목적들은 다음과 같다.

첫째, 판매수준이나 생산소요시간을 정확하게 예측하는 것은 거의 불가능하다. 판매량은 평균적으로 월 5,000품목단위가 될 수 있겠지만, 그것이 3,500에서 7,000단위로 변할 수 있다. 이와 비슷하게 원자재 주문에 대한 평균조달기간이 7일인데, 예를 들어 그 기간은 5일에서 15일까지 변동될 수 있다. 따라서 변동재고(fluctuation inventories), 가장 흔히 불리우는 안전재고(safety stock)가 이와 같은 변화의 효과를 최소화하기 위하여 유지된다.

둘째, 많은 품목들은 높은 계절적 수요를 가지고 있다. 생산능력의 제한 때문에, 물품부족기간 동안에 충분히 생산하는 것은 불가능하다. 기대수요를 충족시킬 수 있도록 하기 위하여 제철이 아닌 시기에 예상재고(anticipation inventories)가 비축된다.

셋째, 생산 및 구매활동에 있어서 규모의 경제를 이용하자는 데 있다. 많은 양의 구매활동은 때로 전 구매량이 동시에 필요하지는 않더라도 수량할인이나 한 트럭 분량의 수송비 할인율을 통하여 수익을 얻을 수 있다. 그와 같

은 재고는 롯트-크기재고(lot-size inventory)라 부른다.

마지막으로, 재고의 상당한 양이 보통 유통시스템 내의 여러 단계들 사이에서 운송중에 있게 마련이다. 예를 들면, 공장으로부터 지역창고로 트럭이나 기차에 의하여 상품을 운송하는 데에 몇 일 또는 몇 주일이 소요된다. 이와 같은 운송중에 있는 재고(pipeline inventory)는 최종목적지에 도달하기까지 사용될 수 없다.

비록 재고가 여러 가지 다른 기능들을 가지고 있을지라도, 회사의 재무관리상의 건전성은 효과적인 재고관리에 따라 좌우된다. 그러므로 조직의 생산성 목표를 달성하기 위하여는 기업의 전체적 관점에서 재고정책을 수립하는 것이 필요하다.

7 재고관리문제의 분류

재고관리의 문제는 다양하게 분석될 수 있다. 예를 들어, 휘발유 급유소는 단지 몇 가지 등급의 휘발유 재고를 유지하는 반면에, 기계판매상은 수백개의 서로 다른 품목 및 상표를 놓고 판매한다. 휘발유에 대한 수요는 비교적 일정하지만, 에어컨에 대한 수요는 계절적이며 변화가 심하다. 휘발유가 품절이 되면 고객은 다른 곳으로 가버린다. 그러나 기계판매상에 어떤 특정 품목의 재고가 없을 경우에 고객은 기꺼이 그 품목을 주문하고 배달될 때까지 기다릴 수 있는 것이다. 휘발유 급유소와 기계판매상의 재고특성은 현저하게 다르기 때문에, 재고를 적절하게 통제하려면 서로 다른 접근방법을 필요로 한다.

재고문제를 분석하는 데 있어서 첫 단계는 재고시스템의 환경과 그 특징을 기술하는 것이다. 해당되는 모든 특징들을 여기에 고려하는 것은 불가능하겠지만 그 중 몇 가지 중요한 면을 생각해 보자. [표 10-3]은 이를 요약하고 있다.

7.1 재고품목의 수

재고관리에서 많은 모형들은 한 가지 품목에 대한 재고정책을 결정하는

표 10-3 재고관리문제에 관한 분류체계

특 징	속 성
품목의 수	하나 또는 여러 개
수요의 성격	독립적 또는 상호의존적, 확정적 또는 확률적, 정적 또는 동적
계획구간 내의 기간의 길이	하나 또는 여러 개
조달기간	확정적 또는 확률적
품 절	미납품 주문 또는 판매기회손실

문제를 다룬다. 수백 또는 수천 가지의 서로 다른 품목을 취급하는 조직에서 각 품목마다 재고모형을 적용하는 것은 오히려 어렵게 된다. 그러한 경우에는 가끔 품목들을 총괄하여 비슷한 특징이라든가 또는 비슷한 화폐가치를 가진 그룹으로 나누어 처리한다. 품목을 적은 수의 그룹으로 총괄하여서 통제하는 재고관리시스템이 설계하기에 훨씬 쉽다.

여러 가지 품목을 취급하는 경우에는 재고정책에 영향을 미치는 여러 가지 제약조건들이 있다. 예를 들어, 창고의 공간이라든가 재고에 투자될 수 있는 자금의 한계가 있게 된다. 이러한 상황은 최적재고수준의 결정을 더욱 힘들게 만든다. 제품들간의 상호작용들이 또한 고려되어져야 한다. 예를 들어, 제품들의 어떤 그룹들은 그 수요가 함께 발생되는 경향이 있는데, 자동차 윤활유, 오일 필터, 어떤 화학약품들 또는 식품종류 등이다. 이러한 품목들은 재고정책을 전개할 때에 함께 고려되어져야 한다.

7.2 수요의 성격

수요는 독립적이거나 상호의존적, 확정적이거나 확률적 또는 동적이거나 정적인 것으로 분류될 수 있다. 독립적인 수요는 작업활동에 의하여 영향을 받지 않고 오히려 시장에 의하여 좌우되는 수요를 의미한다. 완제품재고는 독립적 수요의 특징들을 가지고 있다. 어떤 품목에 대한 수요가 다른 품목의 수요와 관련되어 있다면 종속수요(dependent demand)라고 말한다. 예를 들어, 자동차의 수요는 독립적이지만, 타이어에 대한 수요는 자동차의 수요에 따라 좌우된다.

대부분의 경우에 수요는 꽤 안정적이며, 따라서 정확하게 예측이 가능하다. 그러한 경우에 수요는 확실성을 가지고 알려질 수 있다고 가정한다. 이러한 수요는 확정적 수요라고 부른다. 그 외의 경우에는 수요는 대단히 변하기 쉽기 때문에 단지 확률분포에 의해서만 명시될 수 있다. 이는 확률적 수요라고 불리운다. 확률적 수요의 경우는 정확한 예측이 대단히 어렵다. 종종 그러한 사례는 일시적인 판매라든가 계절적 품목에 적용된다.

수요는 시간이 흐름에 따라 시시각각으로 변동할 수도 있고 또는 1년 동안 안정적일 수도 있다. 예를 들어, 빵이나 통조림 식품 같은 식품류들은 비교적 안정적 수요를 나타내는 반면에, 칠면조 고기라든가 햄과 같은 공휴일 품목(holiday items)들에 대한 수요는 1년 내에도 상당히 변화가 심하다. 안정적 수요는 보통 정적(static)이라고 불리우고, 반면에 시간에 따라 변하는 수요는 동적인 수요(dynamic demand)라고 한다.

7.3 계획기간의 길이

어떤 경우에는, 판매철이 비교적 짧으며 남은 품목들은 다음 판매철까지 보관하기에는 물질적으로나 경제적으로 이득이 될 수 없는 경우가 많다. 예를 들면, 크리스마스 트리로 잘려진 나무들은 다음해까지 보관될 수 없으며, 계절적 유행상품들은 손해를 보고도 팔게 되는데 그 이유는 보관창고가 없다거나 또는 다음해까지 보관해 두는 것이 비경제적이기 때문이다. 또 생선은 시간이 갈수록 가치가 떨어지는 제품이다. 이런 품목은 계획기간이 매우 짧다. 이와 같은 "단일-기간(single-period)"재고문제는 재고가 한 계획기간에서 다음 계획기간으로 보관 · 유지되는 경우와 다른 분석을 필요로 한다. 즉 계획구간의 수(number of time periods)에 따라 분석방법을 달리해야 한다.

7.4 조달기간

조달기간(lead time)은 주문시점부터 주문된 상품이 도착할 때까지의 시간을 말한다. 조달기간은 비교적 일정할 수도 있고 또는 확률적(이 경우에는 확률분포에 의하여 표시될 수 있음)일 수도 있다. 조달기간은 운송수단에 따라 좌우된다. 도로, 철도, 트럭 그리고 항공수송은 서로 다른 특징들을 가지고 있다. 예를 들면, 항공으로 수송되는 제품의 조달기간은 철도에 의한 경우보다 덜 변하게 될 것이다. 또한 부품공급업자가 주문을 처리하는 시간을 포함시켜야 하거나 또는 그 품목이 품절이라면, 제조하는 데 걸리는 시간도 고려하여야 한다. 바람직한 구매시스템은 재고관리분석에서 사용될 수 있도록 조달기간에 관한 자료를 유지 · 보관하여야 한다.

7.5 품 절

어떤 품목에 대한 수요를 만족시킬 수 있는 재고가 없을 때, 미납품 주문(backorder) 또는 판매기회손실(lost sale)이 발생했다고 할 수 있다. 미납품주문은 특별수송, 주문을 촉진시키기 위한 제반사항, 또는 다른 공급업자로부터 더 비싼 가격으로 구매하는 등의 부가적인 비용이 발생한다. 판매기회손실은 그것과 관련지어 기회비용의 의미를 내포하게 되는데, 결과적으로 단골손님을 놓치게 되고 나아가서 미래의 잠재적인 수입에 영향을 미치게 된다.

고객에 대한 서비스의 관점에서 보면, 품절(stockouts)은 절대로 발생하여서는 안 된다. 참으로 혈액재고와 같은 상황에서 품절은 비극적이다. 그러나 많은 경우에 미납품주문은 경제적으로 정당화될 수 있다. 예를 들어, 민간항공기와 같은 고가품의 품목들의 경우에는 재고가 유지되지 않고 그리고 거의 미납품 주문상태가 존재한다. 미납품주문은 또한 노동력에 대한 수요를 평활화하기 위해서도 계획되어진다. 미납품주문이 계획된 것이 아니라 우연히 발생할 때, 보통 여러 가지 이유들 중의 하나가 밝혀질 수 있다. 사용률이나 조달기간에 대한 부정확한 예측, 공급업자의 신뢰성 없는 배달, 사무착오, 품절문제, 불충분한 안전재고 또는 트럭사고 등을 포함한다.

서로 다른 많은 수의 재고관리상황이 발생한다. 예를 들면, 조달기간이 확률적이며, 미납품주문을 한 상태이고, 계획기간의 수가 둘 이상이며, 단일품목에 독립적 · 확정적 · 정적인 수요문제를 고려할 수 있다. 또 다른 상황은 확정적 조달기간과 판매기회손실, 단일계획기간에 대한 독립적 · 확률적 그리고 정적인 수요를 가진 다품목에 관한 것일 수도 있다. 분명히 재고정책들은 이와 같은 각 문제에 따라 달라지게 된다. 이와 같은 모든 가능한 상황들이 여기서 모두 논의될 수는 없다. 오히려, 운영관리자들이 당면하고 있고 또한 더 복잡한 상황의 분석을 위한 기초를 제공해 줄 수 있는 기본적 상황들을 설명하도록 하자. 그러기 위하여는 재고를 유지하는 데 관련된 주요 비용들을 우선 논의할 필요가 있다.

8 재고와 관련된 비용

재고비용은 네 가지 주요 범주로 나누어진다. 품목 그 자체의 비용, 주문-준비비용, 재고유지비용, 그리고 품절비용이다. 재고를 유지 · 보전하는 데 드는 비용은 재고정책을 결정하는 데 주요 기준이 된다. 즉, 재고량을 얼마로 할 것인가 그리고 주문횟수를 어떻게 할 것인가에 관한 정책의 기준이 된다.

품목단위의 비용(구매비용)도 수량할인이 가능할 때 주요 고려대상이 된다. 많은 양을 비교적 낮은 단위품목비용으로 구매하는 것이 더 경제적일 수가 있다. 그러나 대부분의 경우에 품목비용은 일정하다. 주문비용은 공급업자에게 발주서를 보내는 일과 관련된 것이라든가 공장 내에서 생산을 위하여 조직을 정비하는 일 때문에 발생한다. 구매품목에 대하여 이것은 주문처리, 주문서 양식, 공급업자의 선정, 도착된 문서의 처리, 그리고 주문한 물품이 도착할 때 상품의 품질검사 등의 활동을 포함한다. 만약 공장 내에서 주문을 하게 되면, 주문비(일반적으로 준비비라 함)는 서류처리, 기계류 준비, 그리고 생산초기 폐기물(start-up scrap) 등을 포함한다. 주문비용은 구매품목 또는 제조품목의 숫자에 따라 좌우된다기보다는 오히려 발주를 하는 횟수에 따라 달라진다.

재고유지비용은 재고가 유지되고 있기 때문에 발생하는 모든 비용을 포함한다. 이러한 범주에 포함되는 것은 임대료, 전기와 난방비용, 보험 및 세금, 부패 및 진부화 비용, 그리고 자본비용 등이다. 임대료, 전기 및 난방료, 보험료 등은 창고시설을 유지하는 데 관련된 고정비용이며 회계자료로부터 비교적 쉽게 측정될 수 있다. 부패 및 진부화 비용은 제한된 보존기간을 가지고 있는 음식이나 약품류에 적용되며, 또는 장난감이나 크리스마스 트리와 같은 색다른 상품이나 계절품목에 해당된다. 재고에 투자된 자본비용은 보통 재고유지비용의 가장 큰 부분을 차지한다. 이것은 재고단위품목의 가격, 재고유지기간, 그리고 재고로 묶여진 단위화폐가치와 관련된 이자율의 곱이다. 이자율은 종종 대단히 변동이 심하고 또한 기업의 위험한 주위환경과 투자수익률에 관한 경영진의 목표 등에 따라 좌우된다. 예를 들어, 재고를 위한 자금을 확보하기 위하여 돈을 차용하였다면 이자가 발생한다. 만약 회사내부의 자금이 사용되었다면, 그 자금을 다른 생산적인 투자에 사용할 수 없게 됨으로써 발생하는 기회비용이 있다. 이와 같은 여러 가지 요인들은 결정하기 어렵기 때문에, 재고유지비는 때로 경영진의 판단력에 기초를 둔다.

품절은 고객이 원하는 품목이 도착할 때까지 기다리는 미납품주문에 의하여 충족될 수 있거나 혹은 고객이 다른 곳에서 구매하는 판매기회손실이 되기도 한다. 미납품 주문은 서류처리, 상품의 입하, 그리고 고객에게 통지 등과 관련된 노력, 운송비, 송장의 작성 등으로 부가적인 비용이 발생한다. 판매기회손실은 이윤기회의 손실을 초래하며 나아가서 영업권비용(goodwill costs)이라고 일컬어지는 미래의 잠재적 수입의 손실을 겪게 될지도 모른다.

지금까지의 논의로부터 중요한 재고비용들은 회계적 개념으로 측정하기 매우 힘들기 때문에 과연 어떻게 효율적으로 재고모형들을 사용할 수 있을지 의문시 될 소지가 있다. 재고모형들은 일반적으로 꽤 적용범위가 넓다. 사용된 비용항목들이 정확한 값 등이 아니라 개략적인 추측치이더라도 모형에 의하여 얻어진 결론에 있어서는 일반적으로 큰 변동이 없다. 결과적으로 가장 단순한 모형들이라도 많은 기업에서 비용을 감소시키는 데 성공적으로 사용되어 왔다.

재고에 관련하여 세 가지 중요한 의사결정들이 있다. 즉, 재고를 감시하는 방법, 주문량, 그리고 발주시기이다. 이들의 각각은 비용에 중요한 영향을 미친다. 재고수준을 감시하는 데 더 많은 노력을 경주하면 할수록, 더 많은 사무실 일과 자료처리의 비용이 든다. 반면에, 엄격한 통제로 인하여 품절이 덜 발생하고 고객서비스가 향상된다. 만약 한 번에 많은 양이 발주되면, 평균적으로 보유재고수준이 높아지게 된다. 그러므로 발주횟수가 적을수록 주문비용은 낮아진다. 그러나 재고유지비용은 높다. 다른 한편으로는 발주횟수가 많아지게 되고 주문량이 적어지게 되면 주문비용은 많아지지만 재고유지비용은 낮다. 최소비용의 재고정책을 수행하기 위하여는 이러한 비용들이 균형을 이루어야 한다.

9 재고관리시스템

본절에서는 재고시스템 설계의 주요 특징들을 다루고자 한다. 매우 다양하고 서로 다른 재고문제들——즉, 다품목들, 상호의존적 또는 독립적 수요 등——이 존재하고 있기 때문에 어느 한 형태의 재고관리시스템을 모든 문제에 적용시킬 수는 없을 것이다. 효과적인 재고통제를 위하여는 몇 가지 시스템들이 복합적으로 사용되어야 할 필요가 있다. 본절에서는 총괄적인 재고관리시스템, 독립적인 수요시스템을 고려하기로 하자.

9.1 ABC재고분류

ABC재고분석의 개념은 많은 수의 서로 다른 품목들로 구성되어 있는 재고를 연구하기 위하여 1950년대 초 GE사에 근무하는 디키(H. F. Dickie)가 처음으로 제안하였다. 이 기법은 중요한 재고품목들을 확인하고 통제하는 데 대단히 유용한 분석도구임이 판명되었다.

[표 10-4]에 있는 어느 중소기업의 20개 재고품목들에 대한 자료를 고려하자. 마지막 열은 각 품목의 연간 예상되는 화폐사용량을 나타낸다. 이 값은 예측에 의한 연간 기대사용량에 단위품목비용을 곱하여 얻어진 것이다. 이 값들을 연간 화폐사용량 순위로 정리를 하면 [표 10-5]를 구성할 수 있다.

이 표에는 또한 품목들의 누적백분율, 누적적인 화폐사용량, 그리고 총화폐사용량의 누적백분율들도 나타나 있다.

[표 10-5]를 분석해 보면 총화폐사용량의 70%가 처음 5개의 품목, 즉 전체품목의 25%에 의하여 설명되고 있다. 그 외에, 품목들의 하위 50%는 총화폐사용량의 단지 5.5%밖에 차지하지 못한다는 것을 알 수 있다.

이러한 식으로 소위 ABC분류라고 불리우는 세 그룹으로 품목들을 총괄하여 나눈다.

① A품목들: 많은 화폐가치를 가지고 있으나 총품목수에 비하여 비교적 적은 비율을 점유하는 품목들
② C품목들: 적은 화폐가치를 가지고 있으나 총품목수 중 많은 비율을

표 10-4 20개 재고품목들에 관한 사용량: 비용자료

품목번호	예상되는 연간 사용량	품목단위비용(천원)	예상되는 연간 화폐사용량(천원)
1	1,500	5.0	7,500
2	6,450	20.0	129,000
3	5,000	45.0	225,000
4	200	12.5	2,500
5	20,000	35.0	700,000
6	84	250.0	21,000
7	800	80.0	64,000
8	300	5.0	1,500
9	10,000	35.0	350,000
10	2,000	65.0	130,000
11	5,000	25.0	125,000
12	3,250	125.0	406,250
13	9,000	0.5	4,500
14	2,900	10.0	29,000
15	800	15.0	12,000
16	675	200.0	135,000
17	1,470	100.0	147,000
18	8,200	15.0	123,000
19	1,250	0.16	200
20	2,500	0.20	500

점유하는 품목

③ B품목들: 품목분류 A와 C 사이에 위치하는 품목

전형적으로 A품목들은 보통 총화폐사용량의 70 내지 80%를 이루고 있는 반면에 품목수에 있어서는 약 15~30%를 점유한다. 그러나 한편 C품목들은 총화폐사용량의 5 내지 15%를 설명하고 있으며 총품목수의 50%가량 차지한다. 바로 위 예제에 대하여 품목의 비율 대 화폐사용량 비율을 그림으로 나타내면, 때로는 파레토곡선(pareto curve)으로 알려진, [그림 10-4]와 같은 ABC곡선을 얻게 된다. A와 B품목들간에 또는 B와 C품목들간에 어디에서 분류하여야 하는가에 대한 구체적인 규칙은 없다. 여기 간단히 제시된 퍼센트들이 지침이 될 뿐이다.

ABC분석은 재고관리담당자에게 유용한 정보를 제공해 준다. A품목들은 상당한 재고투자를 의미하기 때문에 이러한 품목들은 면밀하게 통제되어

표 10-5 ABC 분석계산

순 위	품목번호	품목번호들의 누적 %	연간화폐사용량 (천원)	누적화폐사용량 (천원)	총화폐사용량의 누적 %
1	5	5	700,000	700,000	26.8
2	12	10	406,250	1,106,250	42.3
3	9	15	350,000	1,456,250	55.7
4	3	20	225,000	1,681,250	64.3
5	17	25	147,000	1,828,250	70.0
6	16	30	135,000	1,963,250	75.1
7	10	35	130,000	2,093,250	80.1
8	2	40	129,000	2,222,250	85.1
9	11	45	125,000	2,347,250	89.8
10	18	50	123,000	2,470,250	94.5
11	7	55	64,000	2,534,250	97.0
12	14	60	29,000	2,563,250	98.1
13	6	65	21,000	2,584,250	98.9
14	15	70	12,000	2,596,250	99.4
15	1	75	7,500	2,603,750	99.6
16	13	80	4,500	2,608,250	99.8
17	4	85	2,500	2,610,750	99.9
18	8	90	1,500	2,612,250	99.9
19	20	95	500	2,612,750	99.9
20	19	100	200	2,612,950	100.0

야 할 필요가 있다. 가장 완전하고 정확한 기록, 재고수준의 계속적인 감시, 다른 품목보다도 우선처리, 주문크기 및 발주횟수에 대한 최대의 배려 등을 포함한다. 이와 반대로, C품목들은 면밀하게 통제될 필요가 없다. 이러한 품목들은 수송비 절약을 위하여 많은 양이 주문되기도 하고 또한 재고수준은 정기적으로 어떤 공식적인 기록이 없이도 간단히 점검될 수 있겠다. B품목들은 그 중간이다. C품목들보다는 좀더 통제를 받지만 A분류의 품목들처럼 중요하게 관리될 필요는 없다.

재고 이외의 많은 현상들 중에서 ABC곡선의 특징을 엿볼 수 있다. 다른 적용분야들이 [표 10-6]에 나타나 있다. 이들 각각의 경우에, ABC곡선은 경영자에게 각 모집단에서 중요한 품목들에 대한 자료를 공급해 준다. 예를 들어, 유통시스템에서 "배달경로"(delivery routes)라는 모집단을 고려하여 보자. ABC분석을 통하여 얼마 안 되는 배달경로들이 총 정지횟수들의 많은 비

그림 10-4 ABC 곡선

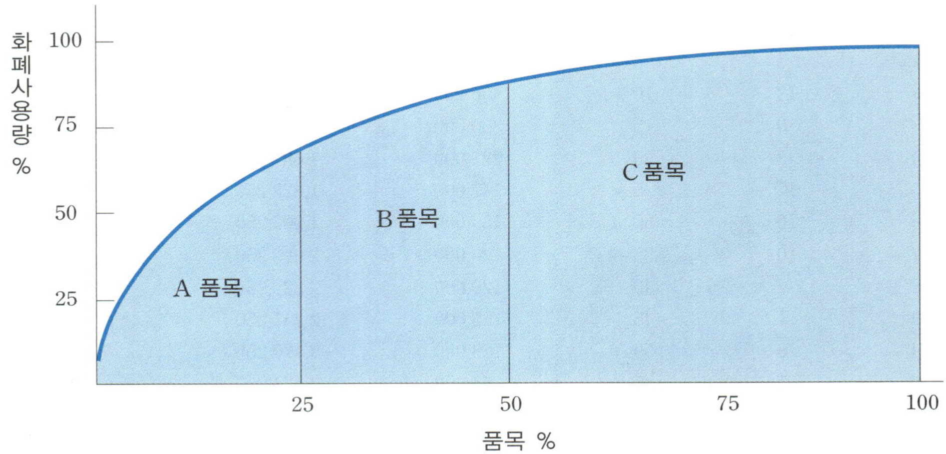

표 10-6 ABC분석의 적용사례

모집단(항목)	서열순서(항목별 활동의 내림차순의 값)	ABC 도면의 좌표축
소매점 체인의 상점	상점당 연간 판매액	총 판매액의 누적 % VS. 순위가 매겨진 상점들의 %
활발한 재고품목들	활발한 재고품목당 연간 판매액	총 판매액의 누적 % VS. 서열순위 재고품목들의 %
활발한 재고품목들	재고품목당 재고투자액	총 재고의 누적 % VS. 서열순위 재고품목들의 %
활발한 재고품목들	품목당 소요저장공간(ft^3)	총 저장공간(ft^3)의 누적 % VS. 서열순위 재고품목들의 %
배달경로	배달경로당 정지횟수	총 정지횟수의 누적 % VS. 서열순위경로들의 %
하루의 반 시간 단위들	매 30분마다 도착하는 트럭의 수	총 도착들의 누적 % VS. 서열순위 반 시간들의 %

율을 차지하게 됨을 알 수 있다. 이러한 배달경로들에 대하여는 일정계획을 수립하는 데 더욱 주의를 기울여야 한다. 따라서 ABC분석은 많은 다양한 생산/운영관리문제들에서 유용하다. 실제 산업환경에서 ABC분석의 중요성을

예시하기 위하여 예비-부품재고에 대한 적용을 다루어 보자.

예제 10-1 용인(주)에서의 ABC분석

한국주식회사의 자회사인 용인(주)은 식용 소시지 케이스(sausage casings)를 생산하고 있다. 경기도 용인에 소재한 공장은 하루 24시간, 1주일에 7일 동안 가동되고 있다. 장비가 고장나는 것을 미리 방지하는 것은 매우 중요하며 만약 그러한 혼란이 일어나게 되면 수리시간을 최소화시켜야 한다. 예방보전 및 고장을 대비한 여유부품들의 적합한 공급은 이와 같은 작업활동이 원활히 수행되도록 하기 위하여 필수적이다.

옛날 시스템에서는 부품저장실을 정기적으로 점검한 후에 여유부품들이 발주되었다. 이것은 때로 여러 가지 품목들의 부족 또는 과잉을 초래하였다. 또한 조달기간의 변동성으로 말미암아 비정기적인 부품배달이 필요하게 되었는데, 이때 배달을 촉진시키기 위하여 종종 항공운송이 사용되곤 하였다. 따라서 불필요한 비용들이 발생하였다. 이러한 재고품목들에 대한 좀더 나은 관리를 실시하기 위하여 ABC분석이 착수되었다.

[표 10-7]은 그 결과들의 요약이다. A와 B의 363개 품목들의 재고수준들이 면밀하게 감시되었고 재발주에 대한 청구서가 미리 준비되었다. 이들 청구서들은 해당품목의 과거기록, 명세서, 1차 및 2차 납품업자들, 그리고 조달기간을 포함하고 있다. 이러한 품목들에 대한 구매허가는 1년에 단 한 번 요구된다. 이것은 상당한 사무적인 비용과 시간을 절약한다. 따라서 재발주를 하여야 할 때가 되면, 재고담당자는 청구서를 바로 구매부서로 보낸다.

이러한 분석의 부가적 결과로서, 새로운 시스템을 운영하고 처음 4개월 동안 항공운송운임의 45.8%를 절약할 수 있었다. 구매청구서를 발행하고 나

표 10-7 용인(주)의 ABC분석결과

품목분류	품목들의 수	연간 화폐사용량(천원)
A	33(2.5%)	73,403.58(48.7%)
B	330(24.7%)	57,081.64(37.9%)
C	974(72.8%)	20,106.78(13.4%)

서 발주시까지의 리드 타임(lead time)은 평균 3일에서부터 평균 1일로 짧아지게 되었으며, 청구서를 준비하는 새로운 시스템을 도입함으로써 부품을 잘못 주문하는 빈도수가 줄게 되었다. 마지막으로, 개선된 정보자료 덕분에 가장 낮은 비용으로 일관성 있게 납품업자들로부터 부품을 공급받을 수 있었다.

이 예제에서 개선된 재고관리는 구매활동에 직접적인 영향을 미치고 또한 전반적인 재고관리시스템이 좀더 효과적으로 운영되도록 할 수 있다는 것을 알게 되었다.

example

9.2 독립수요에 대한 통제시스템

재고통제시스템에는 두 가지 기본적인 형태들이 있다. 즉, 연속관찰시스템(continuous-review system)과 정기적 관찰시스템(periodic-review system)이다.

연속관찰시스템에서는 재고수준이 계속적으로 감시된다. 재고위치가 재발주점(reorder point), 즉 수준 r, 그 이하로 내려가게 되면 주문량 Q만큼 발주된다([그림 10-5] 참조). Q와 r에 대한 값은 미리 정해진다. 재고위치(inventory position)는 현재보유량 더하기 이미 발주하였지만 아직 도착하지 않은 주문량 빼기 미납품 주문량으로 정의된다. 재발주에 대한 의사결정이 오로지 재고수준에 따르게 된다면, 재고가 r 이하로 떨어질 때는 계속적으로 발주가 될 것이다. 이것은 분명히 잘못된 것이다.

연속관찰시스템의 여러 가지 사례들은 우리의 주변에서 쉽게 목격될 수 있다. 예를 들면, 많은 백화점들이 전산화된 계산대를 보유하고 있는데 이 계산대는 재고통제시스템과 연결되어 있다. 점원이 품목코드번호를 입력시킬 때, 자동적으로 컴퓨터는 재고수준에서 하나씩 감소시키며 재발주점에 도달하였는지를 확인한다. 만약 그렇다면, 컴퓨터는 구매부서에 신호를 보내어 재고를 보충하도록 지시한다. 식품점에서의 광학탐지장치(optical scanning devices)도 이와 비슷하게 작동한다. 그와 같은 시스템에 컴퓨터가 사용되고 있지 않다면, 매일매일 사용량을 감시하고 그리고 재발주점에 도달하였는지를 확인하기 위하여 일종의 수작업이 필요하다. 이것은 품목들이 소비될 때 적합한 서류양식을 메꾸기 위하여 사용자 측의 상당한 사무적인 노력과 참가

그림 10-5 연속관찰시스템의 운영

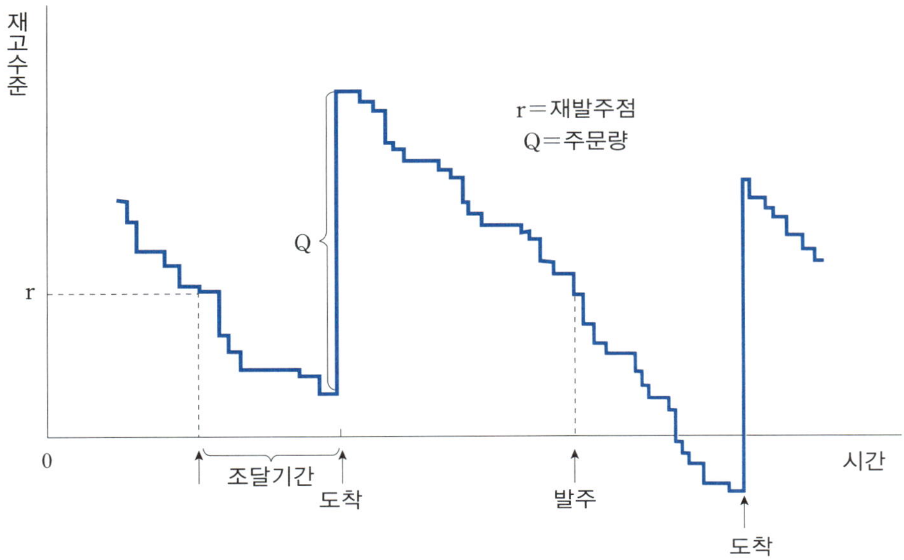

를 필요로 할 것이다. 이것은 때로 실수의 원인이 되기도 한다.

일일보고의 필요성을 배제하고 그리고 가끔 작은 부품들에 사용되는 연속관찰시스템의 변형은 "두 개의 저장통시스템(two-bin system)" 또는 "투-빈 시스템(two-bin system)"이라는 것이다. 하나의 저장통에 작은 부품들을 공급하고 두 번째 저장통(작은 부품들을 가득 채움)은 예비로 두는 경우를 고려하자. 첫 번째 통이 비워지게 되면, 재발주(공급발주)가 있게 되며 두 번째 통이 사용된다. 두 번째 저장통은 적어도 조달기간 동안 견딜 수 있는 충분한 부품들을 보유하고 있어야 한다. 이 시스템은 저장통의 바닥에 카드를 비치하여 두고 그 통에서 마지막으로 품목이 없어질 때 그 카드가 제출됨으로써 쉽게 이해된다. 이러한 시스템의 변형이 가끔 책방에서 발견되는데, 여기서는 어떤 책의 두 권째에서 마지막 권까지 해당되는 재발주 정보를 가진 카드를 삽입시켜 둔다. 출납계원은 책이 팔릴 때 이 카드를 옮겨 놓는다.

정기적 관찰시스템(periodic-review system)에서는 재고수준이 단지 정

그림 10-6 정기적 관찰시스템의 운영

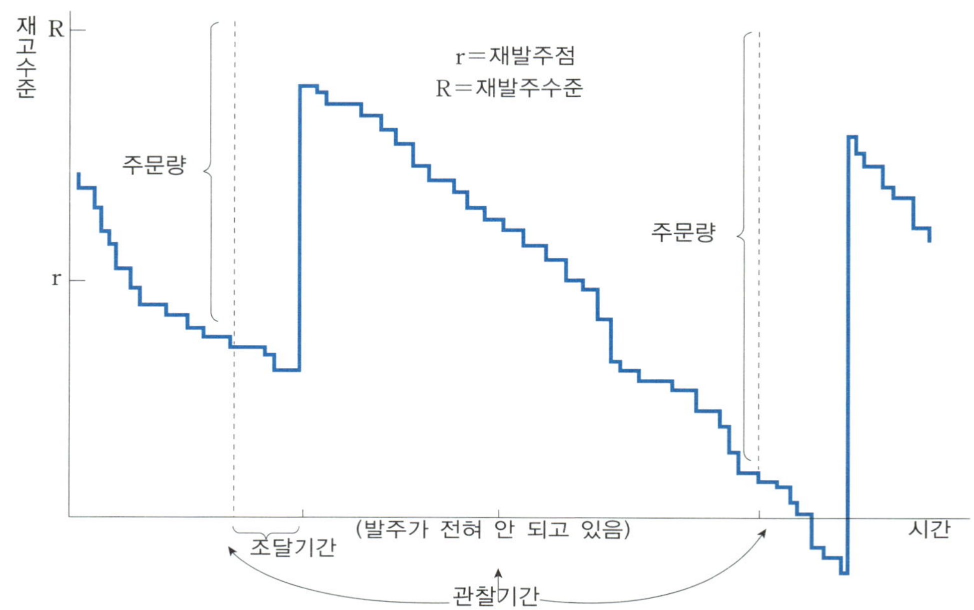

해진 시간간격으로 검사된다. 검사 당시 재고위치가 재발주점 r 미만이면, 충분한 재고가 발주되어서 재고위치가 재발주 수준(reorder level), 즉 R 수준까지 되도록 한다([그림 10-6] 참조).

두 가지 시스템 중 어느 것을 선택할 것인가는 여러 가지 요인에 따라 좌우된다. 오늘날 컴퓨터 시스템의 도움으로 이것은 매우 실행하기 쉽다. 그러나 어떤 경우에는 수작업에 의한 기록에 최근 것까지 실어야만 할 때 재고를 계속적으로 감시하는 것은 경제적이지 못하다. 연속관찰시스템에서는 품절위험이 최소화되도록 발주되기 때문에 재고품목들에 대한 빈틈없는 통제가 가능하다. 따라서 고가의 A 품목들은 대부분 연속관찰시스템에 의하여 통제된다. 정기적 관찰시스템은 많은 수의 품목들이 동일한 공급업자로부터 납품될 때 유리한데 그 이유는 개별적인 주문들이 동시에 발주되기 때문이다. 이것은 출하시 결집되어 처리될 수 있게 되어서, 더 낮은 운송료의 결과를 가져

온다. 이러한 시스템 형태는 C 품목들을 통제할 때 가장 자주 사용된다.

9.3 시각에 의한 재고감시

실제 재고수준이 재고보유기록철과 일치하지 않는다면 고도의 컴퓨터에 의한 재고시스템을 운영하는 것은 아무런 의미가 없다. 그러므로 실제의 재고를 점검하는 어떤 방법이 필요하다. 한 가지 접근방법은 공장이나 창고의 문을 정기적으로 닫고 재고를 점검하는 것이다. 이 방법의 주요 단점들은 생산적인 시간이 손실되며, 그리고 작업이 가능한 한 빨리 완수되도록 하기 위하여 보통은 초과근무수당 등이 필요하다는 것이다.

위 방법의 대안은 주기적 집계(cycle counting)로 알려진 방법이다. 주기적 집계는 재고보충주기마다 한 번씩 각 품목의 실제의 수를 세는 과정이다. 일반적 접근방법은 새로운 주문이 도착할 때 선반 위의 재고를 세어 나가는 것이다. 이러한 방법으로 재고담당자는 오로지 집계를 목적으로 창고를 찾아갈 필요가 없게 되며, 그리고 재고도 또한 가장 낮은 수준에 있게 된다. 이 절차는 또한 가장 사용률이 높은 품목들이 더 자주 점검된다는 것을 보장해준다. 주기적 집계의 한 가지 단점은 집계결과와 기록을 계속적으로 비교하기 위하여 부가적인 자원이 필요하다는 것이다. 또한 사업이 활발할 때 재고담당자는 너무 바빠서 주기적 집계는 소홀히 하기 때문에 맡은 바 임무를 제대로 할 수가 없다. 가끔 주기적 집계 팀을 구성하여 오로지 집계만을 할 수 있도록 하는 것도 바람직하다.

10 재고관리를 위한 의사결정모형

재고모형과 그 응용을 자세하게 다루려면 아마 책 한 권으로는 부족할 것이다. 본절에서는 재고통제에 유용한 가장 간단한 계량모형의 전개를 다루고자 한다.

10.1 경제적 주문량 모형

확실히 가장 잘 알려지고 또한 가장 기본적인 재고의사결정모형은 1900년대 초에 개발된 경제적 주문량(economic order quantity: EOQ) 모형이다. EOQ모형에 관한 주요한 가정은 다음과 같다.

첫째, 연속적인 관찰하에 단일품목에 대하여 고려한다.

둘째, 주문량이 전부 동시에 도착된다.

마지막으로, 품목에 대한 수요가 일정하거나 또는 거의 일정률이다.

일정한 수요율의 조건은 매일 5품목단위, 매주 25품목단위, 매 4주마다 100품목단위 등과 같이 매 일정 기간마다 재고로부터 동일숫자의 품목단위가 줄어드는 것을 의미한다. 또한 조달기간은 일정하며 그리고 품절은 허락되지 않는다고 가정한다.

경제적 주문량 모형의 사용 및 그 전개를 예시하기 위하여, 신한제약(주)이 당면하고 있는 문제를 고려하자. 신한제약(주)은 경기도와 충청도 일대에 위치한 142개의 약국을 체인 스토어 형태로 운영하고 있다. 대전에 위치한 주요 창고로부터 신한제약(주)은 개별약국에 거의 1,000가지 서로 다른 제품을 공급하고 있다. 이 회사의 지금까지 재고정책은 매달 여러 가지 제품의 제조업자들에 직접 발주하는 것이었다. 이러한 주문들이 대전 창고에 운송되어져서 여러 약국연쇄점에서 필요로 할 때까지 재고로 유지된다. 회사가 취급하는 품목의 수가 점차적으로 확장됨에 따라 대전 창고에서의 총재고는 계속해서 늘어나고 있었다. 신한제약(주)은 창고수용능력문제에 당면하고 있으며, 창고시설의 확장은 꼭 필요한 것으로 판단되기 시작하고 있다. 그 외에, 신한제약(주)의 최고경영진은 상당한 재고수준과 그와 관련된 높은 재고비용에 대하여 우려를 나타냈다.

결과적으로, 신한제약(주)의 재고담당자는 좀더 나은 재고정책이 수립될 수 있는지를 알아보기 위하여 재고로 유지되고 있는 품목들의 자세한 비용분석을 하도록 요청을 받았다. 이 분석의 일환으로, 재고담당자는 제품에 대한 가능한한 최소의 재고비용이 될 수 있도록 주문량과 주문시기에 관한 의사결정을 수립하려는 목적하에 한 가지 제품에 대한 구체적인 연구를 수행하기로 하였다.

이 연구의 결과가 해당 제품에 대하여 상당한 비용절약을 초래할 수 있다면, 재고분석은 신한제약(주)의 다른 재고품목에도 확장되어 실시될 것이다. 재고담당자는 신한제약(주)의 가장 잘 팔리는 제품 중의 하나인 아성치약을 연구대상으로 선택하였다.

지난 6개월간 아성치약에 대한 수요는 다음과 같다.

월	수요(상자)
1	2,025
2	1,950
3	2,100
4	2,050
5	1,975
6	1,900
총상자수	12,000
월별 평균 상자수	2,000

엄격하게 말하여, 이들 월별 수요는 일정한 수요율을 보이지 않고 있다. 그러나 월별 수요에 나타난 비교적 낮은 변동률을 감안하면, 월간 2,000상자의 일정률을 가진 재고계획은 받아들일 만하다. 그 숫자는 지난 한 해 12개월간의 총발주량이 약 24,000상자였다는 구매부서의 기록과 거의 일치하고 있다. 현재 아성치약의 비용은 상자당 12,000원이다.

얼마나 주문할 것인가 하는 의사결정은 ① 적은 재고를 유지하며 그리고 자주 발주하는 경우와 ② 많은 재고를 보유하면서 주문은 드물게 하는 경우를 절충할 수 있는 주문량의 선택을 수반한다. 첫 번째 대안은 아마도 높은 주문비용을 초래할 것이고, 반면에 두 번째 대안은 아마도 높은 재고유지비용이 들게 된다. 이러한 상충되는 대안들 사이에 최적절충안을 모색하기 위하여 재고유지비용과 주문비용의 합계인 총비용을 나타내는 수학적 모형을 전개하여 보자.

신한제약(주)은 자본비용이 12%라고 산정하고 있다. 보험료, 세금, 파손예상액, 도난피해액, 그리고 창고경상비는 재고가치의 약 6%라고 어림잡고 있다. 따라서 연간 재고유지비용은 재고평가가치의 18%라고 추정된다. 아성치약 한 상자의 비용은 12,000원이므로, 아성치약 한 상자의 1년간 재고유지비용은 0.18(12,000)=2,160원이다. 재고유지비용을 제품가치의 백분율로 정의하는 것이 편리한데 그 이유는 그것을 다른 제품들에도 쉽게 옮겨 사용할 수 있기 때문임을 주의하기 바란다. 예를 들어, 비누 한 상자(상자당 가격 17,000원)의 연간 재고유지비용은 0.18(17,000)=3,060원/상자이다.

재고분석의 다음 단계는 아성치약에 대한 주문비용을 결정하는 것이다. 이 비용은 구매부서 담당자들의 봉급, 운송비, 그리고 서류, 우표, 및 전화비와 같은 기타 비용들을 포함한다. 주문과 관련된 모든 비용을 고려한 후에, 재고분석담당자는 주문량에 관계없이 주문비가 38,000원이 소요된다고 추정한다.

제품수요(월 2,000 또는 연간 24,000상자), 재고유지비(2,160원), 그리고 주문비용(38,000원)에 관한 자료를 가지고, 이제는 신한제약(주)이 아성치약에 관한 최소비용재고정책을 결정할 수 있도록 도울 수 있는 총비용모형을 개발할 수 있겠다. 주문량을 Q로 정의하로록 하자. 따라서 주문량에 대한 의사결정은 해당 제품에 대한 총재고유지 및 주문비용을 최소화하는 Q의 값을 정하는 노력을 의미한다.

아성치약의 재고수준은 주문량이 Q만큼 제조업자로부터 도착할 때 최고수준인 Q품목단위를 갖게 된다. 그러면 신한제약(주)은 치약을 약국체인점으로 현재의 재고가 고갈될 때까지 공급하게 되는데, 바로 이 때쯤 또 다른 Q단위만큼의 치약이 입하된다. 매월 2,000단위의 일정한 수요율이라는 가정과 함께 아성치약에 대한 재고수준의 스케치는 [그림 10-7]과 같다. 이 그림으로

그림 10-7 아성치약의 재고수준을 나타낸 스케치

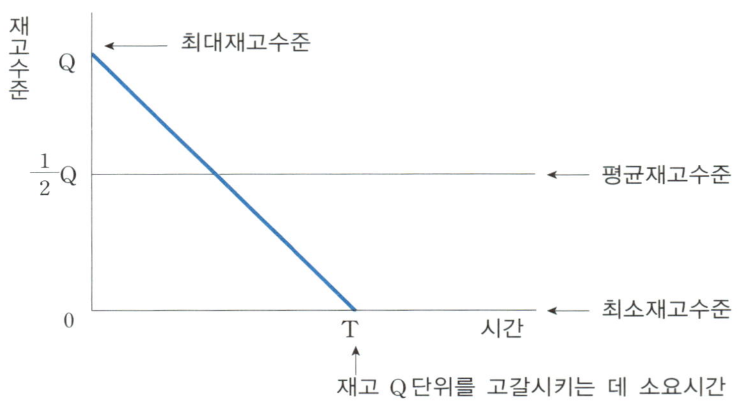

그림 10-8 EOQ재고 의사결정모형

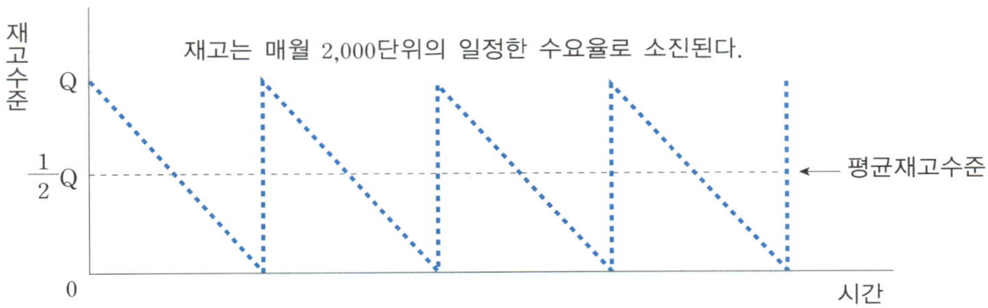

부터 해당 기간 동안의 평균재고수준은 $\frac{1}{2}Q$라는 것을 알 수 있다. 최대재고수준은 Q이고, 최저는 0이므로 그 평균이 $\frac{1}{2}Q$라는 것은 타당하며 그리고 재고수준은 해당 기간 동안 일정한 비율로 감소한다.

[그림 10-7]은 주문주기(order cycle period, T) 동안의 재고모형을 보여주고 있다. 완전한 재고모형은 [그림 10-8]에 나타나 있다. 각 주기 동안의 평균재고가 $\frac{1}{2}Q$라면, 여러 주기에 걸친 평균재고수준도 마찬가지로 $\frac{1}{2}Q$이다. 따라서 포함된 기간 내에 주문주기가 정수인 한, 해당 기간 동안 평균재고는 $\frac{1}{2}Q$가 된다.

재고유지비는 평균재고수준을 사용하여 계산될 수 있다. 즉, 평균재고에 해당 기간 동안 재고 한 단위를 유지하는 데 드는 비용을 곱해 줌으로써 재고유지비를 계산할 수 있다. 모형으로 선택된 기간은 임의로 가능하다. 그 기간은 일주일, 한달, 1년 또는 그 이상 등이다. 그러나 대부분의 산업 및 비즈니스에 대한 재고유지비가 종종 연간 백분율 또는 비율로 표현되어 있기 때문에, 아마도 재고모형들이 대부분 연간 비용을 기초로 전개되고 있음을 알게 될 것이다.

I＝연간 재고유지부담률, C＝재고품목의 단위당 가격이라 할 때 품목 한 단위의 1년간 재고를 유지하는 비용(C_h로 나타냄)은

$$C_h = IC$$

가 된다. 아성치약에 대하여, I＝18%이고 C＝12,000원/상자당이므로 연간 품

목당 재고유지비는

$$C_h = 0.18(12,000)$$
$$= 2,160\text{원}$$

이 됨을 입증하였다. 따라서 연간 재고유지비에 대한 일반식은 다음과 같다.

$$\text{연간 재고유지비} = (\text{평균재고})\left(\begin{array}{c}\text{품목단위당}\\ \text{연간재고 유지비}\end{array}\right)$$
$$= \frac{1}{2}QC_h \qquad \cdots\cdots(10.1)$$

총비용모델을 완성하기 위하여 이번에는 주문비용을 고려하여 보자. 이 비용을 주문량 Q에 관해서 나타내 보자. 재고유지비가 연간 단위로 표현되었기 때문에 주문비용도 연간 비용으로 표시하여야 한다. 첫 번째 문제는 1년 동안 아성치약을 몇 번이나 주문할 것인가 하는 것이다. D를 제품에 대한 연간 수요로 나타내면, 매번 Q단위만큼 주문함으로써 1년간 주문횟수는 D/Q가 됨을 알 수 있다. 1회 주문비용을 C_o로 나타내면, 연간 주문비용의 일반식은 다음과 같다.

$$\text{연간 주문비용} = (\text{연간 주문횟수})(1\text{회 주문비용})$$
$$= (D/Q)C_o \qquad \cdots\cdots(10.2)$$

따라서 연간 총비용 — 재고유지비(10.1) 더하기 주문비용(10.2) — 은 다음과 같이 표현된다.

$$TC = \frac{1}{2}QC_h + (D/Q)C_o \qquad \cdots\cdots(10.3)$$

연간 수요량 D=24,000상자인 아성치약 데이터를 사용하면, 총비용모형은

$$TC = \frac{1}{2}Q(2,160) + (24,000/Q)(38,000)$$
$$= 1,080Q + 912,000,000/Q \qquad \cdots\cdots(10.4)$$

가 된다. 이제 연간 총비용은 주문량 Q에 관한 함수로 나타낼 수 있게 되었다. 식 (10.4)는 EOQ모형의 가정들이 유효한 재고상황에 대한 총비용 방정식이다.

10.2 EOQ모형으로부터의 재고정책수립

다음 단계는 식 (10.4)에서 언급된 총비용을 최소화시키는 주문량 Q를 찾는 것이다. 시행착오접근방법으로 몇 가지 가능성 있는 주문량들에 대한 총비용을 계산할 수 있다. 시발점으로서 월 주문량 Q=2,000으로 현재 아성치약에 대한 구매정책을 사용하도록 하자. 연간 총비용은

$$\begin{aligned} TC &= 1{,}080(2{,}000) + 912{,}000{,}000/2{,}000 \\ &= 2{,}616{,}000\text{원} \end{aligned}$$

이 된다.

주문량 Q=1,600으로 시도하여 보면 연간 총비용은

$$\begin{aligned} TC &= 1{,}080(1{,}600) + 912{,}000{,}000/1{,}600 \\ &= 2{,}298{,}000\text{원} \end{aligned}$$

이다.

이 결과들은 다른 시행착오로 시도된 주문량과 함께, [표 10-8]에 나타나 있다. 표에서 알 수 있듯이, 이 계산에서 관찰된 최저연간비용-주문량은 Q=800상자일 때이다. 재고유지비용, 주문비용 및 총비용에 관한 그래프는 [그림 10-9]에 설명되어 있다.

시행착오접근법의 이점은 어떠한 숫자로 시도된 주문량이더라도 이에 대한 총비용정보가 쉽게 얻어질 수 있다는 것이다. 그러나 이러한 방법의 단점은 그 결과가 꼭 최소비용-주문량을 산출해 내는 것은 아니라는 점이다. [그림 10-9]의 총비용곡선을 참조하면, 최소비용은 800단위부터 1,200단위

표 10-8 아성치약의 여러 주문량들에 대한 재고유지, 주문 및 총비용

주 문 량	연간 재고유지비용(천원)	연간 주문비용(천원)	연간 총비용(천원)
2,000	2,160	456	2,616
1,600	1,728	570	2,298
1,200	1,296	760	2,056
800	864	1,140	2,004
400	432	2,280	2,712

그림 10-9 아성치약에 대한 재고유지, 주문 및 총비용 그래프

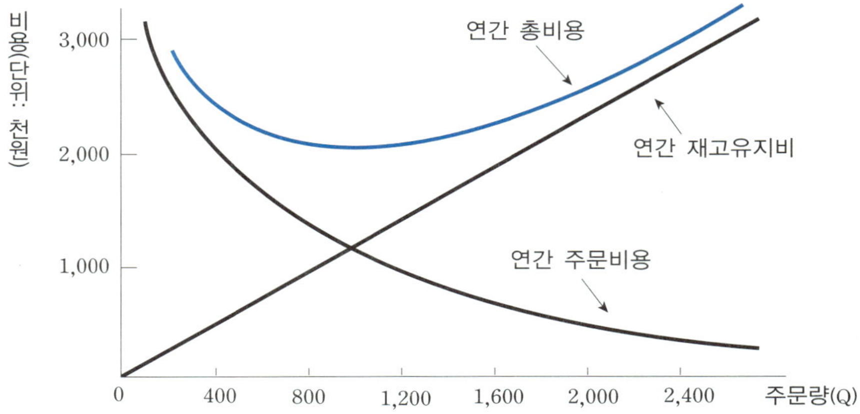

사이의 어딘가에서 발생하는 것으로 보인다.

미분학을 사용하게 되면, 총비용을 최소화시키는 주문량, Q*는 다음 식으로 주어진다.

$$Q^* = \sqrt{\frac{2DC_o}{C_h}} \qquad \cdots\cdots(10.5)$$

이것은 경제적 주문량(economic order quantity: EOQ)식으로 부른다.

아성치약에 대해 최소비용－주문량은 식 (10.5)에 의하여 다음과 같다.

$$Q^* = \sqrt{\frac{2(24,000)(38,000)}{2,160}}$$
$$= 919\text{상자}$$

식 (10.4)에 이 주문량을 사용하게 되면 아성치약의 재고문제는 연간 총비용은

$$TC = 1,080(919) + 912,000,000/919$$
$$= 1,984,900\text{원}$$

으로 처리될 수 있다.

아성치약에 대한 현재의 주문정책인 주문량 2,000단위는 연간 총비용 2,616,000원을 필요로 한다는 것을 상기하자. 따라서 EOQ분석으로 말미암아 2,616,000－1,984,900＝631,000원 또는 24.1%의 비용절약이 가능하게 되었다. 또한 총주문비용(992,520원)은 총재고유지비용(992,380원)과 약간의 반올림 오차에 의한 차이를 제외하고는 서로 같다는 것을 주시하기 바란다. 일반적으로 이것은 EOQ모형에서 항상 적용된다.

이제 주문량은 알게 되었으므로, 두 번째 질문인 주문시기에 대하여 연구하여 보자. 언제 주문할 것인가 하는 의사결정은 대부분 재발주점으로 표현된다.

아성치약의 제조업자는 신한제약(주)이 발주한 어떠한 주문에 대해서도 3일 내 배달을 보장한다. 주말과 휴일을 감안하면, 신한제약(주)은 1년에 250일 경영활동을 하고 있다. 따라서 하루를 기준으로 하면, 연간 수요 24,000상자는 1일 수요 24,000/250＝96상자에 해당한다. 따라서 새로운 주문이 신한제약(주)의 대전창고에 도착할 때까지의 3일 동안에 아성치약은 (3일)(96상자/일)＝288상자가 팔릴 것으로 예상된다. 3일의 배달기간은 새로운 주문에 대한 조달기간이므로, 이 기간 동안 288상자에 해당하는 수요는 조달기간 수요(lead-time demand)라고 부른다. 따라서 신한제약(주)은 보유재고가 288상자의 수준에 도달할 때 아성치약에 대한 새로운 주문을 하여 제조업자로부터 가져 오도록 하여야 한다.

일정한 수요율과 일정한 조달기간이라는 가정을 사용하는 재고시스템에서는 재발주점이 조달기간 수요와 같다. 재발주점에 대한 일반식은 다음과 같다.

$$r = dm \qquad \cdots\cdots(10.6)$$

여기서, r＝재발주점
d＝수요량/일
m＝새로운 주문에 대한 조달기간(일)

얼마나 자주 발주를 하여야 하는가에 대한 질문은 이제 해결될 수 있다. 주문 사이의 기간을 주기(cycle time)라고 부른다. 바로 전에(식 (10.2) 참조), D/Q는 1년간 주문횟수로 정의되었다. 따라서 D/Q^*＝24,000/919＝26은 신한제약(주)이 매년 아성치약에 대하여 발주를 한 주문횟수이다. 연간 250일의 작업 또는 영업일수를 감안하면, 신한제약(주)은 개략적으로 매 250/26＝ 9.6일마다 발주해야만 한다. 따라서 발주주기는 9.6일로 계산된다. 발주주기

그림 10-10 재발주점에 관한 그래프

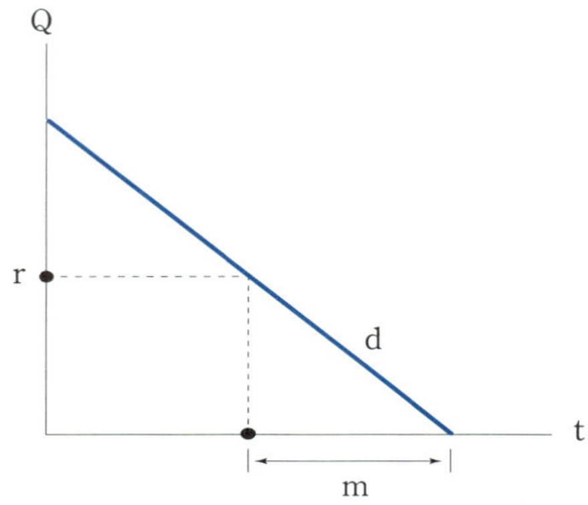

T(일)에 대한 일반식은 다음과 같다.

$$T = \frac{N}{D/Q^*} = \frac{NQ^*}{D} \quad \cdots\cdots(10.7)$$

여기서, N=1년간 영업일수(일)

그림 10-11 발주주기를 나타낸 스케치

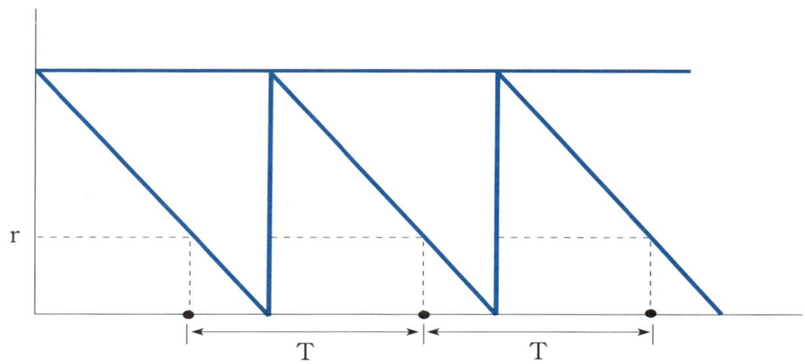

토론문제

01 LT 단축이 재고절감으로 어떻게 이어 질 수 있는 지를 설명하시오.

02 기업이 MTS를 회피하고 BTO 혹은 BTF를 택하는 이유를 설명하시오.

03 재고를 정의하시오. 그리고 생산/운영관리에서 재고로 유지되는 품목들의 주요 분류에 대하여 논하시오.

04 서비스 산업에서는 재고분석이 어떻게 다른가?

05 재고가 유지되는 이유는 무엇인가?

06 재고문제들을 분류하는 데 사용되는 주요 요인들은 무엇인가?

07 미납품 주문(back orders)과 판매기회손실(lost sales)의 차이점을 설명하시오.

08 재고통제와 관련된 여러 가지 비용들을 논하시오.

09 ABC분석은 무엇이며, 어떻게 사용되는가?

10 연속 - 관찰 및 정기적 - 관찰시스템의 운영을 예시하시오.

11 주기적 집계는 무엇이며, 이것은 어떻게 하면 가장 잘 수행될 수 있는가?

12 모든 재고통제모형이 착수하려고 시도하는 두 가지 기본적인 문제들은 무엇인가?

13 경제적 주문량 모형의 기초가 되는 기본가정들은 무엇인가?

연습문제

1 다음 표는 어느 자동차 부품가게에서 특정 오일필터에 대한 1일 수요를 나타낸다. Q=40, r=15, 그리고 조달기간이 3일인 연속-관찰재고시스템의 운영을 그래프로 그리시오. 주문은 하루의 근무가 끝날 때 발주되고 근무가 시작될 때 도착한다고 가정한다. 따라서 주문이 5일째 근무시간 끝날 때 발주되면, 그것은 9일째 근무시작될 때 도착한다. 첫날 근무시작할 때 재고보유량은 30이라고 가정하자.

일	1	2	3	4	5	6	7	8	9	10	11	12	13	14	15	16	17	18	19	20	21	22	23	24	25
소요	6	8	5	4	5	6	1	1	3	8	8	6	7	0	2	4	7	3	5	9	3	6	1	9	1

2 문제 1에 주어진 자료에 대해서, 재발주 수준이 40, 재발주점은 15이며 관찰기간이 5일인 정기적-관찰재고시스템의 운영을 예시하시오.

3 주어진 데이터에 대한 ABC곡선을 그리시오. 어느 품목들이 A, B그리고 C로 분류되겠는가?

품 목	연간 사용량	단위비용(천원)
1	2,400	19.51
2	6,200	32.60
3	8,500	10.20
4	3,200	6.80
5	6,000	4.50
6	750	55.70
7	8,200	3.60
8	9,000	44.90
9	5,800	35.62
10	820	82.60
11	500	40.50
12	2,000	15.40
13	2,400	14.60

14	6,300	35.80
15	4,750	17.30
16	2,700	51.75
17	1,600	42.90
18	1,350	25.30
19	5,000	67.00
20	1,000	125.00

4 신성음료주식회사는 연간 수요율이 3,600상자로 일정한 청량음료제품을 취급하고 있다. 이 음료 한 상자의 값은 2,700원이다. 주문비가 9,000원이며 재고유지비는 그 부담률이 15%로 부과된다면, 이 제품의 경제적 주문량과 주기(일)는 얼마인가?

5 경제적 주문량 재고모형의 일반적 특성은 총재고유지비와 총주문비용이 최적해에서 서로 같다는 것이다. 문제 3에 있는 자료를 사용하여 이와 같은 사실이 적용된다는 것을 보이시오. 본장의 식 (10.1), (10.2) 및 (10.3)을 사용하여 Q*가 사용될 때는 언제든지 일반적으로 총재고유지비용과 총주문비용이 같다는 것을 설명하시오.

6 XYZ회사는 공급업자로부터 직접 자동차 발전기를 제조하는 데 사용되는 부품을 구매하고 있다. XYZ의 발전기 생산활동은 일정한 속도로 운영되고 있으므로, 매월 1,000개의 부품(매년 12,000개)이 필요하다. 주문비용은 25,000원/회, 단위비용이 품목당 2,500원 그리고 연간 재고유지비가 20%의 비율로 부담된다면, 다음 XYZ의 재고정책문제에 답하시오.

① 이 부품의 EOQ는 얼마인가?
② 주기(일)는 얼마인가?
③ ①에서 추천된 경제적 주문량과 관련된 연간 총재고 유지비와 주문비용은 얼마인가?

CHAPTER 11 품질관리

1 서 론

품질은 경쟁력에 있어 가장 중요한 요소 중 하나이며 시장점유율과 수익성을 높이는 데 결정적인 역할을 한다. 많은 기업이 경쟁력 제고를 위해 품질개선에 혼신의 노력을 기울이고 있으나 만족스러운 성과를 얻지 못하는 경우가 많다. 이는 품질향상의 근본이 무엇이며 품질개선의 도구와 방법을 확실히 이해하지 못한 채 품질개선 프로그램을 시행하기 때문이다.

일본 기업의 성공의 근간이 된 전사적 품질경영(total quality management: TQM)은 품질향상을 위한 단순한 도구나 기법이 아니라 최고경영층의 적극적인 지원 아래 기업문화의 변화까지 포함하는 광범위한 경영철학이다. TQM의 세 가지 기본 개념은 다음과 같다.

① 고객초점(customer focus) 품질은 고객이 평가하며 고객에 만족을 주는 제품과 서비스를 제공해야 한다. 즉, 모든 경영과 품질제고의 초점은 고객에 맞추어져야 한다.

② 지속적인 개선(continuous improvement) 제품과 서비스의 품질은 1회성 노력에 의해 비약적으로 개선될 수 있는 것이 아니다. 상품기획, 설계 및 개발, 생산, 구매 등의 전 과정에 대해 지속적인 개선이 시행되어야만 품질의 향상이 성취된다.

③ 전원참여(total participation) 품질개선은 품질관리부서만의 책임과 직무는 아니다. 조직의 최고경영자부터 경영일선의 직원까지 전 구성원이 품질의 중요성을 인식하고 품질개선을 위해 노력을 해야 한다.

기업의 경쟁적 위치에 영향을 미치는 요인 중에서 비용, 기술, 유통채널 등은 모방이 어느 정도 가능하지만 품질은 모방하기 힘들 뿐 아니라 단기간에 추격하지 못하므로 기업이 경쟁우위를 점하는 데 품질만큼 중요한 요소는 없다. 품질의 개념은 상대적이고 동적인 개념이기 때문에 지속적으로 품질개선에 노력한 기업만이 경쟁우위를 노릴 수 있게 된다. 품질에 의한 경쟁우위 확보는 경쟁이 치열하지 않았던 시기에는 크게 중요시 되지 않았으나 근래에 들어 범세계적으로 경쟁이 치열해지면서 품질은 더욱 중요하게 되었다.

2 TQM의 역사

2.1 품질관리 중요성의 대두

전세계의 기업이 품질관리의 중요성을 인식하게 된 것은 일본 기업, 특히 도요타를 위시한 일본 완성차메이커가 1970년대 말부터 타의 추종을 불허하는 최고품질의 자동차로 미국 시장에서 확고한 위치를 굳히기 시작하면서부터이다. 사실 품질관리의 이론적 틀은 미국의 학자에 의해 정립이 되었다. 그러나 1980년대까지 미국 기업은 품질관리의 이론을 기업에 정착하는 데 매우 소홀하였다. 반면 일본 기업은 미국의 품질관리이론을 적극적으로 도입하였다. 또 품질관리이론을 자신의 독특한 문화적 특성에 접목하여 세계 최고의 품질수준을 이룩하는 데 성공하였다. 참고로 일본에서는 TQM이라는 용어는 잘 사용되지 않으며 아직 TQC(total quality control)이라는 용어를 사용하고 있다.

2.2 품질관리개념의 발전

1951년에 주란(Joseph Juran)은 품질관리의 가장 중요한 저서로 여겨지는 「품질관리 핸드북」(*Quality Control Handbook*)을 출간하였다. 이 책에서 쥬란은 품질과 관련된 비용을 두 가지로 분류하였다.

하나는 회피가능비용(avoidable costs)으로써 결점, 불량, 재작업, 수선에서 발생하는 비용이다. 쥬란은 이 비용을 실패비용(failure costs)이라고 명명하고 기업이 품질개선에 투자하면 이 비용의 발생을 억제할 수 있다고 하였다. 또 다른 비용은 회피불가능비용(unavoidable costs)이며 검사, 샘플링 등과 같이 불량방지를 위한 노력에서 발생하는 비용이다.

쥬란은 또 이 책을 통해 기업의 경영자가 품질개선을 위해 얼마를 투자할 것인가에 대한 답을 제공하였다. 즉, 실패비용은 품질개선은 통해 절감될 수 있는 비용이므로 경영자는 적어도 실패비용에 해당하는 비용을 품질개선을 위해 사용할 수 있다고 쥬란은 제언했다.

1956년에는 파이겐바움(Armand Feigenbaum)은 쥬란의 개념을 한층 더 발전시켜 전사적 품질관리(total quality control: TQC)를 제시하였다. 파이겐바움은 기업이 고품질 제품을 생산 못하는 원인은 특정 부서 혼자 품질개선을 추구하기 때문이라고 주장하였다. 파이겐바움의 TQC개념은 부서간의 협조를 중시한다. 즉, 품질을 품질부서에서만 개선하고자 하는 것이 아니라 설계개발부, 생산부, 구매부, 영업부의 담당직원으로 구성된 "부서간 팀"(interfunctional teams)을 편성하여 품질개선을 추구하는 것이다. 파이겐바움은 품질개선은 모든 부서의 공동노력으로 가능하다고 주장한 것이다. 쥬란과 파이겐바움이 공통적으로 주장하는 것은 첫째, 최고경영자의 주의를 환기시키기 위해서 품질과 관련하여 발생하는 비용을 정기적으로 보고하여야 한다는 것과 둘째, 관리도를 중심으로 한 통계적 품질관리의 도입을 해야 한다는 것이다.

일본의 품질관리는 오랜 문화적 전통에서 비롯된 것이라고 보인다. 일본이 현재와 같은 품질수준을 이룩할 수 있었다는 것은 데밍(W. Edwards Deming)의 덕이라고 하는 것은 너무 단순한 논리이다. 물론 전후 품질에서 열세를 면하지 못하던 일본 기업이 미국의 데밍을 초빙하여 통계적 품질관리 기법을 배운 것은 사실이다. 데밍을 초청하게 된 것도 일본의 경영자가 통계적 품질관리에 대한 인식이 있어서라기보다는 한국의 6.25 때문일 것이다. 당시 미국 국방부는 한국전에서 소모되는 각종 물품을 일본에서 조달하였는데, 이때 일본의 납품업자는 미국 국방부의 엄격한 통계적 품질관리를 통과

해야 했다. 당연히 통계적 품질관리를 배울 수밖에 없는 상황이었다. 여하튼 데밍이 통계적 품질관리를 일본의 경영자에게 가르쳐 준 것은 사실이나, 일본 기업은 이미 세계적 수준의 제품을 만들 수 있는 능력을 보유하고 있었다는 사실을 간과해서는 안 된다. 일본은 데밍 이전 16세기에 이미 유럽인도 놀란 견고하고 예리한 "닙본도(日本刀)"를 생산할 수 있었으며, 2차 대전중에도 미국보다 명중률이 높은 어뢰와 세계적으로 성능을 인정받은 "제로형 전투기"를 생산할 수 있었다. 데밍의 기여는 일본인이 보유하고 있는 장인(匠人)의 능력을 통계적으로 관리할 수 있도록 한 것이다. 일본의 품질관리는 전세계 기업의 벤치마킹 대상이 되었으며 많은 영향을 미쳤다. 일본 품질관리의 특성은 다음과 같다.

첫째, 카이젠(改善)이라고 하는 지속적인 개선이다.

둘째, 일본의 상인정신인 고객을 위해선 무엇이든지 하는 것이다. 즉, 모든 수단을 동원하여 고객의 만족을 끊임없이 추구하는 것이다.

셋째, 개인보다 그룹을 중시하는 일본 문화특성을 살린 문제해결방식의 도입이다.

이시카와 교수는 현장에서 근무하는 실무자를 중심으로 분임조를 만들고 이들을 중심으로 품질문제를 해결하는 소위 품질분임조(quality control circle: QCC)의 결성을 제시하였다.

현재 우리가 사용하고 있는 전사적 품질경영(Total Quality Management)은 파이겐바움의 개념에서 출발한 것이며 이를 발전시켜 고객중심의 개념과 일본 품질관리의 특성인 지속적 개선을 추가한 것이다. TQC에서 TQM으로 용어가 변경된 것은 좁은 의미의 통제(control)를 관리(management)로 변경된 것이다.

3 품질의 개념

3.1 품질의 정의

품질이라는 용어를 많은 사람이 자주 사용하기는 하나 품질에 관한 공통적인 정의를 내리기는 매우 어렵다. 가빈(David A. Garvin)은 각종 문헌에 사용되는 품질의 여러 가지 정의를 다음과 같이 정리하였다.

(1) 초월적(transcendent) 의미의 품질

예술품의 경우, 객관적이며 구체적인 조건을 충족해야만 고품질로 인정되는 것은 아니다. 어떤 예술품에 대해 많은 사람이 감정적으로 탁월성을 인정할 때, 이 예술품은 초월적 의미의 품질의 지니고 있다.

(2) 제품중심적 품질

초월적 의미의 품질과는 달리 객관화되고 측정가능한 기준에 의해 품질을 평가할 수 있는 경우이다. 이 경우, 품질의 차이는 곧 제품간 속성의 차이를 의미한다.

(3) 사용자중심적 품질

품질은 사용자가 평가한다는 것이다. 고객은 각자가 다른 욕구를 지니고 있으며 고객의 독특한 욕구를 충족하는 제품이 좋은 품질의 제품이라는 것이다.

(4) 생산중심적 품질

제품의 품질은 설계사양의 충족 정도에 의해 결정된다는 정의이다. 이 정의는 생산과정에서 설계규격에 맞는 제품이 제조되어야 적정한 품질수준이 성취된다는 것으로 매우 생산중심적인 품질개념이다.

3.2 품질의 분석

(1) 가빈의 품질 요소

가빈에 의하면 기업이 품질 면에서 전략적 우위를 점할 수 있는 요소는 여덟 가지가 있다. 기업은 이 여덟 가지 중 어떠한 특성에 중점을 둘 것인가를 결정하여 전략적으로 활용해야 한다. 즉 기업은 여덟 가지 모든 요소에서 다 잘할 수 없기 때문에 소비자가 원하는 요소와 중요하게 여기지 않는 요소 사이의 상쇄(trade-off) 관계를 이용하여 경쟁력을 높일 수 있다는 것이다. 그는 품질의 여덟 가지 요소를 다음과 같이 정의하였다.

① 성능(performance)
② 특성(feature)
③ 신뢰성(reliability)
④ 일치성(conformance)
⑤ 내구성(durability)
⑥ 서비스의 편의성(serviceability)
⑦ 심미성(aesthetics)
⑧ 인지된 품질(perceived quality)

1) 성　　능

성능(performance)은 제품기능이 수행되는 특성을 나타낸다. 성능은 대부분 측정이 가능하다. 예를 들면 자동차의 경우 최대속도, 가속력, 안전성 등이며, 서비스업에서는 항공기의 정시도착률 등이다.

2) 특　　성

특성(feature)은 성능의 부차적인 것이다. 자동차의 경우 에어백, 항공회사의 기내무료음료 등이 이에 해당된다. 물론 성능과 특성을 완전히 구분하는 것이 어려울 때도 많다. 제품의 품질차별화를 위해서는 특성을 나타내는 객관적인 속성을 정의해야 한다.

3) 신 뢰 성

신뢰성(reliability)은 특정 기간 동안 제품이 고장나지 않을 확률이다. 소비자가 제품의 수리에 소요되는 시간을 최소화하려는 경향이 강해짐에 따라 신뢰성은 매우 중요한 요소로 부각되고 있다.

4) 일 치 성

일치성(conformance)은 제품/부품이 사양서의 규격과 일치하는 정도이다. 일치성은 쥬란이 중시하던 요소이다. 전통적인 접근법은 품질속성을 측정하여 허용오차한계(prespecified tolerance limit) 내에 있으면 일치성이 성취된 것으로 간주하는 것이다. 즉, 허용오차한계 내에 있으면 합격, 허용오차한계를 벗어나게 되면 불합격으로 처리하는 것이다. 이 접근법의 문제는 부품이 허용오차한계 내에 있어 합격이라고 하더라도 합격된 부품을 조립하여 완성한 완제품은 허용오차한계 밖에 있을 수 있다는 것이다. 즉, 부품의 오차가 누적(tolerance stack-up)되어 완제품의 오차는 매우 커질 수가 있는 것이다. 일본의 다구찌 겐니찌(Taguchi Genichi)는 이 문제를 손실함수(loss function)를 사용하여 해결하였다. 손실함수는 보증비용, 고객상실비용과 기타 불량제품에서 발생하는 모든 비용을 포함한다. 다구찌의 개념은 제품/부품의 일치성을 합격, 불합격으로 처리하는 것이 아니라, 제품/부품이 허용오차한계 내에 있더라도 규격에서 벗어나는 정도에 따라 손실이 증가하는 방법으로 일치성을 측정한다.

5) 내 구 성

내구성(durability)은 제품이 고장나서 폐기되는 기간까지를 의미한다. 만일 제품이 고장이 나도 수리를 통해 사용자가 다시 이 제품을 사용한다면 제품의 내구성은 유지된다. 그러나 경제적인 측면에서 볼 때 수리할 가치가 없어 사용자가 고장난 제품을 폐기한다면 이때 이 제품의 내구성은 종료된다. 가빈이 정의한 내구성 개념은 중요한 시사점이 있다. 이 개념에 따르면 제품의 내구성은 사용자의 경제적 고려에 의해 결정된다는 것이다. 만일 제품의 수리비용이 적게 드는 환경하에서는 제품을 수리하여 재사용하므로 내구성이 증가하고, 제품수리에 많은 시간이 소요되거나 비용이 많이 드는 환경하에서는 폐기처분하여 제품의 내구성이 감소하게 된다. 즉, 경영자가 제품의 내구성이 증가했다는 데이터를 보고 제품이 기술적인 면에서 진전이 있었다고 속단해서는 안 된다.

6) 서비스의 편의성

서비스의 편의성(serviceability)은 제품이 고장났을 때 수리기간, 수리하는 사람의 친절도와 능력과 관련이 있다. 서비스의 편의성은 객관적으로 측정될 수 있는 부분도 있고 주관적인 면도 있다. 제품이 고장났을 때 즉각적으로 서비스를 제공하는 응답성(responsiveness)은 객관적으로 측정이 가능하다. 그러나 서비스를 제공하는 사람의 친절과 행동은 객관적으로 측정하기가 매우 어렵다.

7) 심 미 성

심미성(aesthetics)은 사용자가 외양, 질감, 색채, 소리, 맛 등 제품의 외형에 대해 반응을 나타내는 주관적인 차원이다. 이 차원은 개인에 따라 판단기준이 다를 뿐 아니라 유행에 따라 변화한다.

8) 인지된 품질

인지된 품질(perceived quality)도 역시 주관적 차원이다. 소비자는 제품· 서비스에 대해 완전한 정보를 갖고 있지 못하므로 광고, 상표, 명성 등 간접적 정보에 기초하여 품질을 지각한다. 항공기 탑승자들은 좌석의 청결상태나 정돈상태를 보고 그 항공사의 질을 추론하기도 하고 어떤 사람들은 상표명으로 품질을 추론한다.

(2) 서비스 품질 요소

가빈에 의해 제시된 이와 같은 여덟 가지 차원은 제품의 품질과 관련되어 있으며 서비스에 직접 적용할 수 없다. 파라슈라만 등(Parasuraman, Zeithaml, Berry: PZB)은 서비스의 품질을 결정짓는 다섯 가지 주요 요소를 상대적 중요성에 따라 다음과 같이 제시했다.

① 신뢰성(reliability)
② 응답성(responsiveness)
③ 보증성(assurance)
④ 감정이입(empathy)
⑤ 유형성(tangibility)

1) 신 뢰 성

서비스의 신뢰성(reliability)은 고객의 기대에 지속적으로, 신뢰성을 갖고, 정확하게 부응하는 능력이다. 가빈의 8차원 중에서 "일치성"(conformance)과 같다고 볼 수 있다. 예를 들어 고객이 맥도널드 햄버거 가게에 갈 때 갖는 기대는 주문을 하면 바로 나올 것, 환경이 깨끗할 것, 주문받는 직원이 예의바를 것 등이다. 즉 신뢰성은 이러한 기대에 지속적으로 부응하는 것으로 서비스 수행의 일관성과 확실성을 뜻한다.

2) 응 답 성

응답성(responsiveness)은 자진해서 고객을 돕고 신속한 서비스를 제공하려는 의지이다. 슈퍼마켓에서 긴 줄을 해결하기 위해 추가적인 계산대를 연다든지, 자동차사고시 신속한 보험처리 등을 예로 들 수 있다.

3) 보 증 성

보증성(assurance)은 서비스 제공자가 자신의 능력수준이 보증되어 있다는 것을 고객에 알리고 서비스를 제공하는 능력을 말한다. 자신의 능력수준을 알리는 것은 가빈의 지각된 품질차원과 일치한다. 의사나 법률가와 같은 전문가들은 사무실 벽에 학위증서 등을 진열하며 좋은 건물에 사무실을 가지고 있다.

4) 감정이입

감정이입(empathy)은 고객과의 의사소통을 통해 고객의 요구를 이해하고 고객에 대한 개별적인 배려, 주의를 뜻한다. 국내 은행직원은 고객의 질문에 항상 웃으면서 대답하도록 훈련을 받는다.

5) 유 형 성

유형성(tangibility)은 물리적인 시설, 설비, 직원의 복장과 같이 외관적인 측면에서 고급화를 추구하는 것이다. 예를 들어 호텔, 보험회사, 은행의 직원은 항시 직무환경을 최고의 상태로 유지하며 복장도 고객에게 고급이미지를 심어 주도록 하고 있다.

서비스 품질이 개선되었는가를 측정하기 위해서는 각 품질의 요소별로 고객조사를 시행한다.

4 품질관련인증 및 포상제도

품질인증과 관련된 국제적인 기구는 국제표준화기구(International Organization for Standardization: ISO)이다. 미국의 자동차산업에서는 품질인증제도로 QS9000이 있는데, 이는 ISO 9000과 매우 유사하다. ISO표준은 다음에 설명한다. 인증제도와는 별도로 포상제도가 있는데, 세계적으로 알려진 미국의 말콤 발드리지 품질대상(Malcolm Baldrige National Quality Award)과 일본의 색깔이 있다.

4.1 ISO표준

ISO 9000시리즈의 등장배경과 구성내용을 간단히 소개하기로 한다.

(1) 등장배경

국제간의 무역거래가 활발해지면서 품질에 대한 국가간 상호인증이 요구되고 있다. 이 같은 요구에 부응하여 ISO에서는 국제규격(ISO 9000~9004)을 1987년에 제정하여 세계 각국의 품질보증활동을 일원화하려는 노력을 하고 있다. ISO는 기업의 품질보증을 위해 제3자가 해당 기업에 대해 품질심사를 시행하게 함으로써 신뢰도를 높이고 있다. 유럽에 수출을 하기 위해서는 ISO인증이 필요하며 또 ISO 인증취득이 기업의 홍보에도 활용될 수 있다는 이점 때문에 근래에 많은 국내기업이 이를 취득하기 위해 노력하고 있다. 그러나 우리나라에서는 아직 인증상의 공정성에 많은 문제가 있는 것으로 알려져 있다.

1995년 현재 ISO 9000시리즈는 EU 12개국을 비롯하여 세계 60여개국에서 9만여개의 업체가 인증을 획득할 만큼 각광받고 있다.

(2) 구성내용

제품의 생산과정을 설계, 개발, 설치 및 생산, 검사, 애프터서비스의 과정으로 볼 수 있다. 이 과정별로 품질관리표준을 설정할 수 있다. ISO 9000시리즈에서는 제품과 서비스의 생산 및 공급과정형태에 따라 ISO 9001, 9002, 9003의 세 가지 기준으로 나누고 있다.

ISO 9000시리즈에 관한 기본 규격의 구성은 [표 11-1] 및 [그림 11-1]과 같다.

4.2 말콤 발드리지 품질대상

말콤 발드리지 품질대상(Malcolm Baldrige National Quality Award: MBNQA)은 TQM의 확산을 목적으로 미국 연방정부에 의해 제정되었다. MBNQA의 일곱 가지 평가기준을 간단히 기술하기로 한다.

(1) 리더십

말콤 발드리지 품질대상은 최고경영자의 리더십을 평가기준으로 채택하고 있다. 최고경영층의 품질에 대한 의지, 관리자의 적극적인 관심과 지원, 품질의식의 확산 정도 등을 근거로 평가된다.

표 11-1 ISO 9000 기본규격의 구성

	내 용		특 징
ISO 9000	• 품질경영과 품질보증 규격: 선택과 사용에 대한 지침		• 9001~9004 중 어떤 것을 적용해야 하는가의 규격구분 사용방법의 안내
ISO 9001	• 품질 시스템	• 설계/개발, 제조, 설치 및 서비스의 품질보증모델	• 구입자가 공급자에게 요구하는 품질시스템 • 특정 고객대상 • 계약형 상품 • 구매자 위주의 규격
ISO 9002		• 제조와 설치의 품질보증모델	
ISO 9003		• 최종검사 및 시험의 품질보증모델	
ISO 9004	• 품질경영과 품질시스템 요소: 지침		• 내부품질경영이 목적 • 불특정 다수의 고객이 대상 • 시장형 상품 • 공급자(생산자) 위주의 규격

그림 11-1 ISO 9000의 구성 및 범위

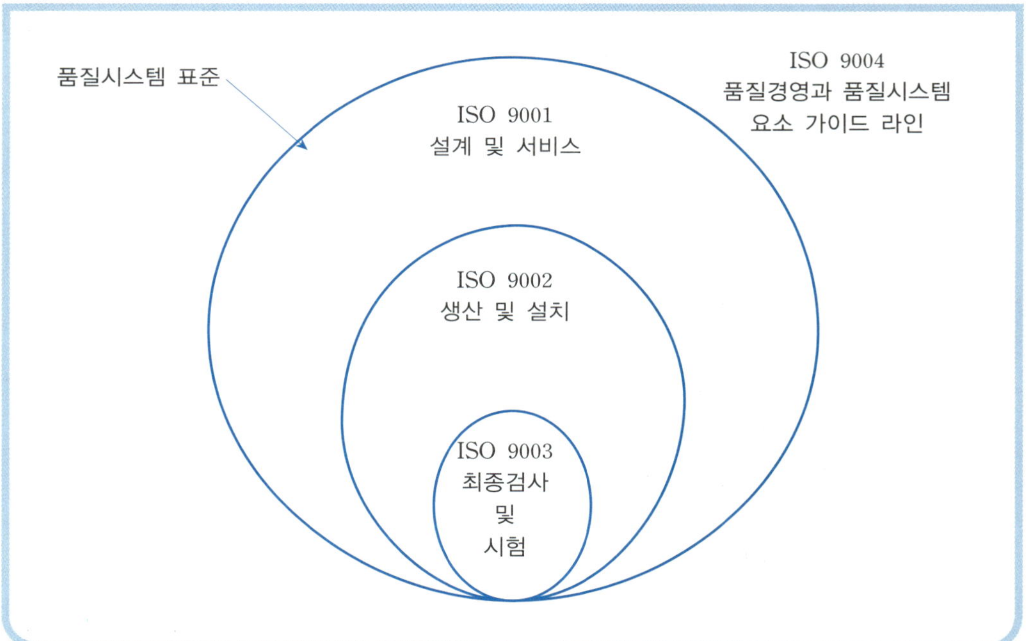

(2) 정보 및 분석

품질과 관련된 정보관리, 정보에 대한 종업원의 접근용이성, 벤치마킹을 설정하는 과정 등이 평가에 포함된다. 내부공정, 고객, 공급자 등에 관한 데이터 베이스가 구축되어 있어야 하며 의사결정을 지원하는 종합적 정보시스템이 완비되어 있어야 한다.

(3) 전략적 품질계획수립

전략적 품질계획수립의 여부를 평가한다. 전략적 품질계획은 품질목표와 목표달성을 위한 계획을 포함하여야 하며, 품질계획을 수립하는 과정도 평가에서 중시된다.

(4) 인적자원의 개발 및 관리

종업원 참여, 품질교육, 품질목표를 달성한 종업원의 표창과 포상, 종업원 복지와 사기향상 등의 인적자원관리를 평가한다.

(5) 공정상의 품질관리

통계적 공정관리, 지속적 개선 도구의 사용, 공급업자 품질개선을 위한 노력 및 품질관리의 문서화가 평가에 포함된다.

(6) 품질 및 운영의 실적

공급업자의 품질, 제품불량률, 반품, 적시 인도(引渡) 등과 같은 품질의 실적 및 성과를 내포하고 있다.

(7) 고객초점 및 고객만족

가장 많은 점수가 할당되어 총점의 30%를 차지한다. 일반적으로 성공하는 기업은 표적그룹(focus group), 시장조사, 1 대 1접촉 등의 다양한 방법을 통해 고객에 대한 객관적인 자료를 수집한다. 이같이 수집된 정보는 기업이 고객의 욕구를 충족시키는 데 유용하게 사용될 수 있다.

발드리지상을 수상한 기업들의 특징은 고객만족은 물론 한 걸음 더 나아가 고객에게 즐거움을 주기 위해 노력한다는 것이다. 또 이들은 고객의 기대수준을 넘어서는 제품과 서비스를 제공하고 있다.

4.3 데 밍 상

데밍(Deming)이 일본 산업계에 통계적 품질관리기법을 전파시킨 공적을 기리기 위하여 1951년부터 시행되는 상으로 전사적 품질관리의 수행에 뛰어난 성과를 달성한 조직이나 개인에 수여되고 있다.

데밍상의 평가기준은 통계적 품질관리의 적용과정에 초점이 맞추어져 있으며 다음과 같은 열 개의 범주로 구성된다.

① 정책과 목적
② 조직과 조직의 운영
③ 교육과 전파
④ 모임과 정보의 전파
⑤ 분 석
⑥ 표 준 화
⑦ 관 리
⑧ 품질보증
⑨ 결 과
⑩ 미래의 계획

데밍상은 다음과 같은 세 분야에서 탁월한 업적을 이룩한 조직이나 개인에게 수여된다.

① 통계적 품질관리이론과 응용에 있어 탁월한 공헌을 한 일본에 체류하는 개인
② 품질관리를 통해 뛰어난 성과향상을 이룩한 일본내 기업
③ 일본기업에 적용한 것과 동일한 기준을 충족한 외국기업 등

데밍상은 1984년부터 외국기업에게도 수여되고 있다.

표 11-2 발드리지 품질대상과 데밍상의 비교

	말콤 발드리지 품질대상	데 밍 상
목 적	경쟁력의 공유와 이들의 범국가적인 확대	통계적 품질관리를 지속적이고 광범하게 수행한 기업에 수여
초 점	고객만족 품질문제의 예방	통계적 방법 품질문제의 예방
후보자격	미국 기업에만 제한	세계 도처에 위치한 개인, 공장 또는 작은 기업
수여주기	1년 5년 후에 개정한다.	2~5년; JUSE(Japanese Union of Scientists and Engineers: 일본 과학자 및 기술자 연맹)에서 준비
정보의 공유	수상자는 품질전략에 소유권을 가지지 않으며 미국의 다른 조직과 이를 공유한다.	정보의 전파는 자발적
상의 수취인	1년에 각 범주당 최대 2명에게 수여	기준에 도달한 기업에게 수여. 자격이 없는 이들은 3년 동안 두번 이상의 검사를 받는다.
평 가	후보기업에 대해 평가가 일치하지 않을 때 5~15명의 위원회 멤버가 품질관리상황을 재검토	JUSE에서 선택한 패널위원에 의해 수행되는 검사

4.4 발드리지 품질대상과 데밍상의 비교

위에 언급된 발드리지 품질대상과 데밍상을 비교해 보면 [표 11-2]와 같다.

5 통계적 품질관리

산출물의 변동은 무작위로 발생한다. 이러한 변동은 확률분포를 사용하여 기술될 수 있다. 예를 들어 품질의 속성이 두 가지 값 중 하나를 취한다면 이항분포(binominal distribution)가 적합한 모형이다. 변량을 측정하는 데 있어서, 그 측정치들은 정규분포를 따른다고 가정한다. 확률 · 통계이론을 이용하여 과연 품질의 변동이 우연원인에 의한 것인지 또는 이상원인에 의한 것인지를 결정할 수 있다. 본장의 나머지 부문에서는 통계적 기법들이 어떻게 품질관리에서 응용될 수 있는지를 알아보도록 하자.

6 샘플링 기법

전수검사(total inspection)는 생산한 제품을 전부 검사하는 것인데, 소요되는 비용과 시간 때문에 비현실적이다. 비용과 시간의 제약 때문에 제품의 일부를 추출하여 검사하는데, 이를 샘플링 검사라고 한다. 통계적 의미로 보면 샘플링 검사는 단순히 롯트가 받아들일 만한 품질인가라는 가설과 롯트는 받아들일 수 없다라는 대립가설에 대한 테스트이다.

샘플링에서 운영관리자들은 평균, 표준편차, 또는 비율과 같은 모집단의 모수(population parameters)들에 관심이 있다. 예컨대 변량검사에서는 연속적인 양이 측정된다. 이 경우 평균과 표준편차가 중요하다. 속성에 대한 샘플링에서는 불량품목의 비율(또는 퍼센트)을 구한다. 정규분포 또는 이항분포와 같은 확률분포가 대개 샘플링 의사결정에 관한 모형으로 사용된다.

가설에 대한 통계적 검사에서는 실책을 범하기 쉽다. 통계학에서는 그러한 실책들은 제1종 오류(Type Ⅰ error) 그리고 제2종 오류(Type Ⅱ error)라고 부른다.

제1종 오류는 귀무가설(null hypothesis)이 진실인데도 그 가설을 물리치는 것을 말한다.

반면에 제2종 오류는 귀무가설이 진실이 아닌데도 그 가설을 받아들이는 경우를 말한다.

제1종 오류의 확률은 보통 α로 나타내며, 그리고 제2종 오류의 확률은 β로 표시된다. 품질관리에서 이러한 확률들은 좀더 흔하게 각각 생산자 위험 그리고 소비자 위험이라고 언급된다. 생산자 위험(producer's risk)은 좋은 롯트를 거절하게 되는 확률을 말하고, 반면에 소비자 위험(consumer's risk)은

표 11-3 통계학과 품질관리

통계적 개념	기 호	품질관리개념
귀무가설	H_0	롯트가 좋은 품질이다.
대립가설	H_1	롯트의 품질이 불량이다.
H_0가 진실인데도, H_0를 거절한다.	제1종 오류	좋은 롯트를 거절한다.
H_0가 거짓인데도, H_0를 받아들인다.	제2종 오류	불량한 롯트를 받아들인다.
제1종 오류의 확률	α	생산자 위험
제2종 오류의 확률	β	소비자 위험

나쁜 롯트를 받아들이게 되는 확률을 가리킨다. 품질관리에서 귀무가설은 롯트가 좋은 품질이라는 것이다. [표 11-3]에는 통계적 개념과 품질관리개념 사이의 관계가 요약되어 있다.

6.1 속성에 대한 발취검사 계획

속성검사는 측정치가 오로지 두 가지 값만을 취할 때 사용된다. 속성에 관한 샘플링 계획은 샘플링의 크기(sampling size) n, 합격판정개수(acceptance number) c를 정하는 것이다. 의사결정규칙은 이러한 두 가지 숫자들에 기초를 두고 있다. 예를 들어, 샘플에 포함된 불량품의 수가 c보다 작거나 같게 되면, 그 롯트는 받아들인다. 만약 불량품의 수가 c보다 크다면, 그 롯트는 거절한다. 여러 가지 형태의 샘플링 계획들이 설계될 수 있다. 오로지 하나의 샘플이 취해진다면, 그 계획은 1회 발취검사계획(single-sampling plan)이라고 불리운다. 갖가지의 다른 샘플링계획이 가끔 사용된다. 2회 발취검사계획(double-sampling plan)은 처음 한 개의 샘플을 취하며 그 샘플 내의 항목들을 검사하는 과정으로 구성된다. 만약 의사결정이 롯트를 받아들이는 쪽으로 나게 되면, 더 이상 검사활동이 계속되지 않는다. 그러나 롯트를 거절하는 의사결정을 내리게 되면, 두 번째 샘플이 취해지며 그리고 둘 다의 결과를 사용하여 수용의사결정을 내린다. 다른 설계들은 물론이고, 2회 발취검사계획은 더 적은 수의 샘플들이 취해질 수 있기 때문에 샘플링 비용을 줄일 수 있다. 그러나 본서에서는 1회 발취검사계획에 대해서만 논의하기로 한다.

(1) n, c가 정해졌을 때 합격률의 계산

품질관리의사결정을 위한 발취검사계획의 개념과 전개과정을 예시하기 위하여 용인전자가 당면하고 있는 문제를 고려하자.

example

예제 11-1 용인전자의 품질검사

용인전자는 공군에 납품하는 미사일 유도시스템을 위하여 중요한 부품을 구입하려고 한다. 그 부품들은 높은 온도를 견뎌 내야 하며, 그리고 실제 상황보다 훨씬 더 높은 온도에서 테스트를 거쳐야 한다. 검사된 부품들은 검사시 부과된 압력 때문에 사용될 수 없다. 롯트의 크기가 150이며, 그리고 품질관리 담당자는 각각 롯트를 받아들일 것인가 또는 거절할 것인가를 결정하여야 한다.

롯트의 크기 N=150인 롯트로부터 10개의 부품이 표본으로(n=10) 취해지고 경영진은 그 중에 전혀 불량품이 발견되지 않는다면(판정기준 c=0) 그 롯트는 받아들이기로 결정한다고 가정하자. 그 롯트 내의 실제불량률은 알 수 없으나, 불량률이 5%라고 가정하자. 이러한 특정의 발취검사계획에 의하여 그 롯트가 받아들여지게 될 확률은 얼마인가? 각각의 검사된 부품은 그 테스트에 합격되든가 또는 실패하든가 둘 중의 하나이며, 그리고 롯트는 크기 때문에, 10개의 표본 내에 포함된 실패의 숫자는 이항분포로 나타낼 수 있다. 통계학에서 이항분포식은 다음과 같다.

$$f(x)=\binom{n}{x}p^x(1-p)^{n-x}$$

$$=\frac{n!}{(n-x)!\,x!}p^x(1-p)^{n-x}$$

어떤 부품에 불량품이 있을 확률은 0.05이므로 p=0.05가 된다. 표본은 10개의 부품들로 구성되므로, 따라서, n=10. 10개의 부품으로 구성된 표본 내에 x개의 불량품이 포함되어 있을 확률은 다음과 같이 주어진다.

$$f(x)=\binom{10}{x}(0.05)^x(0.95)^{10-x}$$

그러므로 f(0)은 그 롯트가 받아들여질 확률을 나타내며, 그리고 다음과 같이 계산된다.

$$\begin{aligned} f(0) &= \binom{10}{x}(0.05)^0(0.95)^{10-0} \\ &= \frac{10!}{(10-0)!\,0!}(1)(0.95)^{10} \\ &= (1)(1)(0.95)^{10} \\ &\fallingdotseq 0.5987 \end{aligned}$$

만약, 실제불량률이 10%라면, 롯트를 받아들이게 될 확률은

$$\begin{aligned} f(0) &= \binom{10}{0}(0.10)^0(0.90)^{10} \\ &= 0.3487 \end{aligned}$$

이 된다.

합격판정개수 $c \leq 1$일 때, 합격한 확률은 0부터 c까지의 이항확률분포값을 더해 줌으로써 구해진다. 예컨대, 합격판정개수 $c=1$이며 실제불량확률이 5%라고 가정하자. 그러면 합격할 확률은 많아야 한 개까지 불량품이 발견되면 그 롯트는 받아들여지기 때문에 f(0)+f(1)이다. 따라서

$$\begin{aligned} f(0) &= 0.5987 \\ f(1) &= 0.3151 \\ f(0)+f(1) &= 0.9138 \end{aligned}$$

이 된다.

이항분포에 대한 확률값은 또한 부표 D에서 얻을 수 있다.

실제의 모든 가능한 불량률에 대하여 롯트가 합격할 확률을 구할 수 있으며, 그리고 [그림 11-2]는 합격판정개수 $c=0$인 경우의 곡선을 나타낸다. 이것은 검사특성곡선(operating characteristic 또는 OC curve)이라고 부른다. 검사특성곡선은 어떤 구체적인 발취검사방법에 대하여 유일무이하며, 이 곡

그림 11-2 n=10, c=0인 검사특성곡선

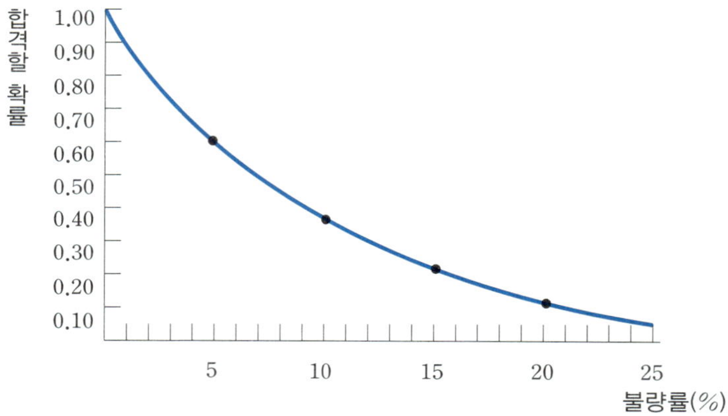

선을 사용하여 생산자 및 소비자 위험을 결정할 수 있게 한다.

(2) n, c를 결정하기 위한 방법론 설명

이제는 거꾸로 n, c를 결정하는 방법을 설명하겠다. 이 방법을 설명하기 위해서는 AQL과 LTPD를 우선 이해해야 한다.

AQL(acceptance quality level)은 받아들일 수 있다고 판단되는 최대불량률이다. 예를 들어, 불량률이 1% 이하인 롯트가 합격될 확률을 97%로 하고 싶을 때, AQL은 1%가 된다. LTPD(lot tolerance percent defective: 한계불량률)는 나쁜 롯트라고 판단되는 것과 관련된 불량률이다. 예컨대, 불량률이 5% 이상인 롯트가 합격될 확률을 2%로 하고 싶을 때, LTPD는 5%가 된다. AQL은 정해진 불량수준 "이하(以下)"와 관련된 것이고 LTPD는 정해진 불량수준 "이상(以上)"에 관련된 것이다. AQL값을 가진 모든 롯트가 항상 합격되는 것만은 아니며. 또한 LTPD값을 가진 모든 롯트가 한결같이 불합격되는 것만도 아니다. 생산자(납품업자)는 좋은 롯트가 높은 확률로 합격되기를 바란다. 소비자(구매자)는 나쁜 롯트가 대부분 불합격되기를 원한다. 따라서 소비자는 나쁜 롯트가 합격될 확률이 낮기를 바란다. 용인전자의 경우 AQL = 2% 그리고 LTPD = 10%라고 가정하자. [그림 11-2]의 검사특성곡선

그림 11-3 검사특성곡선과 위험

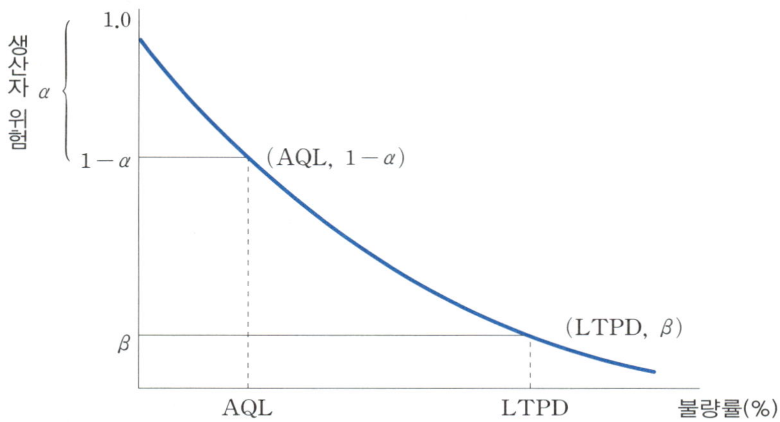

으로부터, 만약 불량률이 실제로 2%이라면, 합격할 확률은 약 0.82가 된다는 것을 알 수 있다. 따라서 이와 같이 좋은 롯트를 불합격시킬 확률은 1−0.82=0.18이다. 이것은 생산자 위험이다. 반면에 실제 불량률이 10%(LTPD)라면, 합격할 확률은 0.35가량이다. 이것은 소비자 위험을 나타낸다. [그림 11-3]은 이러한 일반적인 관계를 설명하고 있다.

과연 어떻게 발취검사계획이 선택되는가? 즉 n, c를 어떻게 결정하는가? 표본크기 n과 판정기준 c에 따라 유일무이한 OC curve가 결정된다는 것을 명심하기 바란다. [그림 11-4]는 용인전자의 문제를 위하여 몇 가지 다른 발취검사계획을 예시하고 있다. 적합한 검사계획을 확정하기 위하여, 품질관리담당자는 AQL, LTPD, α 그리고 β 값을 선택하여야 한다. [그림 11-3]으로부터 이러한 값들이 그래프상의 두 점, 즉 (AQL, 1−α) 및 (LTPD, β)를 명시한다는 것을 알 수 있다. 이 두 점들을 지나는 유일한 검사특성곡선이 존재한다. 이 곡선에 대한 n과 c의 값들이 발취검사계획을 확정한다. 예를 들면, 품질관리 담당부장이 AQL=3%, LTPD=15%, α=0.25, (1−α=0.75), 그리고 β=0.2로 명시한다고 가정하자. [그림 11-4]에서 두 점 (3%, 0.75)와 (15%, 0.2)를 찾아보면, 표본크기 n=10, 합격판정개수 c=0에 해당하는 검사특성곡선이 바로 이 두 점들을 관통하는 것을 알 수 있다.

그림 11-4 용인전자의 여러 가지 발취검사계획들

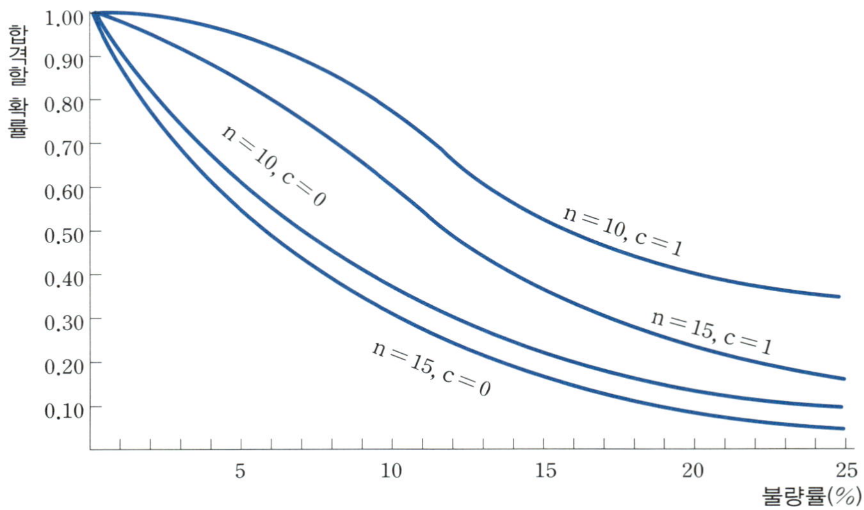

발취검사계획을 선택하기 위하여 모든 가능한 검사특성곡선들을 작성하여 볼 필요가 없다. 다행히도, 그 중에서 하나를 선택하는 데 사용될 수 있도록 출판된 표가 있다. 아마도 가장 흔히 사용되는 속성에 관한 표는 MIL-STD-105D이다. 이 표는 1963년에 미국의 국방부에서 정부계약공사를 위하여 마련되었는데, 속성에 의한 발취검사법이 설명되어 있다. 그 후에 거의 모든 산업분야에서 이 표를 사용하게 되었다. AQL이 감소함에 따라 좋은 롯트를 불합격시킬 확률 α 도 감소한다. 비슷하게, LTPD가 증가함에 따라 β—나쁜 롯트를 합격시킬 확률—는 감소한다. AQL은 생산자와 소비자간에 상당한 합의에 의하여 결정되며, 그리고 구매계약에 있어서 유용한 협상도구이다. 더 낮은 AQL은 생산자 위험을 감소시킬 뿐만 아니라 제조과정에서 더 엄격한 통제를 요구한다. 따라서 품질명세와 계약을 결정할 때 경제적 분석은 매우 중요하다.

example

6.2 연속 변수에 대한 샘플링 검사

속성에 관한 발취검사방법은 검사된 항목들이 좋다 또는 나쁘다는 두 가지로 분류될 수 있기 때문에 이항분포에 기초를 두고 있다. 변량측정치에 대해서 운영관리자들은 명세서와 어느 정도 일치하는가에 관심이 있다. 따라서 표본에 불량품의 숫자를 바탕으로 의사결정규칙을 세우기보다는 롯트가 합격될 수 있는 표본평균의 범위를 결정한다. 이 범위를 벗어난 값은 불합격이다. 다음 예제를 통하여 변량발취검사방법을 설명하도록 하자.

예제 11-2 비봉실험실의 변량발취검사방법

example

비봉실험실은 조제약의 주요 제조업체이다. 어떤 약을 생산하는 데 사용하기 위하여 3kg짜리 용기에 들어 있는 값비싼 화학약품을 구매하고자 한다. 그 화학약품은 대단히 비싸기 때문에 비봉실험실은 입하되는 단위용기당 평균무게가 적어도 3kg이 되는지 확인하고 싶다. 화학약품은 360개의 용기가 들어 있는 롯트별로 주문이 되며, 그리고 용기의 10%가 발취되어 표본검사된다. 이 제약업자는 과거의 자료로부터 평균무게는 개략적으로 3kg이며, 이 3kg짜리 용기의 표준편차는 0.18kg이라는 것을 알고 있다.

비봉실험실의 경영진은 평균이 3kg 또는 그 이상일 때 화학약품 납품업자가 명세서를 충족시킬 확률이 99%가 되기를 원하고 있다. 다시 말해서, 평균무게가 실제로 3kg 혹은 그 이상인 롯트를 불합격시킬 확률이 단지 1%이기를 경영진은 바라고 있다. 따라서 생산자 위험 α는 0.01이다. 검사를 수행하기 위하여, 36개의 용기들을 무작위로 추출하여 무게를 달았다. 그 결과를 평균하여 표본평균(sample mean)을 구하였다. 비봉실험실은 전체롯트의 평균무게가 3kg 미만이라고 합리적으로 결론짓기 전에 이 평균값이 얼마나 작게 될 수 있는지를 식별하고자 한다.

통계학에서, 모집단으로부터 무작위로 취해진 표본들은 그 표본평균 $\bar{x}$가 표본분포를 이루고 있다는 것이 알려져 있다. 또한 표본분포(sampling distribution)의 평균은 모집단의 평균 μ와 같으며, 그리고 그 표준편차는 $\sigma_{\bar{x}} = \sigma/\sqrt{n}$로 주어진다(여기서 σ는 모집단의 표준편차임). 중심극한정리(central

그림 11-5 비봉실험실에 대한 $\bar{x}$의 표본분포

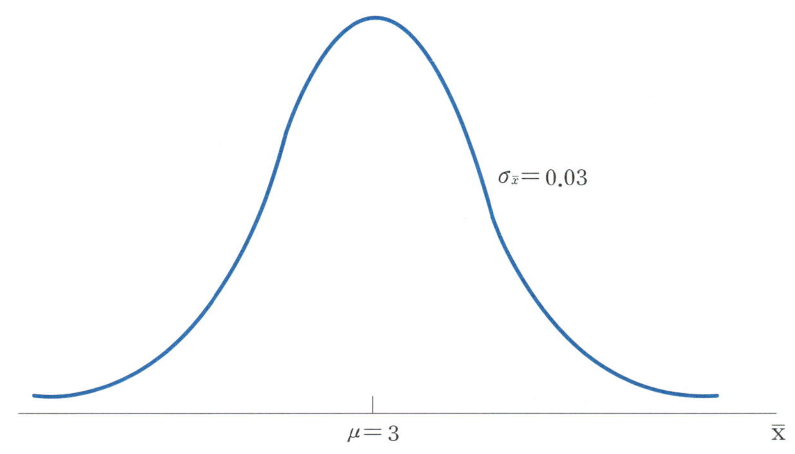

limit theorem)에 의하면, 표본분포는 개략적으로 정규분포를 따른다고 한다. 이 예제의 경우, n＝36 그리고 $\sigma=0.18$이므로,

$$\sigma_{\bar{x}}=\frac{0.18}{\sqrt{36}}=0.03$$

이 된다. $\bar{x}$의 표본분포는 [그림 11-5]와 같다.

생산자 위험이 1%인 경우, 좋은 롯트(평균이 3kg인)를 불합격시킬 확률은 0.01이 되어야만 한다고 말할 수 있다. 의사결정규칙은 표본평균이 임계치(critical value: c)보다 작게 되면, 비봉실험실은 납품업자가 계약을 지키고 있지 않다고 결론지울 수 있도록 임계치 c를 결정하는 것이다. 정규분포에 관해서 임계치 c의 왼쪽으로 곡선 밑의 면적은 0.01이 되도록([그림 11-6] 참조) c의 값을 구한다. 어떠한 정규분포이든지간에 이것은 다음과 같이 계산함으로써 표준정규분포(standard normal distribution 평균＝0, 분산＝1)로 표시될 수 있다.

그림 11-6 생산자 위험을 나타내는 $\bar{x}$의 표본분포

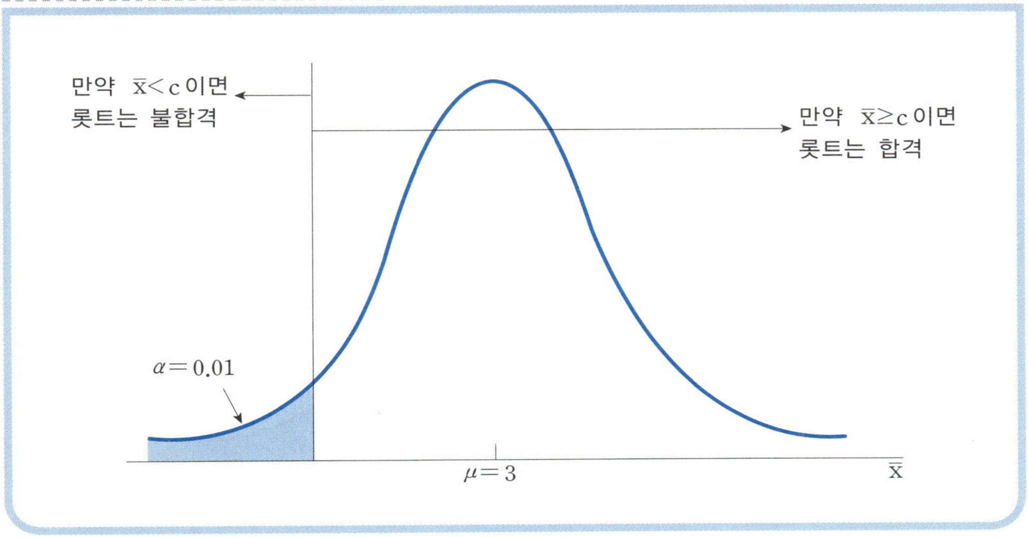

$$Z=\frac{\bar{x}-\mu}{\sigma_{\bar{x}}}$$

여기서 z는 표준정규확률변수이다.
따라서 임계치 c에 해당하는 Z값은

$$Z_{0.01}=\frac{c-3}{0.03}$$

이고, 또는 동등하게 $c=3+0.03Z_{0.01}$가 된다. 여기서 $Z_{0.01}$은 표준정규확률분포에서 왼쪽꼬리 부분의 면적이 0.01인 값을 의미한다. 부표 B를 사용하면, $Z_{0.01}=-2.33$이 됨을 알 수 있다. 관심의 대상이 되는 꼬리면적은 분포의 왼쪽꼬리에 위치하고 있으므로 해당되는 Z값이 마이너스이다. 따라서 표본평균에 대한 임계치는

$$\begin{aligned} c &= 3+0.03(-2.33) \\ &= 2.93 \end{aligned}$$

그림 11-7 $\mu = 2.875$일 때 소비자 위험

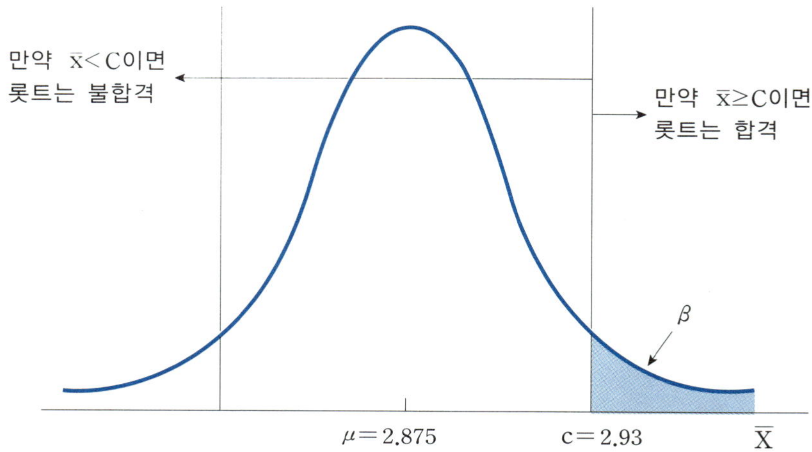

이다.

따라서 비봉실험실의 의사결정규칙은 만약 표본평균이 2.93보다 작게 되면 그 롯트를 불합격시키는 것이다.

변량검사에 관한 검사특성곡선과 소비자 위험을 계산하여 보자. 예컨대, 화학약품 공급업자가 각 용기마다 평균적으로 0.125kg씩 덜 채우고 있다고 가정하자. 따라서 평균적인 용기의 무게는 $3-0.125=2.875$kg이 된다. 만약 모집단의 평균무게가(μ)가 2.875kg이면, 표본평균($\bar{x}$)이 임계치 2.93보다 크거나 같게 되어 롯트를 합격시키게 될 확률은 얼마일까?

이 확률은 소비자 위험 β이다. [그림 11-7]은 이러한 상황을 보여 주고 있다. 평균이 2.875이므로, 임계치($c=2.93$)에 해당하는 Z값은

$$
\begin{aligned}
Z &= \frac{2.930-2.875}{0.03} \\
&= 1.83
\end{aligned}
$$

이다.

그림 11-8 비봉실험에 대한 OC곡선

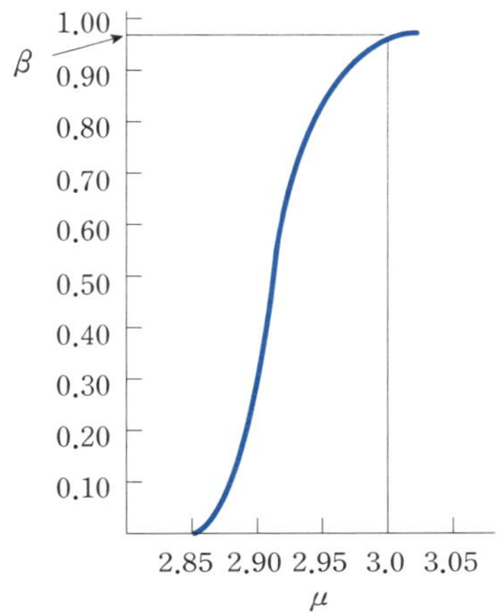

표 11-4 비봉실험실의 합격할 확률

실제 μ값	$Z=2.93-\mu/0.03$	합격할 확률(β)
2.8500	2.67	0.0038
2.8750	1.83	0.0336
2.9000	1.00	0.1587
2.9250	0.17	0.4325
2.9375	−0.25	0.5987
2.9500	−0.67	0.7486
2.9750	−1.50	0.9332
3.0000	−2.33	0.9900
3.0100	−2.67	0.9962
3.0200	−3.00	0.9986
3.0500	−4.00	1.0000

부표 B로부터 2.93의 오른쪽 꼬리부분의 면적은 0.0336임을 알 수 있다.

여러 가지 μ의 값에 대하여 롯트를 합격시킬 확률을 구할 수 있다. 이것이 [표 11-4]에 주어져 있다. 이러한 값들을 도면으로 나타낸 것이 [그림 11-8]의 OC곡선이다. 이것은 속성검사에 대한 것과 같은 기본적인 정보를 제공한다. 여기서도, α, β 및 좋은 품질수준 그리고 나쁜 품질수준(AQL과 LTPD와 유사하게)이 미리 결정되면 품질관리 담당자가 발취검사계획을 선택하도록 돕는 표와 도표가 대부분의 품질경영 관련도서에 출판되어 있다.

7 샘플링과 품질검사

경제적 기준은 여러 생산활동간에 공정검사를 실시할 것인가의 여부와 또한 발취검사계획을 선택하는 데 있어서 중요한 역할을 한다. 수많은 생산운영활동이 존재하기 때문에, 생산활동 후에 검사를 매번 실시하는 것은 비경제적이며, 또한 최종제품검사까지 기다리는 것은 일어날 수 있는 많은 재작업이나 폐기물 비용 때문에 적합치 못하다.

100%검사와 전혀 검사를 하지 않는 것 사이의 의사결정을 고려하여 보자. 이러한 의사결정을 내리기 위하여, 검사비용과 만약 불량품을 검출하지 못했을 때 발생하는 벌금을 비교하도록 하자. 전자계산기의 중간조립을 예로 들자.

예제 11-3 전자계산기의 비용비교분석

품목단위당 검사원의 시간, 장비 및 경상비가 평균적으로 250원이 소요된다고 가정하자. 불량부품이 생산의 바로 이 단계에서 조립된다면, 계산기는 최종검사에서 적합하게 작동하지 못할 것이다. 불합격된 계산기들은 해체되어져서 수선되어야만 한다. 그 비용은 평균적으로 품목단위당 8,000이 든다. 이제 문제는 품질수준에 대한 채산점(break-even point)을 찾는 것이다. [그림 11-9]는 관련된 비용과 채산점을 나타낸다. 예를 들어, 롯트의 크기가 100단위인 경우에, 100%검사는 100×250, 또는 25,000원의 비용이 든다. 검사를 전혀하지 않는 데 관련된 비용은 품질수준, 즉 불량률에 따라 좌우된다. 평균불량개수(π)는 롯트의 크기×불량률로 계산된다. 즉, π=롯트크기×불량

그림 11-9 품질검사에 대한 채산점

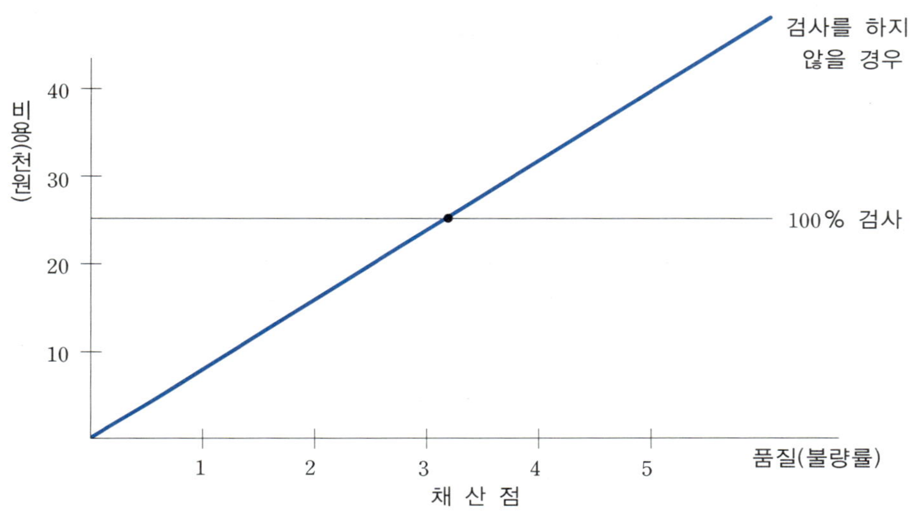

률이다. 재작업 비용이 8,000원이면 검사를 하지 않는 경우(no inspection)의 평균비용은 8,000π이다. 채산점은 25,000원과 8,000π를 같게 둠으로써 구해진다. 즉, 25,000＝8,000π이다.

따라서 π＝3.125이다. 따라서 롯트크기×불량률이 3.125 보다 더 높다면, 각 조립품을 검사하는 것이 더 경제적이다. 일반적으로, 채산점은 단위당 검사비용(250원)과 검사를 하지 않음으로써, 발생하는 단위비용(8,000원)의 비율이다. 이 결과는 불량률로 나타내어질 것이다.

example

물론, 전혀 검사를 않음(no inspection) 또는 전수검사(100% inspection)에 대한 다른 대안들이 있다. 위의 예제에서, 발취검사방법를 사용하여 우선 조립품의 롯트에 대한 합격 여부를 결정할 수 있겠다. 만약 롯트가 합격되면, 모든 불량품들은 최종검사에서 발견될 것이다. 만약 롯트가 불합격이면, 전수검사가 수행되며 불량품들은 양품으로 교체된다. 특정한 발취검사계획에 관하여 총비용의 간단한 모형을 개발하여 보자.

용어의 정의

C_i=단위당 검사비용(inspection cost)
C_r=단위당 재작업비용(rework cost)
P_a=합격할 확률(probability of acceptance)
N=롯트의 크기
n=표본의 크기

총비용=표본발취검사비용+불합격된 롯트에 대한 검사비용+재작업비용으로 구성된다. 발취검사비용은 단순하게 nC_i이다. 만약 롯트가 불합격되면, (N−n) 품목단위가 C_i의 비용으로 계속 검사된다. 롯트가 불합격될 확률은 $1-P_a$가 되므로, 기대비용은 다음과 같다.

$$(N-n)C_i(1-P_a)$$

마지막으로, 합격된 롯트의 실제불량률이 p라면, 나중에 $(N-n)p$개의 불량품이 발견될 것이며 각 단위당 재작업비용은 C_R이 든다. 합격할 확률 P_a를 곱해 주면, 기대비용은

$$(N-n)pC_rP_a$$

가 된다.

따라서 총비용(TC)은

$$TC=nC_1+(N-n)C_1(1-P_a)+(N-n)pC_rP_a$$

이다.

합격할 확률 P_a값은 측정한 발취검사계획에 따라 OC곡선으로부터 구해질 수 있다.

이 모형의 실례를 들기 위하여, N=150, p=0.005, C_i=2 그리고 C_r=10을 가정하자. 용인전자 예제의 [그림 11-4]에 있는 OC곡선을 사용하자. 불량

률 $p=0.05$일 때, $n=10$, $c=0$인 발취검사계획에 대해서 합격할 확률 $P_a=0.60$이 된다. 따라서 총비용(TC)은

$$TC = 10(2)+(150-10)(2)(1-0.91)+(150-10)(0.05)(10)(0.6)$$
$$= 174$$

이다.

불량률 $p=0.05$일 때, $n=10$, $c=1$인 발취검사계획일 때는 $P_a=0.91$이다. 그리고 총비용은

$$TC = 10(2)+(150-10)(2)(1-0.91)+(150-10)(0.05)(10)(0.91)$$
$$= 113.45$$

가 된다.

선택할 수 있는 여러 가지 발취검사방법들이 많기 때문에, 컴퓨터를 사용하여 최소기대비용을 산출하는 검사방법을 찾을 수 있겠다. 서로 다른 표본크기 n 및 합격판정기준 c를 시도하여 가장 최소의 기대비용을 가져오는 발취검사계획을 구한다.

8 공정관리

발취검사방법은 구매된 또는 생산된 부품들의 품질을 감정하기 위하여 사용된다. 샘플링(표본추출)은 또한 생산공정 그 자체의 품질을 유지하기 위하여 좀 다른 식으로 사용될 수 있다. 만약 공정이 불안정하면 생산물도 또한 그렇기 때문에, 공정품질관리는 생산되는 제품의 일관성을 이루기 위하여 필요하다. 그러나 공정이 안정된 상태에 있다면, 그대로 두어야 한다. [그림 11-10]은 공정품질관리에서 수반되는 기본적인 의사결정과 위험성을 설명하고 있다. 이미 안정상태에 있는 공정을 조정하는 것은 제1종 오류를 범하는 것과 같으며, 반면에 불안정한 상태의 공정을 수정하지 않은 것은 제2종 오

표 11-5 공정품질관리에서의 의사결정과 위험성

의사결정	공정의 상태	
	안정된 상태	불안정한 상태
공정을 조정한다	제1종 오류	옳은 의사결정
그대로 둔다	옳은 의사결정	제2종 오류

그림 11-10 정규분포를 이루는 공정산출물에 대한 3σ범위

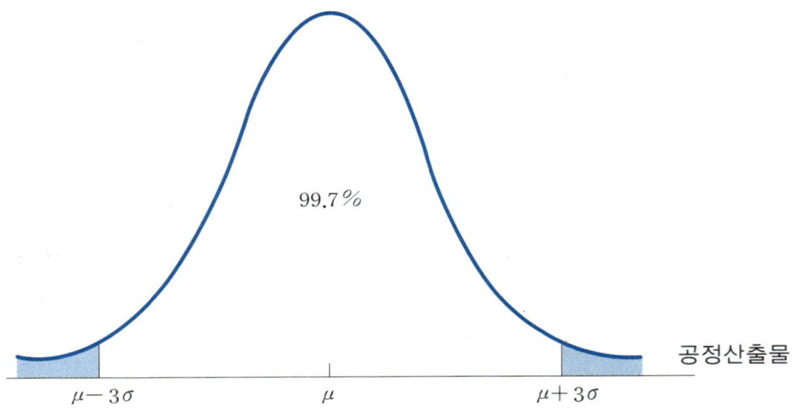

류이다. 운영관리자들은 적합한 수준의 생산성과 품질을 유지하기 위하여 과연 공정이 안정된 상태에 있는지 또는 불안정한 상태인지를 확인할 필요가 있다.

도대체 "안정된 상태"(in control)란 무엇을 의미하고 있는가? 예를 들어, 청량음료를 병에 채워 넣는 공정에서 각 병이 250ml±2ml까지 채워진다면, 그 공정은 안정된 상태라고 할 수 있다. 공정이 불안정한 상태에 있다면 음료병들은 정확하게 250ml용량만큼 채워지지 않을 것이며, 또한 모든 병들이 2ml의 한계 내에 있지도 않게 될 것이다. 이러한 변동들은 기계 그 자체, 운영관리자, 환경변수들, 그리고 측정기기 등 때문에 발생한다. 그러나 공정이 안정된 상태라면, 대부분의 청량음료병들이 248ml와 252ml의 범위 내에 있

그림 11-11 공정산출물의 표본평균에 관한 분포

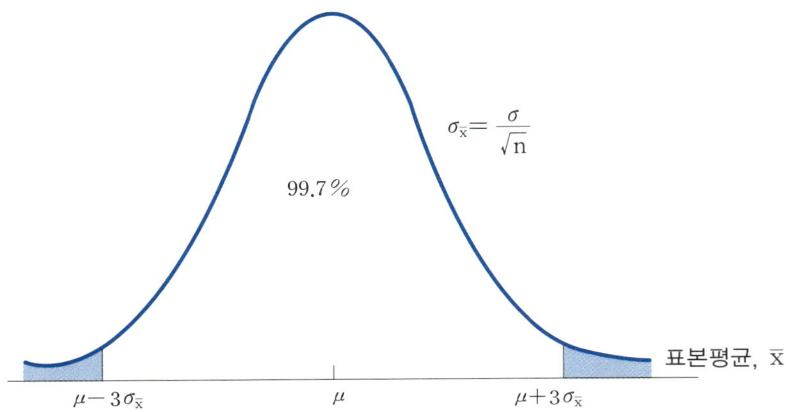

게 될 것으로 예상된다.

공정산출물의 자연발생적인 변동은 때로 정규분포에 의하여 묘사된다. 통계학에서, 분포의 99.7%는 분포의 평균치(μ)로부터 ±3표준편차(σ) 안에 있게 됨을 알 수 있다. 이것은 [그림 11-11]에 설명되어 있다. 따라서 공정이 관리된 상태(안정된 상태)라면, 산출물의 0.3%가량이 3표준편차(σ) 범위 밖으로 나가게 된다. 만약 표본의 크기 n만큼 추출된다면, 표본평균 x의 분포는 개략적으로 정규분포를 이루게 되고, 그 분포의 평균은 μ이며 표준편차가 $\sigma_{\bar{x}} = \frac{0.18}{\sqrt{36}}$이다. 중심극한정리(central limit theorem)로부터, 공정산출물의 특성치 자체는 정규분포를 따르지 않더라도, 표본크기가 많은 한 이는 유효하다([그림 11-11] 참조). 그러므로 공정이 관리된 상태에 있다면, 표본평균의 99.7%가 공정의 참평균(the true process mean)으로부터 $3\sigma_{\bar{x}}$ 내에 있게 된다. 이러한 개념들은 관리도의 개발에 기초를 마련한다.

8.1 관 리 도

관리도는 공정이 관리된 상태에 있을 때 또는 품질변동에 대한 이상원인을 규명하여 바로 잡는 조치를 취할 때 사용되는 도해적 방법이다. [그림 11-

그림 11-12 관리도의 구조

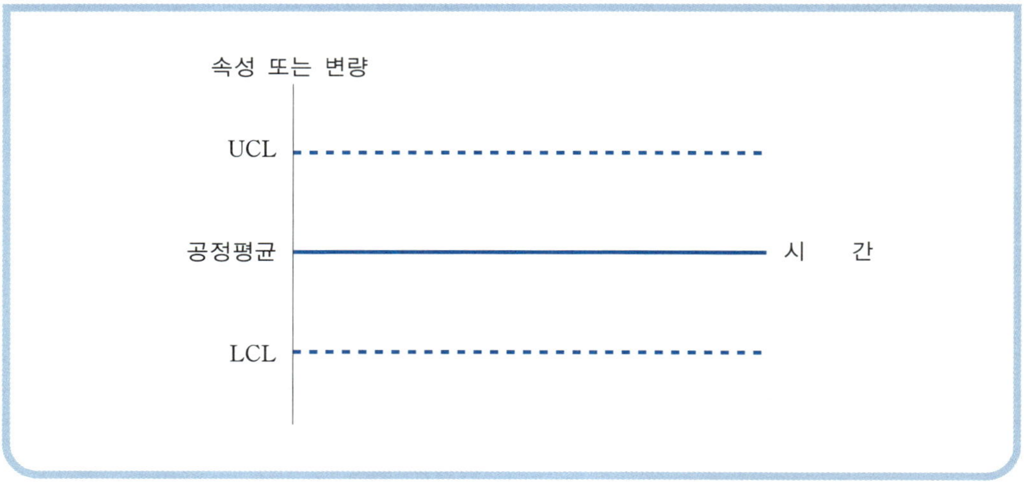

12]는 관리도의 일반적 구조를 설명하고 있다. 가로축은 공정평균에 중심이 맞추어져 있으며, 그리고 시간에 해당한다. 세로축은 속성 또는 변량의 값을 나타낸다. UCL과 LCL은 각각 관리상한(upper control limit)과 관리하한(lower control limit)의 표시이다.

관리도의 개념은 만약 공정으로부터 시간이 흐름에 따라 표본이 추출되어 도표에 기입된다면, 고려되고 있는 속성이나 변량의 값들은 관리한계선 내에 있어야 한다는 것이다. 250ml의 평균과 관리한계선이 ±2ml인 청량음료병 채워넣기 공정의 예를 다시 생각해 보자. 매시간 30개의 병이 표본으로 추출되며, 그리고 평균용량이 계산된다고 가정하자. 관리도는 [그림 11-13]과 같은 모양이 된다. 표본 11과 13은 관리상한을 초과하였으며, 따라서 이들은 통계적 통제범위 내에 있지 않다고 할 수 있다. 또한 지난 몇 시간 동안 상승추세가 있는 것으로 보인다. 이러한 데이터는 진동으로 인하여 조정이 불가능한 장치와 같이 어떤 설명될 수 있는 원인이 존재한다는 것을 운영관리자들에게 암시한다. 이러한 식으로, 관리도는 기계, 원재료 또는 작업자들과 연관된 가능성 있는 문제점들을 쉽고 정확하게 가리킬 수 있으며, 또한 언제 공정을 그대로 두어야 하는지를 알려 준다.

관리도를 작성하기 위해서는 표본의 추출에 의한 데이터의 집계가 필요하다. 이때 추출한 표본의 수를 M으로 표시하고 추출한 표본의 크기를 n으

그림 11-13 청량음료병 채우기에 대한 관리도

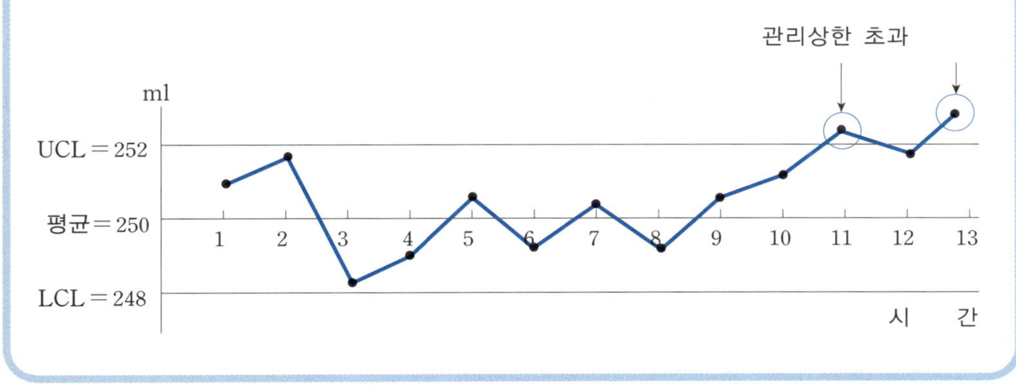

로 표시한다.

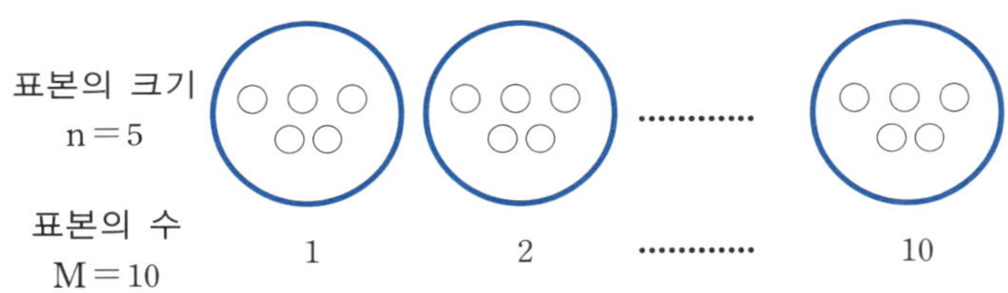

8.2 계수치 관리도

계수치 측정을 위하여, 대개 제조공정으로부터의 불량률을 감시하고 통제하는 데 관심을 갖게 된다. 이때 사용되는 관리도의 형태를 불량률관리도(p-chart)라고 부른다. 여기서 p는 표본에서 발견된 불량률을 나타낸다. 예컨대, 공정이 안정상태에 있는 기간 동안의 생산물로부터 n개로 이루어진 표본을 M만큼 발취하면, 각 표본의 불량률은 y/n(여기서 y는 특정표본에서의 불량개수)으로 계산된다. i번째 표본의 불량률을 p_i라고 하면, M개의 표본에 대한 평균불량률은

$$\bar{p}=\frac{p_1+p_2+\cdots\cdots+p_M}{M}$$

이다.

중심극한정리로부터 대부분의 표본들이 평균불량률 $\bar{p}$의 3 표준편차 내에 존재할 것으로 예상된다. 불량률의 표준편차 $S_{\bar{p}}$는

$$S_{\bar{p}}=\sqrt{\frac{\bar{p}(1-\bar{p})}{n}}$$

이므로, 관리한계는 각각

$$UCL=\bar{p}+3S_{\bar{p}}$$

그리고

$$LCL=\bar{P}-3S_{\bar{p}}$$

로 놓을 수 있다.

다음 예제는 불량률 관리도의 작성을 설명한다.

예제 11-4 민국우체국의 자동화된 우편물분류기계에 대한 품질관리

자동화된 우편물 분류기계를 갖춘 우체국 직원은 편지의 우편번호를 읽어서 그 편지를 해당되는 우편배달구역으로 전환시켜야 한다. 지난 한 달 동안, 100단위의 편지로 이루어진 표본을 25개 추출하여 잘못 분류된 숫자가 기록되었다. [표 11-6]은 이를 요약한 것이다. 불량률을 더하여 그리고 25로 나누어 주면 불량률 $\bar{p}$는 $\bar{p}=\frac{0.55}{25}=0.022$가 된다. 이에 대한 표준편차는 다음과 같다.

$$S_{\bar{p}} = \sqrt{\frac{\bar{p}(1-\bar{p})}{n}}$$
$$= \sqrt{\frac{0.022(1-0.022)}{100}}$$
$$= 0.01467$$

따라서

$$UCL = 0.022 + 3(0.01467)$$
$$= 0.066$$

그리고

표 11-6 민국우체국에서의 우편물 분류실수

표 본	1	2	3	4	5	6	7	8	9	10	11	12	13
에러의 숫자	3	1	0	0	2	5	3	6	1	4	2	2	1
표 본	14	15	16	17	18	19	20	21	22	23	24	25	
에러의 숫자	3	4	1	1	2	2	2	3	4	1	1	1	

그림 11-14 민국우체국의 관리도

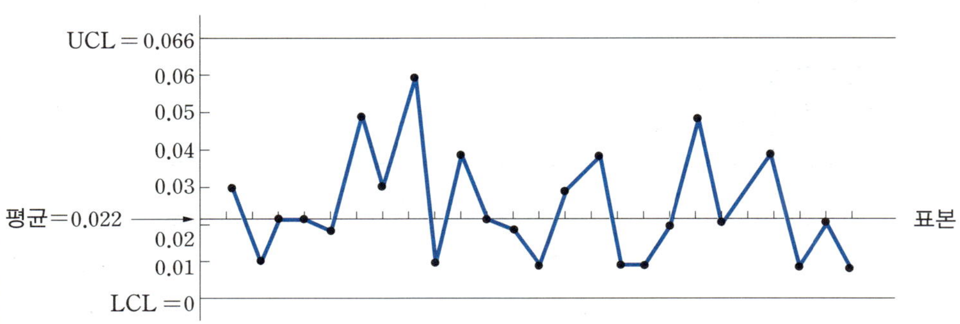

$$LCL = 0.022 - 3(0.01467)$$
$$= -0.022$$

가 된다. LCL은 음수이므로 0을 사용한다. 왜냐하면 실제불량률은 0보다 작을 수가 없기 때문이다. 이에 대한 관리도가 [표 11-6]의 데이터와 함께 [그림 11-14]에 나타나 있다. 관리상한 밖의 값들은 작업자의 피로를 암시하거나 또는 더 많은 경험 및 훈련이 필요하다는 것을 의미한다.

8.3 계량치 관리도

계량치를 측정할 때는 공정평균치와 평균에 대한 분산이 모두 다 관심의 대상이다. 평균치를 관리하기 위하여 사용되는 관리도는 $\bar{x}$-관리도이며, 그 관리도 위에 표본의 평균치들이 기입된다. 공정평균에 대한 분산의 정도를 알아 보는 데 가장 많이 사용되는 관리도는 R-관리도이다. 여기서 R은 범위(range)를 나타내는데, 즉 표본에 포함되어 있는 관찰치 중에서 가장 큰 값과 가장 작은 값의 차이이다.

평균치와 범위관리도($\bar{x}$-chart, R-chart)는 불량률관리도가 작성된 방법과 비슷하게 작성된다. $\bar{x}$-chart의 관리한계는 평균범위에 따라 좌우되기 때문에, 우선 R-chart부터 작성된다. 관리한계를 명시하는 데에 일반적으로 표가 사용된다. 다음 예제를 통하여 이러한 관리도의 작성에 관하여 설명하도록 하자.

예제 11-5 용인타이어(주)의 계량치 관리도

용인타이어(주)는 정기적으로 여러 가지 도로조건하에서 타이어의 마모를 시험한다. 타이어의 제조과정을 통제하며 그리고 분석하기 위하여, 생산담당부서에서는 $\bar{x}$-chart와 R-chart를 사용하고 있다. 20개의 표본 — 각 표본은 세 개의 래디알 타이어로 구성되어 있음 — 이 서로 다른 교대조로부

표 11-7 용인타이어(주)의 타이어 마모결과

표본의 수(i)	타이어 마모*			평균($\overline{X}_i$)	범위(R_i)
1	31	42	28	33.67	14
2	26	18	35	26.33	17
3	25	30	34	29.67	9
4	17	25	21	21.00	8
5	38	29	35	34.00	9
6	41	42	36	39.67	6
7	21	17	29	22.33	12
8	32	26	28	28.67	6
9	41	34	33	36.00	8
10	29	17	30	25.33	13
11	26	31	40	32.33	14
12	23	19	25	22.33	6
13	17	24	32	24.33	15
14	43	35	17	31.67	26
15	18	25	29	24.00	11
16	30	42	31	34.33	12
17	28	36	32	32.00	8
18	40	29	31	33.33	11
19	18	29	28	25.00	11
20	22	34	26	27.33	12

* 단위: 1/100인치

터 추출되었다. 그 결과는 [표 11-7]에 제시되어 있다. 평균범위는 다음과 같이 계산된다.

$$\overline{R} = \frac{R_1 + \cdots\cdots + R_{20}}{M}$$
$$= 11.4$$

관리한계를 계산하기 위하여 표본의 크기에 의존하는 [표 11-8]로부터 D_3와 D_4값을 이용한다. 이러한 표들은 널리 사용되고 있으며 그리고 $\overline{R}$를 사용하여 관리한계를 손쉽게 산정할 수 있도록 한다. 표본의 크기 n은 3이기 때문에, $D_3 = 0$ 그리고 $D_4 = 2.57$이다.

그러면

표 11-8 관리한계의 계산에 사용되는 요소들

표본의 크기(n)	D_3	D_4	A_2	d_2
2	0	3.27	1.88	1.128
3	0	2.57	1.02	1.693
4	0	2.28	0.73	2.059
5	0	2.11	0.58	2.326
6	0	2.00	0.48	2.534
7	0.08	1.92	0.42	2.704
8	0.14	1.86	0.37	2.847
9	0.18	1.82	0.34	2.970
10	0.22	1.78	0.31	3.078

$$UCL = D_4\overline{R} = 2.57(11.4) = 29.3$$
$$LCL = D_3\overline{R} = 0(11.4) = 0$$

이다.

$\overline{x}$-관리도에 대한 관리한계를 계산하기 위하여, [표 11-8]의 요인 A_2를 이용한다. 따라서 $\overline{x}$-관리도의 관리한계는 다음과 같이 계산된다.

$$UCL = \overline{\overline{X}} + A_2\overline{R}$$

그림 11-15 용인타이어(주)의 R-Chart

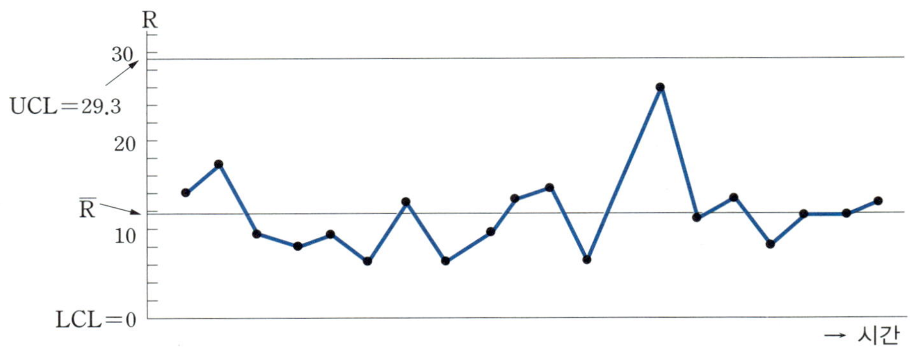

그림 11-16 용인타이어(주)의 $\overline{X}$ C.hart

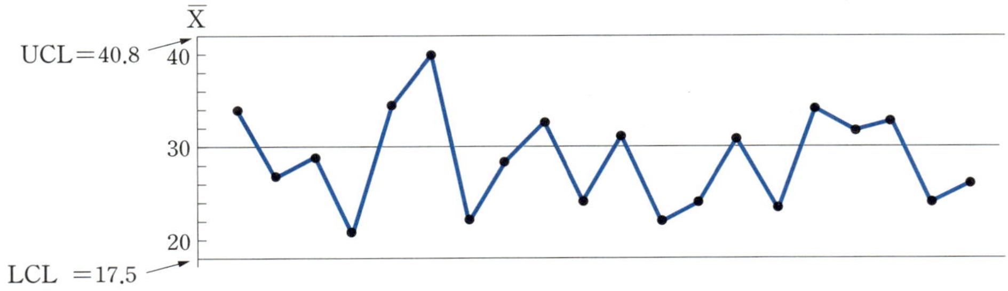

$$LCL = \overline{\overline{X}} - A_2\overline{R}$$

여기서 $\overline{\overline{X}}$는 표본평균 $\overline{X}_i$의 평균치이다. 용인타이어(주)의 데이터에서 $\overline{\overline{X}}$는 29.17이다.

그러므로

$$UCL = 29.17 + 1.02(11.4) = 40.8$$
$$LCL = 29.17 - 1.02(11.4) = 17.5$$

가 된다.

용인타이어(주)의 범위, 그리고 평균치 관리도는 각각 [그림 11-15]와 [그림 11-16]에 나타나 있다. 관측된 표본의 범위와 표본평균들이 관리한계 내에 있는 한, 공정은 안정된 상태라고 생각된다. 만약 관측치가 한계선 밖으로 나가게 되면, 경영진은 이상원인을 규명하여야 한다.

example

8.4 관리도 작성의 요약

관리도 작성에 대한 절차를 다음과 같이 요약하여 보자. 속성에 대하여는 표본의 크기가 n인 표본은 M개 추출하고 i번째 표본의 불량률 p_i를 계산한다.

다음으로 계산되는 것은

$$\bar{p}=\frac{p_1+p_2+\cdots\cdots+p_M}{M}$$
$$S_{\bar{p}}=\sqrt{\frac{\bar{p}(1-\bar{p})}{n}}$$

이다.

관리한계는

$$UCL=\overline{P}+3S_{\bar{p}}$$
$$UCL=\overline{P}+3S_{\bar{p}}$$

가 된다.

계량치에 대하여 표본크기 n인 M개의 표본들을 추출하여 i번째 표본의 평균인 $\overline{X}_i$를 계산한다. 평균범위와 표본평균의 평균은 다음과 같이 계산된다.

$$\overline{R}=\frac{R_1+R_2+\cdots\cdots+R_M}{M}$$
$$\overline{\overline{X}}=\frac{\overline{X}_1+\overline{X}_2+\cdots\cdots+\overline{X}_M}{M}$$

[표 11-8]을 사용하면, R-chart의 관리한계는

$$UCL=D_4\overline{R}$$
$$LCL=D_3\overline{R}$$

$\overline{X}$-관리도의 관리한계는

$$UCL=\overline{\overline{X}}+A_2\overline{R}$$
$$LCL=\overline{\overline{X}}-A_2\overline{R}$$

8.5 공정능력

제조명세서는 때로 제품설계단계에서 결정된다. 예컨대, 샤프트의 지름에 대한 명세는 2.5±0.01cm일 수 있겠다. 그러나 이것은 샤프트를 생산하는 기계공정이 이러한 명세서를 충족시킬 수 있다고 하는 의미는 아니다. 공정능력연구(process capability study)는 종종 생산공정의 기술적 능력을 결정하기 위하여 수행된다. 그러한 연구의 목표는 공정의 자연적 변동을 결정하는 데 있다. 이상원인들을 제거하기 위하여 가장 좋은 장비, 노동력 그리고 자재들이 주의 깊게 채택되어져야 한다. 그러면 표본들이 일정 기간 동안 추출되며, 그리고 R관리도와 $\overline{x}$-관리도가 바로 앞 절에서 논의되었던 것과 똑같은 방법으로 작성된다.

자연적 공정변동에 대한 관리한계는 $\overline{x}$-관리도에서 UCL과 LCL에 의해 주어진 범위와 관련되어 있다. 이러한 범위는 공정산출물에 대한 표준편차, σ로 전환되어야 한다(여기서 σ는 σ_x와 구별되는데, σ_x는 표본평균의 표준편차로 정의된다). 이것은 평균범위($\overline{R}$)를 품질관리와 관련된 표들에서 발견될 수 있는 상수 d_2로 나누어 줌으로써 수행된다. 즉,

$$\sigma = \frac{\overline{R}}{d_2}$$

그림 11-17 공정능력연구를 위한 자연적 변동 vs 제품명세서

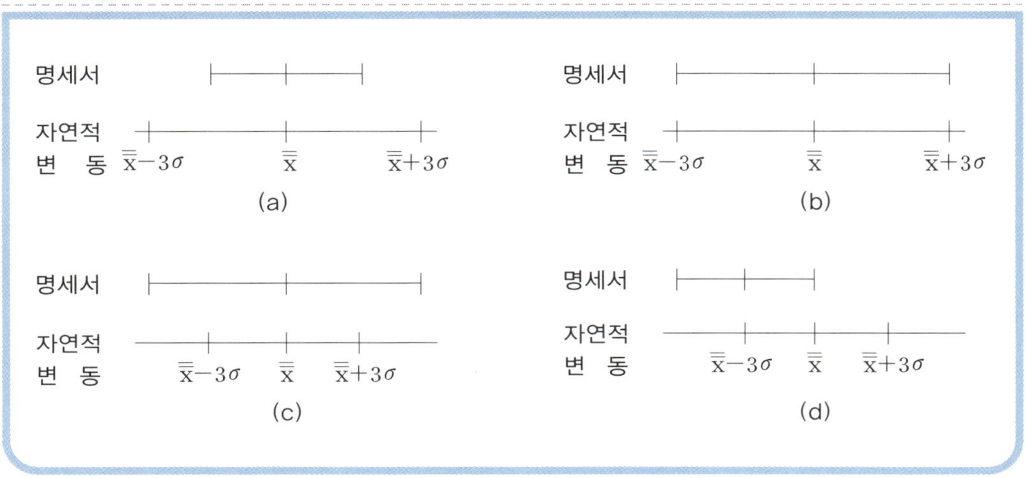

서로 다른 표본의 크기 n에 대한 d_2의 선택된 값은 [표 11-8]에 나타나 있다. 그리고 자연변동은 $\bar{\bar{X}} \pm 3\sigma$로 주어진다.

공정능력에 관한 연구결과는 운영관리자들의 의사결정에 다음과 같은 중요한 정보를 제공한다. [그림 11-17]은 본래의 자연적 공정변동이 기술적 명세와 비교될 때 일어날 수 있는 네 가지 가능한 결과를 나타낸다. [그림 11-17]의 (a)에서는 자연적 변동이 명세보다 더 크다. 따라서 현재의 공정이 제품명세를 충족시키는 것은 불가능하다. 그러한 경우에, 운영관리자는 여러 가지 대안들을 가질 수 있다. 많은 불량품을 생산한다. 설계명세서를 변경한다. 공정을 변경시킨다 또는 그 품목의 생산을 중단한다 등이다. 각 대안에 대한 경제적 결과를 주의 깊게 평가할 필요가 있다. [그림 11-17]의 (b)에서는 공정은 제품명세에 따라 진행되고 있으므로 그대로 두어야 한다. (c)에서는 제품명세가 사실 필요 이상으로 자유롭다. 또한 이 경우에도 아무런 문제가 없다. 마지막으로 (d)에서 변동은 마찬가지이나, 공정평균이 중심으로부터 벗어나 있다. 이것은 장비가 적합하게 조정되어 있지 않거나 또는 측정상에 문제가 있다는 것을 암시한다. 그렇게 되면 운영관리자들은 적합한 조치를 취하여야 한다.

연습문제

1 국내의 시계제조업자가 스위스회사로부터 정밀전자시계용 크리스털을 수입하고 있다. 이들은 1,000품목단위의 롯트를 구매한다. 20단위의 크리스털을 무작위 추출하여 결점을 검사한다.

① 불량품 5, 10, 15, 20, 25%와 합격판정수 0, 1 그리고 2에 대한 검사특성곡선(OC curves)을 그리시오.

② AQL이 0.01로 그리고 LTPD는 0.08로 정하면, ①에서 고려된 각각의 계획에 관한 생산자 위험과 소비자 위험은 얼마인가?

③ 만약 15단위의 크리스털이 표본으로 추출된다면, ①, ②에서의 결과가 어떻게 달라지겠는가?

2 어떤 특정 생산작업량으로부터 100개의 표본이 추출되었을 때 적어도 5%가 불량이면 그 생산량은 불합격이다. 만약 실제불량률이 10%라면, 특정 생산작업량이 불합격될 확률은 얼마인가? 이 표본추출검사계획에 관한 검사특성곡선(OC curve)을 그리시오.

3 어떤 전기부품이 3,000시간의 평균서비스 시간과 800시간의 표준편차를 갖도록 설계되었다. 고객은 제조업자의 재고로부터 무작위추출에 의한 표본으로 판단될 수 있는 50개의 부품을 구매한다고 하자. 이 50개의 부품군의 평균수명이 적어도 2,750시간이 될 확률은 얼마인가? 적어도 3,200시간이 될 확률은?

4 주행거리시험의 결과로부터 자동차 제조업자는 신형모델의 예상주행거리가 적어도 25MPG(Miles per Gallon) 된다고 주장한다. 30대의 표본으로부터, 만약 갤런(gallon)당 표준편차 σ가 3mile이며, 회사는 생산자위험이 0.02이기를 바란다면, 의사결정규칙은 어떻게 해야 되겠는가?

5 문제 1의 시계제조업자가 각 크리스털을 일일이 검사(즉, 100%검사)할 수 있는 선택의 자유가 있다고 하자. 만약 나쁜 품질의 크리스털이 조립되고 나면, 최종검사 후에 분해 및 교체비용이 1,400원이 든다. 각 크리스털은 단위당 80원의 비용으로 검사될 수 있다. 전수검사(즉, 100%검사)가 전혀 검사를 하지 않는 경우보다

더 유리하게 되는 불량률을 결정하기 위하여 채산점분석(break-even analysis)을 수행하시오.

6 문제 5의 상황에서, 만약 실제불량률이 4%라면, 문제 1의 ①에서 고려된 표본추출계획의 총비용을 결정하시오.

7 지난 몇 주 동안, 합성거트(synthetic-gut) 테니스 줄의 50개 포장상자들로부터 각각 20개의 표본이 추출되어 절단력을 실험하였다. 불합격된 표본이 38개이다. 테니스 줄 생산을 통제하기 위한 불량률 관리도(p-chart)를 작성하시오.

8 어떤 생산라인이 용기당 표준적으로 16g씩 채우는 공정으로 운영되고 있다. 표준량 16g보다 많이 또는 적게 채워지는 것은 중대한 문제를 야기시키며, 그리고 그러한 경우에는 생산라인이 중단된다. 표본의 크기 n=6인 40개의 표본을 추출한 결과는 다음과 같다.

$\overline{\overline{X}} = 16.02$
$\overline{R} = 0.06$

① 이 공정에 대한 R-관리도 및 $\overline{X}$-관리도를 작성하시오.
② 표본평균이 $\overline{\overline{X}} = 15.82$ 또는 $\overline{\overline{X}} = 16.34$인 경우 공정이 관리된 상태(in control)인가?

9 다음 상황에서 어떠한 형태의 관리도(p 또는 $\overline{X}$-관리도)가 사용될까?
① 도심지에서 주요 간선도로를 따라 소요되는 여행시간에 관한 연구
② 실험실 연구원들의 박테리아 배양에 대한 정확한 진단
③ 수리공의 서비스에 대한 불평
④ 보험청구를 처리하는 데 소요되는 시간

C·H·A·P·T·E·R 12

프로젝트 관리

조직의 특성에 따라 때로는 프로젝트 형태의 업무를 수행해야 할 경우가 생긴다. 프로젝트는 특정 목표를 달성하기 위해 일정 기간 내에 완성해야 하는 업무이다.

조직의 전략적 계층에서는 신제품개발을 위한 연구개발이나 새로운 공장건설을 위한 프로젝트를 관리할 필요가 있다. 전술적 계층에서는 연간 성과보고서의 작성이나 각종 세무보고서의 작성 등과 같은 프로젝트의 수행이 필요하며, 운영적 계층에서는 설비보존을 위한 보수유지계획과 같은 프로젝트를 수행해야 한다.

프로젝트의 관리는 결국 프로젝트를 효율적으로 수행하기 위하여 필요한 모든 활동을 계획하고 이를 실행 및 통제하는 것을 의미한다.

1 프로젝트 관리의 범위

프로젝트의 관리에는 세 가지 중요 요소가 있는데 이는 시간(time), 자원(resources), 비용(cost)이다.

우선 시간요소부터 논의하면, 프로젝트 관리자는 프로젝트를 수행하는데 필요한 활동 중 어떠한 활동을 언제 시작하고 언제 완료해야 하는지를 파악해야 한다. 또한 특정 활동은 지연될 경우 프로젝트 완성시기에 직접적 영향을 미치므로 이들 활동은 집중적 관리가 필요하다. 이러한 활동을 주요 활동(critical activities)이라 한다.

주요 활동이 아닌 것은 활동의 완성시기에 약간의 지연이 있다 하더라도 프로젝트의 완성시기에 영향을 미치지 않는다. 따라서 프로젝트 관리자는 주요 활동과 주요 활동이 아닌 활동을 명확히 분류하여 자원의 배분을 주요 활동에 우선적으로 배분하는 것이 필요하다.

프로젝트 관리자는 프로젝트를 수행하는 데 필요한 인력과 장비 등의 자원을 파악해야 한다. 또한 이러한 자원을 각 활동에 효율적으로 배분함으로써 프로젝트의 완성시기를 최소화하여야 한다. 자원의 효율적 배분은 관리자의 가장 중요한 임무이다.

마지막으로, 프로젝트를 완성하는 데 발생하는 비용의 최소화가 관리자의 임무인데 이는 프로젝트에 관련된 모든 활동을 철저히 통제함으로써 이루어질 수 있다. 비용의 최소화는 자원의 효율적 배분과 매우 밀접히 관계되어 있다.

프로젝트의 관리기법은 두 가지가 현존하는데, 하나는 PERT(project evaluation and review technique)이며, 다른 하나는 CPM(critical path method)이다. PERT와 CPM은 다른 목적으로 다른 조직에 의해 개발되었

PERT와 CPM

PERT기법은 1950년 말에 미국에서 개발되었는데, 이 당시 미국은 폴라리스(Polaris) 미사일을 소련보다 먼저 완성함으로써 전략적 군사우위를 점할 수 있었다. 따라서 미사일을 완성하는 데 필요한 모든 활동의 통제와 자원의 효율적 배분을 통해 미사일을 조속한 시일 내에 개발하는 것이 절대적으로 중요하게 되었다. 이러한 필요성에서 개발된 기법이 바로 PERT인 것이다. 폴라리스 미사일은 이전에 한 번도 개발한 적이 없었으므로 각 활동에 소요되는 시간을 예측하는 것이 매우 어려웠다. 이 때문에 PERT에서는 활동시간의 추정에 확률을 사용하고 있다.

이와는 별도로 CPM이라는 기법이 듀퐁사에 의해 독자적으로 개발되었다. 듀퐁은 중화학공업 관련사업을 하는 세계적 기업인데, 중화학공업은 장치 산업으로 막대한 투자를 요하는 사업이다. 따라서 이 투자설비의 가동률을 제고하는 것이 경쟁력의 원천인데, 가동률을 제고하기 위해서는 유지보수가 중요한 임무이다. 이 유지보수를 효율적으로 하기 위해 개발된 기법이 CPM이다. CPM이 PERT와 다른 점은 CPM은 각 활동을 단축할 경우에 발생하는 비용을 고려하였으며, 또 각 활동에 소요되는 시간은 고정(확정)되어 있는 것으로 가정한 것이다. 그러나 이 두 방법은 기본적으로 매우 유사한 기법이다.

으나 많은 공통점을 지니고 있다.

근래에는 이 두 기법의 구분이 사실상 없어져서 PERT/CPM으로 불리고 있으며 컴퓨터의 소프트웨어로 개발되어 활용되고 있고, 이 소프트웨어도 PERT/CPM의 모든 기능을 포함하고 있다.

2 프로젝트 계획수립의 과정

프로젝트를 원활히 수행하기 위해서는 적절한 계획의 수립이 필요하다. 계획의 수립은 조직이 설정한 목적을 달성하기 위하여 필요한 일련의 활동을 결정하는 과정이다.

프로젝트의 계획수립은 일반적으로 다음과 같은 과정을 거쳐 수행된다.

① 프로젝트의 정의 　프로젝트의 완성을 위해 필요한 활동을 파악하고 이들의 수행순서를 결정한다.

② 자원계획 　정의된 각 활동의 수행에 필요한 인력, 시간, 자금, 설비 및 장비, 원자재 등을 파악한다. 또 필요한 교육훈련도 계획한다.

③ 프로젝트 일정계획 　각 활동의 수행 시작시기 및 완료시기를 결정한다.

④ 프로젝트의 통제 　프로젝트의 적절한 진행을 위해 통제를 계획하며 프로젝트 수행에 차질이 생겼을 경우를 대비한 계획도 고려한다.

프로젝트를 수행하는 데 있어 자주 완성시기가 지연되는 수가 많은데 이는 대부분의 경우 위에서 설명한 과정을 철저히 이행하지 않기 때문이다.

이제부터는 프로젝트 수행과정을 하나의 가상적 기업을 사용하여 설명하기로 하겠다.

예제 12-1 승리도매상의 자동화 프로젝트

example

이 기업은 식품도매상으로 여러 개의 창고를 소유하고 있으며 각지에서 각종 식품류를 구입하여 보관하고, 슈퍼마켓 혹은 소매상에서 주문이 오면 식품을 공급하는 것이다. 보통 한 주문은 20개에서 50개의 다른 상품을 요구하는 것이 일반적이다. 승리도매상은 현재까지 모든 주문을 처리하는 데 있어 인력에 의존한 수동형식을 취하였다. 즉, 주문이 오면 종업원이 주문서에 쓰여진 상품을 창고에서 찾아내어 이를 출고지역으로 옮겨 놓는 것이다. 그러나 이러한 방식은 상당한 인력을 요구하며 생산성은 매우 낮았다. 또한 근래의 임금상승 때문에 엄청난 원가상승의 압박을 받게 되었다. 이러한 문제 때문에 승리도매상은 주문처리방식을 전산화하고, 컨베이어를 설치하여 창고에서 출고지역으로 상품운반을 자동화할 것을 계획하고 있다.

승리도매상은 자재담당이사를 자동화 프로젝트의 책임자로 임명하였다. 다음 절부터는 이 책임자가 프로젝트를 수행하는 과정을 중심으로 설명하기로 하겠다.

example

3 프로젝트의 정의

3.1 활동과 단계의 파악

프로젝트 계획수립에 있어 첫 번째 단계는 수행해야 할 개별활동과 이들의 수행순서를 결정하는 일이다. 이 작업은 사실상 프로젝트 계획수립의 모든 단계 중 가장 어려운 부분이다. 프로젝트 관리자는 조직의 각 분야에 있는 모든 사람과 커뮤니케이션을 통해 프로젝트 수행의 효율성을 기해야 하며 또한 프로젝트에 관해 풍부한 경험과 지식을 소유한 전문가이어야 한다. 여기에서 우선 활동(activities)과 단계(events)의 개념을 구분할 필요가 있다. 활동은 일정 작업시간을 소요해야 하는 직무를 의미하며, 단계는 이러한 활동의 시작 혹은 종료의 시기를 뜻한다. 프로젝트는 활동만을 사용하여 정의될 수 있기는 하지만 대부분의 경영자는 프로젝트를 활동과 단계의 개념으로 이해할 때가 많다.

이는 프로젝트의 진척 정도를 나타내고자 할 때는 단계의 정의를 이용하여 손쉽게 나타낼 수가 있기 때문이다. 따라서 보통 프로젝트를 표시할 때는 활동과 단계를 모두 사용하며, 이때 활동은 단계에 도달하기 위한 과정으로 간주된다.

승리도매상의 프로젝트 담당자는 엔지니어와 창고관리자들과의 협의를 통해 다음과 같은 활동과 단계를 정의하였다.

- 프로젝트의 시작시기(단계)
- 필요한 장비 및 설비의 결정(활동)
- 협력업체 혹은 하청업체의 사업계획서 취득(활동)
- 협력업체의 선정(활동)
- 창고의 새로운 배치설계(활동)
- 정보시스템 설계(활동)
- 자동화 설비 및 컴퓨터 주문(활동)
- 자동화 설비배치의 완성시기(단계)
- 정보시스템의 설치(활동)
- 자동화 설비 및 컴퓨터시스템의 설치완료시기(단계)
- 새로운 시스템 운영자의 교육 및 훈련(활동)
- 새로운 시스템의 테스트(활동)
- 프로젝트의 완료시기(단계)

표 12-1 승리도매상의 창고자동화 프로젝트

활　동	선행활동
A: 필요한 자동화 설비 및 컴퓨터의 결정	—
B: 협력업체의 사업계획서 취득	—
C: 협력업체 선택	A, B
D: 설비 및 컴퓨터 주문	C
E : 새로운 창고배치설계	C
F : 창고배치	E
G: 정보시스템 설계	C
H: 정보시스템 설치	D, F, G
I : 자동화 설비설치	D, F
J : 시스템 운영자 교육 및 훈련	H
K: 시스템의 테스트	I, J

위에서 작성된 활동과 단계는 다시 여러 번의 토론과 검토를 거쳐 많이 수정되었다. 이러한 토론과 검토과정을 거침으로써 프로젝트를 완성하는 데 필요한 활동과 단계들이 빠지지 않도록 하는 것이 프로젝트를 성공으로 이끄는 지름길이다. 결국 토론 끝에 [표 12-1]과 같은 표를 작성하게 되었다.

[표 12-1]의 선행활동이란 해당 활동이 시작되기 이전에 반드시 완료되어야 하는 활동을 말한다. 예를 들어, A와 B는 선행활동이 없으므로 시작시기에 구애를 받지 않는다. 그러나 C는 A와 B가 완료되기 전에는 시작할 수가 없다. 즉, A와 B는 C의 선행활동인 것이다. 활동의 수행순서를 결정하기 위해서는 이러한 선행활동이 정확히 파악되어야 하므로 이는 매우 중요한 과정이다.

3.2 네트워크의 작성

[그림 12-1]은 [표 12-1]에서 나열되었던 활동을 포함하고 있을 뿐 아니라 이들의 선행관계를 그림으로 나타내고 있다. 이러한 그래픽 표현을 프로젝트의 네트워크라고 한다. 네트워크는 번호가 매겨진 원이 있으며 이들 원은 화살표로 연결되어 있다. 이들 원을 네트워크에서는 노드(node)라고 하며 화살표는 브랜치(branch) 혹은 아크(arc)라고 부른다. 여기에서 노드는 단계를

그림 12-1 창고자동화 프로젝트의 네트워크

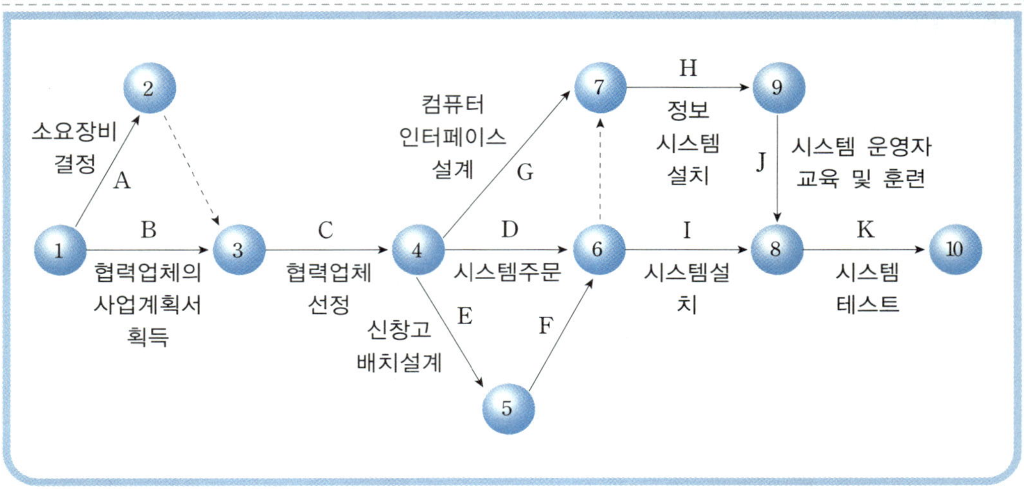

나타내며 아크는 활동을 의미한다. 예를 들어, 노드 1은 프로젝트의 시작단계를 나타내며 노드 4는 협력업체의 선정을 시도할 단계를 나타낸다. 노드 1과 노드 3을 연결하는 아크는 협력업체의 사업계획서 획득이라는 활동을 의미한다.

여기에서 한 가지 유의하여야 할 것은 노드 2와 3, 또 노드 6과 7을 연결하는 점선으로 표시된 아크이다. 이들 아크는 [표 12-1]에 나열된 프로젝트의 어떠한 활동과도 전혀 일치하지 않는다. 이러한 아크를 더미활동(dummy activities)이라고 한다. 더미활동은 실제 활동은 아니며 프로젝트의 완성과정중에 실제로 수행되지는 않는다. 그러나 이러한 더미활동이 필요한 이유는 각 활동의 선행조건을 네트워크에 명확히 표현하기 위한 것이다. 이를 좀더 부연 설명하기 위해 더미활동을 사용하지 않는 네트워크를 다음과 같이 그려보자. 보는 바와 같이 여기에서는 6에서 7 사이에 더미노드가 없다.

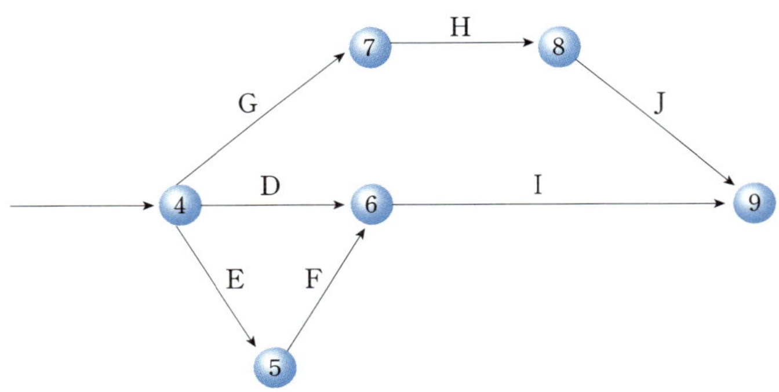

이 네트워크에서 H활동의 선행활동을 보면 G로 여겨진다. 그러나 실제로 [표 12-1]을 보면 H활동의 선행활동은 D, F, G인 것을 알 수 있다. 이렇게 더미활동을 사용하여 각 활동의 선행활동을 명확하게 표현할 수 있는 것이다.

더미활동을 사용하지 않았을 경우의 또 하나의 예를 들어보자. 아래 그림을 보면 더미활동을 사용하지 않고 선행관계를 표시하고자 할 때의 문제점이 명백히 나타난다.

아래의 그림에서 보면 H활동의 선행활동은 D, F, G로 [표 12-1]에 나와 있는 것과 일치한다. 그러나 I활동의 선행활동은 무엇인가? [표 12-1]을 보면 D, F가 정답이다. 그러나 더미활동을 사용하지 않은 아래의 그림에서는 선행활동이 D, F, G로 잘못 나와 있다. 위의 두 가지 예를 통해서 우리는 더미활동이 각 활동의 선행관계를 네트워크에 표시하는 데 절대 필요하다는 것을 알 수 있다.

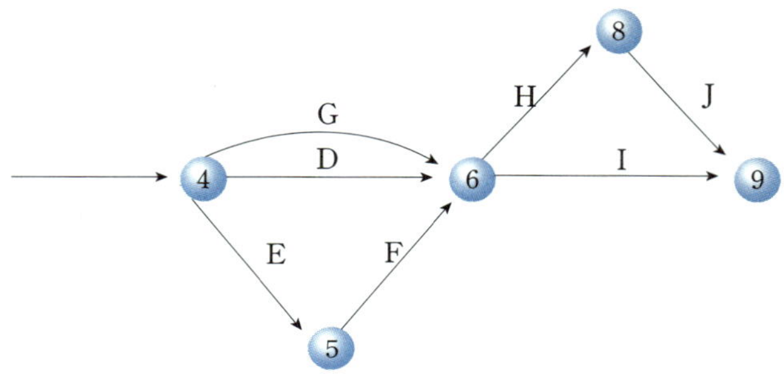

또한 대부분의 컴퓨터 소프트웨어는 두 개의 활동이 같은 노드에서 출발하여 같은 노드로 종료되는 것을 허용하지 않고 있다. 즉, 위의 그림에서와 같이 G, D가 노드 4에서 출발하여 6으로 종료되는 것이 소프트웨어에 데이터로 입력되지 않는 문제가 발생한다.

그러면 어떠한 경우에 더미활동을 사용하느냐 하는 의문이 생기는데, 현실적으로 모든 경우에 대해 적용되는 더미활동 사용규칙을 개발하는 것은 사실상 불가능하다. 다만 가능하면 더미활동을 사용하지 않는 PERT/CPM네트워크를 개발하는 것이 최선의 방법이다.

이것으로 프로젝트의 정의단계는 모두 설명되었고 다음으로는 각각의 활동을 완성하기 위해 필요한 자원에 관하여 논의하기로 하겠다.

4 자원계획

프로젝트 네트워크를 작성하였으면 다음에는 활동을 완성하는 데 필요한 자원에 대한 정보를 얻어야 한다. 자원 중에도 특히 활동에 소요되는 시간에 대한 정보가 필요한데, 이는 각 활동에 대한 시간을 알아야만 일정계획을 수립할 수 있기 때문이다. 일정계획은 결국 각 활동의 시작시간과 종료시간을 계획하고 이를 근거로 프로젝트의 최종완성시간을 계획하는 것이다. 따라서 각 활동의 소요시간을 정확히 추정하는 것은 프로젝트를 차질없이 수행하는 기본요건이 된다. 그러면 다음에는 각 활동의 소요시간을 추정하는 방법에 대하여 논의하겠다.

4.1 활동기간의 추정방법

많은 경우는 프로젝트 활동에 소요되는 시간을 정확히 추정할 수가 있다. 특히 건축 혹은 조선과 같은 경우에는 과거의 데이터가 있기 때문에 활동시간 추정상의 어려움은 없다. 그러나 수행해야 할 프로젝트가 이전에는 해본 적이 없는 일인 경우에는 활동시간 추정에 어려움이 따른다.

이렇게 활동시간이 불투명한 경우에는, 활동시간을 특정한 확률분포를 따르는 확률변수로 간주하여 이를 추정하는 방법이 있다. 가장 일반적으로 사용되는 방법은 각 활동에 대하여 세 가지 추정시간을 허용하고, 이를 토대로 최종활동시간을 추정하는 것이다. 이 세 가지 추정시간은 다음과 같이 정의된다.

① 낙관시간치(optimistic time: a) 모든 작업이 이상적인 상태로 진전될 경우의 활동소요시간으로 최소의 추정시간이다.

② 정상시간치(most probable time: m) 정상적으로 작업이 진행될 경우의 작업소요시간으로 가장 실현가능성이 큰 추정치이다.

③ 비관시간치(pessimistic time: b) 작업중 최악의 경우를 고려한 것으로 기계의 고장, 파업 등의 비정상적 사건이 발생했을 때 소요되는 추정치이다.

이러한 방법을 사용하여 작업시간을 추정하는 것을 승리도매상의 예를

표 12-2 승리도매상의 각 활동소요시간 추정(단위: 주)

활 동	낙관시간치(a)	정상시간치(m)	비관시간치(b)
A	2	3	4
B	3	4	11
C	1	2	3
D	4	5	12
E	3	5	7
F	2	3	4
G	2	3	10
H	2	3	4
I	2	3	10
J	1	2	3
K	1	2	3

들어 좀더 구체화하기로 하자. 승리도매상의 프로젝트 매니저는 각 활동의 세 가지 추정시간을 마련하여 [표 12-2]를 작성하였다.

활동 A를 예로 설명하면 이 활동은 낙관시간치가 2주, 정상시간치가 3주, 비관시간치가 4주로 추정되었다. 이러한 추정치로부터 결정된 최종소요시간을 평균소요시간 혹은 기대소요시간이라 하며 식 (12.1)과 같은 공식이 사용된다.

$$t=\frac{a+4m+b}{6} \qquad \cdots\cdots(12.1)$$

이 공식을 사용하여 활동 A에 대해 기대소요시간을 계산하면

$$\begin{aligned} t &= \frac{2+4(3)+4}{6} \\ &= \frac{18}{6} \\ &= 3\text{주} \end{aligned}$$

이고, 활동 B에 대해서는

그림 12-2 승리도매상의 프로젝트 활동 B에 대한 확률분포

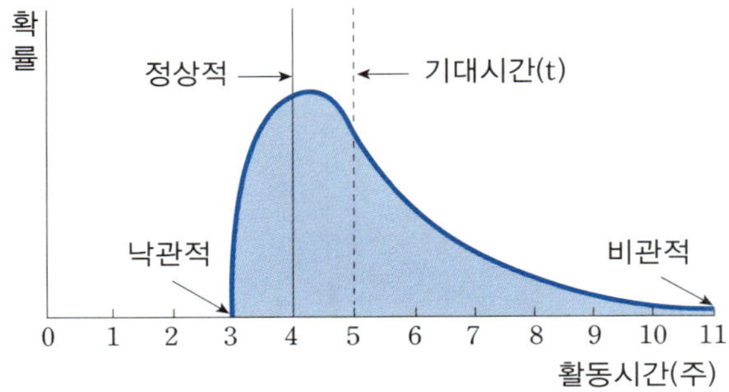

$$
\begin{aligned}
t &= \frac{3+4(4)+11}{6} \\
&= \frac{30}{6} \\
&= 5\text{주}
\end{aligned}
$$

의 기대소요가 예상된다.

공식 (12.1)은 확률변수인 각 추정시간이 베타확률분포를 따른다는 가정에서 도출된 것이다. 사실상 이러한 가정은 추정시간의 특성을 고려할 때 매우 합리적인 것으로 여겨진다. 승리도매상의 프로젝트 활동 중의 하나인 B에 대해 확률분포를 그리면 [그림 12-2]와 같다.

이러한 확률분포에 근거하여 각 활동의 분산(variance)은 다음과 같은 공식에 의해 계산된다.

$$\text{활동시간의 분산} = \left(\frac{b-a}{6}\right)^2 \qquad \cdots\cdots(12.2)$$

위의 공식에서 알 수 있듯이 분산의 값은 비관시간치와 낙관시간치에 의해 많은 영향을 받는다. 만약 비관시간치와 낙관시간치가 많은 차이를 보인다면 활동시간의 분산은 커질 수밖에 없다.

표 12-3 승리도매상의 활동에 대한 기대활동시간과 분산

활 동	기대시간(주)	분산 σ^2
A	3	0.11
B	5	1.78
C	2	0.11
D	6	1.78
E	5	0.44
F	3	0.11
G	4	1.78
H	3	0.11
I	4	1.78
J	2	0.11
K	2	0.11

활동 A를 예로 설명하면 이의 분산은 다음과 같다.

$$\sigma_A^2 = \left(\frac{4-2}{6}\right)^2 = \left(\frac{2}{6}\right)^2 = 0.11$$

또한 활동 B에 대한 분산은

$$\sigma_B^2 = \left(\frac{11-3}{6}\right)^2 = \left(\frac{8}{6}\right)^2 = 1.78$$

이 된다.

공식을 사용하여 승리도매상 프로젝트의 각 활동에 대하여 분산을 계산하면 [표 12-3]과 같다.

4.2 프로젝트 자원의 파악

프로젝트를 수행하기 위하여는 시간뿐 아니라 다른 여러 가지 자원이 필요하게 된다. 이를 나열하면 다음과 같다.

- 경영자와 감독자
- 기 술 자
- 자 본
- 원 자 재
- 설비 및 도구
- 기타 잡무처리 담당자

프로젝트 관리자는 이러한 자원이 얼마나 필요한가를 결정해야 하며 또 이 자원이 이미 조직에 존재하고 있으면, 어디에서 어떻게 이를 확보할 수 있는가를 파악해야 한다. 프로젝트 관리자의 주요 임무는 이들 자원을 적시에 공급하는 것이며 이의 원활한 수행을 위해서는 일정계획수립이 필요하다.

다음 절에서는 프로젝트에 관한 일정계획수립을 논의하기로 하겠다.

5 프로젝트 일정계획

PERT/CPM 네트워크에서 어떻게 일정계획을 결정할 수 있는가를 설명하겠다.

5.1 네트워크의 주요 경로의 파악

네트워크에 있어 최초단계와 최종단계를 연결하는 일련의 활동을 경로 혹은 공정(path)이라고 하는데, 이 경로는 결국 활동이 실행되는 순서를 나타내 준다. 이에 대한 예를 들면 다음과 같다.

만약 이러한 경로 중에서 어떠한 한 활동이 지연되었을 때 프로젝트의

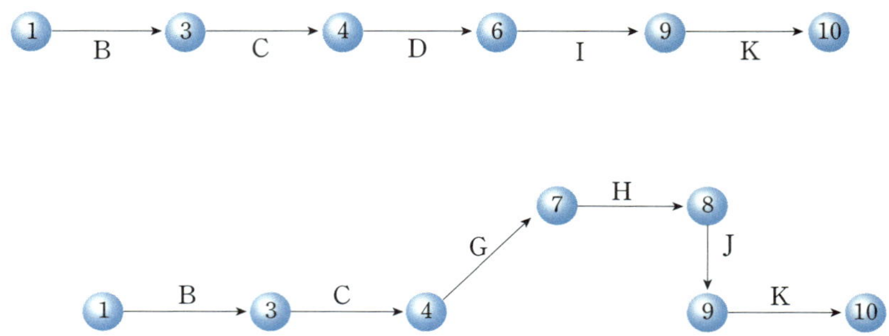

지연이 야기되면 이 경로를 주요 경로 혹은 주공정(critical path)이라고 하며 이 경로에 포함된 활동을 주요 활동(critical activities)이라고 한다.

다음으로는 네트워크로부터 주요 경로를 파악하는 방법에 대하여 논의하겠다.

[그림 12-3]에는 승리도매상의 프로젝트에 대한 네트워크이며 각 활동의 기대완료시간이 아크에 표시되어 있다. 더미활동에 대한 기대활동시간은 물론 0으로 표시되어 있다. 그럼 이제부터 주요 경로를 찾는 방법을 하나씩 설명하기로 하겠다.

그림 12-3 승리도매상의 프로젝트 네트워크

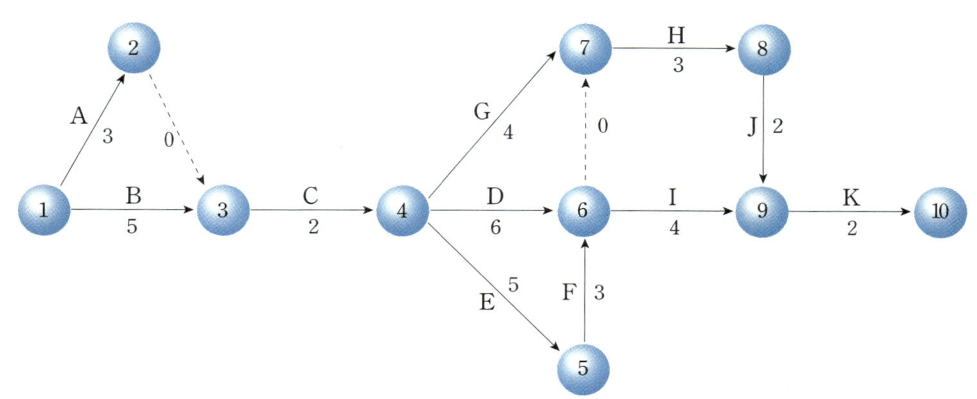

(1) 각 활동의 가장 이른 완료시간의 계산

주요 경로를 찾아내기 위하여는 우선 각 활동의 가장 이른 완료시간(earliest finish time: EF)을 계산해야 한다. 계산하는 방법을 논하기 이전에 사용할 부호를 정의하면 다음과 같다.

ES(earliest starting time)=특정 활동이 가장 빨리 시작할 수 있는 시간
EF(earliest finishing time)=특정 활동이 가장 빨리 완료될 수 있는 시간
t=각 활동의 기대소요시간

위의 부호를 사용하여 각 활동의 완료시간을 표시하면 다음과 같다

$$EF = ES + t \qquad \cdots\cdots(12.3)$$

예를 들어, 활동 A의 ES=0이며 t=3이다. (12.3)을 사용하면 가장 이른 완료시간은 EF=0+3=3이 된다. 이렇게 계산된 EF와 ES를 다음과 같은 방식으로 네트워크에 표시한다.

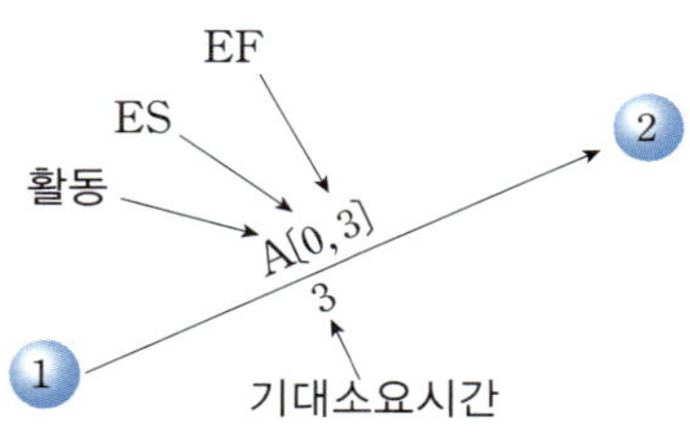

(2) ES의 결정

위에서 EF를 계산할 때 ES는 이미 알고 있는 것으로 가정하였는데, 이의 결정방법에 대한 설명이 필요하다 하겠다. 특정 활동의 ES는 선행활동의 EF에 의해 결정된다. 이의 구체적 결정규칙은 다음과 같다.

결정규칙: 하나의 노드에서 출발하는 특정 활동의 ES는 이 노드에 진입하는 모든 활동의 EF 중에서 가장 큰 값과 일치한다.

이 규칙과 공식 (12.3)을 적용하여 노드 1, 2, 3, 4에 대한 ES와 EF를 구하면 다음과 같다.

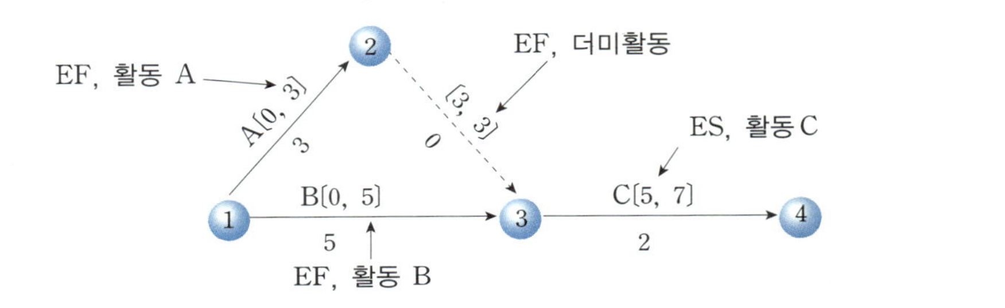

위의 네트워크에서 활동 C의 ES를 보면, 노드 3에 진입하는 활동 B와 더미활동의 EF 중 가장 큰 EF값, 즉 5가 활동 C의 ES가 되는 것을 알 수 있다.

이렇게 특정 활동의 ES를 구할 때 이 특정 활동이 출발하는 노드에 진입하는 다수활동의 EF에 의거하여 결정하는 방법을 전진계산방법(forward pass method)이라고 한다. 전진계산방식이라고 불리우는 이유는 활동이 전진되는 순서—앞에서 뒤로—에 따라 ES와 EF를 계산하기 때문이다. 이러한 전진계산방식에 의해 각 활동의 ES와 EF를 구한 결과가 [그림 12-4]에

그림 12-4 전진계산방식에 의해 각 활동의 ES와 EF를 구한 결과

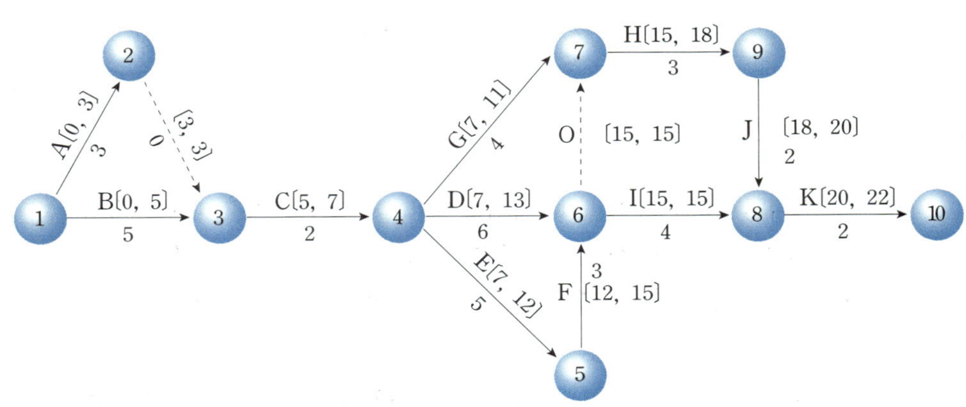

나와 있다. 프로젝트의 마지막 활동인 K를 보면 EF가 22로 되어 있다. 이는 곧 프로젝트의 가장 이른 완료시기는 22주 후인 것을 알 수 있다.

(3) 각 활동의 가장 늦은 시작시간(latest starting time: LS)

주요 경로를 파악하기 위한 세 번째 단계로는 각 활동의 가장 늦은 시작시간(latest starting time: LS)을 계산하는 것이다. 이 가장 늦은 시작시간은 각 활동이 프로젝트의 완료시간을 지연시키지 않는 한도 내에서 최대로 시작을 늦출 수 있는 시간을 말한다. 이러한 가장 늦은 시작시간은 최종활동에서 시작하여 활동집행순서를 거꾸로 거슬러 올라가면서 각 활동의 가장 늦은 시작시간을 계산하므로 이 계산방법을 후진계산방식(backward pass method)이라 한다. 이 후진계산방식을 사용하여 각 활동의 가장 늦은 시작시간과 가장 늦은 완료시간을 계산하며 이때 사용할 부호는 다음과 같다.

LS(latest starting time) = 특정 활동에 대한 가장 늦은 시작시간
LF(latest finishing time) = 특정 활동에 대한 가장 늦은 완료시간
t = 각 활동의 기대소요시간

이 부호를 사용하여 특정 활동의 LS를 나타내면 다음과 같다.

$$LS = LF - t \qquad \cdots\cdots(12.4)$$

활동 K를 예로 들면 LF는 22이며 LS = 22 − 2 = 20이 된다. 공식 (12.4)를 사용하여 각 활동에 대해 LS를 구할 수 있다. 그러나 LF를 결정하기 위하여는 다음과 같은 규칙의 적용이 필요하다.

(4) LF의 결정

결정규칙: 특정 노드에 진입하는 한 활동의 LF는 이 노드를 출발하는 모든 활동의 LS 중 가장 작은 값과 같다.

이 규칙을 이용하여 각 활동의 LS와 LF를 구한 결과가 [그림 12-5]에 나와 있다.

그림 12-5 각 활동의 LS와 LF를 구한 결과(괄호 안의 값들)

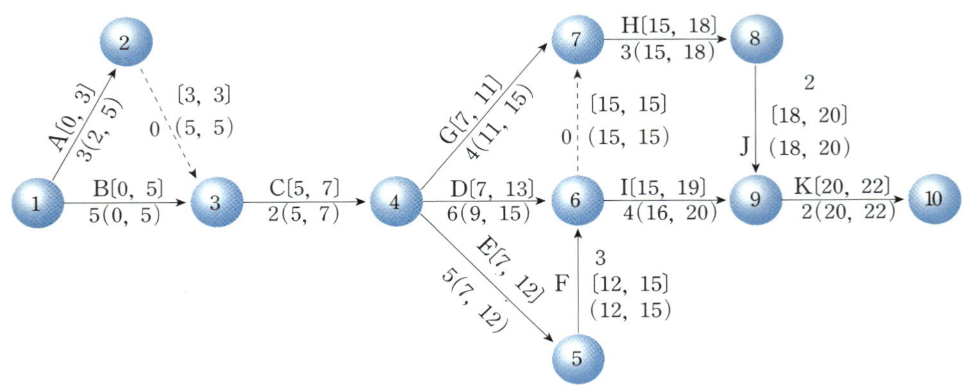

결정규칙을 좀더 자세히 이해하기 위해 노드 4를 예로 들어보자. 노드 4로 진입하는 활동 C의 LF는 7인데 이는 노드 4를 떠나는 활동들 G, D, E의 LS 중 가장 작은 값이 된다. 즉, G의 LS는 11, D의 LS는 9, E의 LS는 7로써 이들 중 가장 작은 값은 7이 된다. [그림 12-5]에서 [ ]에 표시되어 있는 숫자는 ES와 EF이며 ( )에 표시되어 있는 숫자는 LS와 LF가 된다. 또 괄호 앞에 표시된 숫자는 각 활동의 소요시간을 나타낸다.

(5) 주요 경로의 파악

이제 마지막으로 주요 경로를 파악하는 단계만이 남았는데, 이를 파악하기 위해서는 우선 각 활동의 여유시간(slack)과 일정계획을 수립할 필요가 있다. 각 활동의 여유시간은 다음과 같이 계산된다.

$$여유시간 = LS - ES = LF - EF \qquad \cdots\cdots(12.5)$$

예를 들어, 활동 A의 여유시간은

$$LS - ES = 2 - 0 = 2$$

표 12-4 승리도매상 프로젝트의 일정계획

활 동	ES	EF	LS	LF	여유시간	주요 경로
A	0	3	2	5	2	
B	0	5	0	5	0	*
C	5	7	5	7	0	*
D	7	13	9	15	2	
E	7	12	7	12	0	*
F	12	15	12	15	0	*
G	7	11	11	15	4	
H	15	18	15	18	0	*
I	15	19	16	20	1	
J	18	20	18	20	0	*
K	20	22	20	22	0	*

가 된다. 이는 곧 활동 A는 시작시간이 2주간 지연되어도 프로젝트의 완료시간에 지장을 주지 않는다는 것을 의미한다.

공식 (12.5)가 어떻게 각 활동의 여유시간이 되는지를 생각하여 보자. LS는 특정 활동이 프로젝트의 완성시간을 지연하지 않고 시작할 수 있는 가장 늦은 시간이다. 반면에 ES는 특정 활동이 시작할 수 있는 가장 이른 시간이다. 따라서 특정 활동은 LS와 ES의 차만큼 시작시간을 늦출 수 있는 여유가 있으며, 이만큼의 시간을 늦춘다 하더라도 프로젝트의 완료시간은 지연되지 않는다. 여기에서 우리는 한 가지 중요한 사실을 알 수 있는데 이는 만약 특정 활동에 여유시간이 없다고 한다면, 이 활동의 시작시간지연은 곧 프로젝트 완성시간의 지연을 의미한다는 것이다. 결국 우리가 찾고자 하는 주요경로는 여유시간이 0인 활동이 연결된 경로가 될 것이다.

[그림 12-5]에는 각 활동의 ES, EF, LS, LF를 모두 보여 주고 있으며 이를 표로 나타내면 [표 12-4]와 같이 된다. [표 12-4]에서 보면 여유시간이 0인 활동은 B, C, E, F, H, J, K이며 이들 활동이 곧 주요 경로를 형성하는 것을 알 수 있다. 주요 경로에 포함되어 있는 활동을 주요 활동(critical activities)이라고 하며, 이들 주요 활동이 지연된다고 하면 프로젝트의 완료시기가 지연되므로 프로젝트 관리자는 이들 주요활동에 특별한 관심을 집중해야 한다. 주요 활동이 아닌 활동은 주요 활동만큼 중요하지가 않으므로 인원과 장비 등의 자원배치에 있어 주요 활동보다는 우선을 두지 않아야 하겠다.

5.2 프로젝트 완성시기의 불확실성

현재까지 주요 경로의 파악과 프로젝트의 완료시간을 계산하는 데 있어 각 활동의 소요시간은 고정되어 있는 것으로 간주하였다. 그러나 실제로는 각 활동의 소요시간은 정해져 있지 않으며, 따라서 활동시간과 프로젝트의 완료시간은 불확실성을 지니고 있는 것이다.

그렇다면 이러한 불확실성이 프로젝트의 관리에 미치는 영향은 무엇일까? 불확실성이란 결국 직무를 수행하는 과정에서 발생하는 여러 통제 불가능한 요인 때문에 활동의 소요시간이 변화하는 것을 의미한다. 이러한 소요시간의 변화는 곧 프로젝트의 완료시간이 변화한다는 것을 의미하는 것이다. 프로젝트의 완료시간이 변화한다는 것은 프로젝트의 관리자가 의사결정을 하는 데 있어 상당한 어려움을 줄 것이다.

예를 들어, 해당 프로젝트가 정부의 건설공사이며 입찰형식으로 수주가 결정된다고 하자. 또 이 공사는 완료시기가 매우 중요하므로 만일 기일 내에 완료하지 못할 경우에는 상당한 벌금을 물어야 한다고 하자. 이때 프로젝트의 담당자는 프로젝트의 완료시기를 정확히 알아야만 입찰에 관한 의사결정을 할 수 있을 것이다. 그러나 현재 관리자가 갖고 있는 완료 시기에 관한 정보는 불확실성을 지니고 있는 것이다. 이러한 경우에 관리자는 어떻게 이 문제를 해결할 수 있을까? PERT에서는 활동소요시간의 분산과 프로젝트 완성시기의 확률을 이용하여 해결하고자 하며, 이를 구체적으로 설명하면 다음과 같다.

(1) 프로젝트 완료의 기대시간과 분산

프로젝트 관리자는 프로젝트 완성의 기대시간을 알아야 하며, 그 다음으로 이 기대시간의 불확실성을 숫자화한 분산을 알아야 한다. 승리도매상의 경우, 프로젝트 완성의 기대시간(T)은 이미 여러 번 계산한 바와 같이 22주이며, 이는 곧 주요 경로에 있는 주요 활동의 기대소요시간의 합과도 같은 것이다. 즉,

$$\begin{aligned} T &= t_B + t_C + t_E + t_F + t_H + t_J + t_K \\ &= 5+2+5+3+3+2+2 \\ &= 22\text{주} \end{aligned}$$

그리고 프로젝트 완성시기의 분산은 이들 주요활동의 분산의 합과 같다. 왜냐하면 프로젝트 완성이 불확실한 것은 결국 프로젝트의 완성시기를 결정하는 주요 활동의 소요시간이 불확실하기 때문인 것이다. 따라서 승리도매상 프로젝트의 완성시기의 분산은 다음과 같다.

$$\begin{aligned}\sigma^2 &= \sigma_B^2+\sigma_C^2+\sigma_E^2+\sigma_F^2+\sigma_H^2+\sigma_J^2+\sigma_K^2\\ &= 1.78+0.11+0.44+0.11+0.11+0.11+0.11\\ &= 2.77\end{aligned}$$

위의 계산은 각 주요활동의 소요시간이 각각 독립적이라는 가정하에서 성립하는 것이다. 만약 각 활동이 독립적이 아니라면 위의 계산에서 공분산(covariance)이 추가되어야 할 것이다.

승리도매상 프로젝트 완성시기에 대한 표준편차는 분산의 제곱근이므로 이는 다음과 같다.

$$\begin{aligned}\sigma &= \sqrt{\sigma^2}\\ &= \sqrt{2.77}\\ &= 1.66\end{aligned}$$

(2) 프로젝트 완성의 확률

현재까지 관리자는 프로젝트 완성의 기대시간과 이의 불확실성을 계량화한 분산과 표준편차를 구하였다. 그렇다면 이렇게 계량화된 수치를 어떻게 의사결정에 활용할 수 있을까 하는 의문이 생길 것이다. 위에서 이미 언급했던 예제를 다시 한번 이용하여 이를 설명하기로 하자. 다시 말하지만 기일 내에 완공하지 못하는 경우 막대한 벌금을 물기로 되어 있다. 이때 프로젝트 완성시기에 대한 확률을 위에서 구한 기대시간과 분산을 이용하여 계산할 수 있는 것이다.

다시 승리도매상의 예제로 돌아가서 프로젝트가 특정 기일 내에 완성될 확률을 계산하기로 하자. 이의 계산을 위하여는 다음과 같은 가정이 필요하다.

가정 1: 이미 언급한 바와 같이 각 활동의 소요시간은 서로 독립적이다.
가정 2: 프로젝트 완성의 기대시간 T는 정규분포를 따른다.

그림 12-6 승리도매상 문제에 관한 정규분포

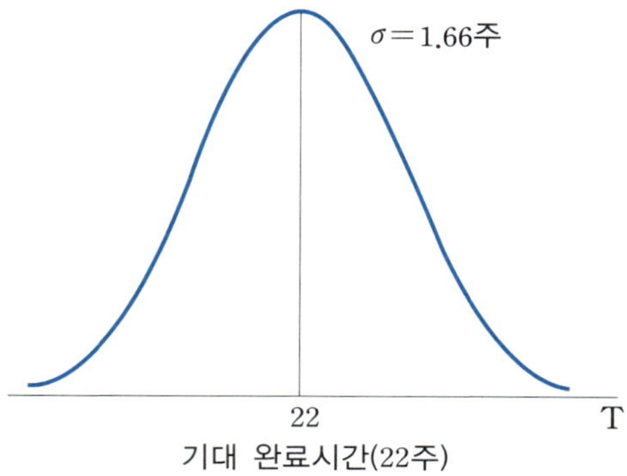

위의 두 가정이 성립한다고 했을 때 승리도매상의 프로젝트가 25주 내에 완성될 확률은 얼마인가? 이 질문을 바꾸어 표현하면 $T < 25$일인 확률을 구하는 문제인 것이다.

[그림 12-6]은 승리도매상의 문제를 정규분포에 나타낸 것이며 확률에 관한 질문을 이에 표시하면 [그림 12-7]과 같게 된다. 정규분포를 이용한 확률을

그림 12-7 승리도매상 문제에서 프로젝트 완료시간 25주 이내일 확률

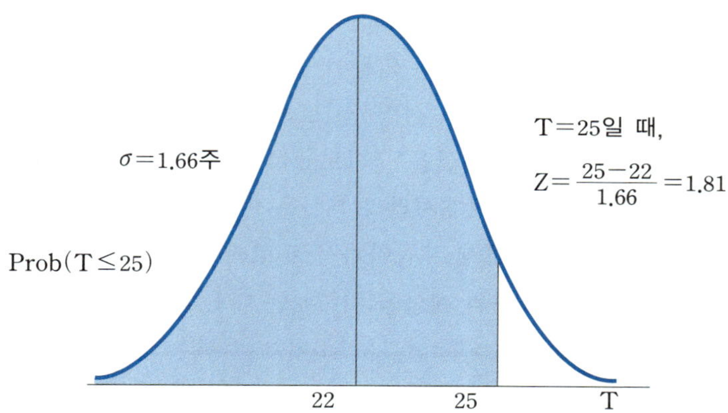

구할 때 첫 번째 해야 할 것은 다음과 같은 방법으로 z를 계산하는 것이다.

$$z = \frac{25-22}{1.66}$$
$$= 1.81$$

z=1.81과 부표 B에 있는 정규분포표를 이용하면, 프로젝트를 25주 내에 완성할 확률은 0.4648+0.5000=0.9649가 된다. 따라서 프로젝트가 25주 내에 끝낼 가능성은 매우 높다고 할 수 있다. 이러한 방식으로 정부의 건설공사 참여에 관한 의사결정도 합리적으로 내릴 수 있을 것이다.

6 간트 차트

일정계획을 수립하는 데 매우 유용하게 사용되는 그래픽 기법 중에 간트 차트(Gantt Chart)가 있다. 이 차트는 과학적 관리의 선구자인 헨리 간트(Henry L. Gantt)의 이름을 딴 것으로 관리자가 특정 시간에 수행해야 할 특정 활동을 명확히 보여 주는 차트이다. 또한 이 차트는 매일매일의 프로젝트 진척도를 보여주므로 프로젝트의 진척이 지연될 경우에 이를 손쉽게 파악하여 필요한 조치를 취할 수 있는 장점이 있다.

승리도매상의 프로젝트에 대해 [그림 12-8]에 나와 있는 것과 같은 간트 차트(Gantt Chart)를 이용하여 그릴 수 있다. [그림 12-8]을 보면 알 수 있듯이 왼쪽의 수직선은 활동을 나열하며 수평선은 시간을 나타낸다.

승리도매상의 프로젝트를 간트 차트로 나타내기 이전에 우선 간트 차트에서 사용되는 부호를 설명하면 다음과 같다.

① ┌ : 활동의 시작시간
② ┐ : 활동의 종료시간
③  : 특정 활동의 완료된 작업
④  : 예정된 유지보수
⑤  : 진척도 검토를 위한 현재 날짜

그림 12-8 간트 차트

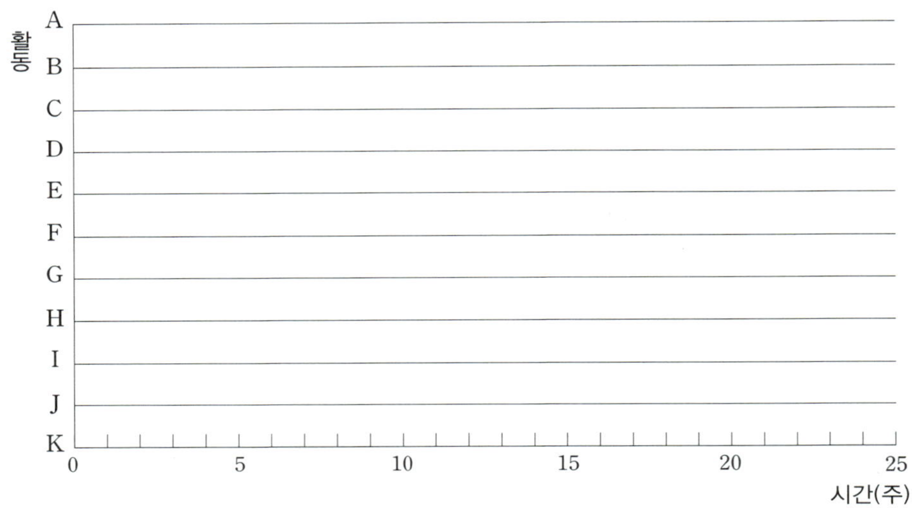

이제는 [그림 12-1]과 [표 12-3]에 나와 있는 활동의 선행관계와 활동소요시간을 이용하여 간트 차트를 그릴 수 있다. 여기에서 모든 활동은 가능하면 최대한 빨리 시작한다고 가정한다. 예를 들어, 활동 A, B는 시간 0에서 시작하며, 이를 간트 차트에 표시하기 위하여 활동 A, B에 대하여 부호 ①을 시간 0에 표시한다. 또 종료시간도 마찬가지로 시간 3, 5에 부호 ②를 A와 B에 대해 표시한다. 부호 ①과 ②는 다시 선으로 연결되는데, 이는 활동의 지속기간을 나타낸다. 이러한 방식으로 모든 활동에 대하여 부호를 표시하면 [그림 12-9]와 같은 간트 차트가 완성된다.

[그림 12-9]의 간트 차트를 보면 프로젝트는 22주만에 완료될 수 있다. 그런데 만약 한 활동이 지연된다고 하면 어떠한 상황이 일어날까? 예를 들어, 활동 E가 1주일이 지연됐다고 하자. 활동 E는 활동 F의 선행활동이기 때문에 활동 E의 완성시간이 1주일 지연되면 활동 F의 시작시간도 1주일 지연된다. 이는 또 활동 H, J, K를 1주일씩 지연시키며 활동 I도 1주일 지연하게 된다. 이 새로운 일정계획에 대한 간트 차트가 [그림 12-10]에 나와 있다.

사실상 이러한 지연상황을 파악하기 위하여는 간트 차트보다 [그림 12-1]

그림 12-9 승리도매상 프로젝트의 간트 차트

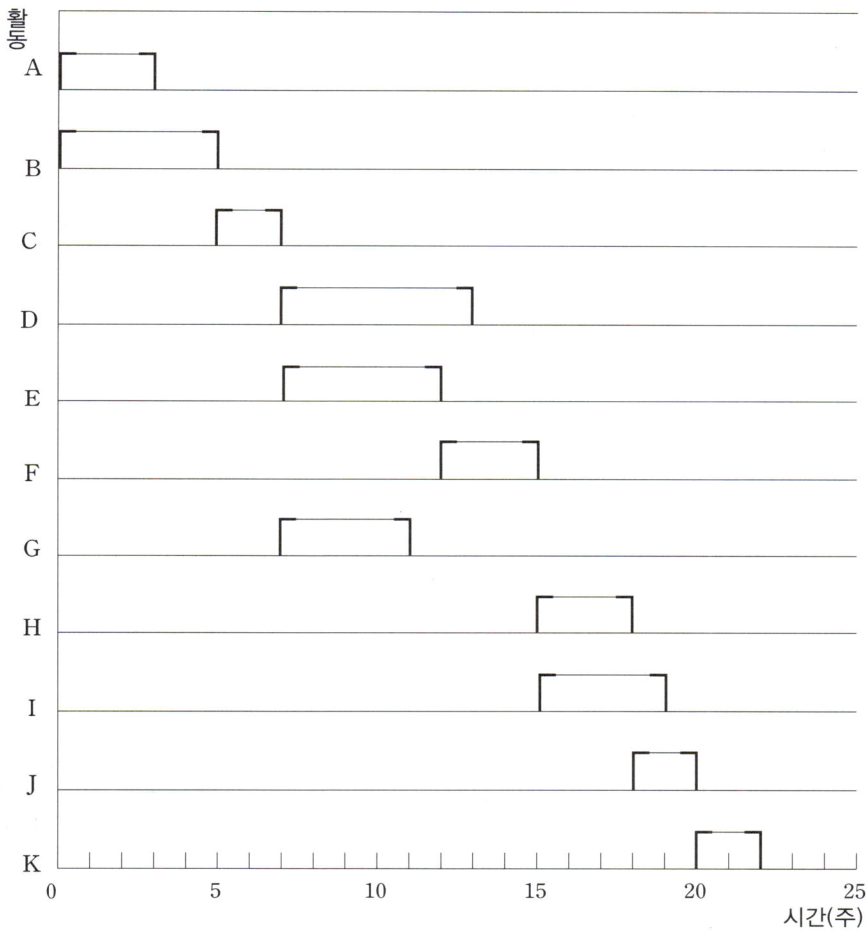

의 네트워크가 훨씬 나은 도구이다.

그림 12-10 새로운 일정계획에 대한 간트 차트(활동 E가 1주 지연된 경우)

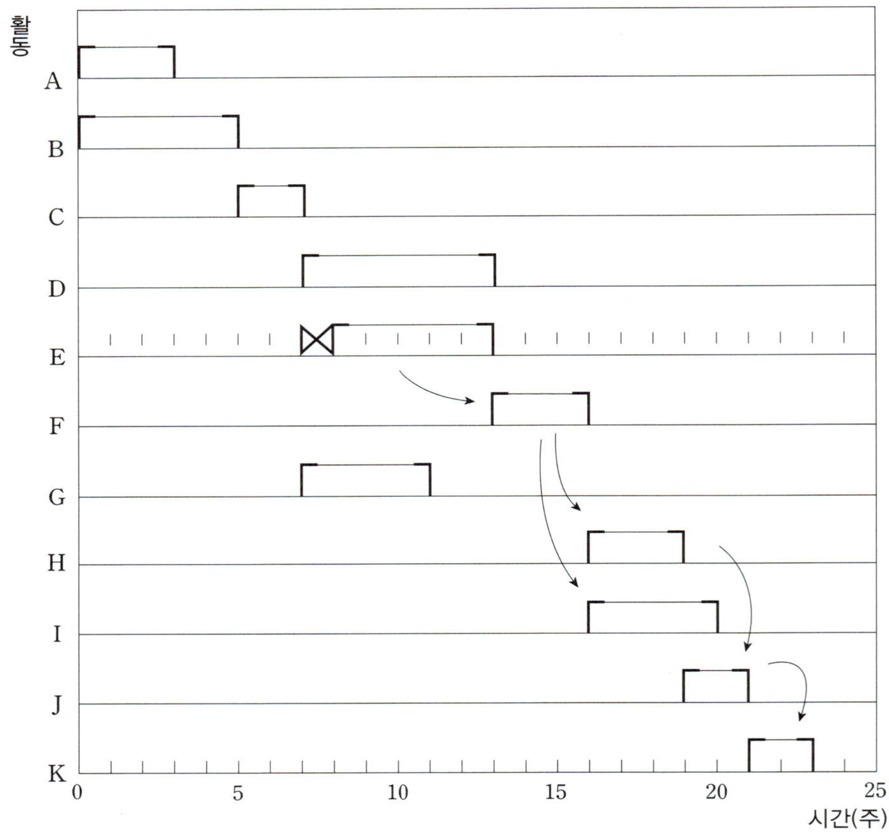

7 프로젝트 관리에 있어 자원일정계획과 통제

7.1 자원계획과 일정계획

본장에서 프로젝트의 일정계획은 충분한 자원이 있다는 가정하에 수립되었다. 즉 여러 개의 활동을 동시에 수행하고자 할 때 이들을 지원할 충분한 자원이 존재한다는 가정하에 계획이 수립되었다. 그러나 실제 상황에 있어 이러한 경우는 극히 드물며, 노동력과 장비를 어떠한 활동에 우선적으로 지원하여야 할 것인가를 결정해야 한다. 이 결정은 결국 자원의 배분문제이며 자원배분의 목표는 다음과 같다.

① 주어진 제약조건하에서 프로젝트의 완료시간을 최소화하는 것
② 자원의 평준화

7.2 자원제약하에서 프로젝트 완료시간의 최소화

자원제약하에서 프로젝트의 완료시간을 최소화하는 문제를 좀더 명확히 하기 위하여 승리도매상의 예제를 다시 사용하기로 하겠다. 승리도매상에 있어 활동 F는 창고의 설비배치에 관한 것이었다. 이 활동은 다시 다음과 같은 세부활동으로 나누어진다. 즉, 현 재고를 임시창고로 옮기는 일, 사무실 위치의 이동, 창고선반의 제거, 페인팅, 재해방지기 설치 등이다. 창고의 설비배치를 완료하기 위해 수행하여야 할 세부활동에 대한 네트워크를 그리면 [그림 12-11]과 같다. 각 세부활동을 수행하는 데 소요되는 시간(일)과 필요한 인력이 네트워크의 아크에 나타나 있다. 예를 들어, 세부활동 a는 네 명이 관여하여 3일이 걸린다. 즉, 괄호 안의 첫 번째 숫자는 소요일수를 나타내며, 두 번째 숫자는 소요인력을 표시한다. 승리도매상이 보유한 인력은 프로젝트에 관한 모든 세부활동을 수행할 수 있는 것으로 가정한다. 또한 창고의 자동화는 매우 중요한 직무이므

그림 12-11 창고설비배치의 세부활동에 관한 네트워크

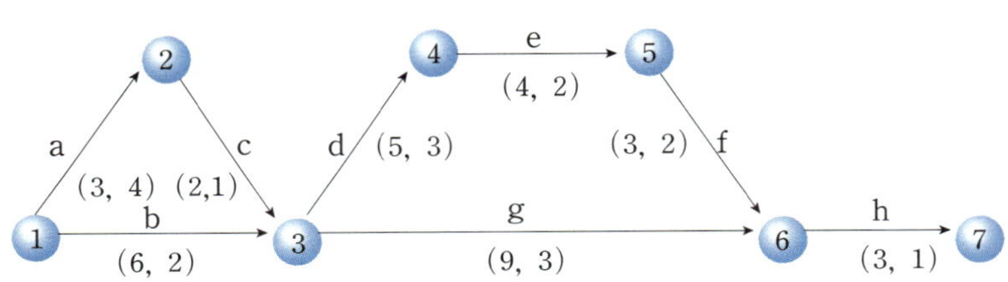

로 일주일에 7일 작업하는 것으로 가정한다. 이 네트워크를 보면 주요 활동은 b, d, e, f, h이며 이 프로젝트의 기대완료시간은 21일, 즉 3주이다.

[그림 12-12]는 간트 차트이며 각 활동의 가장 이른 시작시간에 근거한 일정계획이다. 이러한 간트 차트를 사용하여 우리는 자원부하(resource-loading) 차트를 만들 수 있다. 이 차트는 각 시점에 있어 프로젝트를 수행하는 데 필요한 인력을 보여 준다. 이 차트가 바로 [그림 12-13]이다. [그림 12-13]을 보면 프로젝트를 21일 내에 완료하기 위해서는 최고 여섯 명의 인력이 필요하다는 것을 알 수 있다.

그러나 만약에 현재로는 단지 다섯 명의 인원이 있다고 하자. 그렇다면 프로젝트 관리자는 이러한 제약하에서 어떻게 프로젝트 완료시기를 최소화할 수 있을 것인가를 고민하게 될 것이다. 이러한 관리자의 고민을 해결할 수 있는 계

그림 12-12 창고설비배치의 세부활동에 대한 간트 차트

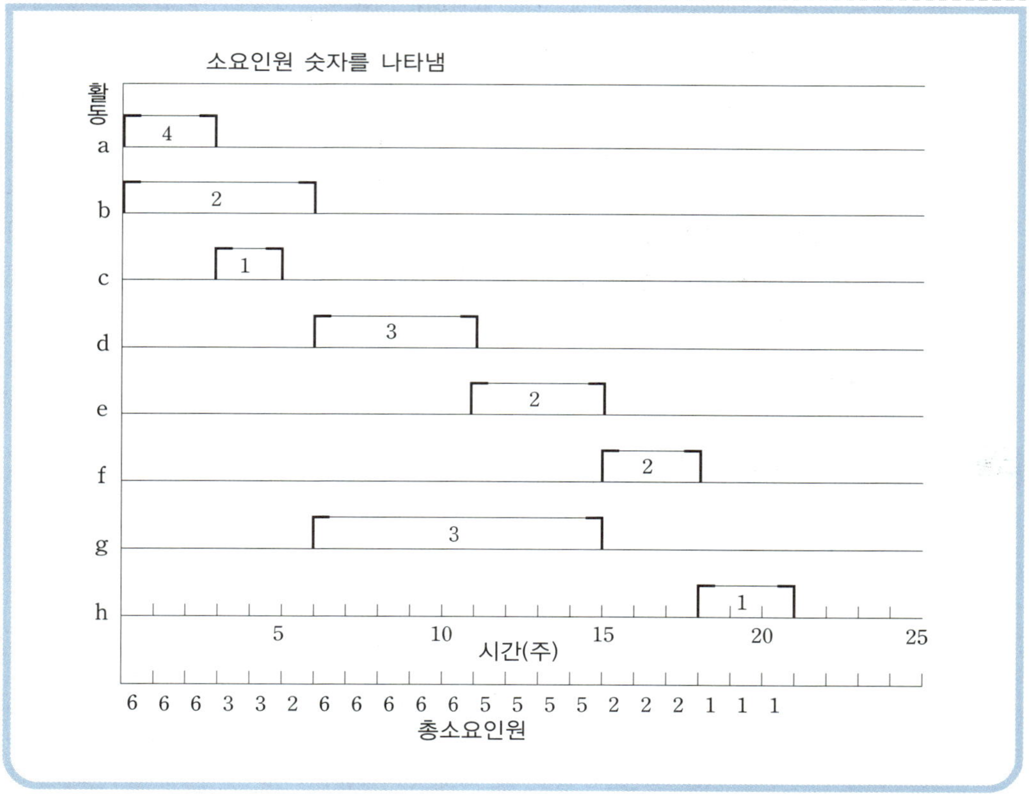

그림 12-13 창고설비배치의 자원부하차트

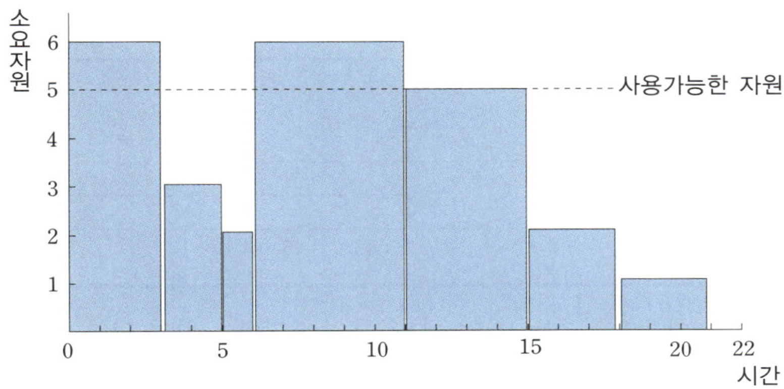

량적인 방법은 여러 개가 존재하고 있기는 하지만 이에 대한 설명은 생략하기로 하겠다.

다만 여기에서는 휴리스틱(heuristic)을 몇 개 설명하기로 하겠다. 휴리스틱은 일종의 문제해결방법이기는 하지만 이 방법을 사용함으로써 항시 최적해가 보장되는 것은 아니며, 대부분의 경우에는 최적해에 근사한 해가 나올 때가 많다. 이렇게 최적해가 보장되지도 않는 휴리스틱을 사용하는 이유는 문제 자체가 너무 복잡하여 컴퓨터를 사용한다 하더라도 최적해를 구하는 데 엄청난 시간이 소요되기 때문이다.

여기에서 소개될 휴리스틱은 다음과 같다.

① 추정소요시간이 가장 짧은 세부활동── 여기부터는 작업이라 칭함──을 먼저 수행함.
② 추정소요시간이 가장 긴 작업을 먼저 수행함.
③ 추정소요시간의 분산이 가장 적은 작업을 가장 먼저 수행함.

승리도매상의 예제에 휴리스틱 ①번을 사용하여 먼저 설명하기로 하자. 프로젝트를 시작하면 작업 a와 b를 동시에 수행하여야 한다. 그러나 자원의 제약 때문에 a와 b를 동시에 시작할 수는 없다. 따라서 a와 b 중에 선택을 해야 하는데, 이때 휴리스틱 ①을 사용하면 작업시간이 짧은 a에 먼저 자원을 배정하여 수행한다. 작업 b는 a와 동시에 수행할 수 없으므로 a가 완료된 후에야 b를 시작할 수 있다. 이를 간트 차트로 그리면 다음과 같다.

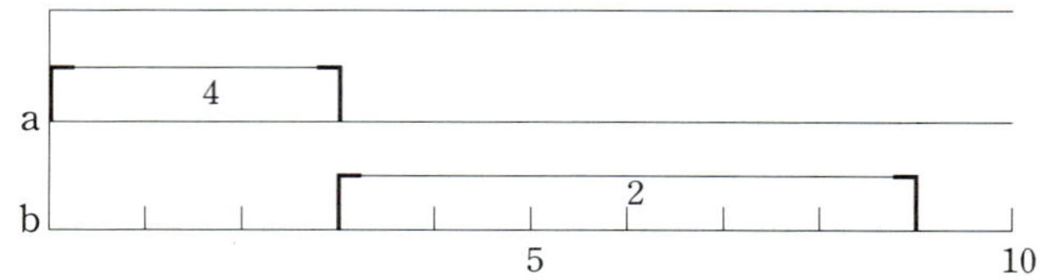

다음으로 c를 보면 a 다음에 수행되어야 하며 단지 한 사람의 인력자원을 요구하므로 b와 동시에 수행될 수 있다.

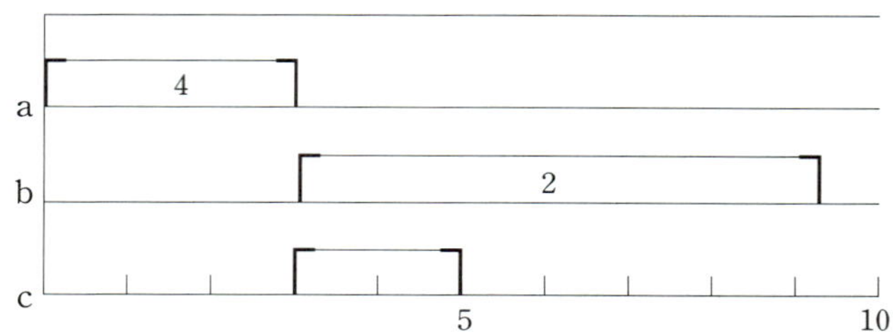

다음에는 d와 g를 수행하여야 하는데 이들의 인력요구자원을 합하면 5인 이상이 되므로 다시 d와 g 중에서 선택을 하여야만 된다. d가 g보다는 짧은 시간을 요하므로 d를 먼저 수행하게 된다. 이러한 방식을 사용하여 우리는 일정계획을 수립할 수가 있는 것이다. 이 일정계획은 [그림 12-14]에 나타나 있다. [그림 12-14]를 보면 창고설비배치의 기간은 자원의 제약 때문에 완료시기가 5일 연장된 26일이 됐다는 것을 알 수 있다. 그런데 창고설비배치활동은 승리도매상 프로젝트에 있어 주요 활동이었으므로 승리도매상 프로젝트의 완료시기도 5일이 연장된다는 것을 의미한다. 다른 휴리스틱도 이 같은 방식으로 적용될 수 있다.

그림 12-14 자원제약조건하에서 수정된 일정계획

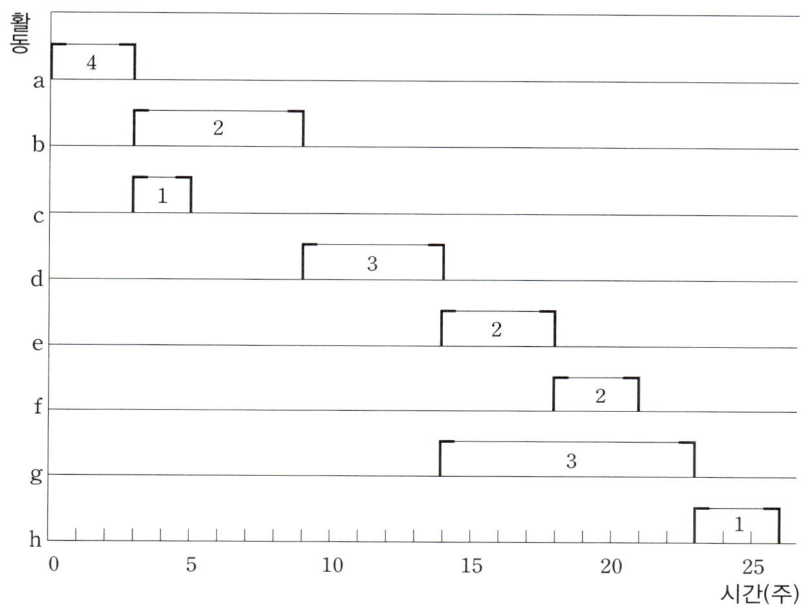

그림 12-15 컴퓨터 인터페이스 세부활동에 관한 네트워크

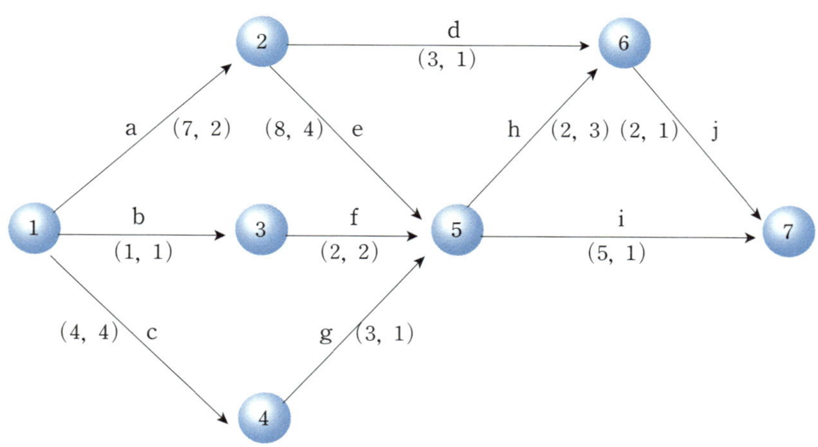

7.3 자원의 평준화

프로젝트를 수행하는 데 있어 바람직한 것은 자원의 요구량을 되도록 평준화(leveling)하는 것이다. 프로젝트 관리자는 일정계획을 수립할 때 가능하면 일정한 자원량이 요구되도록 하여야 할 것이다. 만약 한 시점에 20인의 인력이 요구되고 다른 시점에서는 10인의 인력이 요구된다고 하면 자원관리에 많은 어려움이 있을 것이다. 물론 자원의 평준화가 될 수 있도록 일정계획을 수립할 때 주요 활동을 지연시키는 일은 삼가하여야 하겠다.

자원의 평준화 과정을 설명하기 위해 [그림 12-15]의 네트워크를 사용하

그림 12-16 컴퓨터 인터페이스 세부활동에 관한 간트 차트

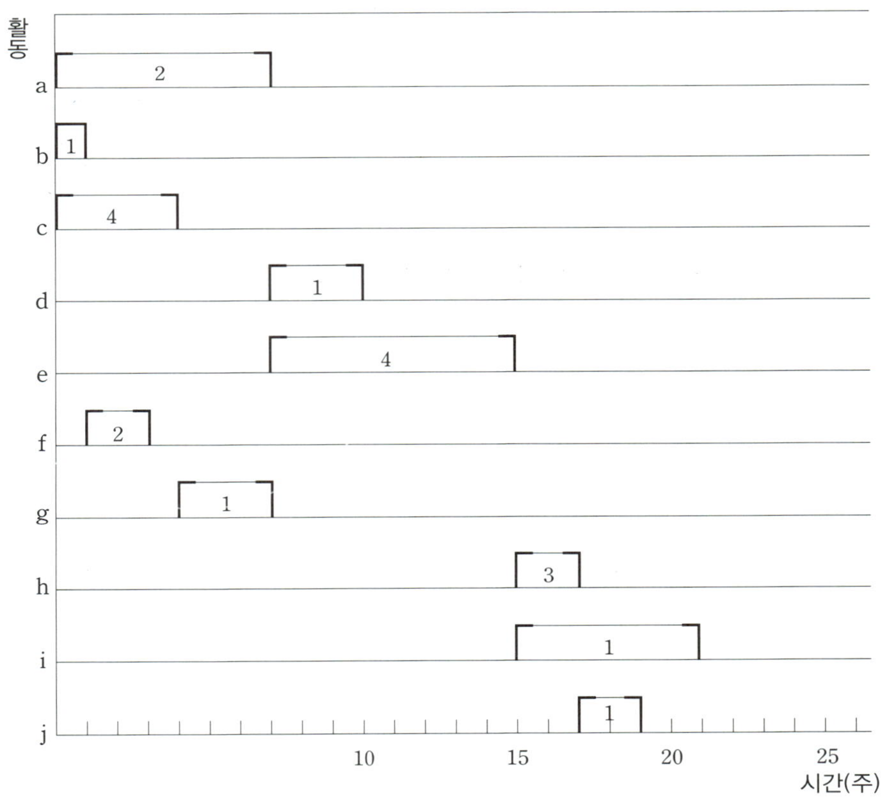

그림 12-17 컴퓨터 인터페이스 세부활동에 관한 자원부하차트

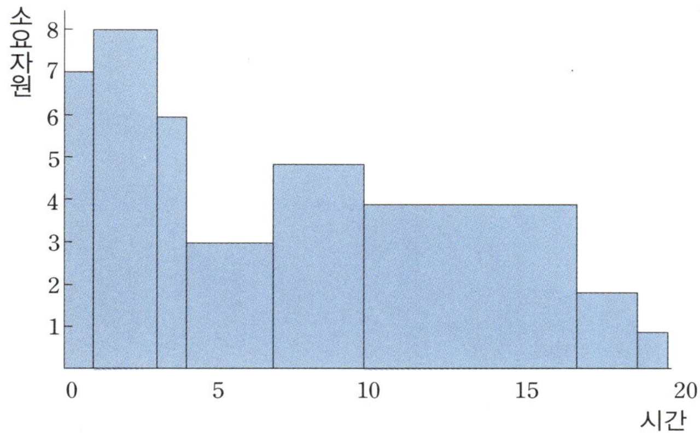

그림 12-18 컴퓨터 인터페이스 세부활동에 대한 개정된 일정

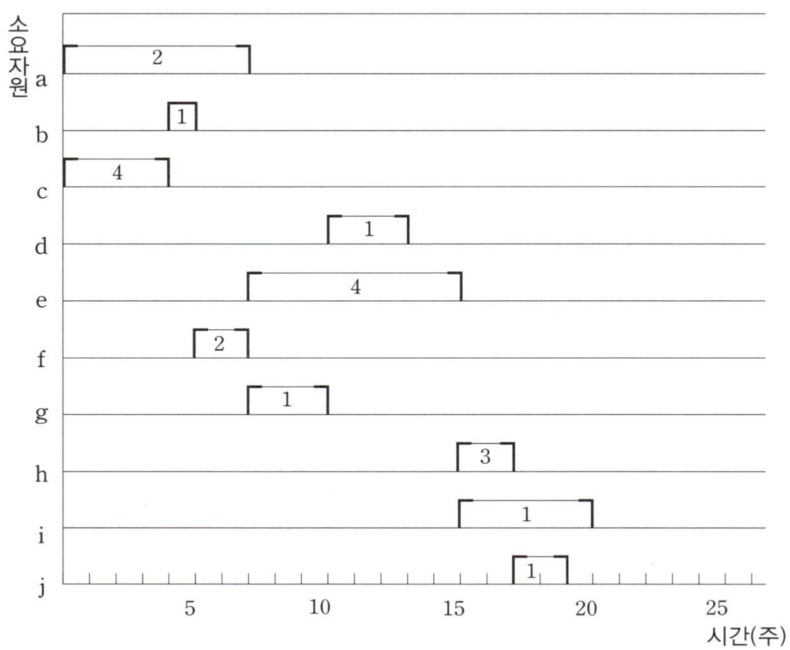

그림 12-19 컴퓨터 인터페이스 세부활동에 관한 새로운 자원부하차트

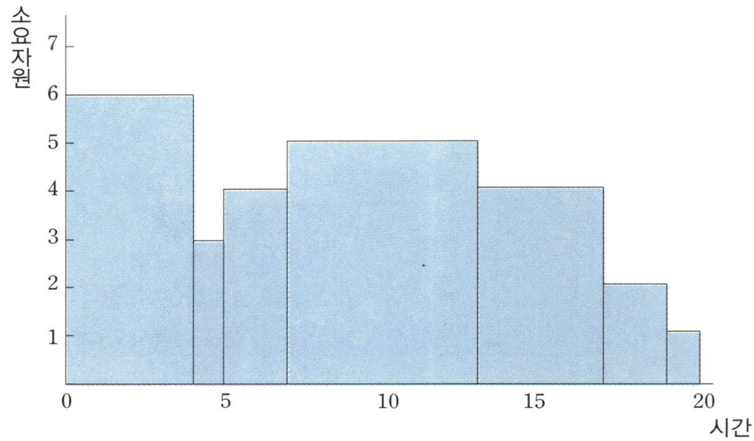

기로 하자. 이 네트워크는 승리도매상의 중앙컴퓨터와 자동화된 창고의 컴퓨터를 연결하는 활동의 세부활동을 나타낸다고 가정하자. 이때 [그림 12-16]은 간트 차트이며, [그림 12-17]은 자원부하차트이다. 이 두 그림을 보면 세부활동을 수행하는 데 필요한 최대인원은 8명이며 인원이 가장 많이 필요한 시기는 프로젝트의 초기인 것을 알 수 있다. 자원의 평준화를 위하여는 여유시간(slack)이 있는 활동(혹은 세부활동)에 배정된 자원을 다른 활동으로 이동하는 것이다. 즉, [그림 12-16]을 보면 프로젝트를 지연시키지 않고도 b와 f는 c를 완료한 후에 시작할 수 있는 것이다. 이렇게 개정된 일정이 [그림 12-18]에 나타나 있으며 새로운 자원부하차트는 [그림 12-19]에 나와 있다. 새로운 계획을 보면 훨씬 개선된 자원의 평준화를 볼 수 있다.

이러한 자원의 평준화 방법과 같은 휴리스틱은 기본적으로 시행착오(trial-and-error)를 거쳐 최적해에 근접하는 방식이다. 따라서 특별히 정형화되어 있는 일반적 규칙이 있는 것은 아니나 보통 자원부하차트를 보고 자원이 가장 많이 필요한 시기와 가장 적게 필요한 시기를 중점으로 자원의 배분을 꾀하는 것이다.

7.4 시간-비용의 관계

현재까지는 관리자가 주어진 자원의 한도 내에서 프로젝트를 효율적으로 수행하는 문제를 중점으로 다루었다. 이제부터는 관리자가 프로젝트의 완성시기를 단축하기 위해 자원을 추가할 수 있는 권한이 주어졌다고 하자. 이런 경우에 관리자는 추가되는 자원의 비용과 단축되는 프로젝트의 시간을 비교분석하여 자원을 추가할 것인지 아닌지를 결정해야 한다.

이 문제를 좀더 상세히 설명하기 위해 승리도매상의 창고설비문제를 다시 예로 들기로 하자. [그림 12-11]을 다시 보면 주요 활동은 b, d, e, f, h이고 프로젝트의 완료시기는 시작 후 21일째이다.

만약에 승리도매상의 프로젝트가 계획보다 늦어져서 창고배치를 18일 이내에 완성해야 한다고 가정하자. 그렇다면 현재 수행해야 할 활동에 추가로 자원을 조달하여 배정해야만 완성시기를 18일로 단축할 수 있을 것이다. 이렇게 시간단축을 위해 자원을 추가하는 것을 크래싱(crashing) 혹은 긴급추가라고 한다. 물론 자원의 긴급추가는 비용의 발생이 뒤따르며 관리자는 이때 최소의 추가비용이 발생하도록 의사결정을 해야 한다. 관리자가 결정해야 하는 것은 다음과 같다.

① 자원을 긴급추가할 활동의 선정
② 선정한 활동의 시간단축량

이 결정을 위해서 관리자는 다음과 같은 정보가 필요하다.

① 추가자원 없는 정상 혹은 기대활동시간하에서 각 활동의 비용추정
② 각 활동의 최대단축가능시간
③ 각 활동을 최대로 단축할 경우의 추정활동비용
활동 a에 대한 일당 긴급비용은 다음

$$K_a = \frac{80-50}{2}$$
$$= \frac{30}{2}$$
$$= 15\text{만원} / \text{일}$$

우리가 사용한 예제에 대해 단축시간데이터를 정리하면 [표 12-5]와 같다.

7.5 최저비용에 의한 활동기간의 단축

이제부터 고려해야 할 것은 어떻게 최저의 비용으로 프로젝트를 18일 내에 완료할 수 있는가 하는 것이다. 이는 곧 어떠한 활동이 단축되어야 하고 또 얼마를 단축해야 하는 것을 결정해야 한다는 것을 의미한다. 이 결정의 대상은 곧 주요 활동이 될 것이다. 여기에서 주요 활동은 b, d, e, f, h 인데 [표 12-5]를 보면 f 와 h 의 기간을 단축하는 것은 불가능하다는 것을 알 수 있다. 따라서 고려의 대상은 b, d, e 로 줄어든다. 만약 b를 선택하면 최대 3 일까지 단축이 가능하며 이때 단축에 발생하는 비용은 1 일 5 만원이 된다. 이렇게 하면 프로젝트는 18일 내에 완료할 수 있을 것으로 생각되며 이때 추가되는 비용은 15만원이 될 것이다.

그러나 이러한 결정은 중대한 실수를 범하고 있다. 프로젝트 관리자가 활동의 단축을 결정할 때 반드시 주의해야 할 것은 어떠한 활동을 단축했을 경우 주요 경로가 변경될 수 있다는 것이다. 예를 들어 b가 6 일에서 3 일로 단축되었을 경우 주요 경로는 b-d-e-f-h 에서 a-c-d-e-f-h 로 변경되며 프로젝트 완료기간은 20일이 되어 18일의 완료목표기간을 달성할 수 없게 된다. 이러한 예를 보면 단축에 관한 결정은 좀더 세심한 주의가 필요하다는 것을

표 12-5 승리도매상의 창고배치 프로젝트에 대한 정상과 긴급활동 데이터

활 동	정상활동 시 간 τ_n	긴급활동 시 간 τ_c	총정상활동 비용(만원) C_n	총긴급활동 비용(만원) C_c	최대단축 가능시간(일) $(M=\tau_n-\tau_c)$	긴급비용 / 일 $K=\frac{C_c-C_n}{M}$
a	3	1	50	80	2	15(만원)
b	6	3	80	95	3	5
c	2	1	90	110	1	20
d	5	3	50	80	2	15
e	4	3	40	50	1	10
f	3	*	60	—	—	—
g	9	5	100	132	4	8
h	3	*	30	—	—	—

*이 활동들은 긴급 단축될 수 없음.

알 수 있다.

그러면 [그림 12-11]의 창고배치네트워크를 보면서 다시 한 번 문제를 고려하기로 하자. 우선 b를 1일 단축하면 비용은 5만원이 발생한다. 그 다음 만약 b를 더 단축한다고 하면 a와 c도 동시에 단축해야만 전체 프로젝트의 완성시기가 단축될 수 있다. 그러나 a와 c를 단축하는 것은 비용이 많이 들므로 현재 주요 경로에서 다른 활동을 단축하는 것을 고려하기로 하자. [표 12-5]를 보면 d는 1일 15만원의 단축비용이 들며 e는 10만원의 단축비용이 드는 것을 알 수 있다. 따라서 단축비용이 적은 e를 단축하기로 하자. 그러나 e는 최대 1일밖에는 단축할 수가 없다. 결국 d를 1일 단축함으로써 프로젝트를 18일내 완성할 수 있게 된다. 이때 추가되는 비용은 30만원이 된다.

여기에서 설명한 방법은 시행착오(trial-and-error)방식이라 할 수 있다. 물론 수학적인 방법이 있기는 하지만 여기에서 설명은 생략하기로 하겠다.

7.6 PERT/COST

현재까지의 프로젝트 관리는 프로젝트의 시간측면을 중심으로 다루었다. 그러나 프로젝트의 관리에 있어 시간과 비용이 동시에 고려하여야 하는 경우가 많다. 여기에서는 PERT/COST라는 기법을 소개하고 이 기법이 어떻게 프로젝트의 비용을 계획하고 통제하는가를 설명하겠다. 또 이 기법을 통하여 제한된 예산 내에서 어떻게 프로젝트 비용을 통제하는가도 설명하기로 하겠다.

프로젝트에 대한 예산통제는 우선 프로젝트와 관련된 모든 비용을 파악하고 이들 비용이 언제 발생할 것인가에 대하여 계획을 수립하는 것이다. 그리고 시간이 경과함에 따라 단계별로 계획된 비용과 실제비용을 비교 검토하여 실제비용이 계획된 비용을 초과하였을 경우 이에 대하여 적절한 대응책을 강구하는 것이다.

PERT/COST를 설명하기 위해 가상적 연구기관의 연구개발활동을 예로 설명하기로 하자. 이 연구기관의 이름은 첨단화학연구소이며 [그림 12-20]에 나타난 것과 같은 프로젝트를 수행하고 있다. 이 프로젝트는 세척제에 관한 연구이며 예산통제를 위해 PERT/COST기법을 사용하고 있다.

프로젝트를 수행하는 데 필요한 활동의 기대시간과 비용추정치가 [표

그림 12-20 첨단화학연구소의 연구개발프로젝트

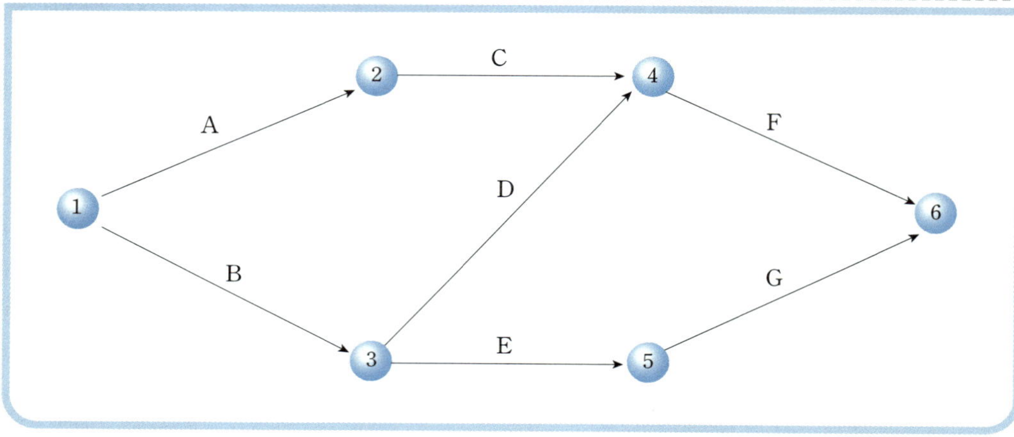

12-6]에 나와 있다. 예를 들어, 활동 b의 추정비용은 3,000만원이며 기대시간은 3개월이다. 따라서 1개월당 추정비용률은 1,000만원이다. 각 활동의 추정비용률은 [표 12-6]의 마지막 열에 나와 있다. [표 12-6]을 보면 프로젝트의 총예산은 8,700만원인 것을 알 수 있다. 이 프로젝트의 주요 경로는 [표 12-7]에 나와 있으며 활동 b, d, f는 주요 활동인 것을 알 수 있고 이 프로젝트의 기대완료시간은 8개월이다.

이러한 정보를 이용하여 앞으로 8개월간 발생할 비용에 관한 예산을 준비할 수 있다. 우선 모든 활동은 가장 빨리 시작할 수 있는 시간(earliest

표 12-6 기대활동시간과 비용추정치

활 동	기대시간 (월)	예산 또는 추정비용 (백만원)	추정비용 / 월 (백만원)
a	2	10	5
b	3	30	10
c	1	3	3
d	3	6	2
e	2	20	10
f	2	10	5
g	1	8	8
	총 프로젝트 예산=87		

표 12-7 일정계획

활 동	ES	LS	EF	LF	여 유	주요경로
a	0	3	2	5	3	
b	0	0	3	3	0	Yes
c	2	5	3	6	3	
d	3	3	6	6	0	Yes
e	3	5	5	7	2	
f	6	6	8	8	0	Yes
g	5	7	6	8	2	

possible starting time)에 시작한다고 가정하고, [표 12-6]에 수록된 비용에 관한 정보를 이용하면 [표 12-8]과 같은 월별 예산을 작성할 수 있다. 예를 들어, 활동 a의 시작시간은 0이고 이의 소요시간은 2개월이므로 처음 2개월 동안 각각 500만원의 비용이 발생하게 된다. [표 12-8]은 월별로 각 활동에 대하여 발생할 비용을 보여 주므로 예산통제에 유용하게 사용될 수 있다. [표 12-8]의 각 열을 더하면 월별 발생할 비용의 총계를 구할 수 있고 이들 월별 예산을 합하면 프로젝트의 총비용을 예상할 수 있다.

[표 12-8]과 [표 12-9]에서는 가장 이른 시작시간과 가장 늦은 시작시간을 기준으로 예산을 편성하였지만 실제 상황에 있어서는 각 활동이 가장 이른

표 12-8 가장 빨리 시작할 수 있는 시간을 기준으로 한 예산(단위: 백만원)

활 동	월							
	1	2	3	4	5	6	7	8
a	5	5						
b	10	10	10					
c			3					
d				2	2	2		
e				10	10			
f							5	5
g						8		
월별 비용	15	15	13	12	12	10	5	5
프로젝트비용(누적)	15	30	43	55	67	77	82	87

표 12-9 가장 늦은 시간을 기준으로 한 예산(단위: 백만원)

활 동	월							
	1	2	3	4	5	6	7	8
a				5	5			
b	10	10	10					
c						3		
d				2	2	2		
e						10	10	
f							5	5
g								8
월별 비용	10	10	10	7	7	15	15	13
프로젝트비용(누적)	10	20	30	37	44	59	74	87

그림 12-21 총프로젝트 비용에 대한 가능한 예산의 범위

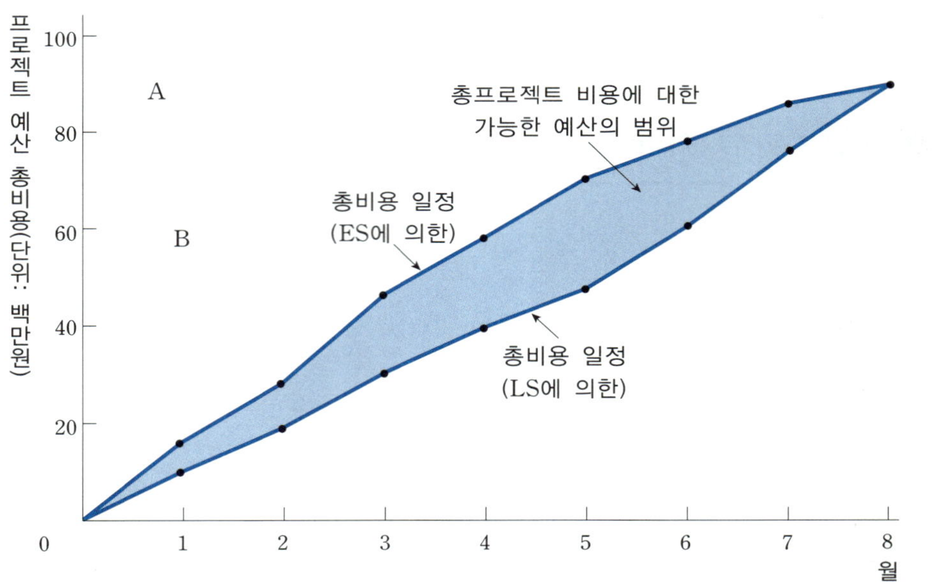

시작시간과 가장 늦은 시작시간 사이에 시작을 하게 된다. 따라서 실제 비용은 [표 12-8]과 [표 12-9]에 나와 있는 예산의 중간 정도가 될 것이다. 예를 들어 3개월째의 비용은 4,300만원과 3,000만원 사이가 될 것이다.

[그림 12-21]을 보면 가장 이른 시작시간과 가장 늦은 시작시간에 대한 예산을 그래프로 나타내고 있다. 이 두 비용곡선 사이는 결국 프로젝트에 대한 가능한 예산의 범위를 보여 준다. 프로젝트 관리자는 이 예산을 참조하여 이 범위 내에서 각 활동의 시작시간을 결정할 수 있을 것이다.

7.7 프로젝트 비용의 통제

현재까지 우리가 논의한 정보들은 프로젝트의 총비용을 계획하는 데 매우 유용하게 사용될 수 있는 것이다. 그러나 만약 우리가 효과적인 비용통제 시스템을 구축하기 위해서는 더 자세한 정보가 필요하다. 예를 들어, 만약 프로젝트의 실제 비용이 예정된 예산을 초과하였을 경우 어떠한 활동 때문에 예산이 초과된 것을 모른다고 한다면 예산통제의 의의가 없을 것이다.

PERT/COST에서는 각 활동에 대해 예산과 실제 비용의 발생을 기록함으로써 예산통제에 필요한 정보를 제공한다. 이를 이용하여 프로젝트 관리자는 각 시점마다 활동에 발생한 비용과 예산을 비교 검토한다. 그리고 비용이 예산을 초과한 경우와 초과하지 않은 경우의 원인을 분석하여 이에 대해 적절한 조치를 취한다. [표 12-10]은 첨단화학연구소의 예제에 대한 활동별 예산서이다.

이러한 계획서 이외에도 프로젝트 관리자는 활동별 보고서를 작성하여 의사결정에 이용할 수 있는데 이 보고서는 다음과 같은 정보를 포함하고 있다.

① 활동별 현재까지의 비용발생액
② 활동의 진척 정도

이 보고서는 2주일 혹은 한 달에 한 번씩 정기적으로 준비되는 것이 바람직하다.

[표 12-11]은 같은 예제에 대해 이러한 보고서를 준비한 것이다. 이를 보면 활동 a와 b는 완료되었으며 c, d, e는 현재 진행중이며 f와 g는 아직 시

표 12-10 활동별 예산서(단위: 백만원)

활 동	예산비용	활 동	예산비용
a	10	e	20
b	30	f	10
c	3	g	8
d	6		

표 12-11 4개월 말의 활동별 비용 및 진척상황

활 동	실제비용(단위: 백만원)	완성률(%)
a	12	100
b	30	100
c	1	50
d	2	33
e	10	25
f	0	0
g	0	0
	실제비용=55	

작되지 않은 것을 알 수 있다.

마지막으로 예산통제를 위해 유용한 보고서가 또 하나 있는데 이는 비용상황보고서(cost status report)이다. 이 보고서를 작성하기 위해서는 먼저 현재까지 각 활동에 대해 완료된 작업의 가치를 계산해야 한다. 우선 이 계산에 사용될 기호를 정의하면 다음과 같다.

V_i=활동 i에 대한 완료된 작업의 가치
P_i=활동 i의 진척 정도
B_i=활동 i의 예산

다음과 같은 관계식을 사용하여 가치를 계산한다.

$$V_i=\left(\frac{P_i}{100}\right)B_i \qquad \cdots\cdots(12.8)$$

이 식을 사용하여 활동 a와 c에 수행된 가치를 계산하면 다음과 같다.

$$V_A = \left(\frac{100}{100}\right)(10)$$
$$= 10\text{백만원}$$
$$V_C = \left(\frac{50}{100}\right)(3)$$
$$= 1.5\text{ 백만원}$$

이렇게 계산된 가치는 각 활동에 대하여 실제로 발생한 비용과 비교하여 예산의 초과 여부를 결정하는 데 사용될 수 있다. 이를 수식으로 표시하면 다음과 같다. 우선 여기에서

AC_i = 활동 i에 대해 현재까지 발생한 비용

그리고

D_i = 활동 i에 대해 실제비용과 예산의 차이

라고 하면 차이를 계산하는 공식은

$$D_i = AC_i - V_i \qquad \cdots\cdots(12.9)$$

가 된다.

이 공식을 사용하여 활동 a에 대해 예산과 실제비용을 계산하면

$$Da = ACa - Va$$
$$= 12{,}000 - 10{,}000$$
$$= 2{,}000(\text{천원})$$

이 되는 것을 알 수 있다.

[표 12-12]에는 모든 활동의 비용상황보고서가 작성되어 있다.

표 12-12 4개월 말의 프로젝트 비용상황보고서(단위: 천원)

활 동	실제비용*(AC)	예산* $\left(V=\frac{P}{100}B\right)$	차이*(D)
a	12,000	10,000	2,000
b	30,000	30,000	0
c	1,000	1,500	−500
d	2,000	2,000	
e	10,000	5,000	5,000
f	0	0	0
g	0	0	0
총합계	55,000	48,500	6,500 현재까지 초과된 총프로젝트 비용

이 보고서를 보면 현재까지 650만원의 비용이 예산을 초과한 것을 알 수 있다. 이를 퍼센트로 나타내면 (6,500/48,500)×100=13.40%이다.

이 보고서를 보면 활동 a와 e가 예산초과의 주요 원인인 것을 알 수 있다. 그러나 활동 a는 이미 완료되었기 때문에 어떠한 조치를 취할 수는 없고 활동 e는 25%만이 진척되었으므로 즉시 조사를 착수하여 필요한 조치를 취하여야 한다. 프로젝트 관리자는 또한 활동 c, d, f, g에 대하여도 비용절감을 할 수 있는 방안을 강구하여 총프로젝트 비용이 예산의 범위 내에서 발생하도록 하여야 한다.

현재까지 설명한 PERT/COST기법은 매우 효과적인 방법이기는 하지만 단점이 없는 것은 아니다. 이 기법의 단점을 요약하면 다음과 같다.

첫째, 이 기법은 회계제도의 뒷받침이 있어야 하며 이러한 회계제도의 수립은 상당한 인력과 비용을 요구하게 된다.

둘째, 각 활동에 비용을 배분하는 문제는 그리 간단한 문제는 아니다. 간접비는 물론이고 심지어 직접비도 배분상의 문제가 발생할 경우도 있다.

셋째, 종래의 회계제도는 이러한 PERT/COST시스템에서 필요한 회계정보를 제공할 수 있도록 고안된 것이 아니므로 실제로 PERT/COST시스템을 수립하기 위해서는 회계제도의 상당한 수정이 필요하며 이는 곧 막대한 비용의 지출을 의미한다.

8 요 약

본장에서는 프로젝트의 계획수립과 관리에 대하여 논의하였다. 이 과정은 프로젝트의 정의, 자원계획수립, 프로젝트 일정계획, 프로젝트 통제의 네 개의 절차로 요약된다. 프로젝트를 정의하는 목적은 수행될 활동과 이들의 수행순서를 결정하는 것이다. 자원계획수립에서는 각 활동을 수행하는 데 소요되는 시간과 활동을 수행하기 위해 필요한 자원을 파악한다.

일정계획에서는 이러한 정보를 토대로 각 활동의 시작시간과 종료시간을 결정한다. 일정계획을 수립하는 데 간트 차트와 PERT/CPM의 계산기법이 유용하게 사용될 수 있다. 마지막으로 프로젝트 통제는 모든 활동이 계획대로 진행되고 있는지를 파악하고, 이에 관한 적절한 조치를 취하는 관리자의 중요한 임무가 포함된다.

또한 프로젝트의 완료시간을 단축하는 데 발생하는 비용의 통제에 관해 논의하였다. 또한 PERT/COST를 사용하여 예산을 통제하는 방법을 설명하였다. 실제로 이들 기법의 활용은 컴퓨터를 사용하는 경우에만 가능하다.

토론문제

01 프로젝트 관리기법이 필요한 실제문제에 대하여 구체적인 예를 들고 토론하시오. 어떻게 프로젝트의 활동이 결정되는지를 생각해 보시오.

02 만일 당신이 학과의 학회장이라고 가정하자. 이번 학기에 학회행사의 일환으로 졸업생 중에서 성공한 실업인을 초청하여 저녁식사와 함께 실업인의 강연을 듣고자 한다. 이 행사를 본장 2절에서 설명한 기법을 이용하여 추진하는 과정을 설명하여 보시오.

03 프로젝트 계획수립과정에 있어 가장 중요한 요소를 설명하시오.

04 프로젝트 관리에 있어 왜 네트워크가 유용한지를 설명하시오.

05 프로젝트의 활동시간을 추정하고자 할 때 어떠한 방식으로 하는 것이 효과적인지를 구상하여 보시오.

06 단계(event)와 활동(activities)의 차이를 설명하시오.

07 관리자에게 간트 차트가 어떻게 활용될 수 있는지를 설명하시오.

08 주공정이란 무엇이며, 프로젝트의 완료시간을 단축하기 위해서는 왜 주공정의 소요시간을 단축해야 하는지를 설명하시오.

연습문제

1 F랜드 체인점은 회사의 본부에서 관리자 훈련프로그램을 개발하고자 한다. 회사는 훈련생이 되도록 단시간 내에 소정의 프로그램을 끝낼 수 있도록 프로그램을 설계하고자 한다. 그러나 일련의 훈련프로그램에 포함된 각 훈련(활동)에는 선행관계가 있으며 이를 고려하여 프로그램을 설계하여야 한다. 예를 들어 훈련생이 신용과와 영업과에서 훈련을 끝내기 전에는 점포책임자의 보조원이 될 수는 없다.

활　동	선행활동
A	—
B	—
C	A
D	A, B
E	A, B
F	C
G	D, F
H	E, G

이 문제에 대하여 네트워크를 그리시오.

2 다음과 같은 프로젝트 네트워크가 주어졌을 때 간트 차트를 이용하여 각 활동의 일정계획을 수립하시오.

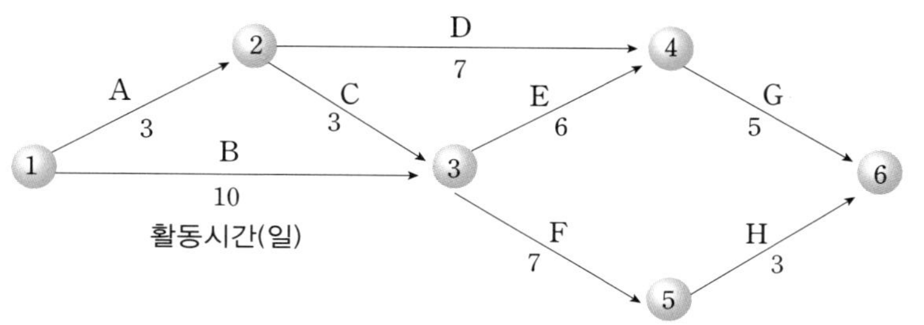

3 다음과 같은 프로젝트 네트워크가 있다고 하자.

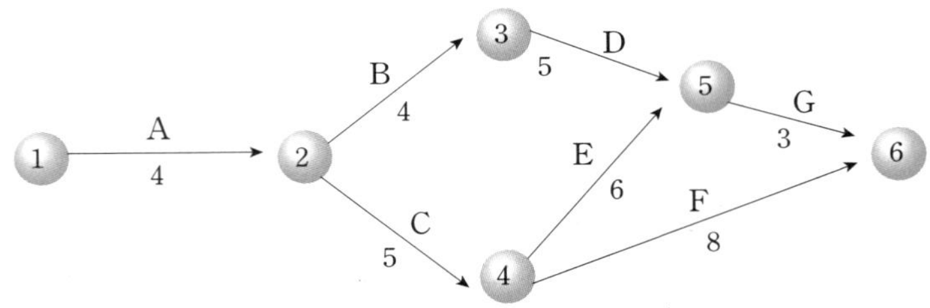

이 프로젝트를 담당한 관리자는 각 활동에 대하여 다음과 같은 추정치를 작성하였다.

활 동	낙 관 치	정 상 치	비 관 치
A	1	4	7
B	2	3	10
C	4	4	10
D	3	5	7
E	1	7	7
F	2	9	10
G	2	3	4

① 각 활동의 기대시간과 분산을 계산하시오.
② 간트 차트를 작성하시오.
③ 주요 활동을 파악하시오.

4 김 과장은 내년 봄의 판매교육프로그램의 개발을 담당하고 있다. 김 과장은 다음과 같은 활동에 대한 정보를 입수하였다.

활 동	내 용	선행활동	낙 관 치	정 상 치	비 관 치
A	과 목 선 정	—	1.5	2	2.5
B	강 사 선 정	A	2	2.5	6
C	강의장소파악	—	1	2	3
D	강의장소선정	C	1.5	2	2.5
E	강사배치계획	B, D	0.5	1	1.5
F	강 사 확 인	E	1	2	3
G	강의교재준비	B, D	3	3.5	7
H	예 약	G	3	4	5
I	최 종 점 검	F, H	1.5	2	2.5

① 프로젝트 네트워크를 그리시오.
② 각 활동의 기대시간을 계산하시오.
③ 간트 차트를 그리시오.

5

서울시는 용산지역에 새로운 공원과 휴식시설을 계획하고 있다. 서울시는 이 프로젝트의 효율적인 진행을 위해 PERT/CPM기법을 사용하기로 결정하였다. 다음은 이 프로젝트에서 사용될 네트워크이다.

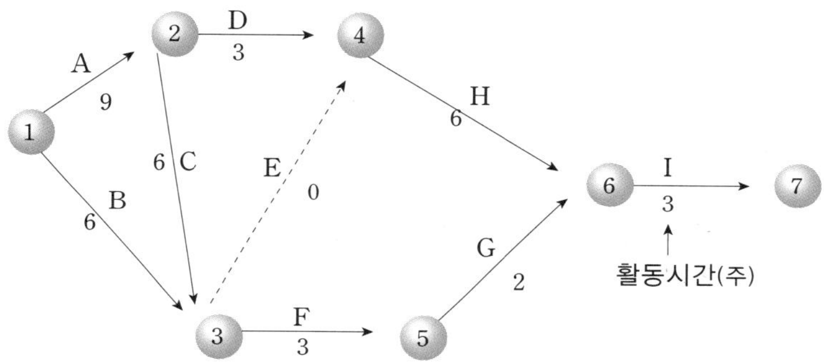

① 이 네트워크에서 주요 활동은 무엇인가?
② 각 활동의 일정계획과 여유시간을 계산하시오.
③ 서울시는 이 프로젝트를 6개월 이내에 완성하고자 한다. 이는 가능한 계획이라고 생각하는가?
④ 만약 활동 A와 B가 똑같은 장비를 사용해야 하기 때문에 동시에 수행될 수 없다고 하자. 이러한 경우에 프로젝트가 같은 시기에 완성될 수 있는가? 이유를 설명하시오.

6

다음의 주어진 정보를 토대로 네트워크를 그리시오.

활 동	선행활동
A	—
B	—
C	A
D	A
E	C, B
F	C, B
G	D, E

이 프로젝트는 활동 F와 G가 완료되었을 때 완성된다.

7 2번 문제의 네트워크에 대하여 다음과 같은 활동시간의 추정치가 주어졌다고 하자.

활 동	낙 관 치	정 상 치	비 관 치
A	6	7	14
B	8	10	12
C	2	3	4
D	6	7	8
E	5	5.5	9
F	5	7	9
G	4	5	6
H	2.5	3	3.5

주요 경로를 파악하시오. 다음과 같은 시간 내에 프로젝트를 완성할 확률은 무엇입니까?

① 21일

② 22일

③ 25일

8 코잘이라는 회사는 새로운 필름의 마케팅을 구상하고 있었는데 경쟁회사는 이미 신제품을 시장에 내놓고 있다. 코잘은 신제품의 신속한 대량생산을 위하여 연구개발에 박차를 가하고자 한다. 이를 위하여 다음과 같은 PERT/CPM네트워크를 개발하였다.

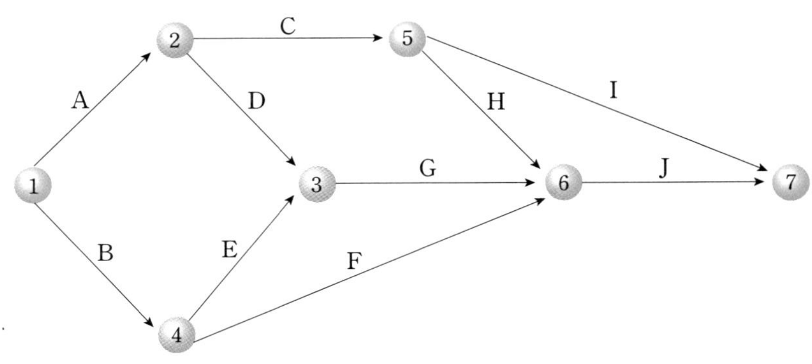

이들 활동의 추정시간(월)은 다음과 같다.

활 동	낙 관 치	정 상 치	비 관 치
A	1	1.5	5
B	3	4	5
C	1	2	3
D	3	5	6.5
E	4	5	12
F	6.5	7.5	11.5
G	5	9	13
H	3	4	5
I	2	3	4
J	2	2.5	6

① 이 프로젝트의 PERT을 세우고 주요 활동을 정의하시오.
② 코잘회사가 신제품을 1년반 내에 완성할 확률은 얼마인가? 2년 이내에 완성할 확률은 얼마인가?

9 본장에서 인용되었던 승리도매상의 경우 [그림 12-9]와 같은 일정계획을 갖고 있었다. 그러나 프로젝트가 시작된 후 13주가 지나서 프로젝트의 상태는 다음과 같이 변하였다.
활동 A는 6주가 소요되었음.
활동 B는 4주가 소요되었음.
활동 C는 2주 내에 완성되었음.
활동 D의 시작시각이 4주 연기되었음.
활동 H의 시작시각이 1주 연기될 것으로 예상됨.
이 프로젝트의 일정계획을 정정하여 다시 수립하시오.

10 당신의 학교활동 중 프로젝트 관리가 적용될 수 있는 문제를 선택하여 보고서를 작성하여 보시오. 프로젝트 적용상의 문제와 이점을 상세히 기술하시오.

11 다음에 발사할 우주선에서는 다수의 과학실험을 수행하여야 한다. 어떠한 실험은 여러 명의 과학자가 같이 일해야 하며 또 어떤 실험은 혼자서 수행해야 한다. 이 실험이 수행되는 순서와 각 활동의 소요시간 및 필요한 인원이 네트워크에 나와 있다. 이 실험의 일정계획을 수립하는 데 최단시간우선규칙(shortest time first rule)과 최장시간우선규칙(longest time first rule)을 각각 사용하고 이들의 결과를 비교하시오.

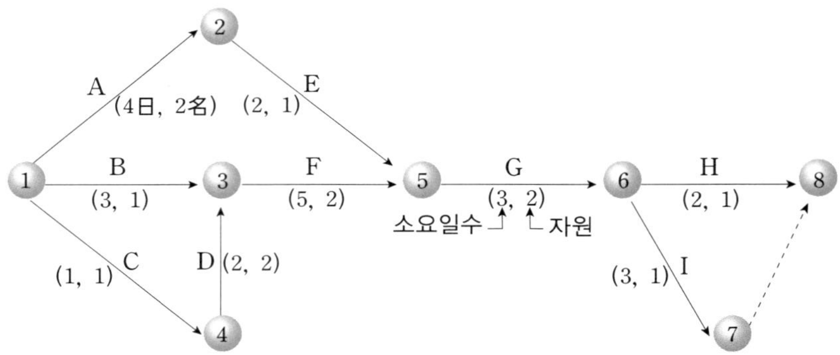

12

다음의 네트워크를 보고 물음에 답하시오.

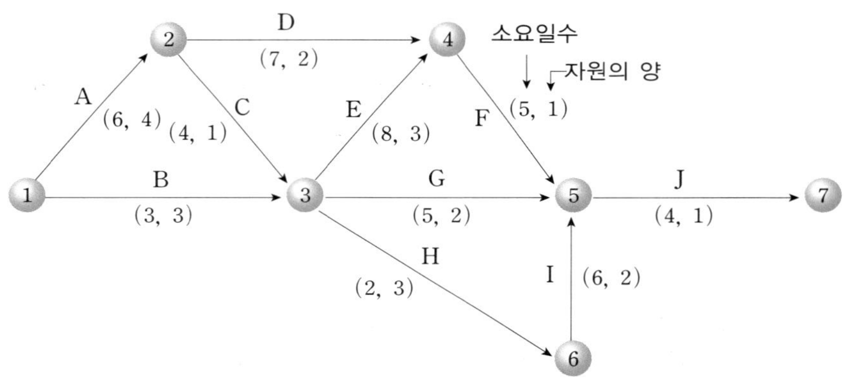

① 최단기 내에 프로젝트를 완성해야 한다고 할 때 필요한 자원의 요구량을 평준화(resource leveling)하시오.

② 만약 프로젝트가 10일간 연기된다고 하면 자원의 평준화는 더 개선될 수 있겠는가?

13 다음의 데이터를 사용하여 물음에 답하시오. 네트워크에 나와 있는 소요시간은 일(日)이다.

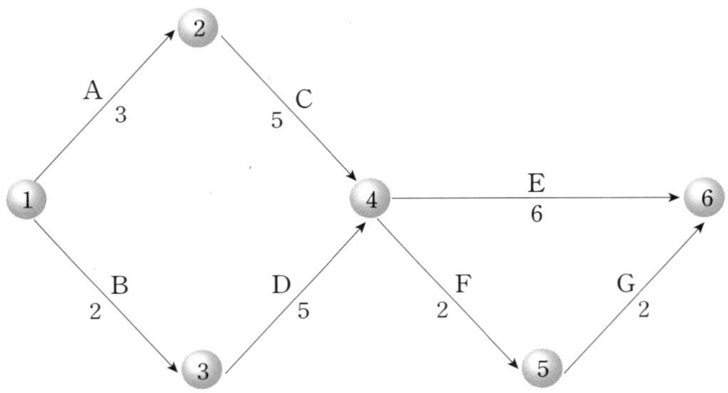

이 프로젝트에서 긴급단축에 관한 데이터는 다음과 같다.

활　동	정상시간	긴급시간	총정상비용 (천원)	총긴급비용 (천원)
A	3	2	800	1,400
B	2	1	1,200	1,900
C	5	3	2,000	2,800
D	5	3	1,500	2,300
E	6	4	1,800	2,800
F	2	1	600	1,000
G	2	1	500	1,000

① 주요 경로와 프로젝트의 기대완료시간을 파악하시오.
② 정상시간을 사용할 경우 프로젝트의 총비용을 구하시오.
③ 프로젝트의 완료시간을 단축하고자 할 때 상식적인 방법은 가장 비용이 적게 드는 활동을 우선적으로 단축하는 것이다. 만약 프로젝트를 12일간 완성하고자 할 때 이러한 상식적인 방법을 사용한다고 하면 어떠한 활동을 얼마만큼 단축하는지를 결정하시오.
④ 주요 경로에 있는 활동을 단축할 때 주요 경로가 바뀌는 수가 있다. 질문 ③의 결과에서 새로운 주요 경로를 계산하고 12일만에 프로젝트를 완성할 수 있도록 긴급단축계획을 수립하시오.

14

다음의 네트워크에서 D와 I는 더미활동이다.

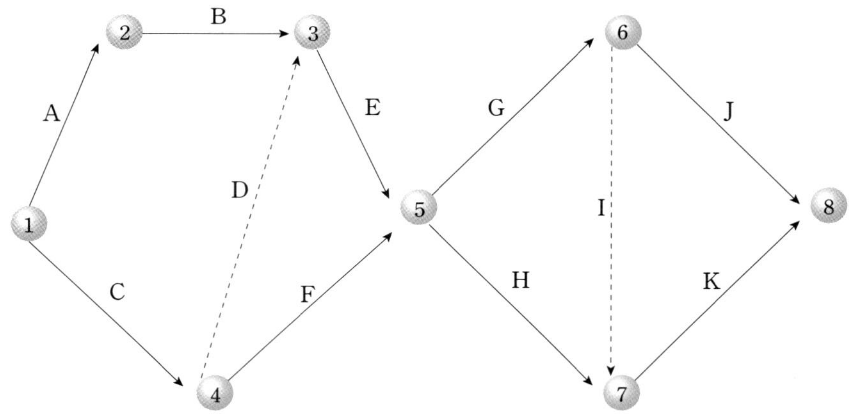

시간과 비용에 관한 데이터는 다음과 같다.

활 동	낙 관 치	정 상 치	비 관 치
A	3	0.3	6,000
B	2	0.5	4,000
C	8	2.0	16,000
D	0	0.0	0
E	6	1.0	18,000
F	4	0.2	20,000
G	5	0.4	15,000
H	1	0.1	2,000
I	0	0.0	0
J	5	1.0	5,000
K	6	0.6	12,000

프로젝트에 대하여 활동계획(activity schedule)을 수립하시오.

① 주요 경로는 무엇인가?

② 기대완료시간은 얼마인가?

③ 6개월(26주)만에 완성할 수 있는 확률은 얼마인가?

15 14번 문제에 대하여 12주 후에 다음과 같은 데이터가 있다고 하자.

활 동	실제비용(천원)	완성률(%)
A	5,000	100
B	4,000	100
C	18,000	100
E	9,000	50
F	18,000	75

이 프로젝트는 시간과 비용면에서 볼 때 적절히 통제되고 있다고 생각하는가? 만약 수정조치가 취해져야 한다고 하면 어떠한 것이 있는지 설명하시오.

부 표

- 표 A. 난 수 표
- 표 B. 표준정규분포표
- 표 C. t분포표
- 표 D. 이항분포표
- 표 E. 포아손분포표
- 표 F. 현가계수표
- 표 G. 연금의 현가계수표

표 A. 난 수 표

63271	59986	71744	51102	15141	80714	58683	93108	13554	79945
88547	09896	95436	79115	08303	01041	20030	63754	08459	28364
55957	57243	83865	09911	19761	66535	40102	26646	60147	15702
46276	87453	44790	67122	45573	84358	21625	16999	13385	22782
55363	07449	34835	15290	76616	67191	12777	21861	68689	03263
69393	92785	49902	58447	42048	30378	87618	26933	40640	16281
13186	29431	88190	04588	38733	81290	89541	70290	40113	08243
17726	28652	56836	78351	47327	18518	92222	55201	27340	10493
36520	64465	05550	30157	82242	29520	69753	72602	23756	54935
81628	36100	39254	56835	87636	02421	98063	89641	64953	99337
84649	48968	75215	75498	49539	74240	03466	49292	36401	45525
63291	11618	12613	75055	43915	26488	41116	64531	56827	30825
70502	53225	03655	05915	37140	57051	48393	91322	25653	06543
06426	24771	59935	49801	11082	66762	94477	02494	88215	27191
20711	55609	29430	70165	45406	78484	31639	52009	18873	96927
41990	70538	77191	25860	55204	73417	83920	69468	74972	38712
72452	36618	76298	26678	89334	33938	95567	29380	75906	91807
37042	40318	57099	10528	09925	89773	41335	96244	29002	46453
53766	52875	15987	46962	67342	77592	57651	95508	80033	69828
90585	58955	53122	16025	84299	53310	67380	84249	25348	04332
32001	96293	37203	64516	51530	37069	40261	61374	05815	06714
62606	64324	46354	72157	67248	20135	49804	09226	64419	29457
10078	28073	85389	50324	14500	15562	64165	06125	71353	77669
91561	46145	24177	15294	10061	98124	75732	00815	83452	97355
13091	98112	53959	79607	52244	63303	10413	63839	74762	50289
73864	83014	72457	22682	03033	61714	88173	90835	00634	85169
66668	25467	48894	51043	02365	91726	09365	63167	95264	45643
84745	41042	29493	01836	09044	51926	43630	63470	76508	14194
48068	26805	94595	47907	13357	38412	33318	26098	82782	42851
54310	96175	97594	88616	42035	38093	36745	56702	40644	83514
14877	33095	10924	58013	61439	21882	42059	24177	58739	60170
78295	23179	02771	43464	59061	71411	05697	67194	30495	21157
67524	02865	39593	54278	04237	92441	26602	63835	38032	94770
58268	57219	68124	73455	83236	08710	04284	55005	84171	42596
97158	28672	50685	01181	24262	19427	52106	34308	73685	74246
04230	16831	69085	30802	65559	09205	71829	06489	85650	38707
94879	56606	30401	02602	57658	70091	54986	41394	60437	03195
71446	15232	66715	26385	91518	70566	02888	79941	39584	54315
32886	05644	79316	09819	00813	88407	17461	73925	53037	91904
62048	33711	25290	21526	02223	75947	66466	06232	10913	75336

표 B. 표준정규분포표

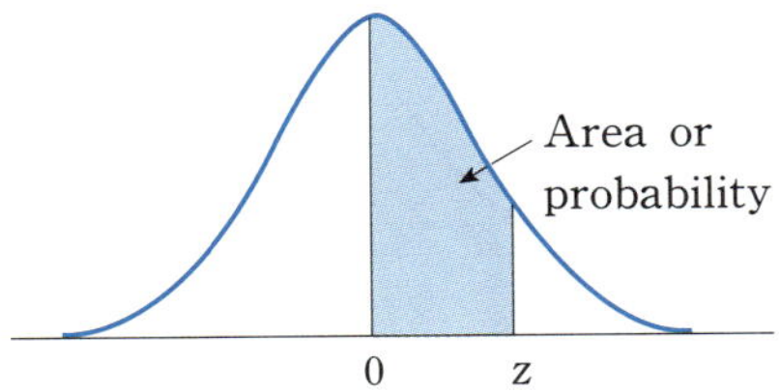

z	0.00	0.01	0.02	0.03	0.04	0.05	0.06	0.07	0.08	0.09
0.0	0.0000	0.0040	0.0080	0.0120	0.0160	0.0199	0.0239	0.0279	0.0319	0.0359
0.1	0.0398	0.0438	0.0478	0.0517	0.0557	0.0596	0.0636	0.0675	0.0714	0.0753
0.2	0.0793	0.0832	0.0871	0.0910	0.0948	0.0987	0.1026	0.1064	0.1103	0.1141
0.3	0.1179	0.1217	0.1255	0.1293	0.1331	0.1368	0.1406	0.1443	0.1480	0.1517
0.4	0.1554	0.1591	0.1628	0.1664	0.1700	0.1736	0.1772	0.1808	0.1844	0.1879
0.5	0.1915	0.1950	0.1985	0.2019	0.2054	0.2088	0.2123	0.2157	0.2190	0.2224
0.6	0.2257	0.2291	0.2324	0.2357	0.2389	0.2422	0.2454	0.2486	0.2518	0.2549
0.7	0.2580	0.2612	0.2642	0.2673	0.2704	0.2734	0.2764	0.2794	0.2823	0.2852
0.8	0.2881	0.2910	0.2939	0.2967	0.2995	0.3023	0.3051	0.3078	0.3106	0.3133
0.9	0.3159	0.3186	0.3212	0.3238	0.3264	0.3289	0.3315	0.3340	0.3365	0.3389
1.0	0.3413	0.3438	0.3461	0.3485	0.3508	0.3531	0.3554	0.3577	0.3599	0.3621
1.1	0.3643	0.3665	0.3686	0.3708	0.3729	0.3749	0.3770	0.3790	0.3810	0.3830
1.2	0.3849	0.3869	0.3888	0.3907	0.3925	0.3944	0.3962	0.3980	0.3997	0.4015
1.3	0.4032	0.4049	0.4066	0.4082	0.4099	0.4115	0.4131	0.4147	0.4162	0.4177
1.4	0.4192	0.4207	0.4222	0.4236	0.4251	0.4265	0.4279	0.4292	0.4306	0.4319
1.5	0.4332	0.4345	0.4357	0.4370	0.4382	0.4394	0.4406	0.4418	0.4429	0.4441
1.6	0.4452	0.4463	0.4474	0.4484	0.4495	0.4505	0.4515	0.4525	0.4535	0.4545
1.7	0.4554	0.4564	0.4573	0.4582	0.4591	0.4599	0.4608	0.4616	0.4625	0.4633
1.8	0.4641	0.4649	0.4656	0.4664	0.4671	0.4678	0.4686	0.4693	0.4699	0.4706
1.9	0.4713	0.4719	0.4726	0.4732	0.4738	0.4744	0.4750	0.4756	0.4761	0.4767
2.0	0.4772	0.4778	0.4783	0.4788	0.4793	0.4798	0.4803	0.4808	0.4812	0.4817
2.1	0.4821	0.4826	0.4830	0.4834	0.4838	0.4842	0.4846	0.4850	0.4854	0.4857
2.2	0.4861	0.4864	0.4868	0.4871	0.4875	0.4878	0.4881	0.4884	0.4887	0.4890
2.3	0.4893	0.4896	0.4898	0.4901	0.4904	0.4906	0.4909	0.4911	0.4913	0.4916
2.4	0.4918	0.4920	0.4922	0.4925	0.4927	0.4929	0.4931	0.4932	0.4934	0.4936
2.5	0.4938	0.4940	0.4941	0.4943	0.4945	0.4946	0.4948	0.4949	0.4951	0.4952
2.6	0.4953	0.4955	0.4956	0.4957	0.4959	0.4960	0.4961	0.4962	0.4963	0.4964
2.7	0.4965	0.4966	0.4967	0.4968	0.4969	0.4970	0.4971	0.4972	0.4973	0.4974
2.8	0.4974	0.4975	0.4976	0.4977	0.4977	0.4978	0.4979	0.4979	0.4980	0.4981
2.9	0.4981	0.4982	0.4982	0.4983	0.4984	0.4984	0.4985	0.4985	0.4986	0.4986
3.0	0.4986	0.4987	0.4987	0.4988	0.4988	0.4989	0.4989	0.4989	0.4990	0.4990

Area or Probability

표 C. t분포표

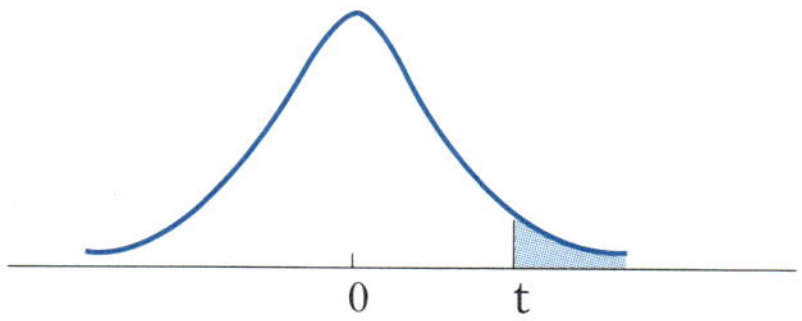

自由度	α/2 .10	.05	.025	.01	.005
1	3.078	6.314	12.706	31.821	63.657
2	1.886	2.920	4.303	6.965	9.925
3	1.638	2.353	3.182	4.541	5.841
4	1.533	2.132	2.776	3.747	4.604
5	1.476	2.015	2.571	3.365	4.032
6	1.440	1.943	2.447	3.143	3.707
7	1.415	1.895	2.365	2.998	3.499
8	1.397	1.860	2.306	2.896	3.355
9	1.383	1.833	2.262	2.821	3.250
10	1.372	1.812	2.228	2.764	3.169
11	1.363	1.796	2.201	2.718	3.106
12	1.356	1.782	2.179	2.681	3.055
13	1.350	1.771	2.160	2.650	3.012
14	1.345	1.761	2.145	2.624	2.977
15	1.341	1.753	2.131	2.602	2.947
16	1.337	1.746	2.120	2.583	2.921
17	1.333	1.740	2.110	2.567	2.898
18	1.330	1.734	2.101	2.552	2.878
19	1.328	1.729	2.093	2.539	2.861
20	1.325	1.725	2.086	2.528	2.845
21	1.323	1.721	2.080	2.518	2.831
22	1.321	1.717	2.074	2.508	2.819
23	1.319	1.714	2.069	2.500	2.807
24	1.318	1.711	2.064	2.492	2.797
25	1.316	1.708	2.060	2.485	2.787
26	1.315	1.706	2.056	2.479	2.779
27	1.314	1.703	2.052	2.473	2.771
28	1.313	1.701	2.048	2.467	2.763
29	1.311	1.699	2.045	2.462	2.756
30	1.310	1.697	2.042	2.457	2.750
40	1.303	1.684	2.021	2.423	2.704
60	1.296	1.671	2.000	2.390	2.660
120	1.289	1.658	1.980	2.358	2.617
∞	1.282	1.645	1.960	2.326	2.576

표 D. 이항분포표

n	x	p .05	.10	.15	.20	.25	.30	.35	.40	.45	.50
1	0	0.9500	0.9000	0.8500	0.8000	0.7500	0.7000	0.6500	0.6000	0.5500	0.5000
	1	0.0500	0.1000	0.1500	0.2000	0.2500	0.3000	0.3500	0.4000	0.4500	0.5000
2	0	0.9025	0.8100	0.7225	0.6400	0.5625	0.4900	0.4225	0.3600	0.3025	0.2500
	1	0.0950	0.1800	0.2550	0.3200	0.3750	0.4200	0.4550	0.4800	0.4950	0.5000
	2	0.0025	0.0100	0.0225	0.0400	0.0625	0.0900	0.1225	0.1600	0.2025	0.2500
3	0	0.8574	0.7290	0.6141	0.5120	0.4219	0.3430	0.2746	0.2160	0.1664	0.1250
	1	0.1354	0.2430	0.3251	0.3840	0.4219	0.4410	0.4436	0.4320	0.4084	0.3750
	2	0.0071	0.0270	0.0574	0.0960	0.1406	0.1890	0.2389	0.2880	0.3341	0.3750
	3	0.0001	0.0010	0.0034	0.0080	0.0156	0.0270	0.0429	0.0640	0.0911	0.1250
4	0	0.8145	0.6561	0.5220	0.4096	0.3164	0.2401	0.1785	0.1296	0.0915	0.0625
	1	0.1715	0.2916	0.3685	0.4096	0.4219	0.4116	0.3845	0.3456	0.2995	0.2500
	2	0.0135	0.0486	0.0975	0.1536	0.2109	0.2646	0.3105	0.3456	0.3675	0.3750
	3	0.0005	0.0036	0.0115	0.0256	0.0469	0.0756	0.1115	0.1536	0.2005	0.2500
	4	0.0000	0.0001	0.0005	0.0016	0.0039	0.0081	0.0150	0.0256	0.0410	0.0625
5	0	0.7738	0.5905	0.4437	0.3277	0.2373	0.1681	0.1160	0.0778	0.0503	0.0312
	1	0.2036	0.3280	0.3915	0.4096	0.3955	0.3602	0.3124	0.2592	0.2059	0.1562
	2	0.0214	0.0729	0.1382	0.2048	0.2637	0.3087	0.3364	0.3456	0.3369	0.3125
	3	0.0011	0.0081	0.0244	0.0512	0.0879	0.1323	0.1811	0.2304	0.2757	0.3125
	4	0.0000	0.0004	0.0022	0.0064	0.0146	0.0284	0.0488	0.0768	0.1128	0.1562
	5	0.0000	0.0000	0.0001	0.0003	0.0010	0.0024	0.0053	0.0102	0.0185	0.0312
6	0	0.7351	0.5314	0.3771	0.2621	0.1780	0.1176	0.0754	0.0467	0.0277	0.0156
	1	0.2321	0.3543	0.3993	0.3932	0.3560	0.3025	0.2437	0.1866	0.1359	0.0938
	2	0.0305	0.0984	0.1762	0.2458	0.2966	0.3241	0.3280	0.3110	0.2780	0.2344
	3	0.0021	0.0146	0.0415	0.0819	0.1318	0.1852	0.2355	0.2765	0.3032	0.3125
	4	0.0001	0.0012	0.0055	0.0154	0.0330	0.0595	0.0951	0.1382	0.1861	0.2344
	5	0.0000	0.0001	0.0004	0.0015	0.0044	0.0102	0.0205	0.0369	0.0609	0.0938
	6	0.0000	0.0000	0.0000	0.0001	0.0002	0.0007	0.0018	0.0041	0.0083	0.0156
7	0	0.6983	0.4783	0.3206	0.2097	0.1335	0.0824	0.0490	0.0280	0.0152	0.0078
	1	0.2573	0.3720	0.3960	0.3670	0.3115	0.2471	0.1848	0.1306	0.0872	0.0547
	2	0.0406	0.1240	0.2097	0.2753	0.3115	0.3177	0.2985	0.2613	0.2140	0.1641
	3	0.0036	0.0230	0.0617	0.1147	0.1730	0.2269	0.2679	0.2903	0.2918	0.2734
	4	0.0002	0.0026	0.0109	0.0286	0.0577	0.0972	0.1442	0.1935	0.2388	0.2734
	5	0.0000	0.0002	0.0012	0.0043	0.0115	0.0250	0.0466	0.0774	0.1172	0.1641
	6	0.0000	0.0000	0.0001	0.0004	0.0013	0.0036	0.0084	0.0172	0.0320	0.0547
	7	0.0000	0.0000	0.0000	0.0000	0.0001	0.0002	0.0006	0.0016	0.0037	0.0078

표 D. 이항분포표(계속)

n	x	p .05	.10	.15	.20	.25	.30	.35	.40	.45	.50
8	0	0.6634	0.4305	0.2725	0.1678	0.1001	0.0576	0.0319	0.0168	0.0084	0.0039
	1	0.2793	0.3826	0.3847	0.3355	0.2670	0.1977	0.1373	0.0896	0.0548	0.0312
	2	0.0515	0.1488	0.2376	0.2936	0.3115	0.2965	0.2586	0.2090	0.1569	0.1094
	3	0.0054	0.0331	0.0839	0.1468	0.2076	0.2541	0.2786	0.2787	0.2568	0.2188
	4	0.0004	0.0046	0.0185	0.0459	0.0865	0.1361	0.1875	0.2322	0.2627	0.2734
	5	0.0000	0.0004	0.0026	0.0092	0.0231	0.0467	0.0808	0.1239	0.1719	0.2188
	6	0.0000	0.0000	0.0002	0.0011	0.0038	0.0100	0.0217	0.0413	0.0703	0.1094
	7	0.0000	0.0000	0.0000	0.0001	0.0004	0.0012	0.0033	0.0079	0.0164	0.0312
	8	0.0000	0.0000	0.0000	0.0000	0.0000	0.0001	0.0002	0.0007	0.0017	0.0039
9	0	0.6302	0.3874	0.2316	0.1342	0.0751	0.0404	0.0207	0.0101	0.0046	0.0020
	1	0.2985	0.3874	0.3679	0.3020	0.2253	0.1556	0.1004	0.0605	0.0339	0.0176
	2	0.0629	0.1722	0.2597	0.3020	0.3003	0.2668	0.2162	0.1612	0.1110	0.0703
	3	0.0077	0.0446	0.1069	0.1762	0.2336	0.2668	0.2716	0.2508	0.2119	0.1641
	4	0.0006	0.0074	0.0283	0.0661	0.1168	0.1715	0.2194	0.2508	0.2600	0.2461
	5	0.0000	0.0008	0.0050	0.0165	0.0389	0.0735	0.1181	0.1672	0.2128	0.2461
	6	0.0000	0.0001	0.0006	0.0028	0.0087	0.0210	0.0424	0.0743	0.1160	0.1641
	7	0.0000	0.0000	0.0000	0.0003	0.0012	0.0039	0.0098	0.0212	0.0407	0.0703
	8	0.0000	0.0000	0.0000	0.0000	0.0001	0.0004	0.0013	0.0035	0.0083	0.0176
	9	0.0000	0.0000	0.0000	0.0000	0.0000	0.0000	0.0001	0.0003	0.0008	0.0020
10	0	0.5987	0.3487	0.1969	0.1074	0.0563	0.0282	0.0135	0.0060	0.0025	0.0010
	1	0.3151	0.3874	0.3474	0.2684	0.1877	0.1211	0.0725	0.0403	0.0207	0.0098
	2	0.0746	0.1937	0.2759	0.3020	0.2816	0.2335	0.1757	0.1209	0.0763	0.0439
	3	0.0105	0.0574	0.1298	0.2013	0.2503	0.2668	0.2522	0.2150	0.1665	0.1172
	4	0.0010	0.0112	0.0401	0.0881	0.1460	0.2001	0.2377	0.2508	0.2384	0.2051
	5	0.0001	0.0015	0.0085	0.0264	0.0584	0.1029	0.1536	0.2007	0.2340	0.2461
	6	0.0000	0.0001	0.0012	0.0055	0.0162	0.0368	0.0689	0.1115	0.1596	0.2051
	7	0.0000	0.0000	0.0001	0.0008	0.0031	0.0090	0.0212	0.0425	0.0746	0.1172
	8	0.0000	0.0000	0.0000	0.0001	0.0004	0.0014	0.0043	0.0106	0.0229	0.0439
	9	0.0000	0.0000	0.0000	0.0000	0.0000	0.0001	0.0005	0.0016	0.0042	0.0098
	10	0.0000	0.0000	0.0000	0.0000	0.0000	0.0000	0.0000	0.0001	0.0003	0.0010

표 E. 포아손분포표

$$P(X=x)=\frac{e^{-\mu}\mu^{x}}{x!}$$

x	μ 0.1	0.2	0.3	0.4	0.5	0.6	0.7	0.8	0.9	1.0
0	0.9048	0.8187	0.7408	0.6703	0.6065	0.5488	0.4966	0.4493	0.4066	0.3679
1	0.0905	0.1637	0.2222	0.2681	0.3033	0.3293	0.3476	0.3595	0.3659	0.3679
2	0.0045	0.0164	0.0333	0.0536	0.0758	0.0988	0.1217	0.1438	0.1647	0.1839
3	0.0002	0.0011	0.0033	0.0072	0.0126	0.0198	0.0284	0.0383	0.0494	0.0613
4	0.0000	0.0001	0.0003	0.0007	0.0016	0.0030	0.0050	0.0077	0.0111	0.0153
5	0.0000	0.0000	0.0000	0.0001	0.0002	0.0004	0.0007	0.0012	0.0020	0.0031
6	0.0000	0.0000	0.0000	0.0000	0.0000	0.0000	0.0001	0.0002	0.0003	0.0005
7	0.0000	0.0000	0.0000	0.0000	0.0000	0.0000	0.0000	0.0000	0.0000	0.0001

x	μ 1.1	1.2	1.3	1.4	1.5	1.6	1.7	1.8	1.9	2.0
0	0.3329	0.3012	0.2725	0.2466	0.2231	0.2019	0.1827	0.1653	0.1496	0.1353
1	0.3662	0.3614	0.3543	0.3452	0.3347	0.3230	0.3106	0.2975	0.2842	0.2707
2	0.2014	0.2169	0.2303	0.2417	0.2510	0.2584	0.2640	0.2678	0.2700	0.2707
3	0.0738	0.0867	0.0998	0.1128	0.1255	0.1378	0.1496	0.1607	0.1710	0.1804
4	0.0203	0.0260	0.0324	0.0395	0.0471	0.0551	0.0636	0.0723	0.0812	0.0902
5	0.0045	0.0062	0.0084	0.0111	0.0141	0.0176	0.0216	0.0260	0.0309	0.0361
6	0.0008	0.0012	0.0018	0.0026	0.0035	0.0047	0.0061	0.0078	0.0098	0.0120
7	0.0001	0.0002	0.0003	0.0005	0.0008	0.0011	0.0015	0.0020	0.0027	0.0034
8	0.0000	0.0000	0.0001	0.0001	0.0001	0.0002	0.0003	0.0005	0.0006	0.0009
9	0.0000	0.0000	0.0000	0.0000	0.0000	0.0000	0.0001	0.0001	0.0001	0.0002

x	μ 2.1	2.2	2.3	2.4	2.5	2.6	2.7	2.8	2.9	3.0
0	0.1225	0.1108	0.1003	0.0907	0.0821	0.0743	0.0672	0.0608	0.0550	0.0498
1	0.2572	0.2438	0.2306	0.2177	0.2052	0.1931	0.1815	0.1703	0.1596	0.1494
2	0.2700	0.2681	0.2652	0.2613	0.2565	0.2510	0.2450	0.2384	0.2314	0.2240
3	0.1890	0.1966	0.2033	0.2090	0.2138	0.2176	0.2205	0.2225	0.2237	0.2240
4	0.0992	0.1082	0.1169	0.1254	0.1336	0.1414	0.1488	0.1557	0.1622	0.1680
5	0.0417	0.0476	0.0538	0.0602	0.0668	0.0735	0.0804	0.0872	0.0940	0.1008
6	0.0146	0.0174	0.0206	0.0241	0.0278	0.0319	0.0362	0.0407	0.0455	0.0504
7	0.0044	0.0055	0.0068	0.0083	0.0099	0.0118	0.0139	0.0163	0.0188	0.0216
8	0.0011	0.0015	0.0019	0.0025	0.0031	0.0038	0.0047	0.0057	0.0068	0.0081
9	0.0003	0.0004	0.0005	0.0007	0.0009	0.0011	0.0014	0.0018	0.0022	0.0027
10	0.0001	0.0001	0.0001	0.0002	0.0002	0.0003	0.0004	0.0005	0.0006	0.0008
11	0.0000	0.0000	0.0000	0.0000	0.0000	0.0001	0.0001	0.0001	0.0002	0.0002
12	0.0000	0.0000	0.0000	0.0000	0.0000	0.0000	0.0000	0.0000	0.0000	0.0001

표 E. 포아손분포표(계속)

x	μ 3.1	3.2	3.3	3.4	3.5	3.6	3.7	3.8	3.9	4.0
0	0.0450	0.0408	0.0369	0.0334	0.0302	0.0273	0.0247	0.0224	0.0202	0.0183
1	0.1397	0.1304	0.1217	0.1135	0.1057	0.0984	0.0915	0.0850	0.0789	0.0733
2	0.2165	0.2087	0.2008	0.1929	0.1850	0.1771	0.1692	0.1615	0.1539	0.1465
3	0.2237	0.2226	0.2209	0.2186	0.2158	0.2125	0.2087	0.2046	0.2001	0.1954
4	0.1734	0.1781	0.1823	0.1858	0.1888	0.1912	0.1931	0.1944	0.1951	0.1954
5	0.1075	0.1140	0.1203	0.1264	0.1322	0.1377	0.1429	0.1477	0.1522	0.1563
6	0.0555	0.0608	0.0662	0.0716	0.0771	0.0826	0.0881	0.0936	0.0989	0.1042
7	0.0246	0.0278	0.0312	0.0348	0.0385	0.0425	0.0466	0.0508	0.0551	0.0595
8	0.0095	0.0111	0.0129	0.0148	0.0169	0.0191	0.0215	0.0241	0.0269	0.0298
9	0.0033	0.0040	0.0047	0.0056	0.0066	0.0076	0.0089	0.0102	0.0116	0.0132
10	0.0010	0.0013	0.0016	0.0019	0.0023	0.0028	0.0033	0.0039	0.0045	0.0053
11	0.0003	0.0004	0.0005	0.0006	0.0007	0.0009	0.0011	0.0013	0.0016	0.0019
12	0.0001	0.0001	0.0001	0.0002	0.0002	0.0003	0.0003	0.0004	0.0005	0.0006
13	0.0000	0.0000	0.0000	0.0000	0.0001	0.0001	0.0001	0.0001	0.0002	0.0002
14	0.0000	0.0000	0.0000	0.0000	0.0000	0.0000	0.0000	0.0000	0.0000	0.0001

x	μ 4.1	4.2	4.3	4.4	4.5	4.6	4.7	4.8	4.9	5.0
0	0.0166	0.0150	0.0136	0.0123	0.0111	0.0101	0.0091	0.0082	0.0074	0.0067
1	0.0679	0.0630	0.0583	0.0540	0.0500	0.0462	0.0427	0.0395	0.0365	0.0337
2	0.1393	0.1323	0.1254	0.1118	0.1125	0.1063	0.1005	0.0948	0.0894	0.0842
3	0.1904	0.1852	0.1798	0.1743	0.1687	0.1631	0.1574	0.1517	0.1460	0.1404
4	0.1951	0.1944	0.1933	0.1917	0.1898	0.1875	0.1849	0.1820	0.1789	0.1755
5	0.1600	0.1633	0.1662	0.1687	0.1708	0.1725	0.1738	0.1747	0.1753	0.1755
6	0.1093	0.1143	0.1191	0.1237	0.1281	0.1323	0.1362	0.1398	0.1432	0.1462
7	0.0640	0.0686	0.0732	0.0778	0.0824	0.0869	0.0914	0.0959	0.1002	0.1044
8	0.0328	0.0360	0.0393	0.0428	0.0463	0.0500	0.0537	0.0575	0.0614	0.0653
9	0.0150	0.0168	0.0188	0.0209	0.0232	0.0255	0.0280	0.0307	0.0334	0.0363
10	0.0061	0.0071	0.0081	0.0092	0.0104	0.0118	0.0132	0.0147	0.0164	0.0181
11	0.0023	0.0027	0.0032	0.0037	0.0043	0.0049	0.0056	0.0064	0.0073	0.0082
12	0.0008	0.0009	0.0011	0.0014	0.0016	0.0019	0.0022	0.0026	0.0030	0.0034
13	0.0002	0.0003	0.0004	0.0005	0.0006	0.0007	0.0008	0.0009	0.0011	0.0013
14	0.0001	0.0001	0.0001	0.0001	0.0002	0.0002	0.0003	0.0003	0.0004	0.0005
15	0.0000	0.0000	0.0000	0.0000	0.0001	0.0001	0.0001	0.0001	0.0001	0.0002

표 E. 포아손분포표(계속)

	μ									
x	5.1	5.2	5.3	5.4	5.5	5.6	5.7	5.8	5.9	6.0
0	0.0061	0.0055	0.0050	0.0045	0.0041	0.0037	0.0033	0.0030	0.0027	0.0025
1	0.0311	0.0287	0.0265	0.0244	0.0225	0.0207	0.0191	0.0176	0.0162	0.0149
2	0.0793	0.0746	0.0701	0.0659	0.0618	0.0580	0.0544	0.0509	0.0477	0.0446
3	0.1348	0.1293	0.1239	0.1185	0.1133	0.1082	0.1033	0.0985	0.0938	0.0892
4	0.1719	0.1681	0.1641	0.1600	0.1558	0.1515	0.1472	0.1428	0.1383	0.1339
5	0.1753	0.1748	0.1740	0.1728	0.1714	0.1697	0.1678	0.1656	0.1632	0.1606
6	0.1490	0.1515	0.1537	0.1555	0.1571	0.1584	0.1594	0.1601	0.1605	0.1606
7	0.1086	0.1125	0.1163	0.1200	0.1234	0.1267	0.1298	0.1326	0.1353	0.1377
8	0.0692	0.0731	0.0771	0.0810	0.0849	0.0887	0.0925	0.0962	0.0998	0.1033
9	0.0392	0.0423	0.0454	0.0486	0.0519	0.0552	0.0586	0.0620	0.0654	0.0688
10	0.0200	0.0220	0.0241	0.0262	0.0285	0.0309	0.0334	0.0359	0.0386	0.0413
11	0.0093	0.0104	0.0116	0.0129	0.0143	0.0157	0.0173	0.0190	0.0207	0.0225
12	0.0039	0.0045	0.0051	0.0058	0.0065	0.0073	0.0082	0.0092	0.0102	0.0113
13	0.0015	0.0018	0.0021	0.0024	0.0028	0.0032	0.0036	0.0041	0.0046	0.0052
14	0.0006	0.0007	0.0008	0.0009	0.0011	0.0013	0.0015	0.0017	0.0019	0.0022
15	0.0002	0.0002	0.0003	0.0003	0.0004	0.0005	0.0006	0.0007	0.0008	0.0009
16	0.0001	0.0001	0.0001	0.0001	0.0001	0.0002	0.0002	0.0002	0.0003	0.0003
17	0.0000	0.0000	0.0000	0.0000	0.0000	0.0000	0.0001	0.0001	0.0001	0.0001

	μ									
x	6.1	6.2	6.3	6.4	6.5	6.6	6.7	6.8	6.9	7.0
0	0.0022	0.0020	0.0018	0.0017	0.0015	0.0014	0.0012	0.0011	0.0010	0.0009
1	0.0137	0.0216	0.0116	0.0106	0.0098	0.0090	0.0082	0.0076	0.0070	0.0064
2	0.0417	0.0390	0.0364	0.0340	0.0318	0.0296	0.0276	0.0258	0.0240	0.0223
3	0.0848	0.0806	0.0765	0.0726	0.0688	0.0652	0.0617	0.0584	0.0552	0.0521
4	0.1294	0.1249	0.1205	0.1162	0.1118	0.1076	0.1034	0.0992	0.0952	0.0912
5	0.1579	0.1549	0.1519	0.1487	0.1454	0.1420	0.1385	0.1349	0.1314	0.1277
6	0.1605	0.1601	0.1595	0.1586	0.1575	0.1562	0.1546	0.1529	0.1511	0.1490
7	0.1399	0.1418	0.1435	0.1450	0.1462	0.1472	0.1480	0.1486	0.1489	0.1490
8	0.1066	0.1099	0.1130	0.1160	0.1188	0.1215	0.1240	0.1263	0.1284	0.1304
9	0.0723	0.0757	0.0791	0.0825	0.0858	0.0891	0.0923	0.0954	0.0985	0.1014
10	0.0441	0.0469	0.0498	0.0528	0.0558	0.0588	0.0618	0.0649	0.0679	0.0710
11	0.0245	0.0265	0.0285	0.0307	0.0330	0.0353	0.0377	0.0401	0.0426	0.0452
12	0.0124	0.0137	0.0150	0.0164	0.0179	0.0194	0.0210	0.0227	0.0245	0.0264
13	0.0058	0.0065	0.0073	0.0081	0.0089	0.0098	0.0108	0.0119	0.0130	0.0142
14	0.0025	0.0029	0.0033	0.0037	0.0041	0.0046	0.0052	0.0053	0.0064	0.0071
15	0.0010	0.0012	0.0014	0.0016	0.0018	0.0020	0.0023	0.0026	0.0029	0.0033
16	0.0004	0.0005	0.0005	0.0006	0.0007	0.0008	0.0010	0.0011	0.0013	0.0014
17	0.0001	0.0002	0.0002	0.0002	0.0003	0.0003	0.0004	0.0004	0.0005	0.0006
18	0.0000	0.0001	0.0001	0.0001	0.0001	0.0001	0.0001	0.0002	0.0002	0.0002
19	0.0000	0.0000	0.0000	0.0000	0.0000	0.0000	0.0000	0.0001	0.0001	0.0001

표 E. 포아손분포표(계속)

x	μ 7.1	7.2	7.3	7.4	7.5	7.6	7.7	7.8	7.9	8.0
0	0.0008	0.0007	0.0007	0.0006	0.0006	0.0005	0.0005	0.0004	0.0004	0.0003
1	0.0059	0.0054	0.0049	0.0045	0.0041	0.0038	0.0035	0.0032	0.0029	0.0027
2	0.0208	0.0194	0.0180	0.0167	0.0156	0.0145	0.0134	0.0125	0.0116	0.0107
3	0.0492	0.0464	0.0438	0.0413	0.0389	0.0366	0.0345	0.0324	0.0305	0.0286
4	0.0874	0.0836	0.0799	0.0764	0.0729	0.0696	0.0663	0.0632	0.0602	0.0573
5	0.1241	0.1204	0.1167	0.1130	0.1094	0.1057	0.1021	0.0986	0.0951	0.0916
6	0.1468	0.1445	0.1420	0.1394	0.1367	0.1339	0.1311	0.1282	0.1252	0.1221
7	0.1489	0.1486	0.1481	0.1474	0.1465	0.1454	0.1442	0.1428	0.1413	0.1396
8	0.1321	0.1337	0.1351	0.1363	0.1373	0.1382	0.1388	0.1392	0.1395	0.1396
9	0.1042	0.1070	0.1096	0.1121	0.1144	0.1167	0.1187	0.1207	0.1224	0.1241
10	0.0740	0.0770	0.0800	0.0829	0.0858	0.0887	0.0914	0.0941	0.0967	0.0993
11	0.0478	0.0504	0.0531	0.0558	0.0585	0.0613	0.0640	0.0667	0.0695	0.0722
12	0.0283	0.0303	0.0323	0.0344	0.0366	0.0388	0.0411	0.0434	0.0457	0.0481
13	0.0154	0.0168	0.0181	0.0196	0.0211	0.0227	0.0243	0.0260	0.0278	0.0296
14	0.0078	0.0086	0.0095	0.0104	0.0113	0.0123	0.0134	0.0145	0.0157	0.0169
15	0.0037	0.0041	0.0046	0.0051	0.0057	0.0062	0.0069	0.0075	0.0083	0.0090
16	0.0016	0.0019	0.0021	0.0024	0.0026	0.0030	0.0033	0.0037	0.0041	0.0045
17	0.0007	0.0008	0.0009	0.0010	0.0012	0.0013	0.0015	0.0017	0.0019	0.0021
18	0.0003	0.0003	0.0004	0.0004	0.0005	0.0006	0.0006	0.0007	0.0008	0.0009
19	0.0001	0.0001	0.0001	0.0002	0.0002	0.0002	0.0003	0.0003	0.0003	0.0004
20	0.0000	0.0000	0.0001	0.0001	0.0001	0.0001	0.0001	0.0001	0.0001	0.0002
21	0.0000	0.0000	0.0000	0.0000	0.0000	0.0000	0.0000	0.0000	0.0001	0.0001

x	μ 8.1	8.2	8.3	8.4	8.5	8.6	8.7	8.8	8.9	9.0
0	0.0003	0.0003	0.0002	0.0002	0.0002	0.0002	0.0002	0.0002	0.0001	0.0001
1	0.0025	0.0023	0.0021	0.0019	0.0017	0.0016	0.0014	0.0013	0.0012	0.0011
2	0.0100	0.0092	0.0086	0.0079	0.0074	0.0068	0.0063	0.0058	0.0054	0.0050
3	0.0269	0.0252	0.0237	0.0222	0.0208	0.0195	0.0183	0.0171	0.0160	0.0150
4	0.0544	0.0517	0.0491	0.0466	0.0443	0.0420	0.0398	0.0377	0.0357	0.0337
5	0.0882	0.0849	0.0816	0.0784	0.0752	0.0722	0.0692	0.0663	0.0635	0.0607
6	0.1191	0.1160	0.1128	0.1097	0.1066	0.1034	0.1003	0.0972	0.0941	0.0911
7	0.1378	0.1358	0.1338	0.1317	0.1294	0.1271	0.1247	0.1222	0.1197	0.1171
8	0.1395	0.1392	0.1388	0.1382	0.1375	0.1366	0.1356	0.1344	0.1332	0.1318
9	0.1256	0.1269	0.1280	0.1290	0.1299	0.1306	0.1311	0.1315	0.1317	0.1318
10	0.1017	0.1040	0.1063	0.1084	0.1104	0.1123	0.1140	0.1157	0.1172	0.1186
11	0.0749	0.0776	0.0802	0.0828	0.0853	0.0878	0.0902	0.0925	0.0948	0.0970
12	0.0505	0.0530	0.0555	0.0579	0.0604	0.0629	0.0654	0.0679	0.0703	0.0728

표 E. 포아손분포표(계속)

	μ									
x	8.1	8.2	8.3	8.4	8.5	8.6	8.7	8.8	8.9	9.0
13	0.0315	0.0334	0.0354	0.0374	0.0395	0.0416	0.0438	0.0459	0.0481	0.0504
14	0.0182	0.0196	0.0210	0.0225	0.0240	0.0256	0.0272	0.0289	0.0289	0.0324
15	0.0098	0.0107	0.0116	0.0126	0.0136	0.0147	0.0158	0.0169	0.0182	0.0194
16	0.0050	0.0055	0.0060	0.0066	0.0072	0.0079	0.0086	0.0093	0.0101	0.0109
17	0.0024	0.0026	0.0029	0.0033	0.0036	0.0040	0.0044	0.0048	0.0053	0.0058
18	0.0011	0.0012	0.0014	0.0015	0.0017	0.0019	0.0021	0.0024	0.0026	0.0029
19	0.0005	0.0005	0.0006	0.0007	0.0008	0.0009	0.0010	0.0011	0.0012	0.0014
20	0.0002	0.0002	0.0002	0.0003	0.0003	0.0004	0.0004	0.0005	0.0005	0.0006
21	0.0001	0.0001	0.0001	0.0001	0.0001	0.0002	0.0002	0.0002	0.0002	0.0003
22	0.0000	0.0000	0.0000	0.0000	0.0001	0.0001	0.0001	0.0001	0.0001	0.0001

	μ									
x	9.1	9.2	9.3	9.4	9.5	9.6	9.7	9.8	9.9	10
0	0.0001	0.0001	0.0001	0.0001	0.0001	0.0001	0.0001	0.0001	0.0001	0.0000
1	0.0010	0.0009	0.0009	0.0008	0.0007	0.0007	0.0006	0.0005	0.0005	0.0005
2	0.0046	0.0043	0.0040	0.0037	0.0034	0.0031	0.0029	0.0027	0.0025	0.0023
3	0.0140	0.0131	0.0123	0.0115	0.0107	0.0100	0.0093	0.0087	0.0081	0.0076
4	0.0319	0.0302	0.0285	0.0269	0.0254	0.0240	0.0226	0.0213	0.0201	0.0189
5	0.0581	0.0555	0.0530	0.0506	0.0483	0.0460	0.0439	0.0418	0.0398	0.0378
6	0.0881	0.0851	0.0822	0.0793	0.0764	0.0736	0.0709	0.0682	0.0656	0.0631
7	0.1145	0.1118	0.1091	0.1064	0.1037	0.1010	0.0982	0.0955	0.0928	0.0901
8	0.1302	0.1286	0.1269	0.1251	0.1232	0.1212	0.1191	0.1170	0.1148	0.1126
9	0.1317	0.1315	0.1311	0.1306	0.1300	0.1293	0.1284	0.1274	0.1263	0.1251
10	0.1198	0.1210	0.1219	0.1228	0.1235	0.1241	0.1245	0.1249	0.1250	0.1251
11	0.0991	0.1012	0.1031	0.1049	0.1067	0.1083	0.1098	0.1112	0.1125	0.1137
12	0.0752	0.0776	0.0799	0.0822	0.0844	0.0866	0.0888	0.0908	0.0928	0.0948
13	0.0526	0.0549	0.0572	0.0594	0.0617	0.0640	0.0662	0.0685	0.0707	0.0729
14	0.0342	0.0361	0.0380	0.0399	0.0419	0.0439	0.0459	0.0479	0.0500	0.0521
15	0.0208	0.0221	0.0235	0.0250	0.0265	0.0281	0.0297	0.0313	0.0330	0.0347
16	0.0118	0.0127	0.0137	0.0147	0.0157	0.0168	0.0180	0.0192	0.0204	0.0217
17	0.0063	0.0069	0.0075	0.0081	0.0088	0.0095	0.0103	0.0111	0.0119	0.0128
18	0.0032	0.0035	0.0039	0.0042	0.0046	0.0051	0.0055	0.0060	0.0065	0.0071
19	0.0015	0.0017	0.0019	0.0021	0.0023	0.0026	0.0028	0.0031	0.0034	0.0037
20	0.0007	0.0008	0.0009	0.0010	0.0011	0.0012	0.0014	0.0015	0.0017	0.0019
21	0.0003	0.0003	0.0004	0.0004	0.0005	0.0006	0.0006	0.0007	0.0008	0.0009
22	0.0001	0.0001	0.0002	0.0002	0.0002	0.0002	0.0003	0.0003	0.0004	0.0004
23	0.0000	0.0001	0.0001	0.0001	0.0001	0.0001	0.0001	0.0001	0.0002	0.0002
24	0.0000	0.0000	0.0000	0.0000	0.0000	0.0000	0.0000	0.0001	0.0001	0.0001

표 E. 포아손분포표(계속)

	μ									
x	11	12	13	14	15	16	17	18	19	20
0	0.0000	0.0000	0.0000	0.0000	0.0000	0.0000	0.0000	0.0000	0.0000	0.0000
1	0.0002	0.0001	0.0000	0.0000	0.0000	0.0000	0.0000	0.0000	0.0000	0.0000
2	0.0010	0.0004	0.0002	0.0001	0.0000	0.0000	0.0000	0.0000	0.0000	0.0000
3	0.0037	0.0018	0.0008	0.0004	0.0002	0.0001	0.0000	0.0000	0.0000	0.0000
4	0.0102	0.0053	0.0027	0.0013	0.0006	0.0003	0.0001	0.0001	0.0000	0.0000
5	0.0224	0.0127	0.0070	0.0037	0.0019	0.0010	0.0005	0.0002	0.0001	0.0001
6	0.0411	0.0255	0.0152	0.0087	0.0048	0.0026	0.0014	0.0007	0.0004	0.0002
7	0.0646	0.0437	0.0281	0.0174	0.0104	0.0060	0.0034	0.0018	0.0010	0.0005
8	0.0888	0.0655	0.0457	0.0304	0.0194	0.0120	0.0072	0.0042	0.0024	0.0013
9	0.1085	0.0874	0.0661	0.0473	0.0324	0.0213	0.0135	0.0083	0.0050	0.0029
10	0.1194	0.1048	0.0859	0.0663	0.0486	0.0341	0.0230	0.0150	0.0095	0.0058
11	0.1194	0.1144	0.1015	0.0844	0.0663	0.0496	0.0355	0.0245	0.0164	0.0106
12	0.1094	0.1144	0.1099	0.0984	0.0829	0.0661	0.0504	0.0368	0.0259	0.0176
13	0.0926	0.1056	0.1099	0.1060	0.0956	0.0814	0.0658	0.0509	0.0378	0.0271
14	0.0728	0.0905	0.1021	0.1060	0.1024	0.0930	0.0800	0.0655	0.0514	0.0387
15	0.0534	0.0724	0.0885	0.0989	0.1024	0.0992	0.0906	0.0786	0.0650	0.0516
16	0.0367	0.0543	0.0719	0.0866	0.0960	0.0992	0.0963	0.0884	0.0772	0.0646
17	0.0237	0.0383	0.0550	0.0713	0.0847	0.0934	0.0963	0.0936	0.0863	0.0760
18	0.0145	0.0256	0.0397	0.0554	0.0706	0.0830	0.0909	0.0936	0.0911	0.0844
19	0.0084	0.0161	0.0272	0.0409	0.0557	0.0699	0.0814	0.0887	0.0911	0.0888
20	0.0046	0.0097	0.0177	0.0286	0.0418	0.0559	0.0692	0.0798	0.0866	0.0888
21	0.0024	0.0055	0.0109	0.0191	0.0299	0.0426	0.0560	0.0684	0.0783	0.0846
22	0.0012	0.0030	0.0065	0.0121	0.0204	0.0310	0.0433	0.0560	0.0676	0.0769
23	0.0006	0.0016	0.0037	0.0074	0.0133	0.0216	0.0320	0.0438	0.0559	0.0669
24	0.0003	0.0008	0.0020	0.0043	0.0083	0.0144	0.0226	0.0328	0.0442	0.0557
25	0.0001	0.0004	0.0010	0.0024	0.0050	0.0092	0.0154	0.0237	0.0336	0.0446
26	0.0000	0.0002	0.0005	0.0013	0.0029	0.0057	0.0101	0.0164	0.0246	0.0343
27	0.0000	0.0001	0.0002	0.0007	0.0016	0.0034	0.0063	0.0109	0.0173	0.0254
28	0.0000	0.0000	0.0001	0.0003	0.0009	0.0019	0.0038	0.0070	0.0117	0.0181
29	0.0000	0.0000	0.0001	0.0002	0.0004	0.0011	0.0023	0.0044	0.0077	0.0125
30	0.0000	0.0000	0.0000	0.0001	0.0002	0.0006	0.0013	0.0026	0.0049	0.0083
31	0.0000	0.0000	0.0000	0.0000	0.0001	0.0003	0.0007	0.0015	0.0030	0.0054
32	0.0000	0.0000	0.0000	0.0000	0.0001	0.0001	0.0004	0.0009	0.0018	0.0034
33	0.0000	0.0000	0.0000	0.0000	0.0000	0.0001	0.0002	0.0005	0.0010	0.0020
34	0.0000	0.0000	0.0000	0.0000	0.0000	0.0000	0.0001	0.0002	0.0006	0.0012
35	0.0000	0.0000	0.0000	0.0000	0.0000	0.0000	0.0000	0.0001	0.0003	0.0007
36	0.0000	0.0000	0.0000	0.0000	0.0000	0.0000	0.0000	0.0001	0.0002	0.0004
37	0.0000	0.0000	0.0000	0.0000	0.0000	0.0000	0.0000	0.0000	0.0001	0.0002
38	0.0000	0.0000	0.0000	0.0000	0.0000	0.0000	0.0000	0.0000	0.0000	0.0001
39	0.0000	0.0000	0.0000	0.0000	0.0000	0.0000	0.0000	0.0000	0.0000	0.0001

표 F. 현가계수표

$$\text{현가계수} = n\text{년 후에 얻는 1원의 현재가치} = \frac{1}{(1+i)^n}$$

연(n)	1%	2%	3%	4%	5%	6%	7%	8%	9%	10%	12%	14%	15%
1	.990	.980	.971	.962	.952	.943	.935	.926	.917	.909	.893	.877	.870
2	.980	.961	.943	.925	.907	.890	.873	.857	.842	.826	.797	.769	.756
3	.971	.942	.915	.889	.864	.840	.816	.794	.772	.751	.712	.675	.658
4	.961	.924	.889	.855	.823	.792	.763	.735	.708	.683	.636	.592	.572
5	.951	.906	.863	.822	.784	.747	.713	.681	.650	.621	.567	.519	.497
6	.942	.888	.838	.790	.746	.705	.666	.630	.596	.564	.507	.456	.432
7	.933	.871	.813	.760	.711	.665	.623	.583	.547	.513	.452	.400	.376
8	.923	.853	.789	.731	.677	.627	.582	.540	.502	.467	.404	.351	.327
9	.914	.837	.766	.703	.645	.592	.544	.500	.460	.424	.361	.308	.284
10	.905	.820	.744	.676	.614	.558	.508	.463	.422	.386	.322	.270	.247
11	.896	.804	.722	.650	.585	.527	.475	.429	.388	.350	.287	.237	.215
12	.887	.788	.701	.625	.557	.497	.444	.397	.356	.319	.257	.208	.187
13	.879	.773	.681	.601	.530	.469	.415	.368	.326	.290	.229	.182	.163
14	.870	.758	.661	.577	.505	.442	.388	.340	.299	.263	.205	.160	.141
15	.861	.743	.642	.555	.481	.417	.362	.315	.275	.239	.183	.140	.123
16	.853	.728	.623	.534	.458	.394	.339	.292	.252	.218	.163	.123	.107
17	.844	.714	.605	.513	.436	.371	.317	.270	.231	.198	.145	.108	.093
18	.836	.700	.587	.494	.416	.350	.296	.250	.212	.180	.130	.095	.081
19	.828	.686	.570	.475	.396	.331	.276	.232	.194	.164	.116	.083	.070
20	.820	.673	.554	.456	.377	.312	.258	.215	.178	.149	.104	.073	.061
25	.780	.610	.478	.375	.295	.233	.184	.146	.116	.092	.059	.038	.030
30	.742	.552	.412	.308	.231	.174	.131	.099	.075	.057	.033	.020	.015

연(n)	16%	18%	20%	24%	28%	32%	36%	40%	50%	60%	70%	80%	90%
1	.862	.847	.833	.806	.781	.758	.735	.714	.667	.625	.588	.556	.526
2	.743	.178	.694	.650	.610	.574	.541	.510	.444	.391	.346	.309	.277
3	.641	.609	.579	.524	.477	.435	.398	.364	.296	.244	.204	.171	.146
4	.552	.516	.482	.423	.373	.329	.292	.260	.198	.153	.120	.095	.077
5	.476	.437	.402	.341	.291	.250	.215	.186	.132	.095	.070	.053	.040
6	.410	.370	.335	.275	.227	.189	.158	.133	.088	.060	.041	.029	.021
7	.354	.314	.279	.222	.178	.143	.116	.095	.059	.037	.024	.016	.011
8	.305	.266	.233	.179	.139	.108	.085	.068	.039	.023	.014	.009	.006
9	.263	.226	.194	.144	.108	.082	.063	.048	.026	.015	.008	.005	.003
10	.227	.191	.162	.116	.085	.062	.046	.035	.017	.009	.005	.003	.002
11	.195	.162	.135	.094	.066	.047	.034	.025	.012	.006	.003	.002	.001
12	.168	.137	.112	.076	.052	.036	.025	.018	.008	.004	.002	.001	.001
13	.145	.116	.093	.061	.040	.027	.018	.013	.005	.002	.001	.001	.000
14	.125	.099	.078	.049	.032	.021	.014	.009	.003	.001	.001	.000	.000
15	.108	.084	.065	.040	.025	.016	.010	.006	.002	.001	.000	.000	.000
16	.093	.071	.054	.032	0.19	.012	.007	.005	.002	.001	.000	.000	
17	.080	.060	.045	.026	.015	.009	.005	.003	.001	.000	.000		
18	.069	.051	.038	.021	.012	.007	.004	.002	.001	.000	.000		
19	.060	.043	.031	.017	.009	.005	.003	.002	.000	.000			
20	.051	.037	.026	.014	.007	.004	.002	.001	.000	.000			
25	.024	.016	.010	.005	.002	.001	.000	.000					
30	.012	.007	.004	.002	.001	.000	.000						

표 G. 연금의 현가계수표

연금의 현가계수 = 매년말 1원의 수입을 n년간 발생케하는 연금의 현재가치

年數(n)	1%	2%	3%	4%	5%	6%	7%	8%	9%	10%
1	0.990	0.980	0.971	0.962	0.952	0.943	0.935	0.926	0.917	0.909
2	1.970	1.942	1.913	1.886	1.859	1.833	1.808	1.783	1.759	1.736
3	2.941	2.884	2.829	2.775	2.723	2.673	2.624	2.577	2.531	2.487
4	3.902	3.808	3.717	3.630	3.546	3.465	3.387	3.312	3.240	3.170
5	4.853	4.713	4.580	4.452	4.329	4.212	4.100	3.993	3.890	3.791
6	5.795	5.601	5.417	5.242	5.076	4.917	4.766	4.623	4.486	4.355
7	6.728	6.472	6.230	6.002	5.786	5.582	5.389	5.206	5.033	4.868
8	7.652	7.325	7.020	6.733	6.463	6.210	6.971	5.747	5.535	5.335
9	8.566	8.162	7.786	7.435	7.108	6.802	6.515	6.247	5.985	5.759
10	9.471	8.983	8.530	8.111	7.722	7.360	7.024	6.710	6.418	6.145
11	10.368	9.787	9.253	8.760	8.306	7.887	7.449	7.139	6.805	6.495
12	11.255	10.575	9.954	9.385	8.863	8.384	7.943	7.536	7.161	6.814
13	12.134	11.348	10.635	9.986	9.394	8.853	8.358	7.904	7.487	7.103
14	13.004	12.106	11.296	10.563	9.899	9.295	8.745	8.244	7.786	7.367
15	13.865	12.849	11.938	11.118	10.380	9.712	9.108	8.559	8.060	7.606
16	14.718	13.578	12.561	11.652	10.838	10.106	9.447	8.851	8.312	7.824
17	15.562	14.292	13.166	12.166	11.274	10.477	9.763	9.122	8.544	8.022
18	16.398	14.992	13.754	12.659	11.690	10.828	10.059	9.372	8.756	8.201
19	17.226	15.678	14.324	13.134	12.085	11.158	10.336	9.604	8.950	8.365
20	18.046	16.351	14.877	13.590	12.462	11.470	10.594	9.818	9.128	8.514
25	22.023	19.523	17.413	15.622	14.094	12.783	11.654	10.675	9.823	9.077
30	25.808	22.397	19.600	17.792	15.373	13.765	12.409	11.258	10.274	9.427

年數(n)	12%	14%	16%	18%	20%	24%	28%	32%	36%
1	0.893	0.877	0.862	0.847	0.833	0.806	0.781	0.758	0.735
2	1.690	1.647	1.605	1.566	1.528	1.457	1.392	1.332	1.276
3	2.402	2.322	2.246	2.174	2.106	1.981	1.868	1.766	1.674
4	3.037	2.914	2.798	2.690	2.589	2.404	2.241	2.096	1.966
5	3.605	3.433	3.274	3.127	2.991	2.745	2.532	2.345	2.181
6	4.111	3.889	3.685	3.498	3.326	3.020	2.759	2.534	2.339
7	4.564	4.288	4.039	3.812	3.605	3.242	2.937	2.678	2.455
8	4.968	4.639	4.344	4.078	3.837	3.421	3.076	2.786	2.540
9	5.328	4.946	4.607	4.303	4.031	3.566	3.184	2.868	2.603
10	5.650	5.216	4.833	4.494	4.193	3.682	3.269	2.930	2.650
11	5.988	5.453	5.029	4.656	4.327	3.776	3.335	2.978	2.683
12	6.194	5.660	5.197	4.793	4.439	3.851	3.387	3.013	2.708
13	6.424	5.842	5.342	4.910	4.533	3.912	3.427	3.040	2.727
14	6.628	6.002	5.468	5.008	4.611	3.962	3.459	3.061	2.740
15	6.811	6.142	5.575	5.092	4.675	4.001	3.483	3.076	2.750
16	6.974	6.265	5.669	5.162	4.730	4.033	3.503	3.088	2.758
17	7.120	6.373	5.749	5.222	4.775	4.059	3.518	3.097	2.763
18	7.250	6.467	5.818	5.273	4.812	4.080	3.529	3.104	2.767
19	7.366	6.550	5.877	5.316	4.844	4.097	3.539	3.109	2.770
20	7.469	6.623	5.929	5.353	4.870	4.110	3.546	3.113	2.772
25	7.843	6.873	6.097	5.467	4.948	4.147	3.564	3.122	2.776
30	8.055	7.003	6.177	5.517	4.979	4.160	3.569	3.124	2.778

참고문헌

[국내서적]

강금식.정우석 공저, 「생산운영관리」, 박영사, 2010.

김홍준 외 3인 공저, 「생산운영관리」, 범한, 2009.

신용백, 「생산운영관리」, 범한, 2004.

양종택 외 3인 공저, 「생산운영관리」, 법문사, 2007.

원중호 외 4인 공저, 「생산운영관리」, 대명, 2009.

이명호.유지수, 「최신 생산운영관리」, 무역경영사, 1992.

이명호.유지수, 「생산운영관리 연습」, 무역경영사, 1993.

이명호.유지수, 「경쟁우위확보를 위한 생산관리」, 박영사, 1999.

전영일 외 2인 공저, 「생산운영관리」, 경문사, 2008.

정일구, 「도요타생산방식」, 「시대의 창」, 2008.

[역서]

이시이 마사미쓰 저, 한 유끼코 역, 「도요타생산방식 입문」, 동양문고, 2005.

오노다이이치 저, 김 현영 역, 「도요타생산방식」, 미래사, 2004.

Krajewski,Ritzman 저, 「생산운영관리: 프로세스와 가치사슬」, 백승규 역, 석정, 2005.

William J. Stevenson 저, 「생산운영관리」, 강종열 외 4인 공역, 한국맥그로힐, 2009.

[외국문헌]

Prahalad, C. K. and Hamel, G. (1990) "The core competence of the corporation," Harvard Business Review, 79-91.

Collis, David J. and Cynthia A. Montgomery, "Competing on Resources, Harvard Business Review," July~August 2008.

Pilkington, Alan, (1998) "Manufacturing Strategy Regained: Evidence for the Demise of Best-Practice," California Management Review, Vol. 41, No.1, 31–42.

Haeckel, Stephan H. (1999), Adaptive Enterprise: Creating and Leading Sense-and-Respond Organizations, Harvard Business School Press, Boston, MA.

March, James G. (1991) "Exploration and Exploitation in Organizational Learning," Organization Science, Vol. 2, No. 1, February.

Naylor, J. Ben, Mohamed M. Naim, Danny, Berry, (1999) "Legaility: Integrating the lean and agile manufacturing paradigms," Int. J. Production Economics, 62, 107–118.
in the total supply chain

Gunasekaran, A. (1999) "Agile manufacturing: A framework for research and development," Int. J. Production Economics, 62, 87–105.

Yusuf, Y. Y., M. Sarhadi, A. Gunasekaran, (1999), "Agile manufacturing: The drivers, concepts and attributes," Int. J. Production Economics, 62, 33–43.

Upton, David M. (1994) The Management of Manufacturing Flexibility, California Management Review, Winter.

Venkatraman N. and John C. Camillus, (1984) "Exploring The Concept of Strategic 'Fit' in Strategic Management," Academy of Management Review, Vol. 9, No. 3, 513–525.

Van de Ven, A. H. Review of Aldrich's (1979) book- Organizations and environments. Administrative Science Quarterly, 1979, 24, 320–326.

Woodward, J. (1965), Industrial organization: Theory and practice. London: Oxford University Press.

Sugimoria, Y.; K. Kusunokia; F. Choa; S. Uchikawa, Toyota production system and Kanban system Materialization of just-in-time and respect-for-human system, International Journal of Production Research, Volume 15, Issue 6, 1977, 553–564.

Miltenburg, J., Level schedules for mixed-model assembly lines in just-in-time production systems, Management Science, 1989.

Koide, Katsuya, Takeshi Iwata, Kaizen Through Heijunka Production(Leveled Production), SAE International, 2007.

연습문제 해답

제 2 장 연습문제

[1] 선형모델은 적합하지 않다. 비선형함수를 도입하는 것이 좋겠다.

[3] $T_t = 20{,}747 - 351t$

[5] $T_t = -5 + 15t$

[7]

월	계절지수
1	0.707
2	0.777
3	0.827
4	0.966
5	1.016
6	1.305
7	1.494
8	1.225
9	0.976
10	0.986
11	0.936
12	0.787

[9] ① 계절요인이 제거된 데이터

연도	분기	계절요인이 제거된 판매액
1	1	3.15
	2	3.28
	3	2.00
	4	3.09
2	1	4.72
	2	6.56

	3	8.00
	4	8.64
3	1	7.87
	2	4.92
	3	10.00
	4	9.88
4	1	9.45
	2	14.75
	3	14.00
	4	13.58
5	1	14.17
	2	16.39
	3	26.00
	4	21.60

$T_t = -0.345 + 0.995\ t$

②

T	T_t
21	20.55
22	21.55
23	22.54
24	23.54

③

연도	분기	분기별판매액(예측)
6	1	26.10
	2	13.15
	3	11.27
	4	38.13

[11] ①

월	가중이동평균치(예측)
1	
2	
3	
4	19.33
5	21.33

6	19.83
7	17.83
8	18.33
9	18.33
10	20.33
11	20.33
12	17.83

② MSE = 11.49

[13]

월	가중이동평균치(예측)
1	105
2	114
3	115.80
4	112.56
5	105.79
6	110.05
7	120.54
8	126.38
9	118.46
10	106.92
11	104.85
12	106.39

[15] 주 11에 대한 예측치는 292.71이다.

[17] 주 13에 대한 예측치는 3,117.01이다.

제 3 장 연습문제

[1] ① 65,454.5
② 연간 예상판매량은 62,000이며, 예상되는 손실은 7,600,000원이므로 새로운 윤활유를 개발하지 않는다.

[5] 0.9125

[7] 128가지

제 4 장 연습문제

[3] ① 하루에 총 507명의 고객처리 가능

② 월: 158명, 화: 158명, 수: 158명, 목: 158명, 금: 251명, 토: 273명, 일: 158명

[6] 80%의 학습곡선을 사용하면 총 20,169.6시간이 소요됨.

제 5 장 연습문제

[2] • 주기=10 일 때:
능률=0.90　　균형지연=0.10
• 주기=7 일 때:
능률=0.8036　　균형지연=0.1964

제 7 장 연습문제

[3] 순소요량, 기본조립부품(base assembly): 2,000
순소요량, 바퀴반조립부품(wheel subassembly): 500
순소요량, 타이어(tires): 0

[7] 1. 자재명세서

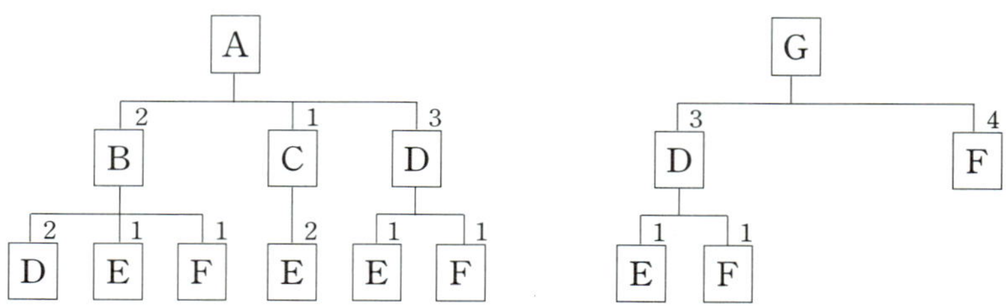

2. 5월의 소요량

A		50
G		25
B	50×2	100
C	50×1	50
D	50×3+3×25+2×100	435
E	100×1+50×2+425	625
F	100×1+42+5+25×4	625

3.

품목	총소요량	보유재고	품목
A	100	50	50
G	50	25	25
B	50×2=100	50	50
C	50×1=50	20	30
D	(50×3)+(25×3)+(50×2)=325	350	0
E	(50×1)+(30×1)=80	0	80
F	(50×1)+(25×4)=150	175	0

제 8 장 연습문제

[1] 4교대 후의 재고수준

콜 라	8,510
오 렌 지	1,670
다이어트 콜라	1,840
레몬 과즙	436
생 강 맛	1,069
사 이 다	504

[3]

가장 이른 예정일 기준	흐름시간(시간)	더딘시간(시간)
재 무	4	0
생산/운영관리	9	0
마 케 팅	12	0
심 리 학	18	2

[5]

프로젝트	최종기한	완성기간	더딘정도
1	12	4	0
2	24	12	0
5	24	22	0
4	28	38	10
6	36	52	16
7	48	60	12
3	60	72	12

[9] 9명

제10장 연습문제

순위	품목번호	품목들의 누적%	연간화폐사용량 (천원)	누적화폐사용량 (천원)	총화폐사용량의 누적%
1	8	5	404,100	404,100	18.12
2	19	10	335,000	739,100	33.14
3	14	15	225,540	964,640	43.25
4	9	20	206,596	1,171,236	52.51
5	2	25	202,120	1,373,356	61.57
6	16	30	139,725	1,513,081	67.84
7	20	35	125,000	1,638,081	73.44
8	3	40	86,700	1,724,781	77.33
9	15	45	82,175	1,806,956	81.01
10	17	50	68,640	1,875,596	84.09
11	10	55	67,732	1,943,328	87.13
12	1	60	46,824	1,990,152	89.23
13	6	65	41,775	2,031,927	91.10
14	13	70	35,040	2,066,967	92.67
15	18	75	34,155	2,101,122	94.20
16	12	80	30,800	2,131,922	95.58
17	7	85	29,520	2,161,442	96.91
18	5	90	27,000	2,188,442	98.12
19	4	95	21,760	2,210,202	99.09
20	11	100	20,250	2,230,452	100.00

위의 TABLE을 근거하여 ABC분석 그래프를 그려보면 다음과 같다.

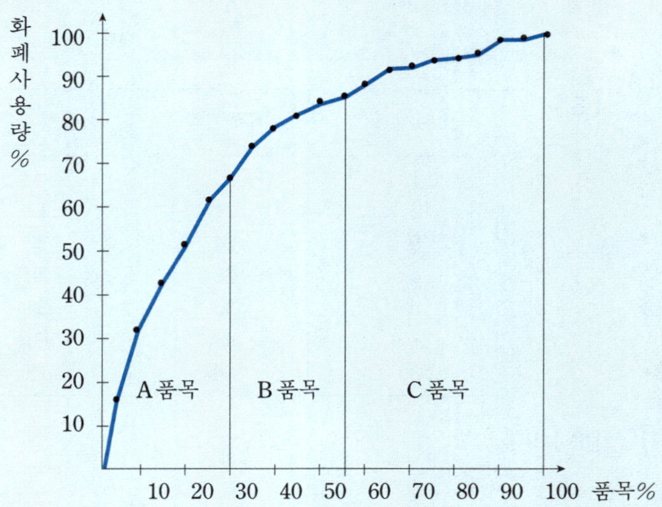

A품목은 총화폐사용량의 70 내지 80%를 이루고 품목수에 있어서는 약 15 내지 30%를 차지하는 것이므로 8, 19, 14, 9, 2, 16 품목이 A품목이다. C품목은 총화폐사용량의 5내지 15%를 이루고 품목수에 있어서는 약 50%를 차지하는 것이므로 10, 1, 6, 13, 18, 12, 7, 5, 4, 11품목이 C품목이다. 그리고 나머지가 B품목이다.

[4] 경제적 주문량: 400 주기(일): 40.6

[6] ① 1,095.45
② 1.1

제11장 연습문제

[3] prob=0.9864
prob=0.0384

[6] C=0 TC=143,370
C=1 TC=121,980
C=2 TC=114,860

[8] ① R - 관리도 UCL=0.12
LCL=0
$\overline{X}$ - 관리도 UCL=16.049
LCL = 15.99
② 둘 다 관리한계선 밖에 있으므로, 불안정한 상태이다.

제12장 연습문제

[1]

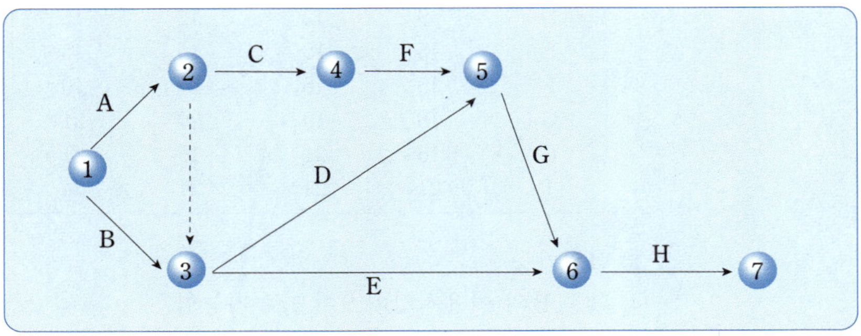

[3] ①

활　　동	기대시간	분산
A	4	1.00
B	4	1.78
C	5	1.00
D	5	0.44
E	6	1.00
F	8	1.78
G	3	0.11

②

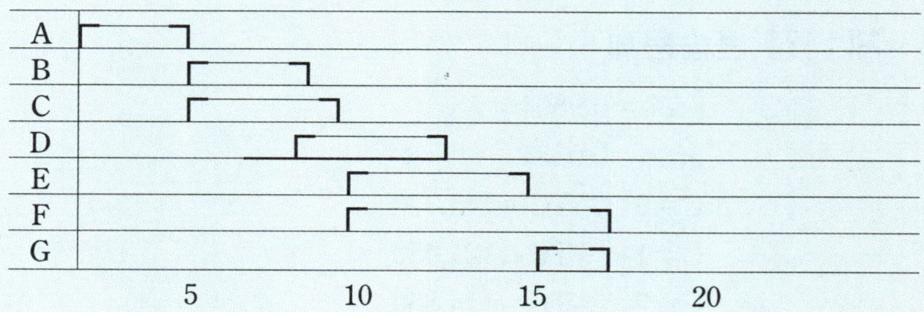

③ A-C-E-G

[5] ① A-C-E-H-I

②

활동	ES	LS	EF	LF	여유	주요활동
A	0	0	9	9	0	YES
B	0	9	6	15	9	
C	9	9	15	15	0	YES
D	9	12	12	15	3	
E	15	15	15	15	0	YES
F	15	16	18	19	1	
G	18	19	20	21	1	
H	15	21	15	21	0	YES
I	21	24	21	24	0	YES

③ 실현가능

④ 활동 B의 여유시간이 9이므로 가능함.

[7]

활동	분산
A	1.78
C	0.11
E	0.44
G	0.11
	2.44

표준편차=1.56

① $Z=\frac{21-22}{1.56}=-0.64$ 확률=0.2611

② $Z=\frac{22-22}{1.56}=0$ 확률=0.5000

③ $Z=\frac{25-22}{1.56}=1.92$ 확률=0.9726

[9] H의 지연은 상관없고, 프로젝트는 2주 앞당겨짐.

[11] 최단시간우선규칙: 23시간 소요
최장시간우선규칙: 20시간 소요

[13] ① 주요경로: A－C－E 완성시간: 14일
② 총정상비용 8,400,000원
③ A=600 C=400 E=500
④ C와 D를 우선적으로 줄이면 총비용 1,200,000원 증가함

[15] • 비용은 8% 초과됨. 활동
• E는 1주일 지연, 활동
• F는 3,000,000원 비용초과

국문색인

영문색인

[M]

[N]

[O]

[P]

공저자 소개

이명호(李明湖)

학 력

서울대학교 공과대학 졸업
서울대학교 대학원(경영학 석사)
미국 Kansas State University(산업공학 석사)
미국 Georgia Institute of Technology(산업공학 박사)

경 력

미국 University of Massachusetts(경영과학과 조교수)
영국 Manchester Business School(객원교수)
영국 University of Bradford Management Centre(초빙 연구원)
한국경영과학회 이사
한국생산관리학회 이사
한국외국어대학교 세계경영대학원 원장
한국경영과학회 회장
한국중소기업학회 부회장
한국고객만족경영학회 학회지 편집위원장
한국외대 부총장
한국외국어대학교 경영학과 명예교수
E-mail: leemh@hufs.ac.kr

저 서

「현대 품질경영」, 학현사, 1998(공저)
「경영과학개론」, 학현사, 1997(공저)
「경쟁우위확보를 위한 생산관리」, 박영사, 1999(공저)
「경영 · 경제통계학」, 박영사, 2002(공저)
「현대 경영과학개론」, 박영사, 2005(공저)
「21세기 품질경영」, 2008(공저)

유지수(柳智穗)

학 력

서울대학교 농과대학 졸업
서울대학교 경영대학원 수료
미국 Illinois State University(경영학 석사)
미국 University of Illinois at Urbana & Champaign(경영학 박사)

경 력

미국 Ball State University(조교수)
아시아생산성기구(APO) 조사기획 담당관
한국생산관리학회 이사
현대 · 기아자동차 오토 포럼 자문위원
국민대학교 경영대학원 원장
국민대학교 경상대 학장
한국자동차산업학회 부회장
한국자동차산업학회 회장
국민대 연구교류처장

현, 국민대학교 총장
국민대학교 기업경영학부 교수
한국자동차공업협회 코리아오토포럼위원
E－mail: jisoo@kookmin.ac.kr

저　　서

「최신 생산 · 운영관리」(제2판), 무역경영사, 1996(공저)
「생산 · 운영관리연습」, 무역경영사, 1993
「경쟁우위확보를 위한 생산관리」, 박영사, 1999(공저)

조직자원관점의
생산관리

2010년 9월 15일 초판발행
2016년 2월 10일 중판발행

공저자 이명호 · 유지수
발행인 안 종 만
발행처 (주) 박영사
서울특별시 종로구 새문안로3길 36, 1601
전화 (733)6771 FAX (736)4818
등록 1959. 3. 11. 제300-1959-1호(倫)

www.pakyoungsa.co.kr e-mail: pys@pakyoungsa.co.kr

정 가 33,000원 ISBN 978-89-6454-068-8